세계 속에 있는 하나님

Gott im Projekt der modernen Welt
Copyright © 1997 Jürgen Moltmann
All rights reserved.

Originally published in Germany by Gütersloher Verlagshaus Ltd., Gütersloher.
Korean translation copyrights © 2009 by Dong-Yun Publishing Co.
This Korean edition was published by arrangement with ürgen Moltmann.

이 책의 한국어판 저작권은 저작권자와 독점 계약한 도서출판 동연에 있습니다.
저작권법에 의해 한국 내에서 보호를 받은 저작물이므로 무단 전제와 무단 복제를 금합니다.

Gott im Projekt der modernen Welt

위르겐 몰트만

세계 속에 있는 하나님

하나님 나라를 위한 공적인
신학의 정립을 지향하며

곽미숙 옮김

나의 첫 한국인 친구들인

안병무 박사와 서남동 박사를 회상하며

그리고 나의 정치신학의 동지인 한국의 민중신학과 연대를 다지며

이 책을 바칩니다.

위르겐 몰트만

| 한국어 번역에 부치는 글 |

　몇 주 앞으로 다가온 한국 방문을 앞두고 나는 매우 기쁘고 기대되는 심정으로 이 책의 한국어 번역에 부치는 글을 쓴다.
　이 책의 부제, 곧 "하나님 나라를 위한 공적인 신학의 정립을 지향하며 Beiträge zur öffentlichen Relevanz der Theologie"가 나타내는 바와 같이 여기서 나는 기독교 신학의 세상에 대한 공적인 관계성에 대해 다룬다. 기독교 신학은 교회의 신학이다. 그러나 그리스도의 교회와 신학 안에서는 단지 교회와 신학만이 중요시되지 않고, 한 걸음 더 나아가 이 세상 속에 구현되어야 할 하나님 나라가 중요시된다. 왜냐하면 신학은 그리스도를 위하여, 그리스도로 말미암아 하나님-나라의-신학이며, 하나님 나라의 지평 속에서 공적인 신학öffentliche Theologie이기 때문이다. 그러므로 신학에서는 개인의 영혼구원뿐만 아니라, 사회의 구원과 이 땅의 구원도 대단히 중요하게 다루어진다.
　기독교 신학은 그가 몸담고 있는 사회의 안녕安寧과 공공복리公共福利를 예수 그리스도께서 고난당하는 사람들에게 계시하셨던 하나님의 정의의 빛 속에서 깊이 심사숙고해야 한다. 십자가에 달리신 그리스도에 대한 상고는 불의한 체제를 옹호하는 대가로 기득권을 누리는 모든 정치적 우상승배를 비판하고 이를 단호히 거부하도록 이끈다. 부활하신 그리스도의 빛 속에서 살아가는 삶은 지금까지 단지 경제적으로만 글로벌화된 이 세계 안에 진정한 의미에서의 연대성을 가져옴으로써, 모든 인류를 하나로 결속시킨다. 우리는 장차 도래하실 그리스도에 대해 상고하고 고대함으로 말미암아 하나님의 정의가 다스리는 새로운 세계, 곧 하나님 나라에 대한 희망을 간직할 수 있으며, 이는 절망이 만연한 이 세계 안에 새로운 세계에 대한 전망을 열어줄 수 있다. 만약 기독교 교회와 신학이 이러한 새로운 세계에 대한 희망을 간직하지 않는 가운데 새로운 세계에 대한 전망을 열어주지 않는다면, 이 세계를 사랑하시는 그리스도를 잃어버리게 될 것이다. 만약 기독교 교회와 신학이 이 세상에 대한 공적인 관계성을 도외시한다면, 기독교의 정체성마저 잃어버릴 수 있을 것이다.

한국의 그리스도인들은 나에게 개인적으로 대단히 중요하다. 그러므로 나는 이 책의 한국어 번역판에 '1975년 이래로 오늘날에 이르기까지 한국에서 이루어진 나의 만남과 경험Meine Begegnungen und Erfahrungen in Korea seit 1975'을 담은 글을 부록으로 첨부한다.

튀빙엔에서 박사학위를 받은 나의 신실한 제자 곽미숙 박사에게 이 책의 번역에 대해 대단히 감사한다.

2009년 4월 21일 튀빙엔에서

| 머리말 |

나는 '삼위일체 신학을 위한 기고문들'을 수록한 나의 저서 『삼위일체와 하나님의 역사In der Geschichte des dreieinigen Gottes』(München 1991)에서 신학의 기독교적인 정체성Identität에 대해 다루었다. 그러나 본서에서는 '신학의 공적인publica 관계성Relevanz'에 대해 다루고자 한다. 세상과 공적인 관계를 맺지 않는 기독교의 정체성은 존재하지 않으며, 신학의 기독교적인 정체성 없이 세상과의 공적인 관계성은 존재하지 않는다. 왜냐하면 신학은 예수 그리스도 때문에 하나님-나라의-신학이 되기 때문이다. 그러나 하나님-나라-신학이 그리스도의 인격과 역사에 기초하지 않고 하나님의 성령에 대한 체험에서 이탈할 경우, 신학은 유토피아의 불확실성 속으로 빨려 들어가게 될 것이다. 본서『세계 속에 있는 하나님Gott im Projekt der modernen Welt』은 언제나 이미 존재해 왔지만 비판적으로 성찰되지 않았던, 근·현대세계의 신학에 대해 주장하는 가운데 공적인 신학을 요청한다. 기독교 신학은 그가 다루는 대상(하나님과 세계를 지칭 역자) 때문에 공적인 신학theologia publica이다. 신학은 사회의 공적인 일res publica에 관여해야 한다. 신학은 예수 그리스도의 하나님 나라에 대한 희망 속에

서 사회의 '공공복리'(공익)에 대해 깊이 유념해야 한다. 신학은 사회의 가난한 자와 소외된 자 들을 정치적으로 대변해야 한다. 십자가에 달리신 예수 그리스도에 대한 상고는 신학으로 하여금 정치적 종교와 우상숭배에 대해 비판적으로 대항하도록 만든다. 신학은 자신이 몸담고 있는 사회의 종교적이고 도덕적인 가치들에 대해 비판적으로 성찰하고 변증해야 한다. 그러나 신학은 현대의 다원주의의 함정을 결코 허용하지 말아야 하는데, 왜냐하면 이 함정 안에서 신학은 소수자로 축소되며 자신의 종교 공동체인 교회 안으로 제한당하기 때문이다. 신학이 자신의 영역 안으로 제한당하는 일은 오늘날 서구의 다종교적인 사회 어느 곳에서나 볼 수 있는데, 이는 일련의 교회 지도자와 신학자에게 심지어 환영을 받기도 한다. 나는 이 저서를 통해 신학의 공적인 관계성을 제시하고 강화하게 되기를 희망한다.

본서의 각 장들은 내가 지난 6년 동안 특히 일반 기관들에서 행했던 강연들로 구성했다. 나는 논지를 전개하기 위해 개별적인 장들에서 반복된 모든 부분을 삭제하지 않았다. 글을 작성하게 된 계기와 처음 출판된 일부 글들의 목록은 마지막에 수록되어 있다. 본서에서 나는 새로운 공적인 신학에 대한 구상을 전개하기보다는, 오히려 이러한 구상에 대한 기고문들을 먼저 제시해 보고자 한다.

나는 현대세계를 이해하기 위한 본서의 머리말을 하나의 아이러니한 이야기와 함께 마무리하고자 하는데, 이 이야기는 한스 마이어H. Mayer에게서 유래한다.

현대세계가 탄생할 무렵, 세 명의 선한 요정이 축복을 가져왔다. 첫 번째 요정은 한 아이에게 개인적 자유를 축복했지만, 두 번째 요정은 사회적 정의를, 세 번째 요정은 물질적 번영을 축복하였다. 그리고 나서 그날 저녁에 한 사악한 요정이 와서 "세 가지 축복 가운데 단지 두 가지만 실현될 수 있다"고 말하였다. 그리하여 서구의 현대세계는 개인적 자유와 물질적 번영을 선택한 반면, 동구의 현대세계는 사회적 정의와 물질적 번영을 선택하였다. 그러나 철학자들과 신학자들은—나는 여기에 첨부하기를—그들의 이상적 세계를 구현하기 위해 개인적 자유와 사회적 정의를 선택함으로써, 끝끝내 물질적 번영에는 이르지 못하게 되었다.

튀빙엔에서
위르겐 몰트만

차례

한국어 번역에 부치는 글 _007
머리말 _009

제1부 현실 정치와 기독교 신학

제1장 근대세계와 기독교 신학 _019
    1. 근대세계의 탄생-메시아적 희망의 영에서 유래하는 _021
    2. 상층부 근대세계와 하층부 근대세계 _028
    3. 근대세계의 재탄생-생명의 영에서 유래하는 _036

제2장 계약인가, 아니면 레비아탄인가 _045
    : 근대시대의 시작점에 서 있는 정치신학
    1. 현재 당면한 문제 _045
    2. 계약의 신학과 저항권 _048

3. 레비아탄: 사멸하는 신과 그의 절대적 주권 _055
   4. 계약 대 레비아탄 _064
   5. 칼 슈미트의 레비아탄에 대한 예찬과 이교화 _065
   6. 새로운 정치신학과 민주주의 _070

제3장 정치신학과 해방신학 _075
   1. 두 신학의 기원과 시작 _076
   2. 유럽 정치신학의 발전 _082
       a. 사회주의적 신학 | b. 평화의 신학 | c. 생태신학 | d. 인권의 신학
       e. 여성신학
   3. 우리는 어디에 서 있는가? _089
   4. 새로운 상황 _093
   5. 해방신학의 미래 _096
   6. 우리의 해방신학 _102
       a. 제3세계의 글로벌화 | b. 서로 공동으로 생명을 지향하는 신학의 도상에서

제2부 현대세계의 가치와 기독교 신학

제1장 현대세계의 가치들에 대한 재평가 속에 있는 기독교 신앙 _111
   1. 성서의 하나님과 역사의 경험 _113
   2. 인간 존재: 자연의 일부인가, 아니면 인격인가? _118
   3. 개인적 자유와 사회적 신뢰 사이의 인격 _127
   4. 현대인의 시간 부족과 '느림의 발견' _131

제2장 이 땅의 파괴와 해방: 생태신학의 정립을 위하여 _137
   1. 제1세계와 제3세계를 통한 이 땅의 파괴 _137

2. 현대세계의 종교적 위기 _141
　　3. 이 땅의 해방을 실현하기 위한 기독교적 전망 _148
　　　　a. 우주적 영성 | b. 이 땅에 대한 새로운 학문: 가이아 가설
　　　　c. 하나님의 계약 속에 있는 인간과 자연
　　4. 이 땅의 안식일: 신적인 생태학 _165

제3장 인권과 인류의 권리, 그리고 이 땅의 권리 _170

　　1. 인권의 존립 _170
　　2. 개인적이고 사회적인 인권 _176
　　3. 인권과 인류의 권리 _179
　　4. 경제적 인권과 생태학적 의무 _183
　　5. 이 땅의 권리와 생명 공동체의 존엄성 _185
　　6. 인권에 대한 포럼 속에서의 세계 종교 _190

제4장 타자에 대한 인식과 서로 상이한 이들 간의 친교 _192

　　1. 평등과 불평등의 문제 _192
　　2. 동일한 것과 동일하게 만드는 것의 친교로 인도하는 인식 속에서의 상응 _195
　　3. 상이성 안에서 친교로 인도하는 타자에 대한 인식 _204
　　4. 경탄 속에 내재된 인식의 원천 _213

제5장 시장 가치와 인간의 존엄성 _217

　　1. 현대세계를 위협하는 이중의 위험-글로벌화와 개인주의 _217
　　2. 인간 자유의 세 가지 차원 _220
　　3. 시장은 모든 사물의 가치를 결정하는 척도인가? _229

제3부 타종교와 기독교 신학

제1장 구덩이 – 하나님은 어디에 계셨는가 _239
  : 아우슈비츠 이후의 유대교와 기독교 신학
  1. 아직도 남아 있는 경악스러운 충격 _240
  2. 고난 속에서의 하나님에 대한 질문과 죄악 이후의 하나님에 대한 질문 _243
  3. '아우슈비츠 이후'의 유대교 신학: 이스라엘의 하나님은 '역사의 주님'이신가? _246
  4. '아우슈비츠 이후'의 기독교 신학: 예수 그리스도의 하나님은 '전능자'이신가? _255
  5. 하나님의 질문: "가인아, 네 아우 아벨은 어디에 있느냐?" _263

제2장 개신교 – '자유의 종교' _269
  1. 오직 신앙에서 유래하는 의, 종교개혁 _271
  2. 자유의 종교, 개신교 _279
  3. 공동체의 종교: 에큐메니컬 시대 _285
     a. 에큐메니컬적인 삶 | b. 에큐메니컬적인 사고

제3장 현대세계의 자유주의와 근본주의 _293
  1. 현대세계의 원칙과 가치 _296
  2. 기독교적 현대주의 _300
  3. 기독교적 근본주의 _302
  4. 현대주의와 근본주의를 넘어서 _308

제4장 대화인가, 아니면 선교인가 _316
  : 위기의 세계 속에서의 기독교와 타종교의 사명
  1. 기독교와 타종교 사이의 대화에 대한 고찰 _320
  2. 생명에로 초대–기독교 선교 _334

제5장 현대세계의 대학 안에서 교회와 하나님 나라를 위한 신학 _343
    1. 교파적으로 통일된 신앙 국가에서 다종교적인 사회로의 변천 _343
    2. 하나님-나라의-신학 _351
    3. 신학부와 사회의 공공복리 _355

역자의 말 _361
다루어진 테마들에 대해 이전에 출판된 논문 목록 _373
주석 _376

부록

부록 1 주께서 나의 발을 넓은 곳에 세우셨나이다 – 삶을 위한 신학, 신학을 위한 삶 _401
부록 2 하나님의 이름은 정의이다 – 악의 희생자와 가해자를 위한 하나님의 정의 _417
부록 3 종말론, 지구촌화 그리고 테러리즘 _435
부록 4 1975년 이래로 한국에서 맺은 나의 인연과 경험 _453

제1부

현실 정치와 기독교 신학

제1장

근대세계와 기독교 신학

신학은 하나님이라는 과제를 안고 있다. 이는 단순하지만 사실이다. 우리는 하나님을 위한 신학자들이다. 하나님은 우리의 존귀함이다. 하나님은 우리의 고뇌이다. 하나님은 우리의 희망이다.

그런데 하나님은 어디에 계신가? 이에 대한 첫 번째 답변은 하나님께서 그 자신의 존재의 주체시라는 사실이다. 이에 하나님은 우리의 종교 안에, 우리의 문화, 혹은 우리의 교회 안에 계시지 않는다. 하나님은 그분의 임재(현존)와 그분의 나라 안에 거하신다. 우리의 교회들, 문화들 그리고 종교들이 하나님의 임재 안에 거하게 될 때, 하나님의 임재의 현실 안에 거하게 되어 하나님의 교회들, 하나님의 문화들 그리고 하나님의 종교들이 될 것이다. 신학은 하나님 때문에 언제나 하나님-나라의-신학이다.

"건전하고 생산적인 모든 해방신학은 하나님 나라의 신학에로 귀속된다"라고 해방신학자 구스타프 구티에레츠G. Gutiérrez는 말하였다.[1] 이는 정치신학의 모든 형성에 있어서도 해당된다.

하나님 나라의 신학으로서 신학은 공적인 신학öffentliche Theologie이 되어야 한다. 즉 신학은 사회의 공적인 일들, 하나님을 향한 공적이고 비판적이며 예언자적인 절규 - 하나님을 향한 공적이고 비판적이며 예언자적인 희망에 관여하는 신학이 되어야 한다. 하나님 나라 때문에 공공성은 신학의 본질이 되어야 한다. 공적인 신학은 교회에 대하여 제도적인 자유를 필요로 하며, 학문의 공적인 영역 안에서 설 자리를 필요로 한다. 신학이 갖는 이러한 자유는 오늘날 무신론자들과 근본주의자들에 대항하여 방어되어야 한다.

오늘날 신학이 현대세계 속에서 하나님 나라를 구현하는 보편적인 사명을 명료하게 인식하기 위해서는, '근대세계'의 신학을 이해하고 '근대세계'의 탄생을 파악하는 일이 중요한데, 이는 신학의 생명력을 회복시키기 위해서 뿐만 아니라, 그 탄생 과정에 있어서 근대세계의 과오를 인식하기 위해서도 그러하다. '근대세계'는 유대교적이고 기독교적인 희망의 소산물이다.

나는 1절에서 메시아적 희망의 영에서 유래하는 근대세계의 탄생에 대해 기술하고자 한다. 근대의 다원주의뿐만 아니라, 근대가 상층부 근대와 하층부 근대로 양극화된 것도 현대 이후 포스트모던의 문제이다. 2절에서는 상층부 근대와 하층부 근대, 혹은 근대세계의 마지막 시간들 사이의 모순에 대해 다루고자 한다. 끝으로 3절에서는 근대 하나님-나라-신학의 사명들에 대해 새롭게 규명함으로써, 생명의 영에서 유래하는 근대세계의 재탄생(거듭남)에 대해 살펴보고자 한다.

1. 근대세계의 탄생-메시아적 희망의 영에서 유래하는

근대세계의 '새로운 시간'은 계몽주의 이전에 일어난 두 가지의 의미 심장한 시작에서 유래한다. 즉 1. 정복conquista, 곧 1492년 이래로 아메리카 대륙의 발견과 정복, 2. 자연에 대한 인간의 과학기술적 힘의 장악이 그것이다.

1. 1492년은 오늘날 존재하는 새로운 세계 질서의 기초가 형성된 해이다. 당시 유럽은 상당히 주변적인(혹은 변두리적인) 존재에서 세계의 중심으로 부각되었다. 1492년은 민족들과 대륙들에 대한 유럽인의 세력 장악이 시작된 해로서, 헤겔G. W. F. Hegel의 표현에 따르면, 근대의 탄생시간이다.² 스페인 사람과 포르투갈 사람에 이어서 영국인, 네덜란드인, 프랑스인 들은 아메리카 안에서, 그리고 러시아인은 시베리아 안에서 모두 자신을 위한 새로운 세계를 '발견하였다'. 그러면 '발견한다entdecken'는 말은 무엇을 의미하는가? '발견'은 숨겨져 있는 것을 단순히 찾아낸다는 뜻이기보다, 오히려 낯선 것을 소유한다는 의미이다. 이에 발견된 것에는 발견자의 이름이 붙게 된다. '아메리카'는 알려지지 않은 대륙이었는데, '발견자'의 의도에 따라 소유되었고 그 형태가 만들어졌다.³ 이러한 맥락에서 멕시코의 역사학자 에드문도 오고어맨Edmundo O'Gorman은 "'아메리카'는 '유럽적 사고의 발명'이다"라고 말하였다. 정복자들은 그들이 찾았던 것을 발견했는데, 이는 그들이 발명했기 때문이다. 오늘날에 이르기까지 아스텍과 잉카 제국의 고유한 삶과 문화 들은 결코 제대로 인식되지 못한 채 다른 것, 낯선 것으로 밀려나버렸으며 그 자신에게 제물로 바쳐졌다.⁴ 섬들과 산들 그리고 강들은 그들의 본래 이름을 가지고 있었

지만, 콜럼버스Ch. Columbus에 의해 스페인적이고 기독교적인 이름으로 세례를 받게 되었다. 이름을 부여한다는 것은 소유의 행위이다. 이러한 상황은 '발견된' 민족들에게 스페인의 금지령과 억압을 통해 동일하게 적용되었다. 무엇보다도 '주인 없는 물건'의 신화, '아무도 거주하지 않는 땅'의 신화, 그리고 '황야'의 신화가 강탈과 식민지 개척, 식민지 정착을 정당화하였다. 아메리카에 대한 정복과 함께 유럽의 기독교가 세계 지배를 시작하게 되었다. 기독교 복음을 위해서가 아니라, 기독교적 제국의 확장을 위해 영혼들을 정복하였다. 당시 원주민들에게 행해졌던 결정적인 질문은 '신앙이냐, 아니면 불신앙이냐'가 아니라, '세례냐, 아니면 죽음이냐'였다.[5]

2. 자연에 대한 과학기술적 힘의 장악은 새로운 세계 질서의 또 다른 기초이다. 니콜라스 코페르니쿠스N. Copernicus로부터 아이작 뉴턴 경Sir I. Newton이 생존하던 시대의 새로운 학문들은 자연이 지닌 마력을 탈취했으며, 그 당시까지 '세계의 영혼Weltseele'이라고 일컬어지던 자연에게서 신적인 신비를 박탈하였다.[6] 그리하여 '어머니 땅'과 위대한 생명 앞에서의 경외의 모든 금기는 사라져버리게 되었다. 자연과학은 인간에게 '어머니 자연과 그의 딸들'을 데려왔는데, 이는 반드시 남성이어야만 하는 인간(남성만이 인간으로 간주되는 역자)을 자연의 주인과 소유자로 만들기 위해서이다. 이는 프랜시스 베이컨F. Bacon과 르네 데카르트R. Descartes가 성적인 언어를 통해 언급한 바 있다. 여기서도 '발견들'은 이루어지고 오늘날에 이르기까지 발견자들의 이름과 함께 명시되며 노벨상으로 보상된다. 이러한 자연과학적인 '발견 행위'는 인간의 무지를 해소할 뿐만 아니라, 그 대상물인 자연을 인간의 세력 안으로 가져왔으며, 인간을 자연의

주체로 만들었다. 베이컨이 말했던 바와 같이, '자연과학적 사고의 수단'
은 '획득하는 기술'이다. 자연과학적 이성은 '도구적 이성', 곧 인간의 인
식을 주도하는 이용과 지배에 대한 관심사를 가진 이성이다.[7] 자연과학
적 이성은 사물을 인지하는 기관이었던 과거의 수용적 이성을 배제했을
뿐만 아니라, 이성이 경험의 지혜 속에서 파악했던 과거의 프로네시
스φρόνησις도 배제하였다. 임마누엘 칸트I. Kant의 『순수이성 비판Kritik der
reinen Vernunft』에 따르면, 근대의 이성은 그의 질문에 답변하도록 자연을
강요함으로써, 단지 그 자신이 계획에 따라 산출되는 것만을 인식한다
(제2판의 머리말). 자연에 대한 이러한 '강요'는 '실험'을 의미하는데, 이
는 18세기 당시 고문이 수반된 종교재판과 종종 비교되곤 하였다. 오늘
날에 이르기까지 베이컨의 구호, 곧 "지식은 힘이다"가 널리 통용되고 있
다. 자연과학적 지식은 자연과 생명 위에 군림하는 힘이다. 자연과학과
기술로부터 유럽은 '소유의 지식Verfügungswissen'(혹은 마음대로 처리할 수
있는 지식 역자)을 획득하게 되었는데, 이는 식민지화된 제3세계의 자원들
을 밑바탕으로 그의 세계를 포괄하는 문명을 건설하기 위해서이다. 오늘
날 사람들은 이 문명의 근원을 더 이상 알아보지 못하는데, 왜냐하면 이
문명은 프랑크푸르트, 시카고 그리고 싱가포르 등지에서 외양상 동일하
게 나타나기 때문이다(현대문명은 서구문명을 모델로 하여 세계 어느 곳에서
나 거의 동일한 형태를 띤다는 의미 역자). 기독교는 자연과학과 기술에 대한
승리의 행렬을 통해 승승장구하는, 하나님의 종교로서의 인식을 획득하
게 되었다. 이러한 승승장구하는, 확장하는 서구문명은 자신의 세계를
'기독교 세계'로, 19세기 당시 자신의 시대를 '기독교 세기'로 일컬었다.
이 '기독교 세기'라는 동일한 이름을 가진 잡지 《Die Christliche Welt》가
오늘날에도 존재한다.

어떠한 기독교적 희망이 세계에 대한 근대 유럽의 발견을 동기부여했는가? 그것은 '새로운 세계'에 대한 비전이었다.

콜럼버스는 명백히 하나님의 동산 에덴은 물론, 금의 도시 엘도라도Eldorado를 찾기 위해 탐험하였다.[8] '하나님과 금'은 정복의 가장 강력한 추진력이었다.[9] 콜럼버스와 다른 이들이 찾았던 금의 도시는 단순히 개인적인 부를 축적하기 위함만은 아니었다. 콜럼버스는 금을 찾기 위한 자신의 시도를 예루살렘을 다시금 탈환하기 위한 것으로 정당화하면서 요아힘 폰 피오레J. von Fiore의 예언을 인용하였다: "스페인으로부터 방주를 다시 시온으로 가져올 자가 나오게 될 것이다." 그런데 왜 하필이면 예루살렘인가? 예루살렘은 천년왕국의 수도가 되어야 한다고 간주되었기 때문이다. 콜럼버스는 다른 이들보다 확고하게 현세적인 파라다이스를 믿고 있었다. 그는 1498년 오늘날의 베네수엘라Venezuela가 위치해 있는 굽이진 언덕을 보았을 때, 경탄하면서 다음과 같이 기술하였다: "그곳은 아무도 이를 수 없는 현세의 파라다이스일 것이다. 하나님의 뜻을 통해서가 아니라면." 그는 자신의 파송을 메시아적이고 묵시사상적으로 이해했는데, 그 이후에 아메리카로 왔던 많은 정복자와 이주자도 자신들의 파송을 그렇게 이해하였다. 즉 '새 하늘과 새 땅', 혹은 미국에서 자주 언급되는 '새로운 세계'이다. 그것은 미국의 국새國璽에 표기된 새로운 세계 질서novus ordo seclorum이다. '미국'은 유럽의 유토피아적인 환상을 보다 깊이 자극하였다. 이에 대한 가장 잘 알려진 사례들은 아메리고 베스푸치A. Vespucci의 여행 견문록이 평론하는 바와 같이, 1516년 출간된 토마스 모어Th. More의 저서 『유토피아Utopia』, 그리고 1623년 토마스 캄파넬라Th. Campanella가 태양의 도시 잉카를 표본으로 하여 구상했던 저서 『태양의 도시Civitas Solis』가 대표적이다.

어떠한 기독교적 희망이 근대문명을 동기부여했는가? 그것은 '새로운 시간'에 대한 비전이다.

수차례에 걸쳐 유럽으로 하여금 세계를 정복하도록 동기를 부여하고 방향을 설정했던 해석의 틀은 천년왕국에 대한 기대에 있다. 이는 거룩한 자들이 장차 오시는 예수 그리스도와 함께 천 년 동안 다스리고 민족들을 심판하게 될 것이며, 그리스도 왕국은 세계의 종말 이전 인류의 마지막 황금기가 될 거라는 기대이다.[10] 북아메리카에 정착하여 인디언들을 '아말렉'처럼 멸절시켰던 얼마나 많은 순례자 선조들과 경건한 이주민들이 천년왕국주의Millennarismus에 의해 각인되었는지 일일이 언급할 필요가 없을 것이다.[11] 이주를 통해 유럽의 민족들, 근래 들어와 아시아 민족들은 미국을 건설하여 그 문화를 형성했으며 미국을 세계의 중심으로 만들었다. 아프리카계-아메리카인들은 그들의 노예생활과 해방을 통해 미국이 세계의 중심으로 우뚝 서도록 하는 데 기여하였다. 토착 아메리카인의 땅은 많은 민족, 곧 유럽계-아메리카인, 아프리카계-아메리카인, 스페인계-아메리카인 그리고 아시아계-아메리카인에서 유래하는 하나의 민족에 의해 식민지화되었다. 미국은 인류의 보편적 상징에 대한 근대적이고도 독특한 실험이다. 따라서 독특한 위험이기도 하다.[12] 오늘날에 이르기까지도 미국의 어떤 대통령은 그의 취임 연설에서 "우리 선조들의 메시아적인 신앙"을 선언한다. '아메리카의 천년왕국적인 역할'은 미국의 정치철학에서 언제나 잘 인식되고 있는데, 이에 따르면 미국은 '무죄한 국가'이므로 '심판하는 국가'라는 것이다.

근대의 시작과 함께 메시아적인 희망의 한 물결이 유럽 전역을 휩쓸고 지나갔다. 우리는 이를 자바타이 츠비Sabbatai Zwi의 유대교적인 메시아니즘에서, 청교도적인 묵시사상에서, 17세기의 '예언자적인 신학'에서 그리고 독일의 경건주의(코메니우스, 스펜서, 벵얼, 외팅어)의 하나님-나라의-신학에서 발견할 수 있다.[13] 종말에 대한 천년왕국의 희망은 기독교 안에 언제나 존재해 왔다. 그러나 근대의 시작과 함께 새로운 시대를 예고하는 고지가 나타난다. 즉 이제 성취의 시간이 도래한다. 오늘날 이 희망은 실현될 수 있다. 세속화는 '속화Verweltlichung'를 의미하기보다, 오히려 종교적인 것의 실현Verwirklichung을 의미한다. 독일에서는 근대의 시간이 요아힘 폰 피오레의 비전에 따라 '새로운 시간'으로 일컬어졌다. '고대'와 '중세' 이후에 '새로운 시간'은 역사의 '마지막 시간'이자, 우리 안에 거하시는 영을 통해 하나님과 직접적으로 친교(사귐)를 나누는 '제3의 시대'이기도 하다. 이제 세계 역사는 '완성'될 것이고, 이제 인류는 완전해질 것이며, 이제 모든 영역 안에서 방해받지 않고 발전이 시작될 것이다. 만약 우리가 살아가는 근·현대 인류문명에 대한 더 이상의 대안이 없다면, 이는 '역사의 마지막'이 될 것이다. 그러면 이후 역사의, 역사 상실의 시대, 곧 역사 후기Posthistoire가 시작될 것이다.[14]

이제 민족들에 대한 거룩한 이들의 지배가 실현될 것이며, 이제 땅에 대한 인간의 지배가 원상회복될 것이다. 이제 자연과학과 기술은 인간에게 그들이 원죄를 통해 잃어버렸던 이 땅에 대한 지배dominium terrae(창세기 1장 28절에 기록된 "생육하고 번성하여 땅에 충만하라. 땅을 정복하라. 바다의 물고기와 하늘의 새와 땅에 움직이는 모든 생물을 다스리라"는 하나님의 명령을 의미 역자)를 다시금 되돌려 줄 것이다(F. Bacon). 이제 지금까지 어린아이와도 같았던 인간들의 성숙이 이루어질 것인데, 왜냐하면 "계몽은 인간으로 하여금 미성년의 상태에서 벗어나 그의 이성을 자유롭고 공적으로 사용하도록 이끄는 출구이기 때문이다(I. Kant). 인간은 선하고 언제든지 도덕적으로 개선될 수 있다. 이러한 계몽주의 시대에 인간에 대한 낙관주의는 철저히 천년왕국적인 근거를 갖고 있다: "사탄은 마지막 시대에 천 년 동안 묶여 있게 될 것"인데, 이를 통해 선이 방해받지 않고 확산될 것이다.

독일 계몽주의 철학자 레싱G.E. Lessing의 저서 『인류의 교육에 대하여 Über die Erziehung des Menschengeschlechts』(1777)는 독일 계몽주의의 기본 문헌이 되었는데, 이 저서는 철저히 메시아적인 성향을 지닌다.[15] 레싱은 요아힘이 주장했던 성령과 역사의 완성이 이루어지는 '제3시대'보다 결코 미약하지 않다고 공개적으로 선언하였다. 역사적인 교회 신앙에서 '일반적인 이성 신앙'으로 모든 인간의 전이가 시작되고 있다. 이 안에서 모든 인간은 교회의 중재 없이 진리 자체를 인식하고 교회의 지도 없이도 선을 행하게 되는데, 왜냐하면 그것이 선이기 때문이다. 하나님의 종교적인 '구원계획'은 역사의 진보가 되어버렸다. "모든 인간이 자유롭고 평등하게 창조되었다"는 인권에 대한 열정과 함께, 그리고 그의 민주주의와 함께 프랑스 혁명은 임마누엘 칸트에게 '역사의 표지'가 되었으며, 인류의 발전에 대한 보다 향상된 표지가 되었다. "사람들은 철학자들이 그들의 천년왕국설을 소유할 수 있다고 생각한다"라고 칸트는 선언하였다.[16] 이는 칸트에게 인류의 '영원한 평화'를 보장하는 '민족 동맹Foedus Amphictyonum'에로의 완전한 시민적 통일 안에 존재한다. 즉 이는 오늘날 인권에 대한 선언들과 인류의 생존을 위해 불가피하게 된 통일된 국가들의 정책에 대한 사고이다.

만약 우리가 근대의 메시아니즘을 주목한다면, 왜 칸트에게 종교적 질문, 곧 무엇이 우리를 근원과 결합시키는가? 또는 무엇이 나에게 영원히 의지할 근거가 되는가?라고 더 이상 명시되지 않고, 오히려 '나는 무엇을 희망해도 되는가?'[17]라는 질문이 명시되고 있는지 이해하게 될 것이다. 사람들이 희망해도 되는 미래만이, 역사 안에서 생명에게, 모든 역사적인 경험과 행위에게 의미를 부여한다. 희망된 미래는 근대세계에서 역사적 초월에 대한 초월성의 새로운 본보기가 되었다.

2. 상층부 근대세계와 하층부 근대세계

우리는 진보 신앙적으로 근대 이전에서 근대로, 그리고 현대에서 '현대 이후'로 넘어가기 이전에, 근대 속에서 하층부 근대의 희생자들을 직시해야 할 것이다. 메시아적인 아름다운 역사의 상층부는 그의 추한 묵시사상적인 역사의 하층부를 이룸으로써, 유럽 민족의 승승장구하는 진보는 다른 민족들에게는 막대한 손실을 남긴 후퇴를 야기했으며, 이성의 문화와 함께 육체, 느낌, 감각에 대한 근대인들의 정복이 시작되었다. '제3세계'의 고난의 역사 없이 결코 '제1세계'의 성공의 역사는 이루어질 수 없었다. 우리는 제3세계에 대한 제1세계의 정복이 이루어진 일시들을 서로 비교하는 가운데 다음과 같은 동시성들을 주목해야 한다. 즉 마르틴 루터M. Luther가 1517년 독일에서 비텐베르크Wittenberg의 성곽 교회에 그의 종교개혁적인 논제를 내걸고 종교개혁을 시작할 당시, 헤르난 코르테스H. Cortés는 멕시코에 있는 테노츠티틀란Tenochtitlán(과거의 아즈텍 제국의 수도이자 지금의 멕시코시티 역자)를 향해 항해하였다. 루터가 보름스Worms에 있는 독일 제국의 의회에서 파문과 국외 추방을 당할 무렵, 코르테스는 1521년 아즈텍의 도시를 정복하였다. 레싱과 칸트가 그들의 계몽주의 저서들을 출판할 때, 해마다 수십만의 흑인 노예가 아프리카에서 아메리카로 인신매매되었다. 근대세계의 산업 건설은 언제나 자연에 대한 파괴의 부담으로 이루어졌다. 이는 독일, 영국의 중부, 펜실베이니아, 시베리아의 황폐화된 산업도시의 자연경관들이 잘 입증하고 있다. 그러므로 근대세계의 진보는 언제나 다른 민족들의 희생의 대가, 자연의 희생의 대가, 미래 세대의 희생의 대가 위에 이루어졌다. 만약 실제적인 희생의 대가가 지불되어야 한다면, 유럽의 민족들은 아무런 큰 진보도 이룩하지 못했을 것이다.

근대세계는 단지 3분의 1만이 근대적인 '제1세계'에 속하고, 3분의 2는 근대적인 '제3세계'에 속한다. '근대-시대'는 두 세계, 곧 상층부 근대와 하층부 근대를 양산하였다. 그러나 한 세계(상층부 근대의 제1세계를 지칭 역자)는 빛 가운데 서 있는 반면, 다른 한 세계(하층부 근대의 제3세계를 지칭 역자)는 암흑 속에 존재하기 때문에 빛 가운데 있는 세계는 암흑 속에서 근근이 살아가야 하는 세계를 보지 못한다. 행악자들의 기억은 언제나 짧은 데 반해, 희생자들의 기억은 길다(행악자들은 자신들이 저지른 죄악에 대해 단지 짧은 기억만을 가질 뿐인데, 그 까닭은 그들이 자신들을 억누르는 기억을 무의식 속으로 밀어내버리기 때문. 이에 반해 그들의 희생자들은 긴 기억을 가지는데, 왜냐하면 그들은 자신들이 당한 고난의 흔적을 평생 간직하기 때문 역자). 제3세계의 나라에 거주하는 억압당하는 민족, 착취당하고 침묵하는 이 땅에게 근대시대의 메시아니즘은 세계의 멸망에 대한 묵시일 수밖에 없다. 그렇지만 상층부의 제1세계와 하층부의 제3세계로 나뉜 인간세계는 밀접하게 결합되어 있기 때문에, 어떠한 인간 문화도 모두가 공유하는 이 땅의 공동의 생태계로부터 떼어놓을 수 없기 때문에, '제3세계'의 멸망은 또한 '제1세계'의 멸망을 유도하며, 이 땅의 파괴는 또한 인류의 멸종을 유도하게 될 것이다.

1. 경제적 마지막 시대: 근대세계의 시작과 함께 '제3세계'가 생성되었다. 사실 근대에 있었던 유럽 민족의 아프리카인에 대한 대규모의 노예화와 아메리카의 지하자원에 대한 착취는 '제1세계'의 건설과 진보를 위한 노동력과 자본을 마련케 하였다.[18] 17세기로부터 19세기에 이르기까지 유럽, 아메리카, 아프리카 세 대륙 간에 이루어진 거대한 삼각무역은 유럽에 거대한 부를 창출케 하였다. 유럽 민족은 노예들을 아프리카에서 아메리카로, 금과 은, 이후 설탕, 면, 커피, 담배 그리고 고무를 아메리카에서 유럽으로, 그러고 나서 산업 생산품과 무기 등을 아프리카로 수출하였다. 이러한 초대륙적인 대규모 교역으로 얻은 투자 자본은 서유럽의 산업화를 가능케 하였다. 그것은 인간 교역(인신매매를 지칭 역자)을 통해 서아프리카의 문화들과 국가들을 파괴했고, 단식농업 재배를 통해 중미와 남미에 사는 원주민의 자급자족 경제를 파괴했으며, 유럽 민족을 제외한 전체 민족을 유럽의 발전을 위한 희생제물로 만들어버렸다. 우리는 이에 대한 결과를 잘 알고 있다. 즉 과거에 노동력과 자연자원에 대한 직접적인 착취의 자리에 오늘날에는 채무를 통한 서비스가 등장하게 되었다. 아직 오늘날에도 자본이 '개발도상국가들'에 투자되는 것보다 더 많은 이자가 산업국가들로 흘러 들어가고 있다. 그렇지만 오늘날 생산의 자동화는 가난한 국가들 안에서 산업을 임금 비용과 저렴한 노동력에 대해 점차로 독립적으로 만들어가고 있다(왜냐하면 생산의 자동화는 많은 노동력을 필요치 않음으로써, 노동자들에게 지불되는 임금 비용과 저렴한 노동력이 큰 변수가 되지 않기 때문 역자). 아프리카와 중남미 아메리카에 있는 보다 많은 국가들은 산업국가들의 관심사에서 완전히 밀려나게 되었다. 더 이상 사용되지 않는 인간과 시장의 수효가 지속적으로 증가하고 있다. 생산의 자동화를 통해 과거 착취당했던 '제3세계'가 이제는 더 이상 쓸모

없는 '배경 국가Hinterwelt'가 되어버렸으며, 그 국가의 사람들을 (아무도 원하지 않고 필요로 하지 않아 남아돌아 가는 역자) '잉여 인간surplus people'으로 만들어버렸다. 이러한 파괴주의Exterminismus로 가는 길의 첫 번째 표지를 우리는 망각된 대륙, 곧 아프리카에서 '나타나고 있는 무정부 상태'에서 발견할 수 있다. 이에 대해 로버트 카플란R.D. Kaplan은 1994년 2월 《애틀랜틱 주간지Atlantic Monthly》에 수록된 그의 글에서 설득력 있게 기술하였다.[19] 서아프리카의 국가들은 해체되고 있으며 통치가 불가능한 상황에 놓여 있다. 사람들은 국가에 의한 폭력의 전유(독점)를 더 이상 인내할 수 없다. 생태계의 파괴는 사람들로 하여금 환멸을 느끼게 하는 대도시의 슬럼가로 내몰고 있으며, 말라리아와 에이즈는 점점 더 많은 사람을 감염시키고 있다. 제3세계의 불행은 도미노 현상처럼 다시 제1세계로 되돌아오고 있다. 대규모의 빈곤 퇴치 운동이 전개되고 있는데, 이는 그동안 (가난한 제3세계의 난민들이 입국하지 못하도록 강력한 요새를 구축해왔던 역자) 부유한 나라들, 곧 '유럽 요새', '일본 요새', '미국 요새'를 해체할 것을 강력히 촉구하는 운동으로 표출되었다. 나는 새뮤얼 헌팅턴S.P. Huntington이 그의 저서 『문명의 충돌 The Clash of Civilizations and the Remaking of World Order』(1996)에서 예언했던 문명의 충돌이 도래하기보다, 오히려 부유한 나라들에 대항하는 빈곤의 십자군과 더불어 기아와 질병을 통한 잉여 인간들이 10명당 1명꼴로 죽음에 이를 것으로 예견한다.

2. 생태학적 마지막 시대: 근대세계의 시작은 '자연의 마지막'의 시작이기도 하다.[20] 근대세계는 자연에 대한 학문적 발견과 기술적 지배로부터 출발했는데, 오늘날에는 그 어느 때보다도 더 그러하다. 우리가 지금까지 아는 바와 같이, 과학기술적 문명의 확산은 보다 많은 종류의 식물과 동

물의 멸종을 야기한다. 이산화탄소와 메탄가스를 통해 지구의 '온실효과'가 유발되는데, 이는 다음 세기에 지구의 기후를 예측하기 어렵게 변화시킬 것이다. 보다 많은 수확을 올리게 하는 여러 종류의 화학 비료를 통해 토양은 중독되고 있다. 열대우림은 벌목되고, 초원은 과잉 방목되며, 사막은 확장되고 있다. 세계 인구는 지난 60년 동안 4배로 증가했으며, 21세기에는 80억~100억에 이를 수 있다. 이에 상응하여 생활필수품의 수요와 쓰레기 배출은 급속도로 증가하게 될 것이다. 도시화의 비율은 29%(1950)에서 46%(2000)로 상승하게 될 것이다. 인간의 생태계는 균형을 잃을 것이고, 이 땅의 멸망과 자기 파멸로 치닫게 될 것이다. 사람들은 자신들을 서서히 옥죄어 오는 이 위기를 '환경오염'이라 일컬으면서 이를 타개할 기술적 해결책을 모색하고 있다. 그러나 실제에로는 근·현대문명이 구상한 거대한 프로젝트의 총체적 위기이다. 인간의 자연파괴는 자연에 대한 인간의 그릇된 관계에 기인한다. 만약 근·현대 인간사회의 기본적 가치관이 새롭게 방향설정되지 않는다면, 자연과 교류하는 새로운 생활방식이 현실화되지 않는다면, 그리고 인간이 자신을 새롭게 이해하지도, 대안적인 경제체제도 마련하지 않는다면, 우리가 현재 당면하고 있는 위기의 요소들과 경향성들로부터 이 땅의 생태계의 붕괴가 쉽게 추론될 것이다.[21]

어떠한 관심사와 가치가 근대문명을 지배하고 있는가? 그것은 명백히 근대인으로 하여금 이 땅의 자연과 살아 있는 생물들에 대한 세력 장악을 충동질하는 **지배의 의지**Wille zur Herrschaft이다. 인간의 세력 증대와 그 보장은 진보를 부추기는데, 이 진보는 경제적이고 재정적이며 그리고 군사적으로 항상 양적으로 측정되며, 이에 대한 대가는 자연의 몫으로 되돌아간다(결국 자연이 인류가 자초한 모든 잘못된 일에 대한 희생의 대가를 지불하게 됨을 의미 역자). 유럽에서 발원한 근대문명은 자연에 대한 인간의 태도와 동일하게 다른 나라들에 대해서도 팽창의 문명Expansionskultur으로서의 성향을 가진다. 이전에는 '전前 근대적인' 또는 비非 유럽적인, 지금은 '미개발국'으로 일컬어지는 사회들에서 중요시되고 있는 자기 제한과 함께 인간 문명과 자연 사이의 균형을 유지시키고자 하는 지혜가 사라져버렸다. 이러한 현상은 오늘날 한국과 중국과 같이 '서구적인' 삶의 기준에 도달하고자 치열하게 노력하는 모든 나라에서 동일하게 나타나고 있다. 지배의 문명의 구축과 확산은 가속화되고 있으며, 이러한 속도에 비례하여 모든 나라 안에서 생태계의 재난이 날로 증가일로에 있다. 이로부터 현재의 결정적인 질문들이 제기되고 있다. 즉 산업사회는 불가피하게 '자연의 마지막'인가, 아니면 자연은 산업사회로부터 보호되어야 하는가? 생물의 영역은 인간의 기술영역의 필수적인 기반인가, 아니면 이제까지 잘 알려진 생물의 영역이 무용지물이 될 정도로 기술의 영역이 확장될 수 있는가? 우리는 자연을 자연 자신을 위해 우리 인간으로부터 보호해야 하는가, 아니면 이 땅을 유전자의 조작을 통해 합성된 인간들이 존재할 수 있는, 마치 우주선과도 같은 하나의 인공적인 세계로 만들어야 하는가?

3. 하나님의 위기(J.B. Metz) : 근대세계의 모순들에 직면하여 근대인에게 심각한 신뢰의 위기가 도래한 것은 이해할 만한 일이다.[22] 만약 사람들이 아직 미래가 있는지의 여부를 알지 못한다면, 시간에 대한 신뢰는 잃어버린바 될 것이다. 만약 이 땅이 쓰레기장으로 되어버린다면, 이 땅에 대한 신뢰는 무너지게 될 것이다. 인간에 대한 신뢰는 현대세계의 대량살상을 통해 파괴될 것이다. 나는 단순히 종교적 불안에 대해서만 언

급하는 것이 아니다. 확실한 약속에 대한 종교의 제안은 엄청나게 풍부하다. 나는 하나님에 대한 확신과 자기 자신에 대한 확신의 상실에 대해 보다 심층적인 의미에서 말하는 것이다. 프리드리히 니체F. Nitzsche는 1886년 예언자적으로 비장하게 다음과 같이 표명하였다: "최근에 가장 커다란 사건은 신이 죽었다는 것이다." 나의 아버지 세대는 제1차 세계대전의 '물량전'을 경험했는데, 이 전쟁 속에서 가장 탁월한 진보를 이룩했던 기독교적인 유럽 민족은 서로가 서로에게 대량학살을 자행하였다. 나의 세대는 도무지 이해할 수 없는 끔찍스러움과 견딜 수 없는 '아우슈비츠Auschwitz'의 죄악을 경험했는데, 이곳에서는 수백만의 유대인을 비롯한 무수히 많은 인간이 산업적인 방법으로 가스실에서 살해당하였다. 오늘날 우리는 우리가 속한 제1세계의 진보가 '제3세계'의 민족들 안에 있는 희생자들을 소중히 여기고 있는지에 대해 우리 자신에게 자문한다. 근대의 기초를 세운 이들은 전체 인류의 새롭고 찬란한 시대를 구상했을 것이다. 그러나 우리는 엄청난 비참함의 바다 한가운데 번영의 섬 위에서 구차한 삶을 이어가고 있다. 어떤 이들은 모든 "인간이 자유롭고 평등하게 창조되었다"고 확신하였다. '제3세계' 안에서 점증하는 무정부 상태는 제1세계의 점증하는 무감각 상태에 상응한다. 억울하게 불이익을 당한 사람들과 굴욕을 당한 사람들에 대한 우리의 사회적 냉대는 하나님에 대한 우리의 냉대의 표현이다. 근대세계를 조종하는 사람들의 냉소주의는 하나님에 대한 우리의 경시의 표현이다. 우리는 하나님을 잃어버렸으며, 하나님은 우리를 떠나가셨다. 이에 우리는 우리 자신이 야기했던 다른 이들의 고난은 물론, 다음 세대에게 남기게 될 우리의 죄악에 대해서도 신경을 쓰지 않고 있다. 우리는 우리로 인해 다른 이들과 다음 세대가 감당해야 할 대가를 관망하고 있지만, 아무런 마음의 동요도, 죄책감도 느끼지 못한다. 우리는 이에 대해 알고 있으면서도, 우리의 마음이 움직이지 않는다. 우리는 마치 마비된 것과도 같다. 우리가 가지고 있는 지식은 우리의 힘을 나타내기보다, 오히려 우리의 무기력을 나타낸다(근대인은 프랜시스 베이컨이 주장한 '지식이 힘이다'에 근거하여 힘을 소유하기 위한 지식 축적에 온 정력을 쏟지만, 이는 오히려 반대의 상황을 야기함을 의미 역자). 이러한 점증하는 무감각이 개신교인 혹은 가톨릭교인, 그리스도인 혹은 모슬렘, 유럽인 혹은 비 유럽인에게 제한되지 않고 점차로 보편적인 일이 되어 가기 때문에, 이는 객관적인 하나님 부재Gottesferne 현상에 기인한다고 볼 수 있다. 즉 하나님은 그의 얼굴을 숨기시고 우리로부터 멀리 떨어져 계신다.

근대세계의 '발견들'과 프로젝트를 처음부터 동반했던 인류의 거대한 꿈은 불가능한 꿈이었다. 이 꿈은 근대인을 너무 과도하게 종용하였다. 멕시코는 금의 도시 '엘도라도'가 아니었으며, 하나님의 동산 '에덴'은 베네수엘라에 있지 않았다. 미국은 메시아적인 의미에서 '새로운 세계'가 아니었으며, 근대는 메시아적인 의미에서 '새로운 시대'가 아니었다. 자연에 대한 학문적 발견과 기술적 지배는 인간을 결단코 하나님의 형상으로 만들지 않았다. '계몽주의'의 휴머니즘적 이상들은 인류를 도덕적으로 개선시키지도, 역사를 '완성'하지도 못하였다. 역사의 마지막에 도래할 것으로 상정되었던 '아름답고 새로운 세계'에 대한 표상들은 단지 역사의 비참함을 심화시킬 따름이었고, 인류로 하여금 그의 종말에 보다 가깝게 다가서게 하였다. 근대세계의 프로젝트가 과연 어디에로 이끌린 바 될 것인가를 우리는 더 이상 알지 못한다. 이는 무수히 자초된 '방향성의 위기'이다. 우리의 사고와 과업들이 근대세계의 프로젝트 안에서 생명에 기여하는지, 혹은 죽음에 기여하는지에 대해 우리는 더 이상 알지 못한다. 이는 오늘날 자주 언급되고 있는 '의미의 위기Sinnkrise'이다.

3. 근대세계의 재탄생-생명의 영에서 유래하는

근대세계의 비전들은 불가능하지만 불가피한 비전들이기도 하다. 그것은 인간의 존엄성에 대한 휴머니즘적인 사고와 인권의 보편성에 대하여 단지 하나의 양자택일, 곧 야만성을 제시한다. 그것은 영원한 평화의 이상에 대하여 단지 하나의 양자택일, 곧 끊임없는 전쟁을 제시한다. 그것은 하나의 신과 그의 나라에 대한 희망에 대하여 단지 하나의 양자택일, 곧 다신론과 카오스Chaos를 제시한다. 우리는 이러한 근대세계의 프로젝트에서 무엇을 수호해야 하고, 또한 무엇을 거부해야 하는가? 만약 근대세계의 프로젝트가 실패에 이르게 된다면, 우리는 무엇을 새롭게 고안해야 하는가?

1. 승리주의와 천년왕국주의 없는 하나님에 대한 희망: 서구 근대시대의 하나님은 '오시는 하나님'으로 표상된다. 하나님의 약속들을 기록한 성서구절과 복음서에 따르면, 성서의 하나님은 "이제도 계시고 전에도 계셨고 장차 오실 이시다"(계 1:4). 하나님은 비로소 그의 나라 안에서, 그의 완전한 신성 안에서 나타나시는 하나님이시다. 그러나 하나님은 이미 지금 어디에 임하시는가? 우리가 하나님에 대한 확신과 우리 자신에 대한 확신과 함께 살아가고 행동할 수 있다면, 어디에서 우리는 하나님의 현존에 대해 확신을 가질 수 있는가? 근대시대의 메시아니즘은 다음과 같이 말하였다. 즉 우리(힘 없는 다른 민족과 자연에 대한 무모한 승리주의에 사로

잡힌 유럽 민족을 의미 역자)는 하나님과 함께 땅에 대한 지배를 시작하고 그리스도와 함께 민족들을 다스리게 될 것이다. 그렇지만 우리가 가진 왜곡된 메시아적인 꿈은 다른 민족들에게는 악몽이 되었고, 냉혹한 절망 속에 사로잡혀 있는 당사자들에게는 너무 과도한 요구, 곧 '하나님에 대한 콤플렉스'가 되어버렸다.23 우리의 지배 속에서가 아니라, 오히려 우리의 고난 속에서 오시는 하나님은 그의 살아 있게 만드는 영을 통해 현존하신다. 우리의 강력한 힘 속에서가 아니라, 오히려 우리의 연약함 속에서 모든 것을 바르게 하시는 하나님의 은혜는 힘이 있다.

요한 계시록에 따르면, 그리스도의 천년왕국 이전에 무슨 일이 일어나는가? 적그리스도 '짐승'에게 저항하는 것과 아울러 '바빌론'의 우상들에게 제물을 바치고 '바빌론'과 함께 민족들을 착취함으로 부당하게 치부하는 것을 강하게 거부하는 일이 일어난다. 천년왕국 이전에 순교가 일어난다.24 "그리스도와 함께 고난을 당한 자만이 그와 함께 다스리게 될 것이다"(딤후 2:12). 그러나 근대시대의 메시아니즘은 하나님의 미래의 현존이 고난 속에, 저항 속에, 핍박과 순교 속에 있음을 간과하였다. 이로부터 '바빌론'이 기독교적으로 각색되고 '천년왕국' 자체로 설명되는 끔찍스러운 광경이 출현하게 되었다. 프랜시스 후쿠야마F. Fukuyama가 1989년 '실제로 일어났던 사회주의'의 붕괴 이후에 '모든 사물의 글로벌적인 상품화와 자유 민주주의'를 '역사의 종말'로 선언했을 때, 그는 무엇을 말하고자 했는가? 우리는 신학적으로 묵시사상적인 '아마겟돈'으로부터 다시금 기독교적인 '골고다'로 되돌아가야 한다. 칼 슈미트C. Schmitt가 '친구-적-이데올로기'를 선언했던 묵시사상적인 아마겟돈에서가 아니라, 오히려 역사적인 골고다 위에서 그리스도는 승리하셨다. 그곳으로부터 도래하시는 하나님은 역사 안에 현존하신다.

하나님은 어디에 거하시는가? 하나님은 우리의 역사 어느 곳에 임하시는가? 하나님의 영원한 나라가 시작되기 전에 오시는 하나님은 그의 쉐히나Schechina(피조물 가운데 하나님의 내주하심, 현존하심을 나타내는 히브리적인 개념 역자) 속에 현존하신다. 기원전 587년 제1 성전이 파괴되고 이스라엘 백성이 바빌론으로 유배를 떠났을 때, 하나님의 특별한 '내주하심'은 성전 안 어느 곳에 머물러 계셨는가? 이에 대한 답변은 다음과 같다. 즉 주님의 쉐히나는 하나님의 선민 이스라엘의 포로생활에 함께 동행하셨고, 이스라엘의 고난에 함께 동참하셨다. 하나님은 그의 백성의 길동무와 고난을 함께 나누는 동지가 되어 주셨다.[25] 복음서에 따르면, 하나님의 말씀과 그의 영원한 지혜는 예수 안에서 "육신이 되어 우리 가운데 거하신다"(요 1:14). 이는 신약성서의 쉐히나-신학이다. 하나님께서 우리 안에 내주하신다면, 하나님은 우리와 함께 동행하신다. 하나님께서 우리와 함께 동행하신다면, 하나님은 우리와 함께 고난을 당하신다. 하나님께서 우리와 함께 고난을 당하신다면, 이 세계의 거대한 유배지 안에서도 하나님은 우리에게 하나님에 대한 확신과 우리 자신에 대한 확신을 주실 것이다.[26]

우리는 언제나 절대자이신 하나님께서 우리와 동일하다고 인식하는 경향이 있다. 우리와 동일한 것은 우리를 보증해 주지만, 우리에게 낯선 것은 우리를 불안하게 한다. 이에 우리는 동일한 것을 선호하고 낯선 것을 두려워한다. 이는 사회적인 자기 의Selbstgerechtigkeit의 한 형태이다. 이러한 의는 전형적으로 천년왕국적인 성향을 지닌다. 하나님은 우리와 동일하시고, 우리는 하나님과 동일하다. 우리는 하나님과 함께 다스리고, 하나님은 우리가 승승장구하는 편에 서 계신다. 그리하여 아메리카는 '발견'되었다.

그러나 만약 우리가 하나님을 '전적 타자'(K. Barth)로서 우리 안에 계신 타자와 낯선 이로서 존중하고 인식하기를 시도한다면, 한 걸음 더 나아가는 것이다(E. Levinas). 만약 우리가 타자와 낯선 이들을 우리 자신과 비교하지 않고, 오히려 그들에게 우리를 개방하고 그들과 함께 공동으로 서로 상이한 이들의 친교를 형성한다면, 우리는 타자와 낯선 이들을 존중하고 그들을 있는 모습 그대로 인식하게 될 것이다. 그러면 타자의 수용은 사회적 정의의 한 형태가 될 것이다. 우리가 하나님에 의해 그에게 타자로 받아들여지고 그에게 낯선 이로서 의롭게 되었다는 것을 알게 됨은, 물론 하나님과의 관계에서 중요한 전제가 된다.

만약 우리가 하나님께서 세계를 지배하고자 하는 인간 탐욕의 희생제물이시며, 이 하나님을 우리 자신의 폭력에 의한 희생자들 안에서 존중하고 인식하기를 시도한다면, 우리는 한 걸음 더 멀리 나아가는 것이다. 하나님은 희생자들 안에 거하시는 희생자이시다. 즉 하나님은 길거리의 버림받은 아이들의 눈빛으로 우리를 잠자코 바라보시는 '십자가에 달리신 하나님'이시다. 오스카 아르눌포 로메로O.A. Romero 대주교는 이러한 사실을 발견했을 때, 권력을 휘두르는 자들에게 저항했고 결국 이들에 의해 살해당하였다.[27]

"하나님은 죽었다—우리가 그를 죽였다"고 니체는 주장하였다. 그러나 유감스럽게도 그는 우리가 어디에서 하나님을 죽였는지 깨닫지 못하였다. 만약 우리가 하나님에게 부여받은 하나님의 형상을 우리 자신의 폭력의 희생제물로 만들어버린다면, 이는 우리가 하나님을 죽이는 일이 될 것이다. 왜냐하면 하나님은 그의 형상 안에 거하시기 때문이다. 만약 우리가 이방인들을 배척하고 내쫓는다면, 이 또한 우리가 하나님을 죽이는 일이 될 것이다. 왜냐하면 하나님은 이방인들 안에 거하시기 때문이다. 만약 우리가 생명 대신에 죽음을 선택하고 우리 자신의 생명을 위해 다른 많은 생명체을 죽음으로 내몬다면, 이 역시 하나님을 죽이는 행위가 되는 것이다. 왜냐하면 하나님은 살아 계신 하나님이시기 때문이다. 누구든지 생명을 침해하는 사람은 하나님을 침해하는 것이다. 누구든지 생명을 사랑하지 않는 사람은 하나님을 사랑하지 않는 것이다. 하나님은 전체 생명, 모든 생명, 공동의 생명의 하나님이시기 때문이다.[28]

2. 근대세계가 구상한 인류 프로젝트Menschheitsprojekt는 '모든 인간이 자유롭고 평등하게 창조'되었으며 '자유와 평등, 그리고 형제·자매'가 서로 함께 전체를 이룬다는 인식과 함께 시작되었다. 우리는 서구세계의 자유 민주주의 안에서 개인의 자유가 국가의 폭력에 직면하여 무엇을 의미하는지에 대해 이해하였다. 그러나 '모든 인간'이 자유롭다는 인권과 헌법의 약속은 아직 현실적으로 실현되지 않고 있는 실정이다. 이에 이 약속을 이행하고자 하는 많은 운동, 곧 시민의 권리를 옹호하는 운동과 해방을 지향하는 운동이 절실히 요청되고 있다. 물론 인류 프로젝트 안에는 단지 일련의 사람만이 자유롭게 창조되었으며, 다른 사람들은 자유롭지 못하다는 견해에 대한 반대와 이론異論은 없다. 자유로운 사람들과 자유롭지 못한 사람들의 사회는 아직도 존재하지만, 이는 더 이상 정당하지 않다. 이에 반해 '모든 사람이 평등하게 창조되었다'는 진리는 전적으로 실현되지 않고 있다. 사회주의가 근대세계의 이러한 요구를 제 것으로 만들고 그의 파벌적 독재 안에서 그토록 자신을 추하게 드러냈기 때문에, 오늘날 그 누구도 모든 인간의 '평등', 특히 경제적 평등(공산주의적 입장에서 사유재산을 포기하고 모든 사람이 모든 소유를 똑같이 공유해야 한다는 의미의 평등 역자)에 대해 말하고 싶어하지 않는다. 그럼에도 불구

하고 모든 인간의 근본적 평등 없이 모든 개인에게 보편적 자유란 존재하지 않는다. 평등 없이 자유는 보편적이지 않다. 경제적 평등 없이 민주주의는 실현되지 않는다. 그러면 과연 어떠한 평등이 실현되어야 하는가?

평등의 사회적 개념은 정의를 의미한다. 정의롭고 사회적이며 정치적인 관계 없이 인간과 민족들 사이에 평화는 실현되지 않는다. 평등의 윤리적 개념은 연대성, 곧 형제·자매 간의 사랑인데, 이는 휴머니즘이 기독교적 방법으로 설명하는 필라델피아philadelphia이다! 이는 순수한 이상주의인가? 아니다. 나는 그것이 인류의 생존을 위한 현실 그대로의 사실주의라고 믿는다. 모든 국가 안에서 비교될 수 있는 좋은 생활여건이 조성되지 않는다면, 21세기에 들이닥칠 것으로 우려되는 많은 난민운동이 극복될 수 없을 것이다. 이에 대한 하나의 작은 사례는 통일된 독일이다. 즉 통일과 함께 수천만의 독일인이 동독에서 서독으로 이주하지 않고 있다. 서독에서와 같은 동일한 생활여건이 동독에 조성되어야 할 것이다. 이는 비용이 많이 드는 일이지만, 그럭저럭 진행되고 있다. 동일한 일들이 연합된 유럽에도 해당된다. 즉 동유럽에서 서유럽으로의 이주운동을 중지시키기 위해, 동유럽은 생존력을 갖추어야 할 것이다. 남북 간의 갈등(가난한 지구 남반부와 부유한 지구 북반부 사이의 빈부 갈등을 의미 역자)도 이와 다르지 않다. 즉 우리는 수백만에 이르는 난민의 압박을 새로운 철의 장막을 통해서가 아니라, 오히려 이들 난민의 국가들 안에서 비교될 수 있는 생활여건의 조성을 통해 대처해야 할 것이다. 미래의 사회적 사명은 '평등'이다. 이는 '우리의 형상'에 따른 평등이기보다, 오히려 다른 이들을 인정하고 우리의 희생자들에 대한 원상회복을 통해 이루어지는 평등이다.

3. 특별히 근대사회와 근대인들의 종교는 생태학적 개혁 앞에 서 있다. 19세기와 20세기는 경제적 시대였는데, 그 이유는 경제가 모든 관심사의 중심에 서 있었다고 말할 수 있기 때문이다. 그러나 21세기는 생태학적 시대가 될 것인데, 그 까닭은 지구상에 존재하는 유기체들이 그 어느 곳에서나 존중되어야 할 요소로 인식되고 있기 때문이다. '세계 경제'는 '지구 경제'(E. von Weizsäker)로 되어 가고, '세계 정치'는 '지구 정치'로 되어 가고 있다.[29] 만약 인간이 생존하고자 원한다면, 인간의 경제는 지구 생태계와의 조화, 훼손된 땅과 물, 공기의 원상회복을 통해 이행되어야 할 것이다.

사회의 생태학적 개혁을 위해 우리는 새로운 영성과 새로운 신학적 건축학을 필요로 한다. 지금까지 통용되었던 지배자와 착취자로서의 인성은 새로운 우주적 영성을 통해 대체되어야 한다. 어네스토 카르데날E. Cardenal의 대단히 아름다운 시 '우주의 찬가Cantico Cosmico'는 새로운 정신적 세계에 대한 경이로운 오프닝이다. 우리는 그동안 은폐되었던 자연 속에 있는 하나님의 내재를 다시금 발견하며 하나님의 현존을 모든 창조물 안에서 존중하게 될 것이다. '어떠한 창조물도 그 안에 하나님을 담지 하지 않을 정도로 하나님으로부터 멀리 떨어져 있지 않다'(Th. von Aquinas). '하나님의 영은 이 땅 전체에 충만하며'(지혜서 1:7), 모든 살아 있는 것의 생명을 유지시키며, 이들을 생명을 장려하는 공동체 안에서 결속시킨다.

생태학적 개혁을 통해 우리는 인간을 '세계의 중심점'(G.P. della Mirandola)으로 설명하는 서구세계의 인간 중심주의를 넘어서게 될 것이다. 인간이 모든 만물의 척도가 아니라, 오히려 모든 생명을 창조하신 하나님께서 만물의 척도이신데, 이는 모든 살아 있는 생명을 안식일의 창조 축제에 초대하기 위해서이다. 만약 우리가 근대의 인간 중심주의를 극복한다면, 그동안 배제되어 왔던 차원인 인간의 육체와 그 감각도 편견과 속박에서 해방되어 다시금 자유롭게 될 것이다. 인간은 '오성과 의지의 주체' 그 이상이다. 만약 우리가 오성과 의지를 다시금 육체와 그 감각적 인지들과 통합할 수 있다면, 인간의 문화도 다시금 이 땅의 유기체의 자연에 통합될 수 있을 것이다. 그러나 근대의 도구적 이성은 학문들 안에서 다시금 지혜(소피아)의 보다 큰 경험의 연관성 속으로 통합되어야 하는데, 이를 통해 우리는 우리 자신이 무엇을 행할 수 있으며, 또한 우리가 무엇을 행해선 안 되는지에 대해 알 수 있기 위해서이다. 그러나 무엇보다도 근대의 도구적 이성이 학문들 안에서 지혜의 보다 큰 경험의 연관성 속으로 통합되는 일이 중요한 문제이다.

서구의 과학기술적 문명의 프로젝트는 인류의 운명이 되어버렸다. 우리는 우주적 대재난을 당하는 일 없이 종전과 같이 이 프로젝트를 계속해서 진행해 나갈 수 없으며, 이 세계가 멸망에 이르지 않기 위해 이 거대한 프로젝트를 철회할 수도 없다. 그러므로 근·현대세계의 철저한 개혁만이 우주적 대재난을 피할 수 있는 유일한 길이다. 그러므로 우리는 근·현대세계를 새롭게 창출하는 일에 심혈을 기울여야 할 것이다!

아직 우리는 (근·현대세계를 새롭게 창출하기 위한 역자) 시간이 있는가? 이에 대해 우리는 알지 못하며, 또한 알아서도 안 된다. 만약 우리가 우리의 시간이 이미 만료되어버렸다는 것을 알게 된다면, 우리가 행하는 일이 더 이상 의미가 없으므로, 우리는 아무 것도 더 이상 행하지 않게 될 것이다. 만약 우리가 아직 많은 시간이 남아 있다는 것을 알게 된다면, 아무 것도 행하지 않는 가운데 해결되지 않은 모든 문제를 다음 세대에게 떠넘겨버리게 될 것이다. 그러나 우리가 우리에게 얼마나 많은 시간이 남아 있는지 알지 못하기 때문에, 오늘날 우리는 전 인류의 미래가 우리에게 달려 있는 것처럼 여기고 책임 있게 행동하게 될 것이다. 이와 동시에 우리는 하나님께서 당신의 창조물들을 신실하게 보존하시고 그들을 멸망하도록 내버려 두시지 않는다는 사실을 신뢰하게 될 것이다.

제2장

계약인가, 아니면 레비아탄인가
: 근대시대의 시작점에 서 있는 정치신학

1. 현재 당면한 문제

　연방제인가, 아니면 중앙 집권제인가? 이는 오늘날 유럽의 정치적인 구성에서 결정적인 질문이다. 계획 경제와 동유럽에서 거주민들을 이데올로기적으로 감시하던 사회주의적인 중앙 집권제는 붕괴되었다. 그러나 중심을 해체하는 의사소통의 형태와 지역적이고 국부적이며 개인적인 참여를 통한 다양성과 함께하는 연방제 공화국은 보다 강화되었다.
　연방제인가, 아니면 중앙 집권제인가? 이는 유럽의 내적인 통일성의 문제이기도 하다. 우리는 시민들의 적극적인 참여를 통한 민주적인 유럽을 원하는가, 아니면 마찰 없이 작동하지만 시민을 과잉보호하고 금치산자 취급하는 국가기구를 원하는가?

연방제인가, 아니면 중앙 집권제인가? 이는 정치의 실천적인 질문일 뿐만 아니라, 인간의 원초적인 신뢰(인간이 태어날 때부터 습득한 부모-자식 관계와 같은 생래적인 신뢰 역자)와 원초적인 불안에 이르기까지 지대한 영향을 미치는 질문이기도 하다. 우리는 국가에 가장 먼저 무엇을 기대하는가, '안전'과 '적 앞에서의 보호'를 기대하는가? 유고슬로비아의 연합 국가들이 붕괴된 이후 발칸 반도에서 혼란이 야기되고, 바로 이곳에서 '모두에게 대항하는 모두의 잔인한 투쟁'이 일어나지 않았던가(발칸반도의 사라예보에서 제1차 세계대전이 발발하게 된 역사적 상황을 의미 역자)? 역사가 보여주듯이, 만약 인간이 그 자신에 의해 공고해진 강력한 세력으로 말미암아 억압당한다면, 인간은 바로 인간 그 자신의 늑대가 아닌가? 그러나 이러한 보호와 안전을 제공하는 '강력한 국가' 자신이 늑대가 되고, 그의 남자시민들과 여자시민들을 물어뜯으며, 보안 국가 Sicherheitsstaat로부터 국가 공안Staatssicherheit이 되지 않는다고 누가 우리에게 보장하겠는가? 역사가 말해 주듯이, 보안 국가들로부터 인간을 경시하고 인간을 파괴하는 독재들이 파생하였다. 이러한 독재들에 대해 우리는 잘 알려진 맹수의 이름, 곧 끔찍스러운 레비아탄Leviathan(성서에 나오는 거대한 바다 동물, 사탄의 상징. 성서에는 '리워야단'으로 표기, 욥 41:1; 사 27:1 참조 역자), '사탄의 몰록', 'STASI(구동독 비밀경찰 '국가안전보위부'의 약칭 역자)-괴물Krake'(문어 모양을 한 바다 괴물 역자)이라고 일컫는다. 어떻게 우리는 혼란 없는 자유의 다원성에 이르며, 독재 없는 평화로운 화합의 통일에 도달할 수 있는가?

나는 현재 당면한 이러한 질문들에 답변하기 위한 일환으로 16세기와 17세기 근대시대가 시작할 당시 정치신학의 역사를 다룬 하나의 기고문을 제시하고자 한다. 아마도 우리는 16세기와 17세기의 시대적 정황 속에서 오늘날을 살아가는 우리 자신의 문제를 재인식하고 근대시대의 시작점에서 정치신학의 완성의 가능성을 파악하게 될 것이다.

'계약Covernant'이라는 단어는 연방제 국가의 사상을 대변하는데, 이 사상은 이른바 깔뱅J. Calvin의 '왕정 반대 투쟁자들'에 의해 프랑스에서 발흥한 정치적이고 종교적인 절대주의에 저항하는 저항권의 확산 속에서 발전하였다. 나는 이에 대한 신학적-정치적 사상을 당대의 저서 『전제 군주에 대한 법적인 요구Vindiciae contra Tyrannos』(1574에 저술/1579년에 인쇄)에서 받아들였는데, 이 저서의 저자로는 필립 뒤플레시스 모르네이P.D. Mornay가 유력하다.

'레비아탄'이라는 단어는 동일한 이름을 가진 영향력 있는 토마스 홉스 Th. Hobbes의 『레비아탄Leviathan』(영어판은 1651년/라틴어판은 1668년에 출판)이라는 저서의 부제가 대변하듯이, '교회 조직과 시민적 공공 조직의 존재, 형태 그리고 권력Wesen, Form und Gewalt des kirchlichen und bürgerlichen Gemeinwesens'에 대해 다룬다. 레비아탄은 보안 국가의 유토피아로서 종교적이고 세속적인 권력, 정치적이고 이데올로기적인 권력을 그 안에서 통일시키는 가운데 삼권분립도, 저항권도 허용하지 않는 국가형태이다. 나는 정치학자가 아닌 신학자로서 본고를 쓰면서 신학적인 차원과 그의 포괄적이고 신학적인 전제들에 대한 두 가지 기획들을 살펴보는 가운데 이들을 서로 비교하고자 한다. 이와 관련하여 나는 1539년 종교개혁자 마르틴 루터M. Luther가 제기했던 회람 논쟁서를 참고하고자 하는데, 이 논쟁서에서 그는 묵시사상적인 '늑대 인간Werwolf'에 맞서는 저항을 시도하였다. 20세기로의 도약은 칼 슈미트C. Schmitt(민족 사회주의적이고 극단적으로 반유대주의적인 성향을 가진 헌법학자로서 옛 정치신학, 곧 독재정치를 지지하기 위한 반혁명적·반자유적·반민주적 정치신학을 주창한 인물. 특히 슈미트의 옛 정치신학은 1922년 독일 바이마르 공화국의 대통령의 독재와 1933년 이후 히틀러의 폭압적 독재 통치를 정당화하는 데에 악용됨 역자)가 시도했던 '레비아탄'에 대한 예찬과 이교화에 대한 논쟁 속에서 고찰된다. 끝으로 나는 민주주의를 실현하기 위한 정치신학을 정립하고 '레비아탄'을 붕괴시키기 위한 몇 가지 논제를 제시하고자 한다.

칼 슈미트의 옛 정치신학의 유명한 논제는 다음과 같다: "누구든지 예외 상태를 결단하는 자가 주권을 가진다"(1922). 그러나 나의 논제는 "누구든지 저항권을 요구하는 사람은 자유롭다"이다. 나는 저항이란 우리 가운데 법률의 보호를 받지 못하는 폭정의 '예외 상태'에 대한 정당한 종결이라고 생각한다.

2. 계약의 신학과 저항권

깔뱅주의는 '신정적으로theokratisch' 심사숙고된 것으로 알려져 있기 때문에 특별히 정치적인 이론으로 통용된다. 그러나 이는 사실과 다르다. 깔뱅은 위그노파(17세기 당시 프랑스에 거주하던 깔뱅 계열의 개신교도들을 일컬음 역자)에게 보내는 그의 서신들에서 정치적인 저항을 자연법적이 아닌, 언제나 통용되는 법의 테두리 안에서만 설명하였다.[1] 그의 당대에 프랑스에서 통용된 법은 프랑스 군주국에서 발흥한 절대주의와 국가종교에 대한 요구와의 갈등 속에서 제기된 신분제도적인 법이다. 즉 "한 사람의 왕-하나의 법률-하나의 종교un roi-une loi-une foi"이다. 깔뱅은 국민의 자유를 위해 전제적인 지배자에 저항하는 것을 '최고 관리들Ephoren'의 의무로 간주하였다. 이에 반해 그는 '관직에 있지 않은 일반 서민들'에게는 고난 속에서의 저항과 하나님께서 갚아 주시도록 하나님께 의탁할 것을 권고하였다(『기독교 강요』, IV, 20, 31). 그러므로 깔뱅에게 자연법과 국민의 주권은 사실상 아무런 역할을 하지 못한다. 그러면서도 그는 신앙을 억압하는 지배자들에 대한 저항을 종교의 요청으로 간주한다. 왜냐하면 저항권에 대한 중세의 토론에 직면하여 종교개혁과 함께 신앙의 근거에 기인한 저항의 새로운 사례, 곧 국가에 의해 취해진 종교의 변천에 저항하는 사례가 등장하게 되었기 때문이다.

 1572년 바톨로메우스의 밤(1572년 8월 23-24일 성 바톨로메우스 축제일에 3만여 명의 위그노파가 대학살을 당했던 날을 지칭 역자)에 프랑스의 왕정주의자들은 파리에 운집한 주도적인 위그노파들을 학살하도록 명령을 내렸는데, 학살당한 위그노파가 가운데에는 해군 제독 꼴리니Admiral de Coligny, 철학자 페트루스 라무스P. Ramus가 포함되어 있었다. 위그노파에 대한 대학살은 하나의 전환점을 가져오게 되었고, 이른바 '왕정 반대 투쟁적인' 논쟁문학을 태동케 하였다.[2] 여기서는 '전제 군주의 살해'에 대한 오랜 문제보다는, 오히려 발흥하는 절대주의에 대한 양자택일적인 국가형태가 중요한 문제로 다루어졌다. 이러한 '근대적인' 국가형태와의 논쟁 속에서 중세기적인 계급국가로부터 제법 '근대적인' 헌법국가로의 이행이 이루어지게 되었다. 이러한 이행은 저항권의 민주화를 통해 실행되었다. 1573년 프랑수아 오트망F. Hotman이 귀족정치적으로 채색된 군주제의 표상에 의거하여 계급적인 저항권을 방어하는 데 반해, 우리는 1574년 제네바에서의 깔뱅의 후계자였던 테오도르 폰 베차Th. von Beza에게서 국민의 권리에 대한 관점에서 계급적인 저항권을 방어하는 모습을 발견할 수 있다: "모든 사람은 직무상의 의무를 이행하지 않는 가운데 백성 위에 오만불손하게 군림하는 전제적인 지배자들에게 저항할 수 있다."[3] 1560년 스코틀랜드 장로교는 〈스코틀랜드 신앙고백Confessio Scotica〉을 선언하였다. 이 신앙고백은 하나님에 대한 경외와 이웃사랑에 근거한 '선한 행위'를 독려했는데, 이는 곧 무죄한 자의 생명을 보호하고 전제정치에 저항하며 억압당하는 자의 편에 서는 일이었다. 이와 함께 〈스코틀랜드 신앙고백〉은 전제 군주제에 대한 저항을 그리스도인의 일반적인 의무로 부각시켰다.[4] 그렇지만 이 신앙고백은 전제 군주제에 대한 저항이 계급, 혹은 교회의 대변인들에게 국한된다는 내용에 대해서는 더 이상 언급하지 않았다. 이러한 저항권이 일반화하게 된 배후에는 조지 부캐넌G. Buchanan이 해명했던 옛 스코틀랜드 법의 역할이 큰데, 이 법에 따르면, "선거뿐만 아니라 세습 군주도 국민에 대한 존경에 기인하기 때문에, 만약 지배자가 지배의 계약을 훼손할 경우, 국민은 (지배자에 대한) 복종의 의무에서 해방된다."

그러나 가장 많은 여파와 영향력을 끼쳤던 저명한 저서는 앞서 언급했던 『전제 군주에 대한 법적인 요구』인데, 이 저서는 1579년부터 쥬니우스 부루투스J. Brutus라는 필명 아래 여러 차례 출판되어 널리 보급되었다.[5] 이 책의 저작자로는 필립 듀플레시스 모르네이가 유력하지만, 일련의 사람은 허버트 랑구엘H. Languel을 지목하기도 한다. 랑구엘은 독일 개신교 안에서 수완이 뛰어난 사람으로, 바톨로메우스의 밤을 직접 목도한 필립 멜란히톤P. Melanchthon의 제자이기도 하였다. 명백히 랑구엘의 제자들과 친구들의 저작은 적극적으로 저항한 위그노파의 정신적 지도자였던 모르네이의 이름으로 출판되었다. 그 저작은 더 이상 왕실에 대해 대항하는 계급들의 전통적 저항권을 방어하지 않고, 오히려 새로운 연방적-민주적 국가이념을 선전하였다. 내가 아는 바로는, 모르네이는 신학적인 계약사상을 저항권의 기초를 위해 사용했던 첫 번째 인물이었다. 저항권에 대한 관심 때문에 일반적으로 사람들은 칼 베른하르트 훈데스하겐C.B. Hundeshagen이 독일어로 출판했던 『전제 군주에 대한 법적인 요구』의 제3부만을 읽었으며, 그 이전에 2권으로 된 신학이론을 간과했는데, 사실 이 이론과 함께 모르네이는 네 가지의 현실적인 질문에 대한 답변을 시도하였다.

1. 백성은 하나님의 율법을 거스리는 통치자의 법령에 복종할 의무가 있는가? 2. 백성은 통치자가 하나님의 율법을 훼손한다면, 그에게 저항해도 되는가? 3. 국가를 멸망으로 유도하는 통치자에게 백성이 저항하는 것이 허용되는가? 4. 통치자가 종교적, 혹은 정치적 이유에서 이웃나라의 이방 백성을 도와주는 것이 허용되는가? 구약성서에 따르면, 저항권의 네 가지 사례 안에서 사용된 계약이론은 이중적인 언약의 신학을 통해 설명된다.[6] 첫 번째 언약은 하나님 자신이 시내 산에서 이스라엘 백성과 맺은 계약으로, 이 계약의 법규는 십계명이다. "이 백성들은 처음에 하나님 이외에 다른 왕을 모시지 않았다."[7] 두 번째 언약은 이스라엘 백성이 '하나님 앞에서' 왕과 맺은 계약이다. 이 통치의 계약에 따라 하나님의 주권이 왕에게 위임되었다. 만약 통치자가 백성과 맺은 언약을 파기한다면, 백성에 대한 그의 주권 역시 철회된다. 그렇게 되면 그 통치자는 백성이 저항해야 할 전제 군주가 되는 것이다. 만약 통치자가 백성들과 맺은 하나님의 언약을 파기하게 되면, 그 통치자는 하나님을 위하여 백성이 저항해야 할 하나님 모독자가 되는 것이다. 백성은 새로운 통치자를 지정하고 그에게 나라를 위임하며 그의 임명을 확증한다. "그러므로 왕들은 그들이 하나님의 은혜에 의해, 그러나 백성을 통해, 백성을 위해 통치해야 한다는 사실을 명심해야 한다."[8] 이는 아브라함 링컨A. Lincoln이

게티즈버그Gettysburg에서 행했던 연설, 곧 "국민의, 국민에 의한, 국민을 위한 정부…"와 유사하다. 이로 보건대, 왕이 백성을 만드는 것이 아니라, 백성이 왕을 만들어낸다. 통치자는 통치의 계약 속에 명시된 그의 약속을 무조건으로 준수해야 하는 데 반해, 백성은 단지 조건적으로만 준수하는데, 왜냐하면 통치의 계약이 폐기될 경우, 백성은 그들을 둘러싼 모든 구속력으로부터 자유롭게 되기 때문이다: "백성은 모든 법적인 의무로부터 해방된다Populus juri omni obligatione solutus". 이로써 쟝 보댕J. Bodin이 통치자들의 절대적 주권을 정의한 것처럼, '백성의 주권'이 문자적으로 정의된다: "국왕(지배자)은 법에서 자유롭다Princeps legibus solutus est." [9]

『전제 군주에 대한 법적인 요구』는 자신에게 위임된 국가를 불법적으로 다스리는 '전제 군주의 행위'를 정치적으로 구분한다. 전제 군주에 대항하여 일반 백성은 칼을 뽑는 것이 허용되지 않는데, 왜냐하면 군주는 개인에 의해서가 아닌, 백성 전체에 의해 군주로 지정되었기 때문이다. 그러므로 일반 백성 이전에 먼저 백성 전체를 대변하는 주요 인물들이 군주에게 반기를 제기해야 한다. 법률상의 청구권 없이 폭력을 통해 정부를 장악하는 찬탈자에 대항하여 — 여기서는 통치의 계약이 체결되지 않았기 때문에 — 모든 사람은 지위고하를 막론하고 그에게 반기를 제기할 수 있다. 결국 찬탈자, 곧 '하나님을 모독하는 자'에 대한 저항이 종교적인 영역 안에서 일어나게 된다.

모르네이에게 있어서 구약은 신약 안에서, 이스라엘 민족은 그리스도의 백성 안에서, 그리하여 정치적 영역도 그리스도의 나라 안에서 계속해서 존속한다. 이에 유대교를 믿는 백성에게 부여된 것은, 기독교를 믿는 백성에게도 부여된다. 모르네이는 이 표상에 대해 다음과 같이 기술한다. 즉 백성과 왕은 서로를 위해 참되신 하나님으로부터 배교하는 것에 대한 책임을 짊어진다. 만약 왕이 하나님을 떠나 이방 신들에게 귀의하면, 하나님의 백성은 왕에게 단호한 조처를 취해야 한다. 하나님은 언약의 계약 안에 있는 그의 백성에게 권위와 힘을 부여하시지만, 백성으로 하여금 참된 신앙으로부터 이탈케 하는 통치자에 대해서는 단호한 조처를 취하신다. 모르네이는 대단한 웅변술로 다음과 같이 질문한다. 왜 하나님은 그의 백성에게 동의를 요구하시는가? 왜 하나님은 그의 백성에게 율법에 대한 의무를 지우시는가? 하나님은 그의 백성 가운데서 예언자들을 부르시는데, 이는 통치자들로 하여금 그들의 죄악에 대한 책임을 짊어지도록 하기 위해서이다. 백성은 하나님의 언약에 근거하여 권위를 갖는다. 왕과 백성의 다수가 참된 신앙에서 이탈할 때, 소수의 백성은 수적인 열세에도 불구하고 저항을 주도해야 하는데, 왜냐하면 백성 전체는 하나님께 순종할 것을 서약했기 때문이다. 이는 프랑스에서 종교적 소수로 판정된 개신교 그리스도인에게 모르네이가 제시했던 저항의 정당성이었다. 모르네이는 마리 듀랑M. Durand의 감동적 사례를 소개했는데, 그녀는 38년 동안 프랑스 에그모르트Aigues-Mortes에 있는 콘스탄츠 감옥에 감금되어 그곳에서 그녀의 용감한 '저항'을 돌에 새기었다.

우리는 이러한 국가 이념에서 아래의 관점들을 확인하고 이를 다음과 같이 역사적으로 실현하고자 한다.

1. 여기서 저항권의 기초는 신정론도, 자연법도 아닌, 오히려 계약신학적이다. 계약신학은 제네바의 깔뱅보다는, 오히려 하인리히 불링어H. Bullinger의 저서 『유언인가, 아니면 계약인가*De Testamento seu Foedere unico et aeterno*』(1534)에서 유래한다. 인간 사이의 계약은 인간과 함께하시는 하나님의 계약에 기초하며 이에 의해 보존된다. '그리스도의 나라의 진정

한 백성'은 서로 연합한다고 1560년 하이델베르크Heidelberg의 계약신학자 카스퍼 올레비앙C. Olevian은 선언하였다. 요한 알투지우스J. Althusius도 개혁교회 계약신학의 전통에 서 있는데, 그는 헤르본Herborn에서 『정치 방법론 법전Politica methodice digesta』(1603)을 지지하는 가운데 계약신학으로부터 상호 간의 통치의 계약뿐만 아니라, 사회의 내적인 법률 동맹과 가족에서 사회에 이르기까지 서로 상이한 사회계약의 사회이론을 전개하였다.

2. 계약신학은 하나님께서 인간을 언약을 맺을 만한 존재로 간주하신다고 전제한다. 이러한 하나님에 대한 신뢰로부터 인간의 신뢰는 하나님과 인간 상호 간에 언약을 맺는 행위로 이어진다. 인간은 상호 간에 공생하고 교제를 나누는 공동체적인 존재이다. 인간의 공동체적인 삶은 상호 간의 긴밀한 결합으로 구성되어 있다. 정치는 공생적이다. 이로부터 "정치는 상호 간의 긴밀한 결합의 기술이다Politica est ars consociandi"라는 정의가 뒤따르게 된다.[10] 이를 위해 알투지우스는 이스라엘의 역사를 그 근거로 내세울 뿐만 아니라, 유럽 안에 있는 한자동맹과 도시동맹의 정치적 역사와 모든 연방주의자의 정치적 이상을 내세우는데, 곧 스위스인은 종교적·정치적 연방(연합)을 그 근거로 내세운다.

3. 청교도들이 영국의 '옛 세계'에서 아메리카의 '새 세계'로 이주한 것에 대해 — '이집트'의 신정적인 독재로부터 새로운 이스라엘 안에서 '자유와 평등'의 언약의 공동체로의 탈출로 해석되는 상황 속에서 — 계약 사상은 새로운 영국과 미국 혁명의 정치적 역사로 구현되었다.[11] 매사추세츠에 식민지를 건설한 존 윈스럽J. Winthrop이 1630년 매사추세츠 베이 컴

퍼니Massachusetts Bay Company에서 행했던 계약에 관한 설교는 초기 정착민들의 정치적 자의식이 시작된 계기로 인정되고 있다. 아메리카는 계약된 국가이다. 자유로운 공동체들의 교회-계약과 정착민들의 사회-계약은 상호 간에 서로를 강화하였다. 연방주의적인 본보기는 개별적인 국가들 안에서 1776년의 독립선언과 같이 법령의 제정에 영향을 끼쳤다. 찰스 맥코이C. McCoy는 저명한 연방주의자 제임스 매디슨J. Madison이 프린스턴에 있는 뉴저지 칼리지New Jersey College의 전임자였던 존 위더스푼J. Witherspoon에 의해 영향을 받았다는 사실을 최근에 입증하였다.[12] '공화국의 직무'는 연방제적 원칙에 의해 실현되었다. 헌법 대신에 계약을 말하는 것에 대한 토론도 있었다. 이는 우리에게 '기본법'인 헌법이 '하나님 앞에서' 남녀 모두 각자의 합의이며, 이러한 헌법에 의거하여 모든 정부가 불법적이고 부당하게 인권을 침해하는 권력 행사에 대항해야 한다는 사실을 의미한다. 전제 군주에 대한 저항은 하나님과 민주주의가 위급한 상황에 봉착했을 때 마땅히 행해야 할 순종이다.

3. 레비아탄: 사멸하는 신과 그의 절대적 주권

토마스 홉스가 그의 저서『레비아탄』을 저술하고 출판할 당시 영국의 정치적 상황은 일반적으로 '시민전쟁'으로 표기된다. 깔뱅주의와 경건주의를 통해 민주주의 사상은 영국 시민과 신사 사회Gentry(영국에서 귀족 다음가는 사회계급 역자) 안에 세력을 확장하였다. 한편 가톨릭을 믿는 스튜어트 왕가의 사람들은 프랑스의 루드비히 14세Ludwig XIV처럼 절대주의적으로 통치하고자 시도하였다. 이에 당시 영국 의회와 왕정 사이의 갈등은 출구가 보이지 않을 만큼 심각한 상황이었다. 칼스 1세 스튜어트Karls I. Stuart의 처형 이후 2년이 지난 1651년 『레비아탄』은 출판되었는데, 이는 '왕정 반대 투쟁자들'의 국가 이론과 정치적 결과에 대한 하나의 답변이 되었다.[13] 그렇지만 홉스는 달리 생각하였다. 그의 사상은 계급질서와 전통으로부터 자유로웠으며, 그와 동시대인이었던 르네 데카르트R. Descartes의 사상처럼 계몽주의적이었다. 마치 인간이 예술품을 제작하듯이, 홉스는 자신의 국가를 구상하였다. 그러나 홉스가 구상한 국가는 절대적 주권의 의지에로 기울었으며 법률의 역사의 우연성(개연성)에게 설자리를 허용하지 않는, 곧 일종의 국가 기계의 무역사적인 유토피아였다. 에드워드 코크 경Sir E. Coke(1552-1632)과의 논쟁 속에서 홉스는 관습법Commen-Law을 거부하는 가운데 이 법을 재판한 재판관을 왕정의 절대적 주권의 몰락과 함께 시민전쟁에 대한 책임을 지웠다.[14] 그러나 야콥 타우베스J. Taubes가 지적한 바와 같이, 우리는 홉스의 철학을 교과적인 시민전쟁에 대한 직접적인 반영이라고 말할 수 있겠는가?[15] 나는 오히려 홉스의 철학을 계몽주의적인 국가 유토피아로 간주하는 가운데 전통과 종교에 대한 단지 경미한 관심만을 표명할 따름이다.

홉스는 인간의 자연적 상태가 '모두에 대항하여 모두가 전쟁을 치르는' '절박한' 상태라는 가정에서 출발한다. 인간을 움직이는 동기부여의 주된 요인으로서 그는 억제되지 않는 가운데 지속적으로 인간을 괴롭히고 충동질하는 '권력(힘)에 대한 굶주림'을 지목하는데, 이러한 굶주림은 사실 죽음과 함께 끝나버린다(77). 이에 홉스는 "인간들이 함께 더불어 살아감은 상호 간에 즐거움을 주기보다, 모든 사람을 억압하는 상위의 권력을 소유하지 않는 한, 오히려 그와 정반대로 근심을 가져다 준다" (98)고 생각한다. 권력 추구와 병행하여 인간은 자신을 보존하고자 하는 욕구와 안정되고 보장된 삶에 대한 갈망(131), 곧 '모두에 대항하여 모두가 전쟁을 치르는 비참한 상태에서 벗어나고자' 하는 강렬한 바람을 가진다(131). 이를 위해 인간은 자신에 대해 스스로 결정할 수 있는 자유가 명시된 원초적 계약을 체결한다. 그리하여 국가가 생겨나게 된다. "인간들이 하나의 인격으로서 서로 합일하면, 하나의 국가(라틴어로 civitas)가 형성된다. 이는 거대한 레비아탄의 탄생이 되거나, 아니면 오히려 (보다 정중하게 표현하여) 사멸하는 신의 탄생이다." 국가 안에 존재하는 모든 개인에 의해 인정된 권위와 국가에 위임된 권력을 통해 레비아탄은 모든 시민에게 상호 간의 평화와 외부의 적들에 대항한 상호 간의 협력을 강력히 요청할 수 있다. 레비아탄은 사람들이 인격으로서 정의할 수 있는 국가의 존재를 형성한다. 이러한 국가의 주권이 인권의 원초적 계약으로부터 생겨나기 때문에, 홉스는 이를 '제도적 국가'로 일컫는다. 이와 동일하게 많은 사람의 정치적 통일도 이러한 원초적 계약이 아닌, 오히려 그들을 대리하는 대표자들 안에 놓여 있다: "하나의 인격 안에 전체가 결합된 하나의 진리가 존재한다 In persona una vera omnium unio." 그리하여 많은 개별적 인간에게서 거대한 레비아탄이 출현한다. 이러한 레비아탄의 주권은 모든 권력, 곧 세속적이고 종교적인 권력을 소유한다. 레비아탄은 모든 전체 권력의 우두머리이며, 그에게 예속된 이들, 곧 자신들의 안전에 대한 자유를 그에게 의탁한 이들은 레비아탄의 하수인이 된다. 이러한 상황 속에서 삼권분립과 같은 권력의 분산은 레비아탄의 통일성을 위협하는 일로, 권력에 대항하는 저항권은 사회 안전을 해치는 일로 간주된다. 또한 홉스는 제휴와 계약의 카테고리 안에서 그의 사상을 전개한다. 그는 장로교 가정에서 성장했지만, 그에게 통치의 계약을 제한하는 하나님의 언약은 중요시되지 않고, 단지 적대적인 자연에 저항하는 인간의 통치

계약만이 중요시되었는데, 이를 통해 모두에 대항하는 모두의 투쟁을 종결시키기 위해서이다.

인간은 자신을 대리하는 대표자에게 절대적 주권을 부여할 수 있다. 이를 통해 대표자의 의지 자체는 법률이 되지만, 대표자는 법률 위에 군림하게 된다. 그는 세속적이고 종교적인 권력을 소유한 자, 곧 법률과 진리 위에 군림하는 주인이 되며, 그리하여 기적과 신앙고백 위에 군림하는 주인이 된다. 그는 그 지역의 정치적 종교를 결정하지만, 그 지역 거주민들의 내적인 신앙과 사고는 결정할 수 없다. 전제 군주 자신은 정치 신화적인 평화의 영웅, 곧 레비아탄이 되며, 아리안적인 방식으로 이 땅 위에서의 '사멸하는 신'으로서 하늘에 있는 '불멸의 하나님'의 수호 아래 숭배된다.

칼 슈미트와 야콥 타우베스는 레비아탄의 심오한 의미를 내포한 상징적인 표현을 다음과 같이 지적하였다. 즉 사람들은 많은 소인으로 구성된 하나의 거인을 바라보는데, 그의 오른손에는 검이, 그의 왼손에는 주교의 지팡이가 들려 있으며, 양손은 평화로운 한 도시를 수호하듯이 그 위에 펼치고 있다. 사람들은 그의 오른손에 들린 검 아래에서 성, 대포, 창, 마침내 전투를 바라보며, 그의 왼손에 들린 주교의 지팡이 아래에서는 하나님의 집, 주교 모자, 파문, 마침내 공의회를 바라본다.[16] 그 모토는 욥기 41장 33절, 곧 "세상에는 그것(레비아탄)과 비할 것이 없으니"에서 유래한다. 토마스 홉스는 이러한 '거대한 레비아탄'의 형상을 통해 무엇을 말하고자 하는가? 교회법 학자 한스 바리온H. Barion이 중세기의 신정적인 '두-검-이론Zwei-Schwerter-Theorie'을 비판하는 것은 표면적으론 정당하다. 세속적 권력이 교황의 독재 이후에 부여된 것과 같이, 홉스의 정치적인 주권에 근거하여 정치적이고 종교적인 양 권력이 한 손 안에 주어져 있다. 왜냐하면 왕관이 수호와 평화를 염려하는 '거인'의 머리 위에 놓여 있기 때문이다. 이는 양손에 검을 쥐었던 하인리히 8세Heinlich VIII의 초상화들을 상기시킨다. 이를 통해 야콥 타우베스는 그의 정치적 이론의 본래적 목표가 신정론이라는 것을 나타내고자 한다.[17] 이는 또한 그 부제, 곧 "교회 조직과 시민적 공공 조직의 존재, 형태 그리고 권력Matter, Forme and Power of a Common Wealth, ecclesiastical and civil"을 확증한다. 그렇지만 홉스는—타우베스가 생각한 바와 같이—'영적이고 세속적인 권력' 사이에 '한계를 설정'하지 않고, 오히려 그 정반대로 양 권력의 나뉘지 않는 통일성을 나타내고자 한다. 레비아탄은 이 땅 위에서의 평화의 군주가 되어야 한다. 그러므로 홉스는 단지 "예수는 그리스도이시다"라는 신앙고백이 그 나라 안에서 선언될 것을 40여 차례에 걸쳐 반복하였다. 나는 사람들이 홉스의 국가 유토피아를 천년왕국적으로 파악하는 것은 이해할 만한 일이라고 생각한다. 이 땅 위에 이루어질 그리스도의 천년왕국(계 20장) 안에서는 종교적 권력과 정치적 권력, 국가와 교회가 서로 일치될 것이다.[18] 이러한 '기독교적 국가'는 이 땅 위에서의 '사멸하는 신', 혹은 '계시하는 신성'(G.W.F. Hegel)이 될 것이다. 그렇지만 왜 홉스는 이러한 정치적 평화의 나라를 '레비아탄'이라고 명명했는가?

이와 함께 우리는 홉스의 정치신학에 대한 다음과 같은 신학적인 토론에 이르게 된다.

1. '모든 이에 대항하는 모든 이의 투쟁'은 인간이 태생적으로 지닌 인간의 본래적 상태로 일컬어질 수 있는가? 이는 신학적으로 볼 때, 본래적 상태status naturalis이기보다, 오히려 타락의 상태status vorruptionis라고 말할 수 있다. 인간이 본성적으로 악하다고 주장하는 사람들은 창조주를

모독하는 것이다. 홉스는 '모든 이에 대항하는 모든 이의 투쟁'을 통해 사실상 묵시사상적인 세계의 종말, 세계 종말적인 무질서, 창조 이전의 혼란 속으로의 침몰에 대해 말하고자 하였다. 이에 그는 레비아탄의 평화의 나라 속에서 이 세계의 종말, 묵시사상적인 재난을 저지하는 세력을 보았다. 그러나 홉스가 자연에 대해 묘사한 것은 매우 충격적이다. 그는 자연을 인간에게 적대적인 세력으로 묘사했는데, 왜냐하면 그는 자연이 '빈궁한 상태 속에서 인간을 배척'한다고 생각하기 때문이다(101). 홉스의 표상에 따르면, 자연의 상태는 무자비한 전쟁의 상태인 데 반해, 인간사회 안에서 시민의 상태는 평화가 다스리는 은혜의 상태이다. 나는 홉스의 이러한 표상 안에 자연에 대한 그릇된 관계가 그 근저에 놓여 있다고 생각한다. 그러므로 인간이 만들어낸 예술품 창작으로서의 레비아탄-국가는 비자연적이고 자연파괴적인 구성물이다. 인간이 '위험한 존재'이며 단지 힘의 의지와 안전에 대한 욕구의 충동 메카니즘에 지배를 받는다는 사실은 근대 이래로 유럽에서 자연을 소외시키는 인간을 양산하였다. 이는 무신적이고 비인간적인 형상이다.

2. 정치적 의지의 형성이 전제 군주, 곧 자기 자신의 독재적 견해로 다스리는 지배자에 대한 개인적 자기 결정권의 양도를 통해 생겨난다는 것은 허구이며 대립을 양산하는 생각이다. 홉스는 "어디에서 그리고 언제 주권적 권력이 신하들에게 인정을 받게 되었는가?"(163)라는 질문을 스스로 제기하면서 이에 대해 답변하지 않았다. 그는 자신의 국가 이론을 시민을 위해 저술하지 않고, 오히려 전제 군주를 위해 저술했는데, 이를 통해 전제 군주로 하여금 제멋대로 횡포를 부리는 그의 전제적 권력을 명료하게 자각케 하고 그가 얼마나 '모든 이에 대항하는 모든 이의 투쟁'의

무서운 광경을 통해, 죽음 앞에서의 불안을 통해 사람들을 자기 수하에 넣고 휘두르고 굴복시켰는지에 대해 보여주기 위해서이다. 홉스에서 유래하는 원초적 계약은 생존의 목표를 위한 굴복의 계약에 지나지 않는다. 그렇지만 인간이 늑대의 본성으로 그의 자유와 굴복의 양도를 통해 평화의 나라를 만들 수 있다는 것은 이해하기 어려운 일이다. 레비아탄은 인간의 늑대 본성을 제어하는가, 아니면 레비아탄 자신이 인간에게 강력한 늑대가 되는가?[19] 왜 정치적 영역 위에서 제어할 수 없는 힘에 대한 의지는 안전에 대한 필요에게 양보하고, 보다 강력한 이에로 상승하고자 하는가? 전제 정치 자신이 특별히 무정부 상태라는 불유쾌한 형태를 나타낸다면, 과연 전제 정치는 무정부 상태보다 더 선호된다고 말할 수 있겠는가?

3. 홉스는 이중성 자체를 인식했는데, 아마도 이로 말미암아 레비아탄의 표상을 선택한 것 같다. 여기서 우리는 레비아탄의 신화적 표상에 대해 다시금 살펴보고자 한다. 레비아탄은 평화의 군주로서 그리스도의 형상을 지니고 있으며 신적인 인간으로서 인간이 된 하나님의 형상인가, 아니면 적그리스도, '지옥으로부터 온 짐승', '이 세상 임금'인가? 물론 홉스는 구약성서 안에서 선한 레비아탄을 사악한 베헤못Behemoth(욥기 40장 15-24절에 기록된 사탄을 상징하는 괴물 역자) ― 여기서 그는 당시 영국의 의회를 암시 ― 에게 대립시켰지만, 성서적 신화 속에 전적으로 함몰되지 않았다. 그는 욥기 41장 33절을 인용했지만, 레비아탄이 뱀과 용과 나란히 하나님을 대적하는 짐승으로 기술된 이사야 27장 1절을 명백히 인식하였다. 홉스는 그 시대의 묵시사상으로부터 레비아탄에 대한 성서의 묘사들, 곧 용, 마귀, 사탄, 하나님, 혹은 타락한 이 세상의 임금으로 인식

했음에 틀림없다. 또한 도미티안Domitian 황제 치하의 로마 제국을 상징하는 바다에서 온 묵시사상적인 용은 요한계시록 13장 4절에 기록되어 있다: "누가 이 짐승과 같으냐, 누가 능히 이와 더불어 싸우리요?" 야콥 타우베스는 자신의 전집을 레비아탄의 표상과 함께 '칼 슈미트와 그 연속물'로 장식했으며 그 전집에 '이 세상의 임금'이라는 냉소적인 부제를 붙였다. '이 세상 임금'은 요한복음 안에서 이미 그를 심판하신 그리스도를 통해 멸망하는(요 12:31; 14:30; 16:11) 사탄을 지칭한다. 사도 바울은 '이 세상 임금'을 '이 세상의 신'으로 일컫는다(고후 4:4). 추측컨대, 홉스는 성서에 나오는 '이 세상의 임금'과 '이 세상의 신'으로부터 '사멸하는 신'이라는 표현을 만들어낸 것 같다. 17세기 영국의 묵시사상적인 표상의 세계 속에서 레비아탄은 평화의 형상이 아니라, 오히려 혼란을 유포하고 '예수는 그리스도이시다'는 신앙고백과 정반대의 상황을 조장하는 존재이다. 레비아탄의 정체를 밝히기 위해, 우리는 무정부에 대항하는 독재 자체가 무정부적인 세력이라는 사실을 지적할 수 있다. 독재는 무정부의 상층부이다. 조직화된 범죄는 개인적 범죄의 종말이지만, 범죄의 궁극적 종말은 아니다. 조직화된 권력 추구는 모든 이에 대항하는 모든 이의 투쟁의 종말이지만, 권력 추구의 궁극적 종말은 아니다. 홉스가 구상한 레비아탄의 표상이 조직화된 평화 없음의 상태에 대한 비전이라는 사실은 명약관화하다. 한 개혁주의 신학자는 홉스의 사상을 이러한 의혹 속에서 이해했는데, 왜냐하면 한 사람의 전제 군주의 손 안에 부여된 세속적이고 종교적인 권력에 대한 부인은—그 사람이 교황이든, 황제이든—루터 이래로 적그리스도의 징표로서 통용되기 때문이다.

4. 마르틴 루터는 위험한 시기였던 1539년에 황제에 대항하는 저항권

에 대한 회람 논쟁을 제기하였다.[20] 만약 황제가 교황의 요청으로 개신교를 믿는 영주들에 대항하여 전쟁을 통해 개신교 신앙을 멸절시켰다면, 루터를 위해 찬탈자, 혹은 관직을 남용한 지배자가 등장하기보다, 오히려 묵시사상적인 대大 전제 군주가 등장했을 것이다. 이러한 대 전제 군주는 다니엘서 11장 36절에 의거하여 하나님을 대적하는 괴물이며, 데살로니가후서 2장 3절의 적그리스도이다. 그는 자연권과 계약을 인정하지 않으며, 단지 그 자신이 제정한 법률만을 인정한다. 그는 법률에 근거한 지위를 갖지 않음으로써, 그 자신이 데살로니가후서 2장 8절에 나타난 '무법자'이다. 이러한 전제 군주에 대해 루터는 "이 괴물은 늑대이다Hoc monstrum lupus est"라고 말하면서 그를 짐승의 상징과 함께 레비아탄, 혹은 괴물로 기술하기보다, 오히려 늑대 인간, 곧 늑대의 육신을 가진 인간의 영혼으로 지칭한다. 어디서 우리는 이 늑대 인간을 발견할 수 있는가? 두 나라, 곧 세속적이고 종교적인 나라를 철폐하고 하나님의 모든 질서를 황폐화시키는 곳에서 우리는 늑대 인간을 발견할 수 있다. 이러한 묵시사상적인 괴물에 대항하여 모든 사람, 곧 지배자와 그 신하들, 부자와 가난한 이들은 빈부귀천을 막론하여 투쟁해야 한다. "이러한 가공할 만한 인물에 대항하여 모든 악조건 속에서도 모든 이의 적극적인 투쟁이 있어야 한다 … 만약 그 가공할 만한 인물에 의해 박해를 받은 사람들 가운데 재판관, 혹은 농부들이 투쟁 속에서 죽임을 당했다면, 사람들은 그들에게 어떠한 경우에도 불의를 행하지 않았다"라고 루터는 그의 논제 65조에서 주장하고 있다.[21] "세계 안에 존재하는 전제 군주를 후원하는 지배자에 대항하여 백성은 혁명에 대한 권리와 의무를 갖는다. 그것은 영원한 구원을 위한 봉기이지, 정치적 목표를 위한 국가의 변혁이 아니다 … 위험이 지나갈 때까지 자연권이 단독으로 통치한다…"라고 루터교 법학자 요한네스 헥켈J. Heckel은 이 구절을 계약신학적으로 잘 설명한다.[22] 루터는 이러한 괴물을 '사멸하는 신'으로 일컫기보다, 오히려 지옥의 신deus infernalis으로 일컫는다. 그렇지만 여기서 묵시사상적인 표상과 저항에로의 봉기는 결정적이지 않고, 오히려 종교적인 권력과 세속적인 권력의 분리, 혹은 합일이 결정적이라고 말할 수 있다.

4. 계약대 레비아탄

이제 우리는 근대시대의 시작점에 서 있는 두 정치 신학, 곧 계약과 레비아탄의 주요 논제들을 비교하고자 하는데, 양자 간에 평준화를 모색하기보다, 오히려 상호 간에 대결을 통해 각자의 특성을 명료하게 제시하고자 한다.

국가에 대한 레비아탄의 표상은 부정적인 인간학을 전제하는데, 이는 힘, 권위, 주권에 대한 긍정적인 신학을 정당화하기 위해서이다. 인간은 태생적으로 사악하고 폭력적이므로, 다른 사람들 앞에서의 보호와 자기 자신 앞에서의 보호를 위해 강력한 국가를 필요로 한다. 이러한 부정적인 인간학을 설명하기 위해 일반적으로 아우구스티누스Augustinus의 원죄이론이 동원된다.

이에 반해 국가에 대한 계약의 표상은 긍정적인 인간학을 전제하는데, 이는 힘의 통제를 위해 힘에 대해 비판적인 신학과 민주적인 기관들을 정당화하기 위해서이다. "모든 인간은 자유롭고 평등하게 창조되었으며 그들의 창조주에게서 양도될 수 없는 권리들을 부여받았다"라고 미국의 헌법은 선언한다. 이러한 비판적 국가이론을 설명하기 위해 일반적으로 정치적 악령 이론이 동원되는데, 이에 따르면, (통제되지 않은) 힘은 사악하다(J. Burckhardt).

부정적 인간학에서 유래하는 국가 폭력의 형성은 그 근본에서 무정부적인데, 이는 그것이 파라다이스 안에서도, 하나님의 나라 안에서도 국가가 존재한다고 주장함으로 인해 국가는 죄의 한 현상이기 때문이다. 자유로운 시민의 계약에서 유래하는 국가 폭력의 형성은 국가 안에서 인간의 창조된 본성이며 하나님 나라 안에서 '하늘의 시민권'의 선취이다. 지금 현존하는 국가가 정치적 악마와도 같은 권력과 인간의 죄악을 통해 훼손되지만, 이는 인간의 소외에 속하지 않고 본질에 속한다.

5. 칼 슈미트의 레비아탄에 대한 예찬과 이교화

칼 슈미트는 1922년 정치적 주권 이론을 위해 '정치신학'이라는 개념을 도입했는데, 이 개념은 고대의 개념, 곧 고대의 정치신학에 대한 숙명적인 협소화를 나타낸다. 그는 '말메스버리Malmesbury의 철학자'를 예찬한 사실에 대해 결코 숨기지 않았으며 그의 평생 '레비아탄'에 전념하였다. 이와 관련하여 우리는 두 가지 생각을 슈미트의 저서『토마스 홉스의 국가 이론에서의 레비아탄. 정치적 상징의 의미와 실패*Der Leviathan in der Staatslehre des Thomas Hobbes. Sinn und Fahlschlag einer politischen Symbols*』(1938)에서 받아들이고자 하는데, 왜냐하면 이 생각들은 기독교 신앙과 함께 기독교 신학의 뇌관을 건드리기 때문이다. 이 저서에서는 한편으론 종교적 권력과 정치적 권력 사이의 구분에 대해 다루고, 다른 한편 개인적 신앙의 자유에 대해 다룬다. 첫 번째로 종교와 정치의 구분은 슈미트에게 있어서 '유대-기독교적'이다. 두 번째로 개인의 종교적 자유의 보존은 홉스에게 있어서 국가의 '유대교적'인 쇠퇴에로, '생명력이 강한 레비아탄'의 '사멸'에로 유도한다. 여기서 나는 슈미트의 안티-세미티즘보다는, 오히려 그가 유대교인과 그리스도인에게서 감지했던 전체적 국가의 위협에 관심을 기울이고자 한다.

슈미트는 1930년대 초반 함께 토론했던 유대인 학자 레오 슈트라우스 L. Strauß[23]에 대한 인용과 함께 다음과 같이 주장하였다. 즉 홉스는 종교와 국가 양대 권력의 결합에 대한 질문에서 "전형적으로 유대-기독교적인 신조에 대항하는 입장을 견지했으며, 실제적이고 구체적으로 이방 기독교를 … 논증하였다"(20). 슈트라우스에 따르면, 홉스는 유대교인을 '종교와 국가 사이의 구분을 선동적으로 일으키고 국가를 파괴한 최초의 장본인'으로 인식하였다. 여기서 슈미트는 홉스가 말한 유대인을 '유대-그리스도인'으로 수정했는데, 왜냐하면 이방인에게 종교는 정치의 일부분이므로, 종교와 국가 양대 권력 사이의 구분은 본래 그들에게는 낯선 것이었기 때문이다. 슈트라우스에 따르면, 종교와 정치의 본래적이고 자연적이며 이교적인 결합의 재건은 홉스의 정치이론의 본래적인 의미이다. 슈미트는 "종교와 정치의 결합은 적합한 것이다"라고 말하면서 여기에 다음과 같은 내용을 부연하였다. 즉 "'레비아탄'의 신화가 양자의 자연적 결합을 파괴시킨 유대-기독교에 대항하는 투쟁 속에서 자신을 정치적-신화적인 표상으로서 보존되었는지의 여부, 이 신화가 투쟁의 가혹함 속에서 발전하게 되었는지의 여부"(23)에 대한 질문이 제기된다. 성서와의 연관성에서 다음과 같은 내용이 그 결과로 나타난다. 즉 슈미트는 유대-기독교와 함께 예루살렘에 있는 원原 공동체가 아닌, 기독교 거주지역에 있는 유대적 그리스도인들, 특히 기독교 영역 안에 있는 유대적 사상의 작용을 시사하였다. 그는 성직 임명권을 둘러싼 황제와 교황 사이의 다툼 속에서 획득된 교회권력과 정치권력의 구별, 루터가 제시한 두 왕국의 구별, 특히 독립된 법치 국가 안에서의 교회의 자유를 모든 것을 다스리는 국가의 본래적이고 자연적이며 생명력이 강한 통일성의 유대적 해체로 간주하였다. 어떤 연유로 이러한 국가가 본래적이고 자연적이며 생명력이 강한지에 대해 그는 발설하지 않는다.

그러나 나는 그것이 그 반대를 의미한다고 생각한다. 즉 나는 국가로부터 교회의 자유와 또한 정치적 종교, 혹은 국가 이데올로기에 대한 교회의 자기주장이 전체 국가에 저항하는 최상의 보장이라고 생각하는데, 왜냐하면 이러한 교회의 자유와 자기주장은 국가가 괴물과 같은 레비아탄으로 변질되는 것을 허용하지 않기 때문이다. 그렇지만 그것은 단지 기독교 신앙 안에 있는 '유대교적' 유산만은 아닌데, 이 유산은—'기독교 국가'에서—종교적 정치, 혹은 정치적 종교로 변질되는 것을 저지한다. 그것은 로마의 레비아탄의 이름으로 십자가에 달리신 그리스도에 대한 상기(회상)이다. 기독교는 정치적 종교로서 생겨나지 않았고, 오히려 자원하는 마음으로 십자가에 달리신 자를 뒤따르면서 태동하였다. 기독교는 국민의 종교로서 생겨나지 않았고, 오히려 자발적인 공동체로서 태동하였다. 특히 그리스도의 십자가는 언제나 교회, 종교와 정치의 정치적 통일성(결탁) 사이에 서 있으면서 이 통일성을 끊어버린다.[24] 에릭 페터슨E. Peterson은 슈미트의 레비아탄에 대해 다음과 같이 정당하게 선언하였다. 즉 "누구든지 정치적 통일성에 대한 유대-기독교적인 분리를 거부하는 사람은 '그리스도인이 되기를' 포기하며 '이교를 선택한' 사람이다."[54]

슈미트는 홉스가 종교와 정치 사이의 매우 밀착된 통일성 안에서 이후

레비아탄에게 화를 초래한 빈틈을 허용한 것을 유감스럽게 생각한다. 즉 그것은 외적인 고백과 내적인 신앙의 구분, 공적인 종교 안에서의 국가에 대한 충성과 개인적 삶 속에서의 사고와 신앙의 자유의 구분이다. 이러한 구분, 경우에 따라서는 '개인주의적인 유보' 속에서 슈미트는 도래하는 자유적인 헌법의 시스템들 안에서 개인의 자유권을 위한 출발점을 본다. 스피노자B. de Spinoza에서 시작하여 모세 멘델스존M. Mendelssohn을 넘어 율리우스 프리드리히 슈탈J.F. Stahl에 이르기까지 유대인은 이러한 빈틈을 최대한 이용했는데, 이를 통해 레비아탄을 그 내면으로부터 '탈영혼화'시키기 위해서이다(87). 왜냐하면 내면은 이제 외면을 규정하며, 개인주의적인 사고의 자유는 형태를 부여하는 기본 원칙으로 되기 때문이다: "유대적 실존으로부터 출현한 소규모 사상운동은 수년이 경과하면서 레비아탄의 운명에 결정적인 전환점을 마련하였다"(89). 레비아탄의 논리적 귀결은 완전한, 나뉘지 않은—내적인 영역을 넘어—국가의 절대주의이다. 이는 곧 슈미트가 개혁의 완성으로 바라보았던 "영토를 다스리는 자는 종교를 결정한다cuius regio eius religio"(1555년 독일 아우구스부르크 종교 회의에서 제정된 종교 간의 평화를 위한 기본 원칙으로 이에 근거하여 영주는 신하들의 신앙을 결정. 의역하면, 통치자는 그가 지배하는 세력권 안에서의 종교를 결정한다는 의미 역자)라는 구호 안에 잘 나타나 있다. 그러나 홉스는 의식했든, 의식하지 않았든 레비아탄에게 치명적인 약점을 남겼다. 내적으로 밀려난 신앙으로부터 침묵 속에서 반대의 힘(저항력)이 성장하는데, 왜냐하면 내면과 외면의 구분이 인정된 순간에 외면성에 대한 내면성의 우월함, 또한 이와 함께 공적인 것 위에 사적인 것의 우월함이 기정사실이기 때문이다(94). 레비아탄이 지닌 힘은 단지 외적인 것이며, 따라서 허울만의 공허하고 인간 이하의 존재가 된다. 그리하여 '사멸하는 신'에게 내면과 외면의 구분은 죽음에 이르는 질병이다. 국가로부터의 종교의 자유와 양심의 자유가 실현되기 위해 국가의 절대성을 축소시키는 일이 요청된다. 슈미트는 유대 민족 자신의 독립의 목적을 위해 모세 멘델스존에게서 그러한 이방(민족)의 무기력화를 발견한다(93). 슈탈은 국가의 내적인 핵심, 왕정, 귀족, 개신교회를 '이데올로기적으로' 교란시키고 정신적으로 마비시켰다(108). 여기서 슈미트는 올바로 보았지만, 나는 그가 잘못 판단했다고 생각한다. 현대적 국가 안에서 기독교적 실존과 유대교적 실존을 주장하는 일은 국가를 세속화하고 중립적으로 만들었으며 자유로운 법의 국가로 만들었다. 슈미트가 레비아탄을 통해 재신화화한 것은 성공을 거두지 못하였다. 홉스는 지혜롭게도 그의 정치적 신 안에서 사멸성을 구축했는데, 이는 그 자신이 이에 대해 일관되게 충분히 사고했기 때문이기보다, 오히려 유대-기독교적으로 신앙했기 때문이다. 슈미트에 따르면, 그가 거론했던 스피노자, 멘델스존, 슈탈 그리고 속박에서 벗어난 다른 유대인들은 자유 민주주의의 문화를 레비아탄에게서 구원하였다!

　사회주의적인 레비아탄 역시 인간의 내면세계와 사적인 삶을 명백히 지배할 수 없었으며 탈영혼화되어 멸망하였다. 그러나 국가의 미디어 통제를 통해 사적인 영혼의 내면세계는 거짓과 동화를 통해 지배될 수 있다는 것은 생각될 수 있는 일이다. 또한 노암 촘스키N. Chomsky가 걸프전 이후에 미국에서 논평한 바와 같이, 사고의 자유도, 신앙의 자유도 남아 있지 않음으로써, 민주주의가 파괴되었다는 것도 생각될 수 있는 일이다.[55] 어떻게 '개인주의적인 유보'가 모든 사물의 경제적 상품화에 대항하여 방어될 수 있겠는가? 아마도 여기서 하나의 새로운 레비아탄, 곧 'STASI-괴물'이 우리에게 올 것이다.

6. 새로운 정치신학과 민주주의

　제2차 세계대전 이후 독일에서는 아우슈비츠의 실체에 대해 서서히 인식하는 충격적인 작용 속에서 새로운 정치신학이 태동하였다.[27] 전쟁 이후의 신학은 우리가 유대인에 대한 홀로코스트의 그늘 속에서 살아가야만 한다는 사실을 고통스럽게 의식하였다. '아우슈비츠 이후'는 우리에게 신학의 구체적인 장소가 되었다. 이러한 역사적인 죄과의 긴 그림자들은 우리의 신학함의 자리locus theologicus가 되었다. '아우슈비츠'의 이름과 함께 우리 독일인은 자민족의 도덕적이고 정치적인 위기와 결합되었을 뿐만 아니라, 기독교 신앙의 위기와 결합되었다. 왜 그토록 소수의 사람만이 기독교 안에서 국가 사회주의의 레비아탄에 저항했는가? 그것은 참으로 개인적인 용기가 부족했기 때문만은 아니었을 것이다. 우리는 개신교와 가톨릭 전통들 안에서 당시 그리스도인들을 치명적인 좌초로 이끌었던 행동의 본보기들을 발견하였다.

　1. "종교는 사적인 일이며 정치와는 무관하다"라는 일반 시민들의 견해는 칼 슈미트가 생각했던 바와 같이, 레비아탄을 탈영혼화시켜 기진맥진하게 만들고 붕괴시키기보다, 오히려 그 반대로 작용하였다. 즉 '내적인 망명'(세상 도피를 의미 역자)은 외적인 범죄를 행하도록 부추겼는데, 여기서 이러한 범죄에 대한 저항을 시도했던 출발점은 전혀 발견되지 않고 있다. 이러한 현존하는 신학의 '사인화私人化, Privatisierung 경향'은 요한 밥티스트 메츠에게 정치적으로 비판적이고 공적으로 책임적인 신학을 요청하고 실현하기 위한 기초가 되었다: "탈脫사인화는 정치신학의 일차적이며 신학 비판적인 사명이다."[28] 칸트에 따르면, 사적인 사고를 하는 사람보

다는, 오히려 자신의 이성을 공적으로 활용할 수 있는 자유를 가진 사람이 사고방식이 자유로운 계몽된 사람이다. 이러한 칸트의 말은 기독교 신앙에 대해서도 통용된다. 즉 신앙의 자유는 자신의 개인적 신앙을 돌볼 수 있는 것을 의미하는 것이 아니라, 오히려 이 신앙을 공적으로 활용하며 실천하는 것을 의미한다.

2. 종교적인 세력과 세상적인 세력의 분리, 종교와 정치의 분리는 사실상 독일이 하나의 레비아탄으로서 존재하던 기간 동안 국가로부터 혹독한 통제를 받았던 교회들로 하여금 저항케 하였다. 그러나 이러한 교회들의 저항은 인간의 자유를 위한 저항이기보다, 오히려 교회의 자유를 위한 저항이었다. 양자 사이의 분리를 통해 종교와 양심은 교회의 영역으로 제한당하게 되었고, 다른 삶의 영역들은 양심 없는 힘의 정치에 내맡겨져버리게 되었다. 이러한 상황 속에서 새로운 정치신학은 단지 개인적이고 교회 내적인 그리스도를 뒤따르는 것뿐만 아니라, 신앙의 공적인 증언과 정치적 자유도 함께 전제한다. 이 신학은 비판자들이 잘못 추측하는 바와 같이, 교회를 '정치화'하고자 하지 않고, 오히려 교회와 그리스도인의 정치적인 실존을 특별히 산상설교에 내재된 그리스도를 뒤따름에 의거하여 기독교화, 이를테면 폭력으로부터 자유로운 문화를 형성하고자 한다. 정치는 모든 기독교 신학의 가장 포괄적인 콘텍스트이다. 정치는 정치적 종교와 종교적 정치에 대한 조망 속에서 비판적이어야 하며, '정의, 평화, 창조의 보존'을 위한 그리스도인의 구체적인 참여에 대한 조망 속에서 긍정적이 되어야 한다. 내부와 외부, 사적인 것과 정치적인 것, 종교적인 세력과 세상적인 세력 사이의 구별은 레비아탄을 제어하기 위해서 충분하지 않다. 레비아탄을 궁극적으로 제어하기 위한

길—칼 슈미트가 제대로 보았지만 잘못 판단했던 길—은 (교회와 그리스도인들로 하여금 역자) 내부에서 외부로, 신앙에서 정치적인 실천에로 이끄는 데 있다.

무엇이 옛 정치신학(칼 슈미트가 주창한 독재체제를 옹호하는 반혁명적·반혁명적·반자유적·반민주적 정치신학 역자)과 새로운 정치신학(옛 정치신학이 불의한 국가권력과 야합하여 '정치적 종교'의 역할을 감당하는 상황 속에서 1960년대 몰트만을 위시하여 일련의 독일 신학자가 주창한 기존의 '옛' 정치신학과 구별되는 '새로운' 정치 신학. '새로운' 정치신학은 '옛' 정치신학과 달리 불의한 기존체제의 존속을 보장해 주는 대가로 기독교가 특권을 누리고 세계의 불의를 방조하는 도구가 되는 것을 결사적으로 반대 역자)을 구별하게 하는가? 그것은 바로 주체이다. 칼 슈미트에게 정치신학은 절대주권의 이론에 국한되어 있는데, 특히 그는 정치적 절대주권의 주체로서 단지 국가들, 혁명의 운동들, 반(공산주의) 혁명의 운동들만을 보았다. 그러나 슈미트가 지향하는 정치신학의 목표는 종교를 정치에 편입시키는 것이었다. 이에 반해 새로운 정치신학에서 주체는 일반 시민의 실존으로부터 구별 속에 있는 기독교적 실존이며, 사회와 국가로부터 구별 속에 존재하는 교회이다. 이에 새로운 정치신학의 목표는 정치적이고 시민적인 종교의 탈신비화이며, 자유를 희생하는 대가로 통일성을 이룩하고자 하는 국가 이데올로기에 대한 비판이다. 이와 함께 새로운 정치신학은 자신을 기독교의 영향의 역사Wirkungsgeschichte 안에 세우고자 하는데, 이는 곧 국가의 탈세속화, 정치적 질서들의 상대화, 정치적인 결정들의 민주화이다. 기독교는 정치적인 세력으로 하여금 그 정당성의 입증을 필요로 하도록 만들었다. 그것은 니체가 시대착오적으로 맹세했던 '힘의 무죄'를 결코 허용하지 않는다.

끝으로 나는 서두에서 제기했던 질문을 다시금 제기하고자 한다. 즉 어떻게 우리는 혼란 없는 자유의 다원성에 도달할 수 있는가, 어떻게 우리는 독재 없는 평화로운 화합의 통일에 이를 수 있는가?

토마스 홉스는 대리Repräsentation 사상을 통해 레비아탄의 통일을 확립하였다: "통일성은 대리된 자가 아닌, 그를 대리하는 대표자 안에 놓여 있다." 이러한 홉스의 사상을 칼 슈미트와 에릭 페터슨이 추종하였다. 듀플레시스 모른네이와 요한 알투지우스는 계약 속에서 사회의 통일을 보았다. 즉 "왕관은 한 남자(왕을 지칭 역자)의 머리 위가 아닌, 헌법 위에 얹어 있다"라고 존 밀턴J. Milton은 말한 바 있다. 시민을 대리하는 대의적 기관들은 대리된 시민의 책임을 덜어 준다. 우리의 정치적 대리자는 우리가 감당해야 할 일련의 책임을 대신 감당해 준다. 이러한 대리는 인간의 공동생활의 모든 형태에 있어서 정상적인 과정이다. 그렇지만 이러한 불가피한 직무 대리와 대행에는 언제나 정치적 소외의 위험성이 도사리고 있다.29 만약 시민을 대리해야 하는 대표자들이 시민의 의사를 전적으로 존중하지 않을 경우, 정치적 소외는 언제나 일어나게 된다. 이에 대한 결과는 시민의 정치적 무감각과 '정치적 환멸', 국민의 삶으로부터 '정치적 계층'의 분리 속에 잘 나타난다. 시민을 대리하는 대표자들이 이미 시민의 통제를 벗어났기 때문에, 시민 편에서는 힘의 오용을 허용하는 상태에 빠질 수 있다. 이는 정치적 소외일 뿐만 아니라, 모든 정치적 우상숭배의 시작이기도 하다. 이전의 민주주의자들과 연방제를 옹호하던 사람들은 대표자들에 의한 소외와 정치적 우상숭배 사이의 연관성을 직시하였다. "민주주의는 기념물을 갖지 않는다. 민주주의는 메달을 주조하지 않는다. 민주주의는 동전 위에 한 남성의 머리를 새기지 않는다. 민주주의의 참된 본질은 우상 파괴이다"라고 미국의 네 번째 대통령 존 퀸시 아담스J.Q. Adams는 말하였다. 그러나 대의적 민주주의는 이러한 요구에 만족하지 않는다. 사실 대의민주주의는 필수적이지만, 직접민주주의를 통해 보완되어야 할 것이다. 사회적 삶의 계약화Covenantisierung와 정치적 삶의 연방화Föderalisierung-사회 계약, 세대 간의 계약과 자연 계약은 혼란 없는 다원성과 독재 없는 평화에로 인도할 수 있을 것이다.

제3장

정치신학과 해방신학

　나는 중립적인 관찰자의 입장이 아닌, 직접 관여된 당사자의 입장에서 정치신학과 해방신학 이 두 주제에 대해 다루고자 한다. 나의 논고는 정치신학과 해방신학 사이의 대화를 위해 기여하고자 하는데, 양자 간의 대화는 처음부터 있어 왔지만 오늘날 유럽의 변화하는 정세에 직면하여 새롭게 시작해야 하는 상황이다. 제2차 세계대전이 끝나고 난 이후에 제3세계와 제1세계는 서로에 대해 새롭게 적응해야만 했다. 내가 속한 콘텍스트는 유럽, 그중에서도 독일이다. 나는 유럽의 정치신학의 관점에서 해방신학에 대해 말하고자 한다. 라틴아메리카의 많은 해방신학자가 구스타프 구티에레즈G. Gutiérrez의 평가를 따르는데, 그는 현대세계의 '진보적인 신학'(제1세계의 신학에 소속 역자)과 현대세계를 통해 야기된 억압의 세계 속에서 태동한 해방신학(제3세계의 신학에 소속 역자) 사이에는 단절이 있다고 주장하였다. 라틴아메리카의 해방신학이 가난한 민족들에 의한 현장의 신학인 데에 반해, 유럽의 정치신학은 지식인들의 아카데믹한 신학이라고 말하기도 한다. 당사자 입장에서 나는 이러한 평가를 검증하는 가운데 정치신학의 역사에 대해 기술하고자 한다. 이를 통해 나는 정치신학이 '진보적인' 신학, 성공한 시민계급의 자유주의 신학이 아니라, 오히려 제1세계의 정치적이고 사회비판적인 신학이며, 그리하여 마땅히 제3세계의 해방신학과 뜻을 같이하는 동지가 될 수 있다는 사실을 나타내고자 한다.

1. 두 신학의 기원과 시작

해방신학과 정치신학은 거의 동일한 시기, 곧 1964-1968년 사이에 태동했지만 각기 상이한 여건들, 곧 해방신학이 라틴아메리카의 가난한 민족들 속에서, 남과 북 사이의 갈등(부유한 제1세계와 가난한 제3세계 사이의 빈부 격차에 기인한 갈등 역자) 속에서 생성한 데에 반해, 정치신학은 유럽의 분열된 냉전체제 속에서, 지구 북반구의 동과 서 사이의 분쟁(민주주의 대 공산주의, 자본주의 대 사회주의 이데올로기 분쟁 역자) 속에서 출현하였다.

당시 라틴아메리카는 수백 년 동안 유럽과 북아메리카의 식민지 지배와 경제적 예속을 당하다가 '해방된 대륙'이 되었다. 쿠바에서 피델 카스트로F. Castro가 이끌었던 성공적인 사회주의 혁명은 라틴아메리카의 여러 나라에서 '민족운동'과 그리스도인의 참여에 대한 훌륭한 상징으로 작용하였다. 이러한 혁명의 돌발적인 역동성에 대한 신학적인 해석들은 미래를 결정하는 암묵적인 시도였다. 라틴아메리카 민족 가운데 국가 발전에 매진했던 지식인 계층은 제1세계의 발전 프로그램을 인계했고, 신학자들은 '발전의 신학'에 대해 이야기하였다. 그러나 제1세계의 발전이 다른 이들에 대한 착취의 대가로 이루어졌다는 사실이 명백해지면서, 이 계획은 수포로 돌아갔으며, '발전의 신학'의 자리에 '혁명의 신학'이 등장하게 되었다. 혁명의 신학은 리처드 샤울R. Shaull에 의해 1966년 제네바에서 열린 '교회와 사회 위원회'에서 선포되었고, 콜롬비아의 카밀로 토레스C. Torres에 의해 계속 존속하게 되었으며, 그 자신의 생명의 희생과 함께 증언되었다.[1] 토레스에게 있어서 억압받는 민족에게 정의를 가져오는 혁명은 기독교의 이웃사랑의 필수적인 부분이었다. 그러나 정치적 혁명의 목표는 지지부진하는 자본주의에 대한 대안으로서의 사회주의였다. 1990년대 중반 칠레에 위치한 알렌데스Allendes에서 '사회주의를 위한 그리스도인들'의 운동이 일어났는데, 이 운동은 1972년 칠레의 산티아고Santiago에서 유명한 컨퍼런스를 가졌다. 구스타프 구티에레즈의 저서 『해방신학Die Theologie der Befreiung』은 1972년 이래로 큰 반향을 불러일으키면서 확고한 지지 기반을 확보하게 되었는데,[2] 이 저서의 서식은 명백히 부정적이지만, 긍정적으로 열려 있다. 여기서 해방은 경제적·정치적·문화적 억압을 실제적으로 전제하고 자유와 정의에 기반한 삶을 지향한다. 해방은 상태가 아닌, 역사적인 사건으로서, 해방의 사건은 '민족운동'(혹은 민족봉기)에 의해 유지된다. 신학은 복음의 빛에서 조명된 민족운동에 대한 성찰이다. 해방신학은 상황적으로 설정되었으며 이를 의식하고자 노력하였다. 가난한 자들의 고난은 해방신학의 신학적인 자리locus theologicus요, '삶의 정황'이었다. 민족운동에 대한 참여는 신학에 선행하였다. 즉 먼저 정통 실천Orthopraxie이 선행하고 나서, 정통 교리Orthodoxie가 뒤따랐다! 교회는 가난한 자들에 대한 그의 '선행하는 선택'의 힘에 의거하여 민족운동에 동참하였다. 해방신학은 빈곤의 원인들을 찾아내기 위해 사회과학적인 분석을 사용했는데, 예를 들어 레닌W.I. Lenin의 제국주의 이론에서 귀결되는 종속이론이 그것이다. 해방신학은 더 이상 세계사와 구원사 사이를 분리하지 않고, 오히려 전체의 세계에 대한 전체의 구원을 증언하였다. 해방신학자들은 1968년 메델린Medellin과 1979년 푸에블라Puebla에서 개최된 라틴아메리카의 주교 컨퍼런스에서 보다 개선된 문서들을 공식화했으며, 이와 함께 교회 자체도 라틴아메리카의 변화에 동참하게 되었다.

라틴아메리카가 지난 세월 불안정한 대륙이었듯이, 유럽도 지난 1960년대에 불안정한 대륙이 되었다. 1961년 베를린 장벽의 구축 이후에 냉전은 절정에 달하였다. 동과 서를 분리시킨 냉혹한 장벽에는 사람의 통행이 금지되었다. 서독과 동독은 세계에서 가장 고도로 군사화된 힘의 집중을 나타내는 공연장이 되어버렸다. 즉 이곳에는 네 나라의 타국 군대와 동·서독의 자국 군대가 12,000개가 넘는 핵폭탄과 함께 양 편에 포진되었다. 한편으론 안티 공산주의가, 다른 한편으론 안티 자본주의가 정치적 이데올로기를 지배했으며, 모든 내적인 반대세력을 발 못 붙이게 만들었다. 사람들은 서로 상이한 두 개의 블록 안에서 서로 대항하면서 불안하게 생존하였다. 희망의 첫 번째 표지는 서유럽의 사회 민주주의 진영에서 "민주주의를 보다 많이 감행하라! Mehr Demokratie wagen!"고 주장한 빌리 브란트W. Brandt(사회민주당 출신의 서독 총리로서 동·서독 사이의 화해와 통일의 기반을 마련한 인물 역자)로부터 왔다. 희망의 또 다른 표지는 체코슬로바키아의 개혁 공산주의 진영에서 "인간적 면모를 지닌 사회주의Sozialismus mit einem menschlichen Gesicht"를 주장한 알렉산더 두브체크A. Dubcek(강력한 반정부-반스탈린 운동의 확산을 이끌었던 체코 민주화 운동의 기수 역자)로부터 왔다. 이러한 양 진영의 움직임으로부터 유럽의 치명적인 분열을 극복하고 유럽 대륙을 무장해제하며 '공동의 유럽 공동체'를 세우고자 하는 첫 시도가 이루어지게 되었다. 요한 밥티스트 메츠J.B. Metz, 헬무트 골비처H. Gollwitzer, 도로테 죌레D. Sölle, 얀 로호만J.M. Lochmann 그리고 나의 '정치신학'은 이러한 역사적 정황 속에서 태동했는데, 이 신학은 이데올로기적이고 사회 비판적인 신학의 성향을 지녔다.[3] 그러면 왜 이 신학은 '정치신학'이라고 일컬어지게 되었는가?

새로운 정치신학은 독일에서 제2차 세계대전 이후 아우슈비츠Auschwitz에 대한 충격적인 작용 속에서 태동하였다. 독일의 그리스도인이 전쟁 이후에 신학적으로 뼈저리게 깨달은 사실은, 유대인에 대한 대량학살의 암울한 그늘 속에서 살아가야만 한다는 것이었다. '아우슈비츠 이후'는 독일의 그리스도인에게 신학의 구체적인 콘텍스트가 되었다.[4] 이러한 역사적인 죄악에 대한 기나긴 그림자든 그들의 신학적인 자리가 되어버렸다. '아우슈비츠'의 이름과 함께 독일 민족의 도덕적이고 정치적인 위기뿐만 아니라, 독일의 그리스도인이 간직한 기독교 신앙의 신학적인 위기도 결부되어 있다. 왜 소수의 예외를 제외하고 대다수의 그리스도인과 교회 지도자는 대량학살에 대해 침묵했는가? 이는 단순히 개인적인 용기 부족 때문만은 아니었다. 나는 개신교와 가톨릭의 전통들 속에서 그러한 가공할 만한 치명적인 과오로 이끌었던 행동의 본보기들을 발견하였다. 즉 1. '종교는 사적인 일'이며 정치와는 무관하다고 생각하는 시민들의 일반적인 견해가 과오의 중요한 원인이었다. 이러한 종교의 사인화私人化, Privatisierung는 정치를 세속화했다. 히틀러를 혐오하고 유대인의 운명을 통탄했던 그리스도인은 '내적인 망명'(세상 도피 역자)을 떠났고 자신들의 개인적인 무죄를 강변함으로써 자신들을 변호하였다. 2. 잘못 이해된 마르틴 루터M. Luther의 두 왕국론Zwei-Reiche-Lehre을 통한 종교와 정치의 분리가 실패의 또 다른 원인이었다. 이러한 분리를 통해 종교와 양심은 교회의 영역으로 축소되었고, 사회는 양심 없는 힘의 정치에 의해 장악되었다. "산상설교와 함께 사람들은 어떠한 국가도 다스릴 수 없다"고 비스마르크O. von Bismarck는 말하면서 독일인에게 "피와 철Blut und Eisen"을 약속하였다. 새로운 정치신학은 신앙의 공적인 확증과 정치적으로 그리스도를 뒤따름을 전제한다. 정치신학이 일반적으로 비판받는 것처럼, 새로운 정치신학은 기독교 교회를 '정치화'하고자 하지 않고, 오히려 교회와 그리스도인의 정치적 실존을 특히 산상설교에 내재되어 있는 그리스도의 뒤따름의 기준에 의거하여 '기독교화'하고자 한다. 정치는 기독교 신학의 콘텍스트이다. 신학은 정치적 이데올로기와 시민적 힘의 종교에 대한 관점에서는 비판적인 자세를 견지해야 하는 반면, 정의와 평화 그리고 창조의 보존에 대한 그리스도인의 구체적 참여에 대한 관점에서는 긍정적인 자세를 견지해야 한다.

새로운 정치신학은 첫 번째 프로필을 기독교와 마르크스주의Marxism 사이의 대화에서 얻었는데, 이 대화들은 가톨릭교회의 바울-공동체Paulus-Gesellschaft에 의해 1965년 오스트리아의 잘츠부르크, 1966년 체코슬로바키아의 헤렌침제 그리고 1967년 마리엔바드에서 진행되었다.[5] 이는 개혁-마르크스주의자와 개혁-신학자, 혁명 지향적인 그리스도인과 종교에 대해 회의적인 마르크스주의자 사이의 잊을 수 없는 만남이었다. 로저 가라우디R. Garaudy가 공식화했던 것처럼, 우리는 동유럽과 서유럽에서 '이단 판결에서 대화로', '대화에서 협력으로' 이르게 되었다(극단적인 대립관계에서 협력관계로 변화된 상황을 의미 역자).⁶ 정치신학은 첫 번째 마르크스주의 이후의 신학, 다시 말해 포이어바하L. Feuerbach와 칼 마르크스K. Marx에 의한 종교비판과 우상비판을 잘 소화하여 극복한 신학이 되었다. 그리고 정치신학은 가난한 사람들을 위한 예수의 고난을 현실적으로 구현하고자 했던 마르크스주의적인 사회비판을 강력히 요청하는 신학이 되었다. 무엇보다도 에른스트 블로흐E. Bloch의 저서 『희망의 원리Das Prinzip Hoffnung』(1959)는 마르크스주의와 기독교 신학을 중재함에 있어서 가장 좋은 기본 원리들을 제시함으로써 상당히 유용하였다.⁷

이러한 상황 속에서 우리는 1968년 다음과 같은 일들을 경험하였다. 즉 1968년은 해방신학자들에게 승리의 해였는데, 왜냐하면 바로 그 해에 메델린 문서들이 대단한 영향력을 행사하게 되었기 때문이다. 그러나 정치신학자들에게는 패배의 해이기도 했는데, 그 이유는 1968년 가을에 소련의 공산당 서기장인 브레즈네프Breschnew가 바르샤바-Park 군대들을 체코슬로바키아로 진군했고 잔인한 폭력과 함께 '인간적 면모를 지닌 사회주의'에 종언을 고했기 때문이다(1960년대 체코슬로바키아의 개혁 공산주의 진영에서 강력한 반정부-반스탈린 운동의 확산을 이끌었던 알렉산더 두브체크가 민주화 운동을 감행하면서 체코는 '프라하의 봄'으로 일컬어지는 자유화를 맞이했으나, 소련군의 무력에 의해 좌절된 암울한 상황을 의미 역자). 이 일로 인해 개신교 목사 요셉 로마드카J. Hromadka는 생명을 잃었으며, 나와도 친분이 있었던 마르크스주의 철학자 비테슬라프 가르다브스키V. Gardavski는 심문과 고문으로 사망하였다. 이에 관여된 신학자들의 명단—내 이름도 포함된—은 국가 안보기관의 리스트에 보고되었다. 우리는 'CIA-첩보원', '무정부주의자', '수렴 이론가'(자본주의와 사회주의의 중재를 모색하는 이론가 역자)로 낙인찍혀 사회주의 국가에 근접치 못하도록 조치되었다. 우리의 저서들, 기고문들, 인용들 그리고 명단들은 검열에서 삭제되었다. 당시에 나는 다음과 같이 토로하였다: "이제 20년 동안 유럽에서 빛이 사라지게 될 것이다." 그것은 정확히 21년 걸렸다!

2. 유럽 정치신학의 발전

'해방신학'과 같이 '정치신학'은 중심적인 신학운동을 갖지 않는다. 여기서 나는 두 신학이 겨냥하는 공통의 목표 안에서 서로 상이한 것을 포괄하는 총괄개념에 대해 다루고자 한다. 그러나 이제 내가 '정치신학'이 전개하는 내용들을 기술하는 것은 단지 정치신학에 대한 나의 개인적 입장이라는 점을 밝혀둔다.

a. 사회주의적 신학

1968년은 파리와 베를린, 버클리, 도쿄, 멕시코시티에서 일어났던 학생혁명의 절정을 경험한 해였다. 이 혁명은 청년혁명, 문화혁명, 급진적 민주주의, 사회주의적 운동 그리고 이외에도 많은 성향을 지녔다. 1968년 4월 베를린에서 학생혁명의 지도자였던 루디 두츠케R. Dutschke가 총에 맞아 살해당하였다. 베를린 학생운동으로부터 헬무트 골비처의 사회주의적 신학이 시작되었다.[8] 골비처는 칼 발트K. Barth의 제자였으며 고백교회 이래로 제3국에서 정치적으로 활동하였다. 10년간 러시아에서의 전쟁포로 생활은 골비처에게 있어서 마르크스주의와 소비에트 체제에 대해 신뢰감을 갖는 계기로 작용하였다. 학생들은 자본주의가 자행한 '인류에 대한 범죄'의 현실과 함께 생명에 대한 필요불가결한 혁명의 현실에 대해 그를 설득하였다. 1968년 이후의 많은 글에서 골비처는 자본주의를 일컬어 하나의 '혁명'으로 기술하면서, 만약 인류가 생명에로 전환되지 않는다면, 이 안에서 인류가 멸망에 이르게 될 거라고 말하였다. 파괴적인 탐욕에서 생명에 대한 사랑으로의 전향(회개) 속에서 그는 불합리한 이 세계 안에서 하나님 나라의 시작을 보았다. 그의 글 "신학적인 문제로서 혁명을 위한 논제들Thesen zur Revolution als theologisches Problem"은 당시 많은 사람에게 읽혔다. 골비처는 자본주의 안에서 하나님 나라에 대항하고 생명에 적대적인 모순을 발견한 반면, 사회주의 안에서는—발트에 따르면—도래하는 하나님 나라에 상응하고 이를 선취하는 하나의 실제적인 유비를 발견하였다. 그의 글 "전향으로의 요청Forderung der Umkehr"은 『사회의 신학을 위한 기고문들Beiträge zur Theologie der Gesellschaft, München』(1976)에 수록되어 있다. 그의 저서 『자본주의적 혁명Kapitalistische Revolu-tion, München』(1976)은 복음과 사회적 혁명을 통합시켰으며, 계급투쟁에 있어서 믿을 만한 교회의 장소를 모색하였다. 이 기간 동안 그의 주저는 『휘어진 가지-곧은 길. 삶의 의미에 대한 질문을 위하여Krummes Holz-aufrechter Gang. Zur Frage nach dem Sinn des Lebens, München』(1976)인데, 여기서 그는 이러한 혁명의 과정의 개별적 측면들을 보다 방대한 생명에 대한 신학의 연관성 속에서 제시하였다. 골비처의 사회주의적 신학은 그가 인용하기도 했던 카밀로 토레스C. Torres의 『혁명의 신학Theologie der Revolution』에 가까이 근접해 있다. 골비처는 당시 사회주의적으로 활동했던 학생들의 선각자였을 뿐만 아니라, 학생운동을 감행했던 많은 이의 영혼을 돌보는 자이기도 했다.

b. 평화의 신학

1968년은 전 세계적으로 베트남 전쟁 반대 운동이 시작되던 해이기도 하다. 이 운동은 학생혁명과 밀접하게 결합되어 있었다: "전쟁이 아닌 사랑을 구현하라!" 서구와 아시아의 모든 대도시에서 대규모의 데모들이 일어났는데, 이는 1973년 미국으로 하여금 전쟁을 포기하도록 이끌었다. 베트남 전쟁이 끝난 후에, 초강력 세력들의 관심사는 다시금 유럽에 집중되었는데, 특히 점령당한 독일이 두 나라로 분단되는 고도의 군사적 무장이 시작되었다. 이러한 상황 속에서 독일의 평화운동을 통한 저항이 확산되었다. 평화운동은 1950년대 '핵무기에 의한 죽음에 대항하는 투쟁'이라는 구호를 외치면서 서독의 재무장과 핵무장에 강력하게 저항하였다. 1970년대 말엽에 미국은 서독에 '퍼싱Pershing II 로켓'과 크루제 미사일을 주둔시켰으며, 유럽에서는 소비에트 연합과의 전쟁을 위한 계획들을 착수하였다. 러시아는 동독에 'SS 20 로켓'을 주둔시켰다. 평화운동의 절정은 1983년에 일어났다. 그해 수백만의 독일 국민이 인간 고리를 형성하여 서독을 가로질러 비폭력으로 저항했는데, 독일 정부는 독일 국민의 다수에 대항하는 가운데 미국의 지령에 따라 행동하였다. 당시 정부들 내부에서는 '안전'에 대한 토론이 있었다. 교회들 안에서는 정신이 나누어졌는데, 즉 일련의 사람은 평화를 보장하기 위해 핵무기가 필요불가결하다고 생각하는 반면, 다른 일련의 사람은 '핵무기 없는 삶', '무장 없는 삶'에 대한 준비가 되어 있었다. 개혁교회는 1982년 핵무기로 위협하는 체제가 기독교 신앙과 합치될 수 없다고 선언하면서 핵무장의 죄악에 대해 고백할 것을 부르짖었다.[9] 동독에 있는 개신교회들은 1983년 '핵전쟁의 위협 체제의 당연한 귀결과 실제를 주장하는 사람들'에게 비장하게 거절의사를 표명하였다. 동독에서는 1989년 평화적인 혁명으로 인도한 강력한 평화운동이 일어났다. 당시 동독의 평화 신학자들은 에르푸르트Erfurt의 주교 하이노 팔케H. Falcke, 그리고 현재는 '그리스도의 평화Pax Christi'의 의장인 요아힘 가스텍키J. Gastecki였다. 독일 가톨릭의 주교 컨퍼런스와 개신교회EKD의 연합만이 그리스도인은 이에 대해 지지할 뿐만 아니라 저항할 수 있으며, 교회는 전자의 사람과 후자의 사람 모두의 입장을 대변해야 한다고 생각하였다.

1983년 서독에서는 산상설교의 해를 맞이하였다. 기독교의 평화운동은 비폭력의 평화적인 과업을 이루기 위해 산상설교에 호소하였다. 정치가들과 정치적 정당들은 성서적인 해석을 시도하였다. 큰 신문들은 제1면에 산상설교를 실었다. 당시 정치신학은 평화의 신학 안에서 구체적으로 되었고 시민 불복종의 저항운동과 행동에 신학적인 정당성을 부여하였다. 이 평화운동에는 골비처, 죌레, 케제만E. Käsemann, 그레이나혀N. Greinacher와 같이 다양한 정신을 가진 사람들이 함께 참여하였다.[10] 라틴아메리카처럼 '구조적인 폭력'이 난무하는 상황 속에서 폭력에 대한 질문은 다르게 답변된다(라틴아메리카의 상황 속에서는 '구조적인 폭력'에 대항하는 과정에서 일정 부분 폭력이 불가피하게 사용되었는데, 이것이 정당화되었음을 시사 역자). 그러나 유럽에서는 비폭력적인 행동만이 신뢰를 얻을 수 있었다. 철저한 비폭력만이 마침내 동독에서 일어난 독일의 혁명에서 폭력적인 사회주의 체제를 붕괴시킬 수 있게 되었다.[11]

C. 생태신학

환경에 대한 의식이 생겨나고 '녹색' 운동이 시작된 일시는 정확하게 추산할 수 없다. 라헬 카슨R. Carson의 저서 『침묵의 봄Der stumme Frübling』
이 1960년대 말엽 미국에서 생태계 문제에 대한 연구 결과로서 출판된
이후에 1972년 '로마 클럽Club of Rome'의 연구 보고서, 곧 "성장의 한계
The Limits of Growth"가 세계 전역에 이 문제에 대해 의식하도록 만들었다.
환경 대재난은 증가일로에 있고, 파선된 기름 탱크들은 해안을 오염시켰
으며, 스위스 바젤에 있는 화학 산업들은 라인 강 주변에 있는 모든 생물
을 죽음으로 내몰았으며, 산성비는 독일 남부 슈바르츠발트Schwarzwald
지역에 있는 산림을 고사시켰으며, 산업시설과 교통시설에서 배출되는
FCKW 가스(Fluorchlorkohlenwasserstoff의 약자로서 불소염화수소 가스 역
자)와 곡창지대에서 나오는 메탄가스는 대기권에 있는 오존층을 파괴하
였다. 결국 1986년 일어난 체르노빌Tschernobyl의 재해는 벨로루시Byelarus
의 광활한 지역을 수세기 동안 사람이 살 수 없는 곳으로 만들었는데, 지
금까지 약 15만 명의 생명을 앗아갔다. 인간에 의한 멸망에 이르기 전에
자연을 보호하기 위해 자원 봉사하는 그룹들이 세계 도처에서 생겨나게
되었다. '그린피스Greenpeace'와 유럽에 있는 '녹색' 정당들은 가장 잘 알
려진 자연보호 단체들이다. 1975년 나이야로비Nairobi에서 열렸던 세계교
회 컨퍼런스에서 호주의 생물학자 존 버취J. Birch가 행한 강연을 통해 세
계교회들은 생태계 문제와 대면하게 되었다. 대부분의 독일 지역 교회들
은 자연과의 교류에서 자연친화적인 생활방식을 홍보하기 위해 '환경목
사'를 배정하였다. 현대의 과학기술적 문명이 400여 년 전에 자연에 대한
정복과 함께 시작되었고 인간을 '자연의 주인'으로 만드는 것을 성서적으
로 정당화했기 때문에, 서구 기독교는 발전에 있어서 생태계 파괴에 대
한 공동 책임을 짊어지게 되었다. 서구세계의 종교적이고 도덕적인 가치
의 개혁만이 사멸의 위기에 처한 자연을 구할 수 있고 인류의 생존을 보

장할 수 있다. 초창기의 생태신학은 미국의 과정신학자 존 캅J. Cobb과 『어부의 배 속에서. 생태신학*Im Bauch des Fischers. Ökologische Theologie, Stuttgart*』 (1979)을 발표한 독일의 구약성서학자 게르하르트 리드케G. Liedke로부터 나왔다. 이후 '자연과의 화해'와 새로운 창조의 영성을 위한 교회의 성명서가 잇달아 발표되었다. 이러한 시대상황에 부응하여 나 자신도 1985년 생태학적인 창조론을 다룬 저서, 곧 『창조 안에 계신 하나님*Gott in der Schöpfung, München*』(1985)을 출간하였다. 사회주의적 신학과 평화의 신학과 같이 생태신학도 한편으론 그리스도인으로 하여금 위에 언급한 운동들에 동참케 하고 그들 안에서 나름대로의 비전을 실현시키도록 동기부여하고자 한다. 다른 한편 생태신학은 교회로 하여금 인간과 자연의 대립적 모순과 고난 속에 현존하도록 하기 위해 사회의 문제들을 교회 안으로 수용하고자 한다.[12]

d. 인권의 신학

유럽의 정치신학에서 잘 부각되지 않았지만 중요한 차원은 인간의 권리에 대한 신학적인 성찰이다. 1977년 개혁교회 세계연합은 7년 동안의 연구 작업 끝에 '인권들에 대한 신학적 선언Theologische Erklärung zu den Menschenrechten'을 결의하였다. 그리고 나서 1년 후에 루터교회의 세계연맹에 의해 유사한 연구가 시행되었다. 이미 1974년 교황청 소속위원회 '정의와 평화Justitia et Pax'는 '교회와 인권들Die Kirche und die Menschenrechte'에 대한 선언을 발표하였다.[13] 이 모든 선언은 양도할 수 없고 침해될 수 없는 '인간의 존엄성'을 인간의 하나님 형상에 기초하고 있으며, 하나님에 대한 신앙을 인간에 대한 존중과 결합시키고 있다. 이들은 1948년 '인권에 대한 공동 선언Allgemeinen Erkärung der Menschenrechte'이 확언한 바와 같이, 모든 개체적 인권 사이의 평준화를 모색하고 있다. 그리고 이들은 1966년 '인권 조약Menschenrechtspakten'이 결의한 바와 같이, 사회적이고 경제적인 인권 사이의 평준화를 모색하고 있다. 그 실천적 결과로서 위의 세 선언은 모두 정치와의 연결을 종용했는데, 국내정책에서는 물론 국외정책에서도 인권과 시민권에 대한 연결을 촉구하였다. 이들은 1970년대에 대단히 고무적인 결과들을 가져오기도 하였다. 즉 라틴아메리카의 군사독재와 동유럽의 파벌독재 속에서 인권을 위한 그룹과 시민권을 위한 그룹이 생겨나게 되었다. 우리가 경험한 바와 같이, 특히 이들 그룹 덕택으로 인권을 경시하는 독재정권들을 평화적으로 전복하는 일이 가능하게 되었다. 유럽에서 이 그룹들과 운동들은 1975년 헬싱키Helsinki에서 시작된 KSZ(EKonferenz über Sicherheit und Zusammenarbeit in Europa의 약자로서 유럽의 안전과 공동사역을 위한 컨퍼런스 역자)의 결의들을 현실화했다. 이와 함께 인권과 시민권은 '공동의 유럽 공동체'를 위한 헌법에 기초한 토대를 갖게 되었다.

e. 여성신학

정치신학은 여성신학을 자신에게서 발원한 것으로 이해하지 않지만, 새로운 여성신학은 자신을 하나의 '정치신학'으로 이해한다.[14] 가부장적 억압에서 여성을 해방하고 여성의 인권을 전적으로 인정하기 위한 일반적 여성운동은 미국에서 태동하였다. 비록 이 운동이 그 본질에서 프랑스 혁명에 의한 자극에 소급함에도 불구하고 말이다. 1974년 세계교회협의회는 베를린에서 한 컨퍼런스를 개최했는데, 그 목적은 문화와 교회 안에서 성차별주의를 극복하기 위해서이다. 1978년 여성신학을 위한 첫 번째 에큐메니컬 컨퍼런스가 브뤼셀Brussels에서 개최되었으며, 1979년에는 교회 안에서 남성과 여성의 새로운 공동체에 대한 에큐메니컬 협의회가 쉐필드Sheffield에서 개최되었다. 교회의 많은 회의들은 그 이래로 이 테마에 관여하게 되었는데, 많고 적은 좋은 성과가 있었다. 여성신학은 무엇보다도 여성에 의해 지탱되는 포괄적 문화혁명에 대한 신학적 비전과 성찰을 기술하는 한, 정치적이다. 여성신학은 가족관계 안에서 남성과 여성 사이에서 일어나는 일상의 은폐된 잔인한 행위들과 인격모독을 공공성의 빛 속에서 비판적으로 드러내고자 한다. 최근에 건립된 '여성을 위한 집들'은 그 자신들의 입장을 대변한다. 여성신학도 사회와 교회 안에 있는 여성을 위한 하나의 인권 운동이요, 시민권 운동이다. 종국적으로 여성신학은 한편으론 기독교 여성을 일반적 여성운동에 동참하도록 동기부여하고자 한다. 다른 한편 여성신학은 아직도 사회보다 가부장제가 강하게 지배하고 있는 교회 안에서 제기되는 질문들에 답변하기 위한 길을 마련하고자 하는데, 이를 통해 로마-가톨릭교회와 정교회 안에서 여성의 성직 수여에 대한 거부에 반기를 제기하고자 한다.

3. 우리는 어디에 서 있는가?

여기서 우리는 지금까지 우리가 논의한 내용들에 대한 하나의 결과물을 제시하고자 한다.

1. 정치신학은 단지 순수하게 아카데믹한 신학이 아니라, 오히려 유럽

민족 안에 있는 참여그룹들과 저항운동에 대한 기대와 경험들에 기반한 (실천적인 역자) 신학이다. 정치신학은 라틴아메리카의 해방신학과 전혀 다른 여건 가운데 있음에도 불구하고, 두 신학은 상호 간 근친관계이다.

2. 정치신학은 자유로운 개신교 신학이든, 현대적인 가톨릭 신학이든 '진보적인' 신학, 성공한 시민계급의 자유주의 신학과 동일하지 않다. 물론 나와 보수적인 개신교 신학자인 볼프하르트 판넨베르크W. Pannenberg 사이, 혹은 정치신학자 요한 밥티스트 메츠와 진보적인 포스트모더니스트 한스 큉H. Küng 사이의 차이와 대립은 공공연한 일이다. 보수적인 신학자들은 우리의 운동과 투쟁에 결코 동참하지 않았고, 우리와 때때로 논쟁하기도 하였다. 그러나 자유의 신학은 성공한 시민계급의 신학이었고, 또한 현재에도 그러하다. 이에 반해 정치신학은 칼 발트의 안티-시민적인 신학과 고백교회의 저항 경험에 그의 개신교적인 뿌리를 갖고 있다. 1950년대 일어났던 평화운동들 안에서 우리는 항상 불트만과 자유주의 신학 노선에 있는 그의 제자들을 발견하지 못하였다. 나는 정치신학을 진정한 변증적인 신학으로 이해한다. 즉 정치신학은 모순과 희망의 신학, 부정적인 것의 부정의 신학, 긍정적인 것의 유토피아의 신학이다.

3. 제1세계 안에서 정치신학은 언제나 비판적으로 지배자들의 자기 정당화 문제와 씨름하였다. 본디오 빌라도를 통한 로마 제국의 폭력 아래 고난과 죽음을 당하신 그리스도에 대한 기독교의 상고에 힘입어 우리는 항상 희생자들의 이름으로 폭력의 지배를 정당화하는 것을 거부하고자 시도하였다. '정치적 종교'와 함께 우리는 '시민적 종교', 애국주의, '기독교적인 서구세계' 그리고 반공산주의 이데올로기와 대결하였다. 우리는

정치적이고 경제적인 세력들을 '탈신화화'하고자 시도하였다.

4. 이미 언급한 바와 같이 정치신학은 '폭력의 희생자들'을 대변하고 힘이 없어 말 못하는 자들의 공적인 목소리가 되기를 언제나 시도하였다. 사회주의적 신학 안에서는 노동자들을 위해, 평화의 신학 안에서는 유럽의 핵전쟁의 (잠정적인) 희생자들을 위해 그리고 제3세계 안에서 고도의 무장과 무기전문가들에 의한 (현재의) 희생자들을 위해, 인권의 신학 안에서는 동유럽의 독재 치하에서 인간으로서의 존엄성을 짓밟히고 권리를 빼앗긴 사람들을 위해, 여성신학 안에서는 이용될 대로 이용당하고 학대받는 여성들을 위해, 생태신학 안에서는 인간에 의해 착취당하는 창조물들을 위한 공적인 목소리가 되기를 언제나 시도하였다. 해방신학이 가난한 이들의 해방이라는 하나의 테마를 갖는다면, 정치신학은 이보다 많은 테마를 갖는다. 그러나 정치신학에서는 언제나 희생자들의 해방과 행악자들에 대한 비판이 중요시된다.

5. 정치신학은 공동의 참여그룹들 안에서 살아가면서 성서와 기독교 역사의 혁명적인 전통들을 현실화하고자 한다. 이는 곧 하나님 나라에 대한 예수의 메시지인데, 하나님 나라는 이 세상의 가난한 자들과 어린아이들 가운데 도래하며, 인간적인 '진보'의 정점이 아닌, 오히려 인간의 폭력에 의한 희생자들 가운데 임한다. 라가츠L. Ragaz와 쿠터H. Kutter, 블룸하르트Ch. Blumhardt와 하이만E. Heimann의 기독교적-종교적 사회주의는 이를 우선적으로 파악하였다. 더욱이 예수는 공동체 안에서 버림받은 병자들과 나병 환자들을 가까이 하셨다. 이러한 사실은 오늘날에도 사람들을 예수께로 이끌며, 그리스도인들을 공동체의 희생자들에게로 이끈다. 그리고 이

는 마침내 이 세상에서 하나님 나라의 원칙으로서의 산상설교이다. 이는 우리 가운데 많은 이로 하여금 폭력이 난무하는 이 세상 속에서 평화의 주도자가 되게 하였다. 우리가 이러한 사실들을 요약한다면, 우리의 정치신학의 의도는 의심할 여지없이 분명하다. 즉 정치신학의 의도는 사람들을 폭력에 의한 굴종적인 객체에서 벗어나 자신의 본래적인 삶을 살아가는 자유로운 주체로 만드는 것이다. 1989년 11월 동독에서 우리는 40년 동안 지배당하고 굴욕을 당한 민족이 봉기하여 단지 정부만이 아니라, 전체 체제를 전복시킨 것을 경험하였다. 당시 "우리는 그 민족이다"라는 자각적인 구호와 함께 체제가 전복되었는데, 왜냐하면 '모든 폭력은 그 민족으로부터 출발하기' 때문이다. 우리는 평화에 대한 이러한 경험이 '자유로운 시장 경제'의 폭력 아래 고통당하는 민족들 가운데에서도 경험되기를 희망한다.

6. 신학이 구체적이 되기 위하여 자신이 몸담고 있는 콘텍스트와 관련을 맺는 것은 바람직한 일이다. 이러한 의미에서 한편에는 유럽인이 있고, 다른 한편에는 라틴아메리카인이 있다. 그러나 해방신학은 라틴아메리카에 대해 우호적이고, 정치신학은 유럽에 대해 우호적이며, 흑인신학은 흑인에게 우호적이며, 여성신학은 여성에게 우호적이며 등등으로 신학을 지역적·지엽적으로 구획화하는 것은 바람직하지 않다. 모든 신학이 상황적으로 조건지어져 있는 것은 사실이지만, 모든 신학은 보편적인 한에서 신학이며 어느 곳에서나 장소를 불문하고 진지하게 받아들여져야 한다. 그뿐만 아니라 모든 콘텍스트는 다른 모든 콘텍스트와 결합되어 있다. "글로벌적으로 사고하라 – 지역적으로 행동하라!"는 모든 신학에 적용된다. 이러한 맥락에서 해방신학은 정치신학과 동일하게 글로벌적으

로 되어 가도록 요청받는다. 그러나 이 두 신학은 어떻게 상호 간에 관련되는가?

4. 새로운 상황

북대서양의 근·현대세계(제1세계를 지칭 역자)는 1492년 이래로 자연과 라틴아메리카 민족들의 희생의 대가로 살아간다. 라틴아메리카 민족들이 당했던 고난은 사실 근·현대 서구세계가 상층부에서 경험하는 역사의 하층부이다. 근·현대세계는 라틴아메리카 민족들의 자연자원은 물론 이들의 저렴한 노동력을 착취했을 뿐만 아니라, 이들로 하여금 결코 상환할 수 없는 부채를 짊어지도록 불의를 자행하였다. '억압자들의 해방'을 위한 단서들은 해방신학뿐만 아니라, 정치신학 안에서도 발견된다. 정치신학은 그 안에서 제3세계에 거주하는 대부분의 사람이 고난을 당하고 있는 근·현대세계의 모순들에 대한 내적인 비판의 한 부분이다. 제2세계(동·서의 이데올로기 냉전 당시 구소련을 위시한 공산주의 진영을 가리킴 역자)의 탈락 이래 제1세계 안에서 이루어지고 있는 내적인 비판은 제3세계 안에서 고난당하는 사람들의 저항과 연대해야 하는데, 이는 종국적으로 정의를 세계 경제체제 안으로 가져오기 위해서이다. 그렇지만 과연 어디에 그 대안과 유토피아가 존재하는가?

1. 이데올로기 냉전은 지나가버렸고, 동유럽의 중앙 집권적 사회주의는 붕괴되었으며, 마르크스주의에 대해 유럽에서는 아무도 더 이상 말하고 싶어하지 않는다. '공동의 유럽 공동체'를 건설하자는 미하일 고르바

초프M. Gorbatschow의 제안은 대단히 새로운 기회들, 좋은 기회와 나쁜 기회를 동시에 내포하고 있다. ('공동의 유럽 공동체' 건설을 통해 역자) 유럽연합은 성장하게 될 것이며, 서유럽과 동유럽 국가들은 하나의 민주적인 동맹을 체결하게 될 것이다. 그러나 문제는 사회복지에 있어서 서에서 동으로의 비스듬한 경사(동·서 간의 현격한 빈부 격차, 불균형한 상황을 지칭 역자)에 놓여 있다. 어떻게 부유한 서독과 가난한 동독 안에서 동일한 생활여건이 조성될 수 있는가? 독일과 유럽의 통합은 동에서 서로 들이닥치는 난민들의 물결에 봉착하여 반드시 실현되어야 한다. 사회적 정의 없이 유럽에 평화가 도래할 수 없을 것이다. 공동의 자유로운 시장은 독자적인 참여를 장려하지만, 사회적 불평등을 남기게 된다. 교회와 정치신학의 미래적 사명은 바로 여기에 놓여 있다. 즉 시장 경제체제의 희생자의 이름으로―이데올로기의 이름이 아니라―자본주의에 대한 비판이 공개적으로 거론되고, 사회정책과 환경정책을 통해 인간과 자연에 대한 정의가 실현되어야 할 것이다. 물론 이는 최근에 그다지 시기적절하지 않지만, 가톨릭의 사회이론은 '새로운 사태Rerum Novarum'(1891년 교황 레오 13세가 발표한 교서로서 사회정의에 관한 로마 가톨릭의 혁명적 입장을 표명 역자) 이래로 이에 대한 많은 비판적 가능성을 내포하고 있다. 개신교 모든 그리스도인 안에서 발흥하고 있는 종교적-사회적 운동들의 힘은 결코 미약하지 않다.

우리는 독일 교회와 교구 안에서 이름을 지명할 만한 기초 공동체 운동을 잘 알지 못하지만, 독일 교회는 150년 이래로 강력한 디아코니아적인 교회가 되었다. 독일에서 어린아이, 장애인, 병자, 노인에 대한 사회적 디아코니아의 가장 큰 부분은 교회에 의해 운영되고 있다. 그러나 만약 우리 사회 안에 있는 자유 시장 경제체제의 희생자들에 대한 기독교적 디아코니아가 희생자들을 양산하는 행악자들과 그 체제에 대한 예언자적 비판을 감행하지 않는다면, 이러한 디아코니아는 언제든 오용될 소지가 있다. 소위 '공산주의의 위협'이 사라져버린 이후에, 나는 이 자리에서 교회와 국가 사이에, 기독교와 사회 사이에 불가피하게 내적인 갈등이 생겨나는 것을 본다.

2. 산업사회가 이 땅의 자연과 함께 봉착한 생태학적인 갈등은 결코 경미한 상황이 아니다. 이러한 와중에 지난 10년 동안 환경에 대한 의식은 개인적으로 그리고 공적으로 강하게 성장했으며, 생산과 소비에서 변화를 요청하고 있다. 여기서 생태신학은 그동안 우리가 희생시켜 왔던, 오용되고 파괴된 하나님의 창조물의 편에 선다. 이는 우리가 자연의 희생시킨 대가로 살아가며 이러한 희생을 양산하는 행악자들과 그 체제에 저항하기 때문이다. 생태신학도 고난당하는 자연에 대한 기독교적인 디아코니아이며, 이러한 고난을 야기하는 폭력에 대한 예언자적인 비판이다.

3. 유럽의 정치신학은 처음부터 에큐메니컬적이었으며 라틴아메리카, 한국, 아프리카와의 국제적인 관계 속에서 전개되었다. 그러나 새로운 유럽과 함께 유럽인의 유럽 중심주의가 새롭게 부상하고 있다. 이러한 유럽을 향해 기독교 교회는 기독교가 본질적으로 지향하는 전 세계적인 보편성에 의거하여 반대하고 있다. 유럽의 그리스도인은 유럽 바깥에 있는 사람들의 대변인이 되어야 할 것이다. 요사이 유럽에서는 민족주의가 발흥하고 있다. 우리는 민족주의가 아닌 에큐메니컬적인 연대성을 필요로 하는데, 이 연대성은 민족과 유럽에 대한 충성보다 더 강력하다! 에큐

메니컬적인 연대성은 도덕적인 사명일 뿐만 아니라, 유일하게 합리적인 것이기도 하다. 제1세계와 제3세계 사이의 사회적인 정의 없이 평화는 존재하지 않는다. 제3세계와의 평화가 없다면 북대서양 세계 자신은 멸망하게 될 것이다. 제3세계 안에서 물질적 궁핍화로 드러나는 생태학적인 결과들은 이미 제1세계를 강타하고 있다. 폭력과 불의를 통해 사분오열된 인간세계는 우리 모두가 그 안에서 살아가고 있는 하나의 삶의 공간인 지구를 멸망시키고 있다.

정치신학은 현대세계에 대한 내적인 비판이다. 해방신학은 현대세계에 대한 외적인 비판이다. 양자는 희생자의 이름으로 말한다. 그렇다면 제1세계의 비판적 신학과 제3세계의 해방신학 사이에 연합이 이루어져야 하지 않겠는가?

5. 해방신학의 미래

최근의 라틴아메리카 신학 안에서 지금까지는 다만 백인과 아메리카 인디언 사이의 혼혈인 출신의 신학자들만이 발언하였다.[15] 과연 언제 브라질에 있는 노예의 흑인 자손이, 그리고 토착민이 그들의 목소리를 높일 수 있게 될 것인가? 만약 인디언이 일어선다면, 그들은 기독교 신학의 형식 안에서 그들의 견해를 표명할 것인가, 아니면 그들에게 자행되었던 폭력적인 기독교화로부터 분리되어 그들의 선조들의 옛 문화와 종교로 되돌아갈 것인가?[16] 브라질과 카리브 해의 흑인들은 그들의 아프리카적 옛 마쿰바-제의Macumba-Kult(아프리카적 성향이 강한 브라질의 심령주의적 종교 제의 역자)에 대해 기독교보다 더 많은 관심을 가질 수도 있을 것이다. 그것이 해방신학적으로 대변된다면 말이다.

향후 라틴아메리카가 더 이상 순수하게 '기독교적인 대륙'이 아닌 상황이 도래한다면, 라틴아메리카의 해방신학은 종교 사이의 대화의 장으로 자신의 영역을 확장하게 되지 않겠는가? 지금까지 종교 사이의 대화는 민족의 해방을 위해 억압에 저항하는 공동의 투쟁에 기여하기보다는 ― "종교 간의 평화 없이 세계 평화가 존재하지 않는다"(한스 큉)라는 원칙에 의거하여 ― 종교 공동체들의 평화로운 공존에 보다 많이 기여했는데, 이러한 상황 속에서 해방신학의 관점에서 종교 사이의 대화는 다소 새로운 것이다. 사람들이 라틴아메리카의 해방신학을 아시아에 전수하고자 시도했을 때, 그리고 아시아의 가난한 민중들이 비그리스도인이라는 사실을 깨달았을 때, 기독교가 종교 사이의 대화의 장으로 자신의 영역을 확장함은 명백한 사실이 되었다. 그러나 해방신학이 이러한 맥락에서 확장된다면, 해방신학은 그 기본 토대 자체 안에서 확장될 수밖에 없을 것이다. 지금까지 해방신학은 주로 사회 경제적으로 빈곤-부, 억압-해방의 적대관계에만 일방적으로 방향설정되었으며, 자신이 속한 나라와 민족 안에 있는 문화적이고 종교적인 차원에 대해서는 거의 주목하지 않았다. 내가 1976년 해방신학자 호세 미구아노-보니노J.M. Bonino에게 보내는 '공개서한'에서 이에 대해 조심스럽게 경고했을 때, 그는 격앙하면서 반박하였다. 오늘날 남미와 중미에서 점점 더 많은 사람이 새로운 종교운동, 이를테면 아프로-브라질의 문화(아프리카 문화와 브라질 문화의 혼합된 형태의 문화 역자)에 관심을 기울이며, 또한 가난한 자들의 다수가 기독교 오순절 운동에 매료당하는 사실은, 아마도 이전의 해방신학이 지닌 이러한 결함과 무관하지 않을 것이다. 가난한 자들은 자신들이 소유하지 못한 것에 대해 도움을 받길 원할 뿐만 아니라, 그들의 존재 안에서 가치를 인정받기를 원한다.

오랜 세월 동안 라틴아메리카에서 자행되고 있는 열대우림의 파괴에 대해 제1세계도 생태학적으로 근심하고 있다. 브라질의 가난하고 토지가 없는 농민들에게 경제적 근심은 일상의 생존투쟁 속에서 매우 중요한 일이다. 최근 몇 년 동안에서야 비로소 라틴아메리카의 해방신학 안에서도 경제와 생태계는 서로 분리될 수 없이 긴밀하게 결합되어 있으며, 또한 자연의 생활기반들을 잠식시키는 것은 자살행위라는 인식이 널리 확산되고 있다. 1970년대 중반 이후 북아메리카의 모형(존 캅, 하비 콕스 등)에 이어 유럽에서, 특히 과도하게 산업화된 독일에서 생태학적-정치적 신학이 태동했는데, 이제 생태학적 해방신학도 성장하고 있다. 그 대표적인 사례가 코스타리카에 있는 네덜란드령 동인도D.E.I의 레오나르도 보프L. Boff, 쿠바의 라이네리오 아스 발렌틴R.A. Valentin에게서 잘 나타난다. 이러한 생태학적 해방신학은 이전의 시작들과 함께 브라질의 생태학적 정치와 결합되어 있다. 신학적으로 관심을 끄는 것은 레오나르도 보프가 제시한 새로운 글로벌적인 바이오-에토스Bio-Ethos에 대한 비전인데, 이는 새로운 '생명의 신학'과 매우 잘 부합된다.[17] 이 비전은 우리의 생태학적인 토론에도 새로운 관점을 불러일으킨다. 공회의적인 과정이 말하는 바와 같이, 해방신학적으로 '창조의 보전'만이 아니라, 인간의 억압에서 자연을 해방하는 것과 인간 문화를 이 땅의 살아 있는 유기체에 재통합하는 것도 중요시된다. 이를 위해 어네스토 카르데날E. Cardenal은 그의 놀라울 만큼 대단히 아름다운 시 '우주의 찬가Cantico Cosmico'를 썼다.[18]

북아메리카의 여성운동 단체인 '여성의 자유Womans's Liberation'는 '시민권-운동Civil-Richts-Movement'과 병행하여 발전하였다. 여성신학은 총제적인 신학으로 시작했지만, 곧 그의 방법들을 해방신학에서 차용하였다.

미국과 유럽의 여성신학자들은 자신들을 해방신학자로서 이해하고 있으며, 라틴아메리카에서는 지난 10년 동안 주목할 만한 독자적인 여성 해방신학이 태동하였다. 뮤헤리스타Mujerista 신학은 백인 중산층 신학과의 구분 속에서 흑인 여성신학D. Williams에 상응하고 있다. '가난한 자들'에 대한 카테고리는 명백하게 차이가 날 수 있는 것을 균등화했는데, 이를테면 여성을 경제적으로 착취당하고 공적으로 금치산자의 선고를 받으며 문화적으로 남성 우위Machismo를 통해 정복을 당한 주체들로 균등화하였다. 여성은 경제적이고 정치적인 희생자일 뿐만 아니라, 성적인 폭력의 희생자이기도 하다. 미국과 유럽에서도 발견되는 가부장적인 하나님의 형상에 대한 비판 이외에도 라틴아메리카의 여성은 기독교의 기초 공동체들 안에서 주도적 역할을 인계받았으며, 이를 통해 남성의 성직계급에 대해 문제를 제기하였다. 엘자 타메즈E. Tamez(코스타리카의 여성신학자이자 제3세계 신학과 협의회EATWOT 여성위원회 위원장 역자)와 함께 코스타리카의 산호세San José에 있는 라틴아메리카 개신교 신학대학원Seminario Biblico Latinomericano은 이제 첫 여성 학장을 배출하였다.

그러나 전체 해방신학의 가장 어려운 난제는 외부에 있다기보다, 오히려 내부에 있다. 해방된 교회 없이 해방된 사회는 없으며, 교회개혁 없이 사회적 혁명이란 이루어지지 않는다! 1968년 라틴아메리카의 메델린과 1979년 프에블라에서의 유명한 주교 컨퍼런스는 주교단과 신학이 함께 공동으로 교회의 '가난한 자들을 위한 선택'을 현실화할 수도 있다는 희망을 부여하였다. 그리고 라틴아메리카의 교회가 '가난한 자들의 교회'와 '민족의 교회'로서 가톨릭교회의 보편적인 개혁의 시작을 주도하며, 이에 상응하여 해방신학이 전 세계적인 계급투쟁G. Casalis에 있어서 주도적이 될 수도 있다는 희망을 부여하였다. 하지만 이러한 희망들은 로마와 바티칸 정치에서 좌초되고 말았다. 물론 사람들은 교황의 말, 곧 "해방신학은 적절할 뿐만 아니라, 유용하고 필요불가결하다"[19]를 인용하였다. 그런데 여기서 당시 교황 요한 바오로 2세의 행동을 주목할 필요성이 있다. 프에블라에서의 주교 컨퍼런스 이래로 교황이 주교단을 새롭게 재구성한 일은 라틴아메리카의 주교단 안에서 해방신학의 지지자들을 소수 그룹으로 만들어버리는 주요 계기로 작용하였다. 이로 인해 아른스Arns 추기경과 로샤이더Lorscheider 추기경은 그들의 사역에 엄청난 제약을 받게 되었다. 산살바도르San Salvador에서 순교한 오스카 아르눌포 로메로O. A. Romero 대주교의 의자 위에는 이제 오푸스-데이회Opus-Dei(일반 직업을 가지면서 사역을 하는 가톨릭 신자들의 모임 역자)에 소속된 한 남성이 앉아 있다. 우리는 한 가지 사실을 긴밀하게 언급해야만 한다. 이는 곧 교황 요한 바오로 2세가 칠레에 있는 그토록 많은 그리스도인의 살해자, 곧 아우구스토 피노체트A. Pinochet 장군에게 개인적 인사와 함께 그의 금혼식에 금으로 된 선물을 보내도록 배려했다는 사실이다. 우리는 신앙 집회에서의 두 개의 문서를 언급할 수 있는데, 여기서 요셉 라칭어J. Ratzinger(현재의 베네딕트 16세 교황 역자) 추기경은 해방신학에 대해 적절하고 균형 있는 판결을 내렸다. 그러나 여기서 우리는 라칭어의 행동을 주목하고 그로 하여금 레오나르도 보프의 오랜 기간의 고난의 역사에 대해 이야기하도록 하는 것이 좋을 것 같다. 보프는 사제직을 포기하고 프랜시스 수도회를 떠날 것을 종용받고 나서 사임에 즈음하여 참담한 심정으로 다음과 같이 기술하였다: "교리의 힘은 잔인하고 무자비하다"(공개 포럼, 1992. 7. 17, pp. 15f.). 메델린과 프에블라는 해방신학자들이 그토록 신뢰했던 교회들의 꿈이었는가? 한스 큉이 질책했던 바와 같이, 해방신학자들은 교회 안에서의 자유를 위해 너무 소극적으로 투쟁했는가? 분명히 기초 공동체들의 교회가 존재함으로써, 많은 나라 안에서 사람들은 마치 두 가지 형태의 가톨릭교회가 나란히 병존하는 것과도 같은 인상을 받을 수 있을 것이다. 즉 하나는 기초 공동체들이며, 다른 하나는 교권제도이다. 모든 경우에 다음의 사실은 분명하다. 즉 우리는 과거의 봉건주의적-권위주의적인 교회와 함께 새롭고 정의로우며 자유로운 공동체를 결코 건설할 수 없다는 사실이다. (해방된 교회 없이 해방된 사회는 없으며, 교회개혁 없이 사회적 혁명이란 이루어지지 않는다는 사실이다.) "우리는 그 민족이다"라는 구호는 정치와 교회에 통용되거나, 아니면 전혀 통용되지 않는다. 라틴아메리카의 식민지 교회의 봉건주의적-권위주의적이며 계급질서적인 구조가 존속하는 한, 이 구조는 언제나 계급 공동체에 상응하는 표본으로 작용하게 될 것이다. 제2차 바티칸 공회의가 선언한 바와 같이, 누구든지 교회를 '하나님의 백성'으로, 예수 그리스도의 살아 있는 공동체로 경험하고자 하며 '민족의 교회'에 대한 희망들을 메델린과 푸에블라의 전통 속에서 고수하고자 하는 사람은, 많은 경우에 개신교의 오순절 운동에 입각한 교회들, 곧 교회 지도부에 의해 아직도 정통이 아닌 '종파'로 표기되고 있는 교회들에 동조하게 될 것이다. 여기서 나는 가장 취약하지만 가장 중요한 도전이 해방신학에게 가까이 근접하는 것을 감지하는데, 이는 곧 교회를 거룩한 통치자에게 민족의 공동체로 해방시키는 일이다.

6. 우리의 해방신학

a. 제3세계의 글로벌화

지금 현재 진행 중인 경제의 글로벌화, 이른바 저렴한 노동력의 나라들로 생산물의 이동과 시장의 개방은 제1세계의 산업만을 제3세계에 가져가는 것이 아니라, 제3세계를 제1세계 안으로 가져온다는 사실은 명약관화하다. 제1세계 자체가 제3세계로 되어 간다. 여기서 제3세계라는 개념은 본래 지리적인 것을 의미할 뿐만 아니라, 사회적인 것을 의미함으로써, 곧 사회 안에 있는 가난한 하층계급을 의미하기도 한다. 그리하여 오늘날 제1세계 거주민들은 제1세계 자체 내에서 제3세계를 경험한다. 유엔의 보고서 "인간의 발전에 대하여Über die Entwicklung der Menschen"(1996)는 소수의 풍요에 근거한 다수의 빈곤의 위험성을 경고한다. 세계에서 가장 부유한 358명의 대부호의 부는 인류의 거의 45%가 살아가는 가난한 나라들의 국민총소득GNI을 초과한다!(이는 1990년대 중엽 본서가 저작될 당시의 통계자료에 근거하는데, 2009년 현재 빈부 양극화는 전 세계적으로 나날이 심화되는 상황 역자) "만약 이러한 추세가 계속 유지된다면, 산업국가들과 개발도상국가들 사이의 경제적 간격은 부정의할 뿐만 아니라 비인간적 규모를 감수하게 될 것이다"라고 유엔-발전 프로그램UNO-Entwicklungsprogramm의 스펫J.G. Speth 사무총장은 설명하였다.[20]

그러나 이러한 부정의와 비인간성은 제3세계뿐만 아니라, 제1세계의 산업국가들 자체 안에서도 급속도로 증가하고 있다. 1997년 북아메리카, 유럽, 일본 그리고 호주에서는 1억이 넘는 사람이 공식적인 빈곤의 한계 이하의 여건 속에 살아가고 있으며, 그 가운데 거의 3천만이 노숙자이다.

독일정부가 발표한 수치도 경각심을 불러일으킨다. 즉 독일에서는 750만 명이 빈곤자이며, 그 가운데 90만 명이 노숙자이다. 발전에 대처하는 효과적인 사회정책은 눈에 띄지 않고, 오히려 경제적 상황에 의해 불가피하게 강요된 제한에 직면하여 빈부 격차의 완화를 지향하는 사회정책을 포기하는 일이 나타나고 있다. 산업국가들 안에서 빈곤자들은 아직도 최저 생계비의 끝자락에서 연명하고 있으며, 저개발 국가들에서는 기아로, 그리고 이미 치료약이 개발된 질병으로 매일─유엔의 보고 추산─25,000명의 아이가 죽어간다.[21]

너무 높은 사회적 비용에 대한 계속적인 불평이 입증하는 바와 같이, 경제의 글로벌화는 우리의 사회 안에서 명백하게 **탈연대화**Entsolidarisierung를 유도하고 있다. 의료보험 조합은 노인과 장기질환자를 퇴출시키고자 시도하고 있다. 영국에서는 예순이 넘은 고령자들이 스스로 비용을 지불하지 않을 경우, 더 이상 신장 투석을 해 주지 않는다. 만약 한 사람의 시장 가치를 추산하여 더 이상 그의 인간 존엄성이 존중되지 않을 경우, 어린아이는 긴 기대수명에 의거하여 250만 마르크Mark(2000년 이전 유로화 이전의 독일 화폐단위 역자)의 가치가 있지만, 정년퇴직자는 더 이상 가치가 없는데, 이는 그가 더 이상 무언가를 생산할 수 없는 무능력한 존재이기 때문이다. 이에 대한 결과로 우리는 사회 안에서 쓸모없는 사람들이 삶의 위기에 봉착하게 된다는 우려스러운 사실을 결코 부인할 수 없다. 제3세계와 같이, 제1세계도 무감각의 나락에 빠져 있는데, 곧 가족의 빈곤과 청소년의 희망의 부재와 함께 빈곤이 증가하고 있다. 이에 대한 결과로 부유한 사람들과 '보다 수입이 좋은 사람들'은 '통제된 커뮤니티' 속에서, 곧 안전구역 속에서 살아가는 반면, 다른 거주구역들은 오늘날 남아프리카에서처럼 슬럼가로 전락하고 있다. 건강한 중산층이 몰락하면, 정치적 민주주의도 함께 파멸하게 되는데, 이는 평등에 대한 민주주의적 사고가 보다 더 큰 불평등을 양산하는 경제체제와 상호 합치될 수 없기 때문이다.

이러한 발전의 진행과정이 제1세계의 나라들 안에서 보다 명료해질수록, 또한 제1세계 자신이 억압당하고 빈곤해지며 버려진 세계를 그 자체 내에서 발견할수록, 라틴아메리카의 해방신학은 제1세계에게 보다 중요한 의미를 지니게 될 것이다. 이제 자본주의의 비극적 결말을 기다리는 것보다 해방신학의 기본적 통찰들을 존중하는 것이 보다 더 바람직할 것이다. 자본주의는 대안이 되지 않는 사회주의적 양자택일 때문에 멸망하기보다, 오히려 나날이 점증하는 모순들, 곧 인간의 존엄성, 이 땅의 생명, 그 자신의 미래를 위협하는 모순들 때문에 멸망하게 될 거라고 우리는 판정할 수 있다.

b. 서로 공동으로 생명을 지향하는 신학의 도상에서

생산물과 시장의 글로벌화가 제3세계의 불의하고 비인간적인 관계들을 제1세계의 나라들 안으로 가져오는 것이 사실이라면, 제3세계 해방신학이 지향하는 세상과의 관계성Relevanz은 보편적이 될 것이다. 라틴아메리카의 해방신학은 오늘날 사람들이 '모든 사물의 전 세계적인 상품화'로 일컫는 자본주의에 대한 첫 번째 대안 신학Alternativetheo-logie이다. 해방신학은 더 이상 라틴아메리카적-상황적 신학에 불과하지 않고, 위에서 언급된 발전의 진행과정에서 보편적-상황적 신학이다. 해방신학은 로스엔젤리스, 방콕, 영국, 루마니아, 동독, 남아프리카에 있는 빈곤자들과 소외된 자들 편에 서서 대변하는데, 여기서는 다만 몇몇 지역만 거론되었을 뿐이다. 그러므로 해방신학은 다른 이들에 의해 수용되고 이들의 관계들 안에서 영향력을 행사하게 될 것이다. 이를 통해 해방신학은 특별히 라틴아메리카적인 (지역에 국한된 역자) 신학에서 하나의 보편적-사회 비판적인 신학이 되어 간다. '제3세계'는 하나의 계급개념이다. 이러한 도상 위에서 해방신학은 그의 로마-가톨릭적인 한계들을 극복하고 보다 방대한 에큐메니컬적인 의미 안에서 세계 보편적인 신학으로 되어 갈 것이다. 해방신학은 기독교적인 종교 공동체의 한계를 벗어나고자 하는데, 이는 민족으로 하여금 불의와 억압으로부터 인류의 해방을 향해 나아가게 하는 모든 추진력을 강화시키기 위해서이다. 라틴아메리카는 '기독교적인 대륙'으로 통용되기를 원하지만, 아시아와 아프리카는 그렇지 않다. 그러나 해방신학의 임무는 인류가 존재하는 어느 곳에나 보편적으로 빈곤이 존재하는 것과 같이 보편적인 성향을 지녀야 할 것이다.

나는 유럽인의 관점에서 해방신학이 하나님 나라의 보다 넓은 지평 속에서 가난한 사람들을 포용하는 것을 중요한 출발점으로 본다. 왜냐하면 이 출발점은 억압과 빈곤에서의 해방을 통해 도달되어야 할 긍정적인 것으로 일컬어질 수 있기 때문이다. 그러나 긍정적인 것은 극복되어야 할 부정적인 것과 결합되어 있는데, 이는 예수께서 부유한 자들이 아닌, 바로 가난한 자들에게 하나님의 나라를 열어주셨기 때문이다. 하나님-나라-의-신학은 로마 제국의 콘스탄티누스Konstantin 황제 이래로 역사 속에서 기독교 국가, 혹은 기독교 문명과 결합되었다. 이에 하나님-나라-의-신학은 산상설교의 팔복과 예수의 뒤를 따름에 대한 부르심과 분리될 수 없이 결합되어 있을 때에만, 이론의 여지없이 받아들여질 수 있을 것이다. 만약 그렇지 않을 경우, 하나님-나라-의-신학은 예수 그리스도와 아무런 상관이 없게 될 것이다. 그러면 하나님의-나라는 과연 무엇을 의미하는가?

하나님의 나라에 대해 존 소브리노J. Sobrino는 다음과 같이 적절하게 정의하였다. 즉 "하나님의 나라는 생명, 곧 생명의 충만함과 성취 속에 있는 생명이다." 그러므로 우리는 해방신학이 지향하는 하나님-나라-신학을 '생명'으로 가득 채울 수 있을 것이다. 생명을 대적하는 구조적이고 개인적인 폭력들, 이를테면 인간을 대적하는 폭력, 이 땅의 자연을 대적하는 폭력, 생명의 미래를 대적하는 폭력은 우리가 살아가고 있는 이 세계를 끔찍스러울 정도로 특성화하고 있다. 생명에 대한 사랑과 생명 앞에서의 경외는 제1세계 안에서 나날이 점증하는 냉소주의에 직면하여 새롭게 일깨워져야 할 것이다. 연약한 자들의 생명에 대한 보호, 동료 피조물들의 생명에 대한 보호, 공동의 생물의 미래에 대한 보호는 폭력적인 죽음의 구조들에 봉착하여 재건되어야 할 것이다.

폭력과 빈곤에서의 해방은 모든 실천적 신학과 모든 신학적 실천의 테마로 남아 있다. 그러나 자유와 병행하여 또 다른 중요한 테마가 있는데, 이는 사회주의적 세계의 몰락 이래로 거의 망각되고 배제되었던 테마, 곧 평등이다. 평등 없이 자유로운 세계란 존재하지 않는다. 우리는 "모든 인간이 자유롭고 평등하게 창조되었다"라는 진리를 자명한 것으로 확신하는데, 이는 곧 원原 기독교적인 정신으로부터 유래하는 것이다. '평등'은 결코 (공산주의 이데올로기에서와 같이 역자) 집단주의를 의미하지 않고, 오히려 모든 남성과 여성에게 동일한 생활여건과 삶의 가능성을 의미한다. 사회적인 개념으로서 평등은 정의를 의미한다. 인간적인 개념으로서 평등은 연대성을 의미한다. 기독교적인 개념으로서 평등은 사랑을 의미한다. 우리는 사회적인 정의와 인간적인 연대성, 기독교적인 사랑이 구현된 세계를 만들거나, 아니면 인간을 통해 인간에게 가해지는 비인간적인 억압, 비사회적인 에고이즘 그리고 현재의 단기간의 이익을 위해 미래를 파괴하는 행위로 말미암아 이 세계를 멸망에 이르게 할 수도 있다. 사회적인 정의를 실현할 것인지, 아니면 나날이 점증하는 범죄와 보다 값비싼 비용을 치러야 하는 안전을 감수할 것인지, 국제적인 정의를 구현할 것인지, 아니면 가난한 나라들의 기아폭동에 맞닥뜨릴 것인지, 공동의 생명의 미래를 위해 오늘 장기간의 투자를 할 것인지, 아니면 오늘 단기간의 이익과 인류의 예견된 파멸이 가까운 장래에 일어날 것인지, (이는 인류의 선택 여하에 달려 있다 ^{역자}).

  유럽에서는 라틴아메리카의 해방신학이 하나의 새로운 사회적 하나님-나라의-신학을 일깨울 수 있는데, 이 신학은 한편으론 가톨릭의 사회이론의 좌익적 측면에, 다른 한편 레온하르트 라가츠, 에드워드 하이만, 파울 틸리히와 초기 칼 발트의 종교적-사회적 운동에 소급하는 가운데 정치신학, 생태신학, 여성신학과 새로운 사회비판적 신학의 상이한 출발점들을 서로 결합시키기도 한다. 특별히 교황 요한 바오로 2세는 하나님-나라의-신학에 동조할 수 있는데, 이는 이 신학이 '생명의 문화'를 이루고자 하는 그의 꿈을 성취할 수도 있기 때문이다.

제2부

현대세계의 가치와 기독교 신학

제1장

현대세계의 가치들에 대한 재평가 속에 있는 기독교 신앙

   나는 이 장에서 이슬람의 '신神의 국가'(이란)와 유교의 '교육적 독재'(싱가포르)의 변호자들에 대립하는, 많은 사람이 우려하는 '문명의 충돌'[1] 속에 있는 서구세계의 '가치들'을 방어하지 않을 것이다. 또한 나는 서구세계의 '자기가치 의식'을 강화하고, 무엇이 서구에게 '가치'가 있는지에 대해서도 검토하지 않을 것이다. 현대 서구세계는 그의 가치들 자체의 현존하는 위기를 극복해야 하기 때문이다. 서구세계의 가치들에 대한 외부에서의 비판과 공격에 저항하는 모든 방어는 오늘날 서구세계 안에서 인류와 자연의 생존을 위해 필요불가결한 '가치들의 재평가'를 저해할 따름이다. 나는 기독교 신학자로서 다음과 같이 질문하고자 한다. 즉 서구세계와 현대인은 특히 기독교를 통해 그들에게 전래된 성서적 전통들에 대해 무엇을 감사해야 하며, 그리고 과연 무엇이 그들을 기독교와 성서적 전통들을 통해 심적으로 부담을 주고 있는가? 나는 성서적 전통들에 유대교를 포함시키는데, 현대 서구세계는 그가 의식하는 것보다 더 많이 유대교에 영향을 받아 왔기 때문이다. 이를 통해 나는 특별히 '구약성서', 아브라함의 이주, 이스라엘의 하나님, 모세의 십계명 그리고 예언자들의 비전들을 통해 서구세계가 형성되었다는 사실에 대해 말하고자 한다. 서구세계는 현대의 기본적 사고들과 가치들에 이르기까지 성서적 전통들에 의해 영향을 받음으로써, 서구세계 자신의 자유의 역사들은 성서의 하나님의 역사 안에서 재발견되며, 서구세계의 세속적 형태들 안에서도 하나님의 역사와 동일시되고 있다. 우리가 '계몽주의의 변증법'[2]을 발견하고 현대세계의 내적인 모순들로 인해 고뇌하게 된 이래로, 현대 이후의 포스트모던 세계는 성서적 동인動因에게는 물론 현대의 동인에게서도 작별을 고하게 된 것 같은데, 왜냐하면 이 세계는 이들과 자신을 동일시하기 때문이다. 그러므로 우리는 다음과 같이 질문해야 할 것이다. 즉 우리는 서구세계의 전통들과 희망들에서 벗어나 우리가, 혹은 우리의 선조들이 공공연하게 야기했던 현대세계의 내적인 모순들의 극복을 위해 서로 함께 동역할 수 있는가? 그리고 어떻게 이러한 공동사역을 감당할 수 있는가? 사회의 가치들에 대한 재평가는 공적인 신학의 본질적인 과제이다. 기독교 신학은 그 근원과 목표에 있어서 공적인 신학인데, 이는 신학이 하나님 나라의 신학이기 때문이다.[3] 신학의 역사적 전통은 '미래의 역사'에 대해 설명하며, 신학의 예언자적 전통은 이러한 미래의 비전에 초석을 놓는다. 이러한 공적인 신학, 하나님 나라의 신학의 전통들은 현재 우리가 당면한 현대세계의 위기에 대해 무엇을 말하고 있는가?

1. 성서의 하나님과 역사의 경험

가치들에 대한 우리의 판단과 현실에 대한 우리의 경험은 서로 상응한다. 이에 우리는 성서의 '역사에 대한 경험'[4]과 함께 시작하고 나서 인간의 인격과 사회의 가치들에 대해 질문하고자 한다.

성서적 전통들이 증언하는 하나님은 자연의 법칙과 순환 속에서 자신을 계시하시기보다, 오히려 언제나 인간을 통해 그리고 인류역사의 우발적 사건 속에서 계시하신다. 이에 하나님은 그가 부르셨던 사람들에 따라, 그가 사람들에게 자신을 계시하셨던 사건들에 따라 일컬어지는데, 이는 종교 역사적으로 유일회적이다. 이때 하나님은 '아브라함의 하나님, 이삭과 야곱의 하나님' 그리고 '예수 그리스도의 아버지'이시다. 이때 하나님은 그의 백성 이스라엘을 이집트의 역사적 세력에서 해방하셨던 '주님'이시요, 그리스도를 역사의 세력, 곧 죽음에서 해방하셨던 '아버지'이시다. 역사적 부르심과 해방하는 경험들을 통하여 하나님은 마땅히 자연의 신들과의 차별성 속에서 '역사의 하나님'으로 일컬어진다.

유대교, 기독교 그리고 이슬람교, 곧 서로 공통적으로 아브라함의 하나님과 아브라함의 하나님 경험에 근거한 종교들은 나름대로의 방법대로 자신들을 '역사적 종교'로서 이해한다. 이 종교들에게 과거 역사에 대한 회상은 미래에 대한 기대와 동일하게 그들의 본질을 구성하는 중요한 요소이다. 아브라함의 하나님 경험은 자유에 대한 경험과 함께 미지의 낯선 것에 대한 경험이다: "너는 너의 고향과 친척과 아버지의 집을 떠나 내가 네게 보여줄 땅으로 가라. 내가 너로 큰 민족을 이루고 네게 복을 주어 네 이름을 창대하게 하리니, 너는 복이 될지라. 너를 축복하는 자에게는 내가 복을 내리고, 너를 저주하는 자에게는 내가 저주하리니, 땅의 모든 족속이 너로 말미암아 복을 얻을 것이라"(창 12:1-3).⁵ 낯선 곳을 향하여 길을 떠나고 있는 아브라함의 시간에 대한 경험은 그가 결코 되돌릴 수 없고 되돌아갈 수 없는 과거에 대한 경험이다. 이는 그가 언젠가 발견했던 희망 속에서 찾아야 할 미래에 대한 경험이기도 하다. 어떠한 시간에 대한 경험이 아브라함과 비교하여 명상하는 부처Buddha를 만들었는가? 명상을 통해 자기 자신 안에 침잠했던 부처는 영원한 순간 속에서 무시간의 경험을 함으로써, 그에게 과거와 미래의 경계는 사라져버렸다. 아시아의 우주적 종교들과의 모든 비교는 아브라함에서 유래하는 종교들의 독특성을 입증한다. 즉 아브라함의 종교들에게 미래는 무언가 새로운 것이며 결코 과거로의 회귀가 아니다. 이 세계는 우주와의 거대한 균형과 조화 속에 존재하기보다, 오히려 하나님의 창조로서 하나님의 영원한 나라의 미래를 지향하는 유한한 존재이다. '시간의 화살'은 모든 물질의 시스템과 삶의 시스템을 지배하는데, 이들은 계속적으로 진행하는 과정 속에 있는 것으로 이해된다. 전통과 개혁의 과정 속에서 시간은 되돌릴 수 없고 불가역적이다. 시간은 과거와 미래 사이의 조정되기 어려운 차이 속에서 경험된다. 과거는 되돌릴 수 없는 현실이고, 미래는 쫓아가 잡을 수 없는 가능성이다. 현재는 그 안에서 미래의 가능성이 실현되거나, 혹은 이를 놓쳐버릴 수도 있는 최전선이다. 그러므로 현재 안에서 미래는 과거와 중재된다. 이러한 '아브라함의 종교들'은 공간보다는, 오히려 시간을 발견하고 치유하였다. 그렇지 않을 경우, 신적인 것은 언제나 회귀되는 우주의 질서 안에서 숭배될 것이다. 그러나 아브라함의 종교들에서는 우발적인, 곧 추론할 수 없고 기대하지 않았던 역사의 사건들과 미래를 가져오는 새로운 것에 맞닥뜨리게 된다. 이러한 상황 속에서 인간이 자연환경 안에 정주하는 일은 사라져버리게 되었다.

여기에서 단지 짧게 기술한 역사의 시간으로서 현실에 대한 이해는 현대세계의 현실에 대한 이해와 특별히 긴밀한 관계를 갖는데, 왜냐하면 현대세계는 인간의 문화가 이 땅의 자연에 대한 의존과 조화로부터 분리됨으로 말미암아 생성되었기 때문이다. 농경 세계는 산업 세계를 통해 분리되었으며, 마을은 대도시를 통해 분리되었다.6 산업화와 도시화를 통해 인간세계가 생겨났는데, 이 세계는 인간의 바람과 잣대에 따라 건설되며 오로지 인간의 가치들을 통해서만 현실화된다. 몇 년 이후에 인류의 절반이 넘는 인구가 살아가게 될 현대적 대도시들, 이를테면 멕시코시티, 캘커타, 라고스, 상하이 등과 같은 대도시들에서 햇빛은 스모그를 통해 어두워졌고, 자연은 교통도로들을 통해 대체되었다. 대도시 안에서 사람들은 식물과 동물을 필요로 하지 않고, 오히려 그들 자신이 만들어낸 인공적인 창작물들에 의해 살아간다. 현실적이고 감각적으로 인지된 세계는 컴퓨터와 사이버 공간의 '가상적 세계'에 의해 모방되고 교체된다. 모든 개체적 생명의 진행과정은 더 이상 이 땅의 순환과 육체의 리듬을 통해 결정되지 않고, 오히려 현대세계의 템포에 의해 결정된다. 현실에 대한 우리의 감각적인 인지는 원격 감각기관들Fernsinne인 듣기와 보기로 축소되고 있다. 이를 통해 느끼고, 맛보고, 냄새 맡는 우리의 원초적인 근접 감각기관들Nahsinne은 발육이 부진하게 된다. 이에 대해 우리는 이 장의 마지막 절에서 다루는 현대세계 속에서 살아가는 거주민들의 시간에 대한 경험 속에서 보다 자세히 살펴보고자 한다.

인간의 문화 세계가 이 땅의 자연에서 분리됨으로 말미암아 모든 생태학적인 위기가 발생하게 되었는데, 이 위기는 현대세계의 총체적인 프로젝트가 좌초되었다고 판정을 내릴 수 있다. 자연의 파괴는 인간의 도시화와 산업의 집중에 비례하여 증대되고 있는데, 이는 대도시들의 나날이 점증하는 에너지 수요와 산더미처럼 쌓여가는 쓰레기 배출이 증명하고 있다.

인간의 외부적인 삶의 세계인 자연환경 안에서 생태학적인 위기들이 일어나는 현상과 함께 인간의 내적인 세계와 영혼 안에서 현대인의 정신-신체 의학적인psychosomatische 위기들이 일어나는 현상은 서로 상응한다.[7] 인간 외부에서 자연으로부터 소외가 일어나는 현상과 인간 내부에서 자연으로부터의 소외, 나날이 점증하는 심리적인 마비와 소외 현상이 서로 상응한다. "광야는 확대된다. 광야를 자신의 품 안에 지닌 자에게 화가 있을지어다"라고 프리드리히 니체는 예견하였다. 우리 모두는 우리 바깥에 있는 광야를 한탄하고 있지만, 사실 이 낯선 광야는 우리 자신 안에 존재한다.

만약 그것이 우리 자신 안에 존재하는 자연과 우리 주변을 둘러싼 자연을 억압했던 '역사로서의 현실'에 대한 이해라면, 현대세계에서 이루어지고 있는 문화 치료Kulturtherapie의 과제는 인간 자신의 육체성과 감성 안에서 인간 외부에 존재하는 물리적 자연과 인간 내부에 존재하는 육체적 자연 사이의 화해를 통한 가치들을 발전시키고, 인간의 문화와 이 땅의 자연 사이의 새로운 조화를 이루기 위해 진력하는 것이다. '진보'는 현대성의 주된 모티브이다. 이에 반해 '균형'은 현대 이전 문화들의 주된 모티브였다. 이제 우리는 현대세계의 '진보' 가치들과 현대세계 이전의 '균형' 가치들 사이의 조정을 필요로 하는데, 이는 '환경을 파괴하지 않는 가운데 지속 가능한 발전'과 생태학적인 문화를 실현하기 위해서이다. 인류가 멸망하지 않고 계속해서 생존하기를 원한다면, 우리는 '진보'의 가치들과 '균형'의 가치들 사이의 조정에 대해 깊이 유념해야 할 것이다.[8]

그렇다면 우리는 진보의 가치들과 균형의 가치들 사이의 조정을 위해 우리로 하여금 '역사의 하나님'과 함께 자연적인 삶에서 소외를 야기했던 아브라함의 종교들을 떠나야 하는가? 자연으로부터 인간의 해방을 지향하는 가치들은 인간으로 하여금 자연으로부터의 소외와 그의 황폐화의 악령들로 되어버렸는가? 영혼의 인도여행만이 녹초가 되어 지쳐버린 우리 서구인들을 치유할 수 있는가? 나는 우리가 '우리 자체, 곧 기독교 자체 안에 있는 샘물'로부터도 마실 수 있다고 생각한다. 우리는 기독교 안에서 이러한 샘물을 다시금 발견해야 할 것이다. 나는 이와 함께 기독교 안에 있는 신비적인 전통들과 유대교 안에 있는 안식일 전통들을 심중에 두고 있다.

성서의 하나님은 어떠한 경우에도 마음이 요동하시는 '역사의 하나님'이 아니시다. 이와 동일한 맥락에서 하나님은 시간과 역사를 정지시키는 안식일의 안식 가운데 계시는 하나님이시다. 창조기사에 따르면, 하나님은 일곱째 날에 '안식하셨고' 하나님의 안식을 통해 창조를 완성하고 축복하셨다.[9] 하나님은 창조하시면서 자신으로부터 벗어나시며, 안식하시면서 다시금 자신 안으로 의식을 되찾으시며, 자신이 창조하신 피조물들과 작별을 고하신다. 이는 하나님께서 마치 한 예술가가 자신을 철회하고 자신이 만든 작품을 자신과 분리시킬 수 있고 나서야 비로소 작품을 완성하는 것과도 같다. 엿새 동안만 활동하고 창조하셨던 하나님께 상응하여 인간은 엿새 동안만 활동하고 일해야 한다. 그러나 일곱째 날에 안식하시면서 그의 사역과 그 자신에 대해 기뻐하시는 하나님께 상응하여 인간도 안식해야 한다. 이러한 안식일의 안식은 남성과 여성, 지배자와 피지배자, 인간과 동물 모두에게 동일하게 적용된다. 안식년에 심지어 땅과 포도밭 들은 경작되지 말아야 하는데, 이는 '땅이 휴경 중인 동안에 하나님께 그의 안식을 누리고' 재충전할 수 있기 위해서이다. 안식일 계명은 인간의 활동의 역사 안에서 자연의 건강을 위시하여 인간의 육체와 영혼의 구원을 위한 분명한 경계를 설정한다.

  기독교의 신비교 안에서 우리는 시간적인 안식에 대한 성서적인 지혜를 다시금 발견하지만, 지금은 내적으로 눈을 돌리고자 한다. 인간세계의 소외와 광야에서 인간은 자기 자신에게 이르는 '묵상'을 발견할 수 있다. 만약 인간이 자기 자신에게 이르게 되면, 하나님 안에서 안식에 이르게 될 것이다. 역으로 말해, 인간이 영원한 하나님 안에서 안식을 발견하게 되면, 인간 영혼의 어두움과 심연 속에서도 자기 자신에게 이르게 될 것이다. 일곱째 날 안식일에서와 같이, 기독교 신비교 안에는 언제나 일곱 단계가 '영혼의 성Th. von Avila' 안에, 혹은 구원에로 인도하는 '일곱 이야기 산Th. Merton' 위에 있다. "활동의 세계 속에서 묵상Contempla- tion in a World of Action"이라고 토마스 머튼이 쓴 글의 한 표제는 일컬어진다.[10]

  우리는 묵상과 영혼의 분석을 통해서뿐만 아니라, 우리가 안식일에 일시적으로 중단해야만 하는 시간과의 지혜로운 관계를 통해서도 관조적인 안식을 발견하게 될 것이다. 우리는 멸망에 이르지 않기 위해 안식을 발견해야 할 것이다. 하나님께서는 우리의 존재의 심연 속에 거하실 뿐만 아니라, 우리의 시간 속에도 거하신다.

2. 인간존재: 자연의 일부인가, 아니면 인격인가?

  아시아와 아프리카의 종교들은 인간을 자연의 일부로 이해하는 데 반해, 성서적 전통들은 개체적 인간을 하나의 인격으로 이해한다.

  인간을 자연의 일부로 이해하는 아시아와 아프리카의 종교들은 땅을 인간의 '어머니'요, 달을 인간의 '할머니'이며, 인간의 삶은 모든 살아 있는 생물의 거대한 '가족' 안에서 태양과 달과 땅의 순환과 리듬 속에서 '이리 저리 움직이면서' 살아간다고 믿는다. 이 종교들은 인간을 자연의 일부로 간주하면서 자연스레 윤회설을 신봉한다. 왜냐하면 모든 개체적 생물은 생명의 거대한 조직으로부터 유래하는데, 다른 생명의 형태로 이 세상 안에 되돌아오기 위하여 이러한 조직 안으로 다시금 돌아가야 하기 때문이다. 개체적 인간은 자신을 이미 생존했던 선조들의 긴 족보의 구성원으로서 이해함으로써, 자신을 결국 자연의 일부로 파악하게 된다. 그에 앞서 존재했던 가족 구성원은 공경을 받는 조상이고, 그 이후에 태어난 가족 구성원은 후손이 된다. 이러한 공동체 안에서 작은 개체의식은 함몰되고 커다란 집단의식에 의해 지탱된다. 개인의 죽음은 그다지 큰 의미를 갖지 못하는데, 이는 예를 들어 구약성서와 한국의 족보들이 보여주듯이, 세대들의 서열이 (삶과 죽음을 초월하여 역자) 그대로 존속하기 때문이다. 그러므로 1982년 10월 28일 제정된 유엔의 '지구 헌장 Earth Charta'은 인간을 '자연의 일부'로 명시하고 있다.

  그러나 인간을 자연의 일부로 간주하는 '지구 헌장'에 반해, 인권에 대한 모든 선언은 침해되어선 안 되는 '인간의 존엄성'에 대한 기본적 조항과 함께 시작한다. 그러면 과연 어디에 유일무이한 '인간의 존엄성'이 놓여 있는가? 인간의 존엄성은 모든 개체적 인간의 자신을 위한 존엄성이며, 모든 인간의 개성을 전제한다. 이러한 개체적 인간의 존엄성은 모든 개체적 인권의 원천인데, 이는 1948년 인권에 대한 공동 선언 안에서 결의되었고 유엔의 모든 국가에 의해 비준되었다. 인격권, 평등권, 신앙의 자유, 양심의 자유, 의견의 자유, 집회의 자유는 개체적 인간의 존엄성으로부터 뒤따르게 된다. 그러면 어떻게 이러한 개체적 인간의 존엄성이 보호되는가? 이는 어떠한 인간도 결코 객체로서 다루어져선 안 되며, 오히려 언제나 그리고 어느 곳에서나 주체로 존중을 받아야 한다는 사실을 통해서이다. 그러므로 인간을 노예로, 단지 노동력으로, 혹은 매춘과 같이 거래되는 물건으로, 곧 인간을 시장 가치로 평가 절하하는 행위는 금지되어야 할 것이다. "모든 인간이 자유롭고 평등하게 창조되었다"라는 기본 원칙과 함께 현대 정치의 민주화가 시작된다. 이러한 기본 원칙과 함께 모든 해방의 운동과 해방신학이 사역을 수행한다. 어느 누구도 장애 때문에 불이익을 당해선 안 된다. 인간에 대한 모든 의료행위에서 "환자는 인격이다"라는 원칙이 적용되어야 할 것이다. 우리는 이에 대한 결과를 더 이상 기술할 필요가 없는데, 이는 우리가 그 결과에 대해 모두 잘 알고 있기 때문이다.

그렇다면 과연 인격이란 무엇인가? 현대인이 오해하는 것과 달리, 인격은 개체가 아니다. 문자적으로 말해, 하나의 개체는 원자atom와 같이 더 이상 분리될 수 없는 마지막 부분이다. 그러나 더 이상 분리될 수 없는 마지막 부분은 관계를 갖지 않으며 대화를 나눌 수 없는 존재이다. 이에 괴테는 "개체는 말로 표현할 수 없다Individuum est ineffabile"라는 명언을 통해 올바르게 지적하였다. 개체가 관계를 갖지 않는다면, 속성과 이름 또한 갖지 않을 것이다. 개체는 인식될 수 없으며 자기 자신에 대해 알지 못한다. 이 사람, 혹은 저 사람이 '개체'라는 표현은 이전에 독일어와 스페인어에서 모욕적인 언사(욕설)로 통용되었으며 '익명성'을 의미하였다. 이러한 개체에 반해 인격은 나-너-우리, 나-자신, 나-그것의 관계들의 공감 속에 있는 개체적 인간을 의미한다. 관계들의 네트워크 속에서 인격은 받음과 줌, 들음과 행함, 경험과 감동, 질문과 답변의 주체가 된다.

신학적 의미에서 인간의 '인격'은 하나님의 부르심을 통해 생겨났는데,

곧 하나님께서는 인간을 그의 "본토와 친척" 안에 있는 관계들로부터 부르셨다(창 12:1).[11] 하나님의 부르심에 순종하여 길을 떠났던 아브라함과 사라는 성서적 인격의 이상적 본보기이다. 그리하여 모세도 하나님에 의해 '그의 이름에 있어서 부르심을 받았으며', 앞으로 나아오면서 "내가 여기 있나이다"(출 3:4)라고 말하였다. 이러한 본보기에 따라 성서에 등장하는 예언자들은 부르심을 받았는데, 이사야 43장 1절에 따르면, 이는 모든 이에게 적용된다: "너는 두려워하지 말라. 내가 너를 구속하였고 내가 너를 지명하여 불렀나니, 너는 내 것이라." 하나님께서는 자연의 일부가 아니라, 오히려 창조주로서 언제나 자연과 마주보고 서 계시면서 인간으로 하여금 자신에게 상응하는 하나님의 형상으로서 보이는 창조물들에게, 그리고 하나님 자신에게 마주하게 하셨다(시 8편). 인간은 이 땅 위에서 하나님 앞에서 책임적인 인격으로 된다. 이는 인간의 삶을 다시 반복될 수 없는 유일회적인 것으로 만든다. 이는 인간을 다른 피조물들 위에서 상대적인 자유와 함께 초월적인 하나님의 이름 안에서 특별한 명령에로 고양시키며, 인간에게 다른 생물들에 대한 특별한 책임적 사명을 부과한다. 성서적 전통들에 따르면, 인간의 존엄성은 그가 지닌 하나님 형상성에 놓여 있다. 피코 델라 미란돌라G.P. della Mirandola는 1486년 "인간의 존엄성De dignitat hominis"이라는 그의 유명한 연설에서 인간의 존엄성을 서구세계의 르네상스-문화 안으로 가져왔으며, 이와 함께 인권의 인식을 위한 길은 물론, 서구세계의 인간 중심주의를 위한 길을 마련하였다.[12] 이로 인한 결과들은 긍정적인 면에서나 부정적인 면에서 평가되기 어렵지만, 나는 그 가치들과 무가치들에 대한 하나의 리스트를 아래와 같이 제시하고자 한다.

1. 아브라함과 사라, 그리고 하갈의 후손들: 인간이 초월적인 하나님을 통해 세계로부터 부르심을 받은 인격이라면, 인간은 아브라함적인 실존에로 인도된다. 아브라함과 같이 인간은 그의 가족, 고향, 본국 안에서의 친밀한 환경을 떠나 그에게 낯선 세계 안에서 이방인이 된다. 그 어느 곳에서도 그는 자신의 집과 같은 아늑하고 편안한 느낌을 갖지 못하며, 하나님의 약속에 대한 그의 희망이 성취될 때까지 어느 곳에서나 자기 자신에 대해 책임을 짊어져야 한다. 이는 이 세계를 능가하는 자유이지만, 광야의 자유이기도 하다. 세계에 대한 개방성과 정처 없음Unbehaustheit은 아브라함의 후손들의 뇌리를 각인시킨다. 그들은 현재 정처 없이 떠돌면서 안식을 누리지 못하므로, 한 곳에 체류하도록 유혹을 받기도 한다. 하나님의 약속이 성취되지 못하는 동안, 그들의 심장은 불안한 가운데 있다. 그들은 좋은 일에서나 나쁜 일에서나 어떠한 환경에도 만족하지 못하며 모든 장벽을 극복해야 한다. 지그문트 프로이트S. Freud가 한탄한 바와 같이, 아브라함 후손들의 충동은 과도한데, 이는 그들이 무한하신 하나님에 의해 자극되었기 때문이다. 아브라함이 유대교인, 그리스도인, 모슬렘의 '믿음의 조상'이 되고 언제나 사라와 하갈과 함께 이동하며 오디세우스Odysseus 홀로 모험여행을 하게 했던 페넬로페Penelope와 같이 집에 머물러 있지 않았다면, 이에 상응하는 문화들(아브라함으로부터 유래하는 종교들의 문화권을 지칭 역자) 안에서 자연에 대한 정복뿐만 아니라, 자연으로부터의 소외도 생겨나게 될 것이다. 누구든지 아브라함과 사라처럼 하나님의 약속을 따르는 자에게 자연은 '어머니'가 될 수 없다. 그러면 자연은 아브라함과 사라의 후손들에게 과연 어떠한 존재인가?

바울이 로마서 8장에서 기술한 바와 같이, 자연은 긍정적인 의미에서 인간의 '형제자매'가 되며, 또한 희망하면서 찾아가는 인간의 길동무가 된다.¹³ 인간만이 희망에 의거하여 살아가지 않으며 죽음의 지배로부터 육체의 구원을 동경하지 않는다. 이 세상에 존재하는 모든 피조물과 이 땅 자신도 허무함의 세력 아래 신음하면서 '하나님의 자녀들'이 자유 안에서 이미 경험한 영원한 생명의 영광을 동경한다. 하나님의 영 자신은 믿는 자들과 모든 허무한 피조물 안에서 영원한 생명의 새로운 세계를 향해 탄식하시면서 분명코 이 시간의 고난을 모든 만물이 영원한 본향으로 탄생하는 산고의 아픔으로 만드신다. 이는 다음의 사실을 의미한다. 즉 아브라함의 후손들의 불안한 심장에 불안한 세계-불안한 자연이 서로 상응한다. 모든 허무한 피조물은 아브라함의 후손들과 함께 미래를 향한 도상에 있는데, 이 미래에 하나님께서는 그의 안식을 누리시고 완성된 창조의 집 안에서 본향을 발견하시며, 아브라함의 후손들은 그들의 정체성의 본향을 발견하게 될 것이다. 모든 피조물은 아브라함과 사라의 후손들의 길동무이며, 다른 모든 피조물과의 깊은 합일 속에 거하게 될 것이다. 그들은 세계가 코스모스와 카오스 속에서 분리된 것으로 보지 않고, 오히려 그의 구원을 향한 통일적인 운동 안에 있는 것으로 이해한다. 즉 그들에게 코스모스와 카오스는 두 개의 상호 보완적인 특성을 지닌 것으로 간주된다.

2. 아우구스티누스의 고독한 영혼: 서구세계에서 살아가는 사람들은 아우구스티누스Augustinus의 영혼과 함께 축복을 받으면서도 부담감을 느끼는데, 이는 그 어느 누구도 이 라틴 교부보다 더 많이 서구의 심리학을 각인하고 더 깊이 서구의 개인주의를 기초하지 않았기 때문이다.¹⁴ 아우구스티누스는 '하나님과 영혼'에 대해 알고자 열망하였다. "그(하나님과 영혼 역자) 외에는 아무 것도 아니지 않은가? 그렇다, 그 외에는 아무 것도 아

니다." 왜 하필이면 아우구스티누스는 인간의 영혼에 몰두했는가? 아우구스티누스에 따르면, 인간의 영혼은 하나님의 형상이자 그 안에 반사경을 지니고 있기 때문이다. 이에 누구든지 하나님을 인식하고자 하는 사람은 이 세상을 잊고 그의 모든 감각을 닫아 잠그며 묵상을 통해 자기 자신 안에 깊이 침잠해야 한다. 그러면 그는 자기 자신과 동시에, 하나님을 인식하게 될 것이다: "너 자신에게로 돌아가라: 인간 내면에 진리가 살고 있다." 아리스토텔레스Aristoteles에게 영혼은 인간의 다른 부분들처럼 동일하게 하나의 기관이어서, 그는 영혼의 힘(정신력)을 객관적으로 기술할 수 있었다. 그러나 아우구스티누스에게 영혼은 인간의 내적인 자기 자신, 마치 하나님처럼 신비스럽고 불가해한 존재로 이해되었다. 인간의 내면에 대해 성찰하는 여정에서 아우구스티누스가 하나님을 자기 자신 안에서 그리고 자신을 하나님 안에서 찾았을 때, 그는 인간의 주체성(주관성, Subjektivität)의 발견자가 되었다. 데카르트R. Descartes는 자신의 주체성의 철학과 함께 아우구스티누스를 뒤따름으로써,[15] 아우구스티누스의 주장을 받아들였다. 나는 모든 감각적 인상Sinneseindrücken에 대해 회의할 수 있지만, 모든 사물 안에서 자신을 기만하는 것에 대해 회의하고 있는 것이 나 자신이라는 사실에 대해서는 아니다. 나는 나 자신을 기만하는 존재가 나라는 것에 대해서는 회의하지 않는다. 내적인 자기 확신은 모든 외적인 사실의 확실성보다 더 강력한데, 이는 외적인 사실의 확실성이 단지 감각을 통해 중재되는 간접적인 것인데 반해, 내적인 자기 확신은 직접적이기 때문이다. 이것이 의미하는 바를 말하면 다음과 같다. 즉 모든 여자와 모든 남자, 각 사람은 그 자신이 가장 가까운 여자 이웃, 혹은 남자 이웃인데, 왜냐하면 우리는 우리 자신을 가장 최상의 사람으로 알고 있기 때문이다. 그러므로 이웃사랑은 자기 사랑을 전제로 하며,

자기 사랑은 하나님 사랑에로 이끈다. 영혼이 나의 주체성이라면, 영혼은 육체와 감각에 결코 지배당하지 않고, 오히려 이들을 지배한다. 이 점에 있어서 영혼은 하나님에 상응한다. 즉 하나님이 세계의 지배자시라면, 하나님에게 상응하는 인간의 영혼은 육체를 지배한다. 자기 지배와 자기 통제 안에서 인간의 하나님 형상성이 표출되는데, 이는 청교도주의와 경건주의가 우리에게 가르쳤던 바이기도 하다.

그러나 아우구스티누스는 하나님의 형상성을 단지 개체적 인간의 영혼 안에서 봄으로 인해 오류를 범하게 되었다. 이러한 아우구스티누스의 오류에 반해 성서는 "하나님께서 인간을 남자와 여자로 창조하실 때에 그의 형상으로 창조하셨다"(창 1:27)라고 말한다. 이에 하나님의 형상성은 남성과 여성의 상호관계 속에서 발견되는데, 이는 언제나 감각적이고 육체적으로 중재된다.[16] 자기 자신을 성찰하는 개체적 영혼의 우위성에 대해 성서는 결코 말하지 않는다. 우리는 자신 안에 침잠하여 명상에 잠기기보다, 오히려 자신으로부터 벗어나게 될 때, 하나님을 발견하게 될 것이다. 내 안이 아닌, 네 안에 하나님이 감추어져 있다. 전체적 인간의 인격은 하나님 형상적으로 영혼과 육체, 내면과 외면, 정신과 오감五感의 통일성 속에 존재한다. 여성과 남성, 부모와 자녀의 전체적 인간의 공동체는 하나님에게 상응해야 하며, 이 땅 위에서 하나님의 반사경이 되어야 할 것이다. 인격과 자연의 차별적인 통일성은 하나님의 창조적 사고에 상응한다. 즉 인격은 자연을 대변하고, 자연은 인격을 담지한다. 오늘날 우리는 '아우구스티누스의 영혼'과 함께 부담감을 느끼면서 '육체의 복귀Wiederkehr'와 '감각의 재발견' 그리고 감각적으로 인지된 세계의 재발견을 모색하면서 여성신학의 주장을 경청하고자 한다.

인간의 인격과 자연의 분리는 생명에 위협적이며 도덕적인 무책임성을 불러일으킨다. 피터 징어P. Singer가 대변한 바 있는 급진적 휴머니즘은 인간의 인격을 오성과 의지의 주체로서 정의한다.[17] 오성과 의지가 아직, 더 이상, 도무지 한 번도 강하지 않은 인간은 인간적 인격으로서가 아닌, 단지 인간적 물질로서 간주된다. 여기에는 태아, 중증 장애인, 노인 환자들이 해당된다. 그러나 사실상 서구세계에서 완전한 의미에서의 인격이란 서른과 오십 사이의 건강한 남성만을 지칭한다. 더욱이 이전에 건강한 남성은 교육을 받은 인격이었으나, 이후에는 연금을 받는 인격으로 통용된다. 이로부터 오로지 인격만이 단어의 완전한 의미에 있어서 인권의 정당한 권리를 향유하는 데 반해, 인간의 육체는 자연의 객체와도 같이 임의로 다루어질 수 있다는 사실이 뒤따르게 된다. 이를 통해 급진적 휴머니즘은 완벽한 비인간성에로 유도하는데, 이는 소위 '살아갈 가치가 없는 생명'에게서 인간의 존엄성을 박탈하기 때문이다.

신학적으로 말해, 인간의 하나님 형상성은 그의 특성에 근거하기보다, 오히려 인간의 하나님과의 관계성에 근거한다. 이러한 인간의 하나님과의 관계성은 이중적인데, 곧 인간에 대한 하나님의 관계성과 하나님에 대한 인간의 관계성이 그것이다. 인간의 객관적인 하나님 형상성은 인간에 대한 하나님의 관계성 안에 존재한다. 이는 결코 파괴되거나 상실될 수 없다. 하나님 자신만이 이 관계성을 폐기할 수 있다. 모든 인간의 존엄성은 이러한 객관적인 하나님 형상성에 근거한다. 하나님은 모든 태아, 모든 중증 장애인, 모든 노인 환자와 관계를 맺으시며, 그들 안에 있는 그들의 존엄성을 존중하심으로 경의를 표하신다. 하나님에 대한 경외 없이 모든 인간 속에 있는 하나님 형상성은 존중되지 않는다. 하나님에 대한 경외가 이루어지지 않으면, 생명에 대한 경외는 사라져버리게 되는데, 왜냐하면 이러한 경외는 실리적 관점을 통해 밀려나버리게 되기 때문이다. 그러나 하나님에 대한 경외 안에서 결코 실리적 관점에서 '살 만한 가치가 없는 생명'이란 존재하지 않는다.

3. 개인적 자유와 사회적 신뢰 사이의 인격

전통적 사회들 안에서 개체적 인격의 전체적 삶은 요람에서 무덤까지 미리 결정되고 규정되었다. 가족, 계급, 사회적 계층과 민족에 대한 소속성은 개인의 인생여정을 결정한다. 여기서 개인의 결정과 주장은 단지 경미한 역할만을 하였다. 개인의 고유한 이름은 별로 통용되지 않았다. 딸은 어떤 민족들에서는 다만 개수個數되기만 했는데, 이는 그들이 정식 결혼과 함께 남편의 가족 성性을 따르게 되기 때문이다. 개인의 이름에 반해 가족 성은 모든 것을 의미하였다. '좋은 가정'은 사회적인 위치를 보장하였다. 독일에서 흔히 말해지는 바와 같이, 사람들은 '좋은 가문 태생'이어야 한다. 전통적 사회들 안에서 안정성은 모든 것에 통용되었지만, 개체성은 그다지 중요시되지 않았다.

전통사회와 달리, 현대사회에서 개인적 자유의 가치는 소속성의 가치 위에 설정된다. 전통은 더 이상 개인의 삶에 영향을 미치지 않는다. 현대인은 '자유 선택 사회' 속에서 살아가는데, 이는 그들이 개체적 인격 속에서만이 사회가 창의적으로 될 수 있다고 믿기 때문이다. 이에 현대인에게 있어서 더 이상 아무 것도 미리 결정되고 규정된 것으로 받아들여질 수 없다. 모든 개개인 여성, 개개인 남성은 모든 것을 스스로 결정할 수 있어야 한다. 즉 모든 인간은 학교 선택의 자유, 직업 선택의 자유, 배우자 선택의 자유, 거주지 선택의 자유, 정치적 선택의 자유, 종교 선택의 자유를 가질 수 있어야 한다. 현대인은 어느 것도, 성별도 '운명'이 되어선 안 되며, 모든 것은 스스로 결정할 수 있어야 한다는 확신 아래 그들의 유전적 조합을 스스로 결정하는 일도 감행하고 있다. 유럽의 반半 전통사회에서 사람들이 가족 성과 함께 호칭되었던 것과 달리, 현대사회 전반에서, 특히 청소년 이하 세대에서는 단지 이름만이 통용되고 있다.

현대의 대도시들은 사람들을 개별화시키고 고립시킨다. 대가족 제도가 지배적인 사회에서 사람들은 주로 마을이나 소도시 안에서 살아간다. 현대의 아파트들과 자가용들은 최고 네 명―아버지, 어머니와 두 자녀―을 위한 공간으로 구성되어 있다. 직업 선택의 자유와 거주지 선택의 자유는 오랜 기간 연면히 이어져 내려오던 대가족 제도를 해체하고 있다. 나 자신도 자녀들이 베를린, 함부르크, 뉴욕에 거주한 이래로 나의 손자들을 좀처럼 보기 힘들다. 베를린, 함부르크, 프랑크푸르트, 뮌헨과 같은 대도시에서는 오늘날 모든 가구의 50% 이상이 싱글 가구이다. 이는 비록 노인에게는 경악스러울 정도로 심각함에도 불구하고, 특별히 젊은 세대에게는 필연적인 고립화를 의미하지 않는다. 왜냐하면 미리 결정된 가족의 자리에 자유롭게 선택된 친구관계가 훨씬 많이 대리되고 있기 때문이다. 최근에는 '주거 공동체Wohngemeinschaft'가 새로운 생활양식이 되어 가고 있다. 새로운 '패치-워크-패밀리patch-work-familien'도 생겨나고 있는데, 이는 누가 누구에게서 태어났고 누가 누구와 같은 혈통인지 알거나 이에 대해 가치를 두기보다, 오히려 누가 누구와 함께 동거하고, 혹은 누구 집에서 살고 있는지에 대해서만 알거나 가치를 부여한다. '관계된 인물Bezugsperson'이 혈육의 자리에 대신 등장하고 있다. 즉 관계는 좋지만 구속은 싫다, 아니면 구속은 좋지만 의무 없는 구속이어야 한다는 생각이 만연하고 있다.

공공성은 모든 거주공간에서 텔레비전을 통해 형성된다. 모든 개개인은 단지 텔레비전 앞에 앉아 있기만 해도, 도시, 국가, 세계의 모든 사건에 참여하게 된다. 사실 이전에 선택된 정보들과 오락 프로그램들의 '가상적 세계'에 참여한다고 할지라도 말이다. 물론 개인은 텔레비전을 켜고 끌 수 있지만, 매스 미디어를 조정하지는 못한다. 사람들은 뉴스 보도를 수신하는 한에서 모든 일에 참여할 수 있지만, 함께 결정할 수는 없는데, 이는 뉴스 수신을 통해 아무 것도 보낼 수 없기 때문이다. 이는 텔레비전의 공공성을 모든 토론과 구별되게 한다. 사람들은 언제나 개체화를 통해 지배당하는 존재로 되어 간다. 즉 "나누어라 그리고 지배하여라divide et impera."

마침내 새로운 죽음의 문화가 생겨나는 표지들이 나타난다. 전통사회에서 사람들은 종교적으로 '그의 조상들에게 집결되어' 현세의 가족무덤 속에 매장되었다. 조상제례에서, 한국의 추석 명절과 가톨릭의 위령의 날Allerseelentag(모든 죽은 자를 기념하는 독일 가톨릭교회의 절기로서 매년 11월 2일로 제정 역자), 혹은 개신교의 죽은 자들을 위한 주일Totensonntag(죽은 자들을 위해 기도하는 독일 개신교회의 절기로서 매년 11월 둘째 주일로 제정 역자)에 사람들은 조상 무덤을 성묘하고 치장하였다. 그러나 현대사회에서는 무덤을 개인적으로 돌보는 일이 점점 더 어려워지고 있는데, 이는 사람들이 더 이상 무덤 근처에 살지 않기 때문이다. 가족의 전통에 대한 종교적인 관심사는 사라져 가고 있다. 이에 현대인의 세속적인 영역 안에서는 점점 더 많은 '익명의 장례'가 치러지고 있다. 즉 시신은 화장되고, 그 재는 들이나 바다에 뿌려지며, 아무도 '그 장소에 대해 알지 못한다…'. 고립된, 단지 자기 스스로 결정하는 인격은 무로 사라져버린다. 이는 본래 논리적으로 뒤따르는 일인데, 왜냐하면 가족 성은 이미 현대세계 개인의 삶 속에서 아무런 가치가 없기 때문이다. 어떠한 연유에서 우리는 후손을 죽은 조상의 무덤에 가족 성을 통해 결합시켜야 하는가?

개인의 자유는 발전하는 개인주의를 통해 지속적으로 보장될 수 없다.[18] 그렇지만 이 자유는 전통사회에 대한 소속성을 위해 다시금 포기될 수도 있다. 나의 생각에 따르면, 개인의 자유는 신뢰성과 신의를 통해 보존될 수 있다. 자유로운 인간은 약속할 수 있으며F. Nietzsche 그의 약속을 지켜야 하는 존재이다. 내가 이행하는 약속을 통해 나는 내가 지닌 다양성 속에서 다른 사람들에게 그리고 나 자신에게 나의 이미지를 분명하게 만든다. 약속 안에서 한 인간은 자신을 확정하고 신뢰할 수 있으며 확고한 형상을 얻으며 자신을 상대방으로 하여금 마음을 터놓고 대화할 수 있는 상대자로 만든다. 약속에 대한 성실함 속에서 한 인격은 시간 속에서 자신의 정체성을 얻게 되는데, 이는 그가 자신의 약속에 대해 기억할 때에 자기 자신에 대해서도 기억하기 때문이다. 전통들을 통해 자신의 의사와 무관하게 미리 결정되지 않은, 자유로운 개인은 약속과 약속의 성취의 관련성 속에서야 비로소 시간 속에서의 그의 연속성을 획득하며, 이와 함께 그의 정체성도 획득하게 된다. 누구든지 자신의 약속을 잊어버리는 사람은 자기 자신을 잊어버리게 된다. 누구든지 자신의 약속을 성실하게 지키는 사람은 자기 자신을 성실하게 지키게 된다. 우리는 약속을 지키면, 신뢰를 얻게 된다. 우리가 약속을 파기하면, 사람들은 우리를 불신하게 된다. 그렇게 되면 우리는 우리의 정체성을 상실하고 우리 자신을 더 이상 알지 못하게 된다. 이러한 인간의 삶의 역사가 형성한 정체성은 그의 이름으로 표시된다. 나의 이름을 통해 나는 과거에 존재했던 나와 동일시되며, 내가 미래에 되고자 하는 사람으로 나를 선취한다. 나의 이름과 함께 나는 대화의 상대자가 되고, 나의 이름과 함께 계약서에 서명하며, 나의 약속에 대해 보증한다. 자유로운 개인들의 사회적 공생은 약속과 약속의 이행, 협정과 신용으로 이루어지는 하나의 촘촘한 직조물과 같으므로, 신뢰 없이 사람들은 살아갈 수 없다. 자유로운 사회의 견본은 미리 결정된 소속성이 아닌, 오히려 계약Covernant이다. 이러한 계약은 사회적 동의에 기초한다.

4. 현대인의 시간 부족과 '느림의 발견'

현대인은 활발히 활동하므로, 언제 어느 곳에서나 시간 부족에 시달린다.[19] 되돌릴 수 없는 시간과 미래로부터 과거로의 시간의 멈추지 않는 강에 대한 기독교적인 이해가 우리에게 시간 부족을 가져왔는가? 어떻게 우리는 시간 부족으로부터 구원을 받을 수 있는가? 어느 누구도 오늘날처럼 그렇게 많은 자유 시간을 갖지 않았으며, 또한 그렇게 적은 시간을 갖지도 않았다. 이에 오늘날 시간은 '값비싼' 것이 되었는데, 왜냐하면 '시간은 금이기 때문이다'. 세계는 우리에게 무한한 가능성들을 제공하지만, 우리의 삶의 시간은 짧다. 그러므로 많은 이가 무언가를 놓칠 수도 있다는 조바심 속에서 당혹감에 사로잡히고 그들의 삶의 템포를 가속화한다. 현대는 고속 행렬을 위한 장비들, 이를테면 팩스와 이메일, 인터넷과 비디오 등을 통해 공간과 시간을 극복한 유토피아이다. 우리는 어느 곳에 있든지 달려가는 자가 되기를 원한다. 우리는 공간 속에서 어느 곳에나 현존하기를 원하고, 시간 속에서 동시적이 되기를 원한다. 이는 (전지전능·무소부재하신 역자) 하나님에 대한 우리의 새로운 콤플렉스이다.

삶의 시간과 세계 안에 존재하는 가능성들 사이의 차이는 우리를 '시간과 함께 달리기 경주'에로 유혹한다. 우리는 보다 많은 삶을 누리기 위해 시간을 얻고자 하지만, 바로 이를 통해 삶을 놓치게 된다. 더 빨리 사는 사람만이 그의 짧은 삶에서 더 많은 것을 소유할 수 있다고 우리는 생각하곤 한다. 우리가 '우리의 현대세계'에 대해 그토록 자랑스럽게 일컫는 것이 그렇다고들 말해지는데, 이는 우리가 언제나 더 빨리 현대화되도록 강요당하기 때문이다. 우리는 이곳에서 저곳으로 점점 더 빨리 움직이며, 그토록 많은 '경험'을 경험의 공원이나 경험의 여행을 통해 수집한다. 사회학자들은 이러한 우리의 '경험의 사회'에 대해 말하곤 한다(G. Schulze, 1993). 우리는 다른 사람들과 보다 많은 '접촉'을 가지면서 많은 사람을 사귄다. '패스트푸드'는 우리의 '패스트 라이프'의 상징이 되어버렸다.

그러나 서두르면서 빠르게 살아가는 현대세계의 인간은 맥도날드로부터 식사를 공급받는 가엾은 존재이다! 그는 많은 것을 습득하지만 살아 있는 경험을 갖지는 못하는데, 왜냐하면 그는 모든 것을 비디오를 통해 보고 결정하지만, 아무 것도 자신 안에 받아들이고 충분히 이해하고자 하지 않기 때문이다. 그는 많은 접촉을 하지만, 어떠한 관계도 제대로 형성하지 못하는데, 이는 그가 머물 수 없고 언제나 '서둘기' 때문이다. 그는 가급적 서서 '패스트푸드'를 단숨에 삼켜버리는데, 왜냐하면 그는 더 이상 아무 것도 누릴 수 없기 때문이다. 누리기 위해서 사람들은 시간을 필요로 하지만, 이러한 여유를 사람들은 갖지 못하기 때문이다. 현대인은 '시간을 얻고자' 시간을 갖지 않는다. 그들은 근본적으로 자신들의 삶을 연장할 수 없기 때문에 서두르는데, 이를 통해 가급적 많은 것을 '삶으로부터 소유하기' 위해서이다. 현대인은 단어의 이중적 의미에서 '삶을 붙잡는다'. 그들은 삶을 억지로 자신에게 잡아챔으로써, 삶을 죽인다.

시간 부족은 서두르면서 빠르게 살아가는 삶을 통해 단 몇 초도 늦추어지지 않는다. 그러나 이와 반대로 불안을 통해 너무 급하게 지나가버림으로써, 무언가를 놓쳐버리게 된다. 너무 서둘러 급하게 지나가면, 결국 모든 것을 놓쳐버리게 된다.

우리 여행자들은 어느 곳에나 발을 디디지만, 그 어느 곳에도 도착하지는 않는다. 시간은 언제나 잠깐 동안의 방문을 위해서만 넉넉하다. 우리가 더 많이 여행하고 더 빨리 달려갈수록, 우리의 주머니는 점점 가벼워진다. 우리는 어느 곳에서나 단지 경유(통과) 중이다. 아무 것도 잃어버리지 않기 위해 더 빨리 사는 사람은 언제나 피상적으로 살아가며 삶의 경험의 깊이를 놓쳐버리게 된다. 그의 세계 속에서는 모든 것이 가능하지만, 단지 일부만이 현실적이다.

시간은 현대세계의 암호 해독기인데, 이는 시간이 모든 것을 규정하기 때문이다. 지난해 나는 인도의 한 지혜로운 사람이 자신의 친구에게 "너희는 시계를 가지고 있지만, 우리는 시간을 가진다"라고 대답했다는 말을 들었다. 어느 곳에서나 존재하는 시계의 기계적 시간은 우리의 삶을 지배한다.[20] 측정된 시간이 공허한 것인지 아니면 성취되었는지, 지루함이 우리를 단조롭게 하는지 아니면 '시간이 마치 날개달린 듯 날아가는지'는, 기계적 시간에게는 아무래도 상관이 없다. 60분이 지난 후에 시간은 바뀐다. 기계적 시간은 우리의 살아온 시간을 고려하지 못하며 모든 시간을 동일하게 만들어버린다. 그러나 살아온 시간은 우리 삶의 질이지만, 측정된 시간은 단지 삶의 양에 불과하다. "행복한 사람에게는 시간도, 순간도 흘러가지 않는다"라고 사람들은 말한다. 그러므로 모든 시간에 집중적으로 삶을 경험하기 위해 시계를 풀어놓거나, 최소한 시계에 더 이상 신경 쓰지 않는 것이 중요하다. 삶은 우리가 시계의 무조건적인 명령을 깨뜨릴 때에야 비로소 생동적이 될 수 있다.

우리가 배제하는 죽음에 대한 불안이 우리로 하여금 그토록 삶에 대해 탐욕적이 되도록 만드는 것 같다. 우리의 개체화된 의식은 우리에게 "죽음과 함께 모든 것이 끝나버린다. 너는 죽음 이후 아무 것도 움켜잡을 수 없고 아무 것도 가져갈 수 없다"라고 말한다. 의식되지 못한 죽음에 대한 불안은 빠르게 살아가는 삶의 서두름 속에서 잘 드러난다. 전통사회에서 개인은 자신을 가족, 대가족, 혹은 우주와 같은 보다 큰 전체의 구성원으로서 느꼈다. 한 개인이 죽으면, 그가 관여했던 곳에서 죽음 이후에도 계속해서 살아간다. 그러나 현대의 개체화된 의식은 자기 자신에 대해서만 인식하고 모든 것을 자기 자신에게만 관련시킨다. 그러므로 현대인은 자신의 죽음과 함께 "모든 것이 끝나버린다"고 생각한다.

아마도 우리는 과거 전통사회에서의 보다 큰 전체에 대한, 우리의 죽음 이후에도 계속해서 존속하는 '소속성'에로 다시금 되돌아갈 수는 없을 것이다.[21] 그러나 믿음 가운데서 하나님과의 친교(사귐)에 대한 경험 안에서 일어난 것과 같이, 우리는 우리의 유한하고 기한이 한정된 삶을 영원하고 신적인 삶을 위해 헌신하며, 또한 이를 하나님께로부터 받을 수 있게 될 것이다. 영원하신 하나님의 현존에 대한 경험은 우리의 시간적인 삶을 가져오는데, 이는 우리가 마치 우리를 둘러싸고 받아들인 광활한 대양 안에서 헤엄치는 것과도 같다. 그리하여 하나님의 현존은 마치 방대한 삶의 공간과도 같이 우리를 모든 측면에서 에워싸는데(시 139), 그 안에서는 죽음도 우리를 결코 제한할 수 없을 것이다. 이러한 하나님의 현존 속에서 우리는 기한이 한정된 우리의 삶을 긍정하고 삶의 한계를 허용해야 할 것이다. 우리가 유한한 삶을 긍정하게 될 때, 우리는 평온하고 침착하게 될 것이며, 천천히 누리면서 살아가는 것을 시작하게 될 것이다.

천천히 사는 사람만이 삶에서 더 많은 것을 얻는다! 천천히 먹고 마시는 사람만이 누리면서 먹고 마신다. 즉 느린 음식 - 느린 삶이다! 슈텐 나돌니S. Nadolny의 저서 『느림의 발견Die Entdeckung der Langsamkeit』은 녹초가 되어 지쳐버린 현대인의 영혼에 참된 위안을 주는 베스트셀러이다. 영원한 생명에 대한 확신을 가진 사람만이 많은 시간을 갖는다. 그러면 우리는 찰라의 순간에 머물면서 집중적인 삶의 경험에 우리를 개방하게 될 것이다. 우리는 살아온 삶의 순간을 전적으로 경험하게 될 것이다. 자신만의 고유한, 살아온 삶의 순간에 대한 삶의 집중성이 급히 서두르면서 살아온 삶의 시간보다 더 길지 않겠는가?!

우리가 죽음을 무의식적으로 억압하고 불안해 할 때만이 그토록 급히 서두르게 된다. 이에 반해 경험되고 의식된 죽음의 가까움은 우리로 하여금 영원한 순간을 매우 집중적으로 경험할 것을 가르친다. 이는 우리의 감각을 부지불식간에 강화시킨다. 우리는 예전에 한 번도 경험하지 못한 것처럼, 색깔을 보고 소리를 듣고 맛을 보며 느끼게 된다. 우리가 허용한 죽음에 대한 경험은 우리로 하여금 삶에 대해 지혜롭게 만들고 지혜롭게 시간과 교류하도록 만든다. 우리가 부여잡은 부활에 대한 희망은 죽음을 넘어 광대한 지평을 열어주는데, 이를 통해 우리는 삶을 위한 시간을 누리게 될 것이다.

결론적으로 말해, 현대세계는 서구세계에서 시작되었는데, 사람들이 이를 예들 들어 아시아에서는 결코 볼 수 없지만 말이다. 서구세계는 기독교에서, 특히 개신교에서 시작되었다. 개인의 인권과 종교의 자유, 신앙의 자유, 양심의 자유, 민주적인 국가의 형태, 자유로운 인생관은 개신교와 더불어 생성하였다. 이에 현대와 서구세계의 가치들의 위기는 개신교의 위기이기도 하다. 그러므로 우리는 현대세계의 가치들을 재평가하는 필요불가결한 사역에 동참하도록 특별히 부르심을 받았는데, 이를 통해 이 세계가 파멸에 이르지 않고 존속하도록 하기 위해서이다.[22]

제2장

이 땅의 파괴와 해방
: 생태신학의 정립을 위하여

1. 제1세계와 제3세계를 통한 이 땅의 파괴

우리 인간이 현존하는 세계 경제체제를 통해 야기한 환경의 파괴는 확실히 21세기 인류의 생존을 심각하게 위협하게 될 것이다.[1] 현대의 산업사회는 이 땅의 유기체의 균형을 깨뜨려버렸다. 만약 인류가 종전의 발전을 변경시킬 수 없다면, 인류는 전 우주적인 생태계 죽음으로 향하는 도상에 놓여 있다. 이산화탄소와 메탄가스가 대기권의 오존층을 파괴하고, 화학 비료와 여러 종류의 살충제의 남용이 토양을 불모지로 만들고 있으며, 이미 지금 세계 기후가 변하고 있으며, 인간에 의해 초래된 가뭄과 홍수와 같은 '자연재해들'이 보다 많이 발생하고 있으며, 북극과 남극의 빙하들이 녹아내리고 있으며, 함부르크와 같은 해안 도시들과 방글라데시와 남태평양 섬들과 같은 해안 지역들이 다음 세기에 수몰됨으로써, 요컨대 지구상에 있는 모든 생물을 위협하게 될 거라고 학자들은 증거자료들을 제시하고 있다. 인류는 수백만 년 전 공룡과 같이 멸종할 수도 있을 것이다. 우리를 불안하게 만드는 것은 우리가 지구의 오존층으로 올라가는 유독가스들과 지면에 가라앉는 유독가스들을 더 이상 되가져올 수 없으며, 인류의 운명에 대한 결정이 이미 내려졌는지의 여부를 아직 알지 못하고 있다는 사실이다. 서구 산업사회의 '생태학적인 위기'는 이미 생태학적인 대재난이 되어버렸다. 어떠한 경우에도 이 생존을 위한 투쟁 속에서 연약한 생물들이 먼저 죽음에 이르게 될 것이다. 해마다 수백 종의 식물과 동물이 멸종되고 있는데, 이들을 우리는 결코 다시 소생시킬 수 없을 것이다: "먼저 삼림이 고사하고 나서, 아이들이 죽어갈 것이다."

이러한 생태학적인 위기는 우선적으로 서구의 '과학기술적 문명'을 통해 초래된 위기이다. 이는 결코 부인할 수 없는 사실이다. 모든 사람이 미국인과 독일인처럼 그토록 많은 자동차를 차고 그토록 해로운 배기가스를 대기 중에 배출했다면, 인류는 벌써 질식당하고 말았을 것이다. 이에 서구의 생활수준은 보편화될 수 없다. 이는 단지 다른 이들에 대한 희생의 대가, 곧 제3세계 민족들의 희생의 대가, 다음 세대들의 희생의 대가, 이 땅의 희생의 대가로써만 유지될 수 있기 때문이다. 오직 보편적인 '부담 조정Lastenausgleich'만이 우리 모두의 공동의 생활수준과 지속가능한 발전에로 이끌 수 있을 것이다. 그러나 환경 문제들은 제1세계만의 문제라고 생각하는 것은 잘못된 일일 것이다.[2] 이와 반대로 제3세계 안에 이미 존재하는 생태학적이고 사회적인 문제들은 생태학적인 대재난들을 통해 보다 심화되고 있다. 서구의 산업국가들은 자국 내에서 깨끗한 환경을 보호하기 위해 기술적이고 법적으로 노력하고 있지만, 가난한 나라들은 그렇게 할 수 있는 형편이 못된다. 서구의 산업국가들은 환경에 해로운 독극물 쓰레기들을 제3세계에 팔아넘기지만, 가난한 제3세계는 이를 저지할 수 있는 여력이 없다.[3] 그러나 이러한 사실을 제외하더라도 "빈곤은 가장 나쁜 환경오염이다poverty is the worst pollution"라고 말했던 인디라 간디I. Gandhi의 생각은 옳다. 나는 이에 덧붙여 빈곤보다는, 오히려 빈곤을 야기하는 부정부패가 '가장 나쁜 환경오염'이라고 말하고 싶다. 빈곤은 죽음에로 유도하는 악순환이다. 즉 빈곤화는 어느 곳에서나 과잉인구를 양산하는데, 이는 자녀들 이외에 삶에 대한 다른 보장이 없기 때문이다. 과잉인구는 모든 식료품의 소비뿐만 아니라, 자체적인 생활기반들을 소비하도록 유도한다. 그러므로 가난한 나라들에서 사막화가 가장 빠르게 진행되고 있다. 세계 시장은 가난한 나라들로 하여금 그들의 자급자족 경제를 포기하고 세계 시장을 위해 단식농업 재배를 경작케 하며 열대우림을 벌목하며 초원을 과잉 방목하도록 강요한다. 가난한 나라의 국민들은 사과뿐만 아니라, 사과나무도 팔아야 하는데, 이는 그들이 그 자녀들의 희생의 대가로 연명할 수 있다는 사실을 의미한다. 이를 통해 이들 가난한 나라들은 계속해서 자기 자신을 파괴하는 일을 감행하게 된다. 사회적인 불의가 만연된 나라들에서 나타나는 무분별함은 '폭력의 문화'의 일부분이다. 연약한 사람에 대한 폭력은 보다 연약한 피조물에 대한 폭력을 정당화하게 된다. 사회적인 무법 상태는 자연과의 무법적인 관계 속에서 만연된다. 첫 번째 생태학적인 법률은 다음의 사실을 의미한다. 즉 자연에 대한 모든 조작은 보정補整되어야 한다. 만약 당신이 나무 한 그루를 베면, 새로운 나무 한 그루를 심어야 한다. 만약 당신이 이 땅의 한 부분을 매각하면 다른 부분의 땅을 매입해야 하는데, 이는 당신이 당신의 부모에게서 땅을 물려받았던 것처럼 당신의 땅 또한 당신의 자녀에게 양도해야 하기 때문이다. 만약 당신이 거주하고 있는 도시가 발전소를 건설하면, 그 도시는 이 발전소가 소비하는 만큼의 많은 산소를 뿜어내는 삼림을 조성해야 한다.

두 세계―제1세계와 제3세계―는 자연파괴의 악순환 속에 사로잡혀 있다. 이 두 세계가 상호 간의 파괴의 종속관계를 형성한다는 사실은 쉽게 눈에 띈다. 즉 서구세계는 제3세계 안에 있는 자연을 파괴하고, 제3세계의 나라들로 하여금 그들의 자연을 파괴하도록 강요한다. 그러나 역으로, 열대우림의 벌목과 같이 제3세계 안에 있는 자연의 파괴와 기후변화를 통한 바다의 유독성화는 제1세계로 되돌아온다. 먼저 제3세계가 죽고 나서, 제1세계가 죽는다. 먼저 가난한 사람들이 죽고 나서, 부자들이 죽는다. 먼저 아이들이 죽고 나서, 어른들이 죽는다. 지금 제3세계 안에 있는 빈곤에 대항하여 투쟁하고 제1세계의 성장을 둔화시키는 것이 몇 세기 안에 전 세계적인 자연재해들에 대항하는 것보다 더 장기적이고 저렴하며 인간적이지 않겠는가? 지금 자동차 운행과 자동차 도로를 제한하는 것이 미래에 방독면을 쓰고 달음박질쳐야 하는 것보다 더 합리적이지 않겠는가? 제1세계와 제3세계 사이의 사회적인 정의 없이 평화는 존재하지 않는다. 그리고 인간세계 안에서의 평화 없이 자연의 해방은 이루어지지 않는다. 하나뿐인 지구는 제1세계와 제3세계로 나뉜 인류를 오랜 기간 견디어낼 수 없을 것이다. 살아 있는 지구는 자신에 적대적인 인류를 더 이상 인내하지 못할 것이다. 지구는 유전자 진화를 통해, 아니면 서서히 자행되는 인류의 자살을 통해 인류에게서 해방될 것이다.

이러한 미래에 대한 암울한 조망 속에서 정치적이고 경제적으로 새로운 우선권을 설정하는 것이 필요불가결하다. 지금까지는 군사적인 무장을 통한 '국가적인 안전'이 매우 중요시되었다. 그러나 미래에는 생활기반들에 대한 우리 모두의 공동의 보호를 통한 자연의 안녕安寧(건재/무사함)이 매우 중요시될 것이다. 서로가 서로에게 대항하는 무수히 많은 무기 대신에, 이 지구상에서 우리 모두의 공동의 생활기반에 대한 파괴의 위협에 대항하는 공동의 노력을 보다 많이 필요로 하게 될 것이다. 우리는 제3세계 안에서 지속적인 발전을 원하며, 제1세계 안에서 자연에 대한 안녕의 정책을 희구한다. 우리는 우리 모두의 공동의 '지구 정책'을 필요로 하며 (E. von Weizsäcker), 생태학적으로 방향 설정된 세계 시장, 지구 시장을 필요로 한다.[4]

나는 지구의 '생태학적 위기'가 현대의 '과학기술적 문명' 자체의 위기라고 믿는다. 현대세계의 거대한 프로젝트는 좌초될 위기에 직면해 있다. 이에 '도덕적인 위기'뿐만 아니라, 교황 요한 바오로 2세가 말했던 바와 같이, 현대인이 신뢰했던 종교에 대한 깊은 위기가 중요한 문제이다. 나는 이장의 처음 부분에서 이를 입증하고자 한다. 그러고 나서 두 번째 부분에서는 서구세계의 종교적 전통들로부터 세 개의 관점을 제시하고자 하는데, 이는 지구를 파괴하는 데서 벗어나 지구와 조화를 이루기 위해서이다.

2. 현대세계의 종교적 위기

자연환경에 대한 인간사회의 활발한 관계는 인간의 기술들을 통해 결정되는데, 이 기술들을 통해 인간은 그들의 생활필수품을 자연에서 조달하고 쓰레기를 다시 자연에 되돌려주고 있다. 이러한 '자연과의 신진대사'는 공기를 들이 마시고 내뿜는 것과 같이 자연스러운 일이지만, 산업사회가 시작된 이래로 이 신진대사는 더 이상 자연에 의해서가 아닌, 단지 인간에 의해서만 일방적으로 결정되고 주도되고 있다. 쓸모 있는 물건도 마구 내버리는 과소비 사회에서 사람들은 버리는 물건이 그냥 '사라져버린다'고 생각한다. 그러나 어떤 사물로부터 결코 아무 것도 안 나오지 않는다. 이에 사람들이 버리는 물건은 그 어떠한 것도 그냥 '사라져버리지 않는다'. 이는 허무주의의 오류이다. 그러면 버려진 물건은 어디에 머무는가? 버려진 모든 물건은 지구의 순환과정 안에서 다시 우리에게로 되돌아온다.

인간의 기술들에 자연과학은 투자된다. 기술학은 응용된 자연과학이다. 모든 자연과학적인 지식은 비록 그것이 유해할지라도, 언젠가는 기술적으로 응용되고 유용하게 사용되는데, 왜냐하면 '지식은 힘F. Bacon'이기 때문이다. 자연과학은 '소유의 지식Verfügungswissen'이자 '지배의 지식'이다. 이에 반해 철학과 신학은 현실의 의미에 대해 올바른 방향을 제시하는 방향 정립의 지식Orientierungswissen이자 학문이다.

기술학과 자연과학은 언제나 인간의 특정한 관심사들에 의거하여 개발된다.[5] 가치중립적인 과학기술과 자연과학이란 존재하지 않는다. 관심사들이 먼저 기술학과 자연과학에 앞서 가고 이들을 주도하며 이들을 사용한다. 이러한 인간의 관심사들은 그들 편에서 한 사회의 기본 가치들과 신념들에 의해 규정된다. 이러한 기본 가치들과 신념들은 모든 사람이 한 사회 속에서 당연한 것으로 여기는 것에 지나지 않는데, 이는 그들의 체제 속에서 자명하고 용인될 수 있기 때문이다. 만약 자연환경과 결합되어 있는 인간사회의 생태계 안에서 자연이 죽어 간다면, 이로부터 논리적으로 한 부분에만 국한되지 않는 총체적인 체제, 삶에 대한 태도와 행동, 특히 기본 가치들과 신념의 위기가 도래하게 될 것이다. 외부적으로 삼림의 고사에 내부적으로 영혼의 노이로제의 확산이 서로 상응한다. 해양의 오염에 대도시들에 사는 많은 거주민의 허무주의적인 삶의 감정이 서로 상응한다. 그러므로 우리가 경험하고 있는 위기는 기술적으로 해결될 수 있는 '생태학적인 위기'일 뿐만이 아니다. 삶에 대한 태도와 행동에 있어서의 전향(회개)이 필요불가결한 것과 같이, 기본 가치들과 신념들에 있어서의 전향이 필요불가결하다.

어떠한 관심사들, 어떠한 가치들이 서구세계의 과학기술적 문명을 좌우하는가? 그것은 한계가 없는 지배에 대한 의지인데, 이는 현대인으로 하여금 이 땅의 자연과 살아 있는 생물들에 대한 세력 장악을 충동해 왔으며, 또한 계속적으로 부추기고 있는 의지이다. 생존을 위한 투쟁 경쟁 속에서 학문적 인식들과 기술적 고안들은 힘을 추구하는 정치적인 의지에 의해 적용되었으며 힘의 보장과 확장을 위해 사용되었다. 성장과 진보는 서구세계에서 언제나 힘, 곧 경제적이고 재정적이며 군사적인 힘의 증대로 측정된다. 경제가 성장하지 않으면, 우리는 '제로 성장'이라고 말하는데, 이는 우리가 반드시 경제 성장이 이루어져야 한다고 (강박적으로 역자) 생각하기 때문이다.

만약 우리가 현대의 서구문명을 현대 이전의 문화들과 비교한다면, 곧바로 차이점이 눈에 띈다. 즉 그것은 성장과 균형 사이의 차이점이다. 현대 이전의 문화들은 어떠한 경우에도 원시적이거나 '저개발적'이지 않으며, 오히려 균형을 추구하는 고도로 복잡한 체제인데, 이 체제는 자연에 대한 인간의 관계, 인간에 대한 인간의 관계, 신들에 대한 인간의 관계를 조정한다. 이에 반해 현대의 서구문명들은 일방적으로 발전, 성장, 확장,

지배를 위해 계획되었다. 힘의 획득과 힘의 보장은 아메리카적인 '행복을 향한 사냥'과 함께 더불어 실제로 통용되고 모든 것을 규정하는 우리 사회의 기본 가치들이다. 왜 이와 같이 되어버렸는가?

현대 서구문명이 일방적으로 발전, 성장, 확장, 지배를 지향하게 된 가장 심층적 원인에 대해 사람들은 현대인의 종교 안에 놓여 있는 것으로 추정한다. 사람들은 자연에 대한 인간의 힘의 장악과 힘에 대한 의지의 무절제함에 대해 유대교-기독교 종교에게 그 책임을 묻는다.[6] 정상적인 현대인은 특별히 자신을 신앙이 있다고 간주하지 않을지라도, 인간의 천직에 대한 하나님의 계명, 곧 "생육하고 번성하여 땅에 충만하라, 땅을 정복하라, 바다의 물고기와 하늘의 새와 땅에 움직이는 모든 생물을 다스리라"(창 1:28)를 성취하기 위해 모든 것을 행하였다. 그들은 자신들의 의무를 너무 과도하게 성취하였다. 이러한 하나님의 계명과 하나님의 형상성은 3,000년이 넘는 오래된 것이지만, 현대세계의 정복과 팽창의 문명 Expansionskultur은 400년 전 유럽에서 아메리카의 정복과 함께 생겨나게 되었다. 그러므로 현대 서구문명이 일방적으로 발전, 성장, 확장, 지배를 위해 계획된 원인들은 다른 곳에 놓여 있다. 나의 생각에 따르면, 그 원인은 하나님의 형상에 대한 현대인의 견해에 있다.

르네상스Renaissance 이래로 서유럽에서 하나님은 언제나 일방적으로 '전능자'로 이해됨으로써, 전능은 하나님의 탁월한 속성으로 간주되었다. 즉 하나님은 세계를 자신의 소유로 삼으시는 주님이시며, 그가 하고자 하시는 바를 세계와 함께 만드셨다. 하나님은 절대적인 주체이며, 세계는 하나님의 지배의 수동적인 객체이다. 서구의 전통 안에서 하나님의 초월성은 보다 많이 강조되었고, 세계는 철저히 내재적이고 현세적인 존재로 이해되었다. 하나님은 세계 없는 하나님으로 생각되었고, 이에 따라 세계는 하나님 없는 세계로 파악되었다. 세계는 신적인 창조의 비밀을 상실했고, '세계의 영혼'은 막스 베버M. Weber가 그 과정을 적절하게 기술한 바와 같이, 학문적으로 '탈신비화'되었다.[7] 아놀드 겔렌A. Gehlen이 이미 1956년 명확하게 인지했던 바와 같이, 근대 서구 기독교의 철저한 단일신론은 세계와 자연의 세속화에 대한 본질적인 원인이 되었다: "문화와 정신에 대한 장구한 역사의 마지막에는 탈신비화의 세계관이 놓여 있다. 동의되기도 하고 논란의 대상이 되기도 하는 생명력의 형이상학은 한편으론 단일신론을 통해, 다른 한편 학문적-기술적 메카니즘을 통해 파괴되었다. 형이상학의 입장에서 볼 때, 단일신론은 자연을 탈마성화脫魔性化·탈신성화脫神聖化시킴으로써, 자연 본연의 자리를 벗어나게 했다."[8] 하나님과 기계는 태고시대의 세계를 살아남아 연명하여 이제 서로 대면할 것이다. 이는 끔찍스러운 장면인데, 왜냐하면 '하나님'과 '기계'의 이 마지막 대면에서 자연만이 사라져버린 것이 아니라, 인간도 사라져버리기 때문이다!

땅 위에 있는 하나님의 형상으로서 인간은 이에 전적으로 상응하여 지배자, 인식과 의지의 주체로서 이해되었으며, 이 세계를 인간 자신의 수동적 객체로서 대치시키는 가운데 굴복시켰다. 왜냐하면 이 세계에 대한 지배를 통해서만이 인간은 세계의 주님이신 하나님에게 상응할 수 있기 때문이다. 하나님이 전체 세계의 주님이요 소유자라면, 인간도 땅의 주님이요 소유자가 되고자 노력해야 하는데, 이를 통해 자신을 하나님의 형상으로서 증명하기 위해서이다. 선과 진리를 통해서가 아니라, 인내와 사랑을 통해서가 아니라, 오히려 힘과 지배를 통해서 인간은 하나님과 비슷해지고자 한다. 그리하여 근대의 시작점에 프랜시스 베이컨F. Bacon은 당대의 자연과학을 향해 "지식이 힘이다"라는 구호를 외치면서 자연에 대한 인간의 힘을 통해 인간이 지닌 하나님의 형상성을 다시금 환원시켰다. 자연과학과 기술은 인간을 "자연의 청지기와 소유자 maîtres et possesseurs de la nature"로 만들었다고 르네 데카르트 R. Descartes는 그의 학문의 이론에서 선언하였다.⁹

우리가 1855년 인디언 추장 시애틀 Seattle이 현대세계를 향해 비난했던 유명한 진술을 비교한다면, 현재 우리가 어디를 향해 나아가고 있는지에 대해 명확해질 것이다: "이 땅의 모든 부분은 나의 민족에게 있어서 거룩하다. 반짝이는 모든 전나무 잎, 모래가 깔려 있는 모든 바닷가 해변, 어두운 숲 속 위에 드리운 모든 안개… 바위가 많은 고지대, 비옥한 초원, 조랑말의 ― 그리고 인간의 ― 육체의 체온, 그들은 모두 동일한 가족에 속한다."¹⁰

이를 통해 우리는 오늘날 다음과 같은 결정적인 질문 앞에 서 있다. 즉 자연은 우리가 하고 싶은 마음대로 처리할 수 있는 우리의 소유물인가, 아니면 우리 인간은 우리가 존중해야 할 자연의 보다 큰 가족의 일부분인가? 열대우림은 우리가 벌목하고 소각할 수 있을 정도로 우리 인간에게 소유된 존재인가 ― 아니면 열대우림은 많은 동물들, 식물들, 나무들에게 있어서 본향이며, 또한 우리가 속해 있는 지구에 소속되어 있는가? 이러한 지구는 '우리의 환경'이며, '우리의 현세의 지구상의 집'인가? 아니면 우리 인간은 단지 객에 불과한 존재, 우리에게 언제나 인내하고 자비롭게 견디어 왔던 지구상에 매우 늦게 들어온 객인가?

만약 자연이 우리의 소유물에 불과한 존재, 명령하는 대로 소유물로 차지하는 자에게 속하는 '주인 없는 물건'이라면, 우리는 자연의 생태학적인 위기에 대해 단지 기술적으로만 대처하게 될 것이다. 우리는 유전공학의 새로운 창작을 통해 기후에 대한 저항력이 강한 식물과 유용한 동물을 생산하고자 시도할 것이다. 우리는 유전공학과 함께 자연적이 아닌, 하나의 기술적 환경을 가져오는 새로운 인간의 종을 배양하게 될 것이다. 사실상 우리는 인류의 수효와 습관들을 견뎌내는 세계를 만들 수 있는 능력을 가지고 있지만, 그것은 하나의 인공적 세계, 글로벌적인 우주정거장일 것이다.[11] 그러나 우리는 인구수와 인류의 습관을 변화시키고 자연을 회복시키며 자연으로 하여금 다시금 살아가도록 만들 수 있을 것이다. 그러면 우리는 과연 어떻게 우리의 태도를 변화시킬 수 있을 것인가? 자연의 파괴는 자연에 대한, 우리 자신에 대한, 하나님에 대한 우리의 그릇된 관계들의 결과물인가?

1990년 1월 모스크바에서 개최된 글로벌 포럼 컨퍼런스Global Forum Konferenz에서 우리는 북아메리카 인디언의 인상 깊은 메시지를 듣게 되었다. 이 '땅의 토착민 후손'은 그들이 수천 년 동안 숭배해 왔던 여신에 대해 말하였다: "땅은 우리의 어머니요, 달은 우리의 할머니요, 우리는 모두 삶의 거룩한 순환 안에서 구성원이다."[12] 인디언의 메신저 싱Singh과 몽골의 대사제, 아프리카의 비를 내리게 하는 사람Regenmacher, 캘리포니아의 뉴-에이지 창시자들은 모든 생명이 유래하는 땅의 '어머니 품'으로 돌아갈 것을 우리에게 호소하였다. 이는 매우 아름답게 들렸다. 그러나 인간이 사냥하고 비축하면서 생계를 유지해 나가던 전근대적인 시대로부터 온 종교적 상징들은, 짙은 스모그로 인해 태양을 자주 볼 수 없는 뉴욕, 멕시코시티, 혹은 상파울로 같은 현대 이후 포스트모던 세계의 도시화된 군중에게 산업사회의 생태학적 문제들을 해결하는 데 도움을 줄 수 있는가? 이는 단지 시적인 감상에 불과한 것은 아닌가? 컨퍼런스에 참석한 모든 정치가와 학자는 인간이 이 땅의 생태학적인 위기를 야기했으므로, 이 위기를 해결해야만 한다는 생각에 동의하였다. 이 땅의 토착민들과 현대의 '심층 생태학자들'의 메시지는 인간으로 하여금 이러한 책임의 짐에서 해방시키고자 하는데, 이를 통해 인간을 '땅의 후손'으로서 다시 행복하고 천진난만하게 살아갈 수 있도록 하기 위해서이다. 그러나 우리는 우리가 힘겹게 획득한 자유가 위험천만하다면, 이를 포기할 수 있겠는가? 자연이 우리의 힘에 버거운 존재라면, '자연'은 우리에게서 다시금 책임을 덜어주겠는가? 나는 그렇게 믿지 않는다. 우리는 산업사회가 도래하기 이전에 일반화되었던 이 땅과의 조화에 대한 표상들을 생태학적인 문화에 대한 포스트 산업적인postindustriell 사회의 구상 안에서 다시 새롭게 해독할 수 있을 것이다.

3. 이 땅의 해방을 실현하기 위한 기독교적 전망

a. 우주적 영성

현대세계는 삶에 대한 태도와 행동에 있어서의 전향은 물론 기본 가치들과 신념들에 있어서의 전향이 필요불가결한데, 이를 위한 일차적 시도는 하나님의 형상에서 시작된다. 왜냐하면 우리는 하나님에 대해 생각할 때, 우리 자신과 자연에 대해서도 생각하기 때문이다. "네가 믿는 것을 말해 보아라, 그러면 나는 너에게 네가 누구인지 말하겠다." 하늘에 계신 전능하신 주 하나님에 대한 믿음은 세계의 세속화를 유도했으며, 자연에게서 신적인 신비를 빼앗았다. 우리가 신학적으로 필요로 하는 것은 삼위일체 하나님에 대한 재발견이다. 나는 이 말이 교리적이고 정교회적이며 고풍적으로 들림에도 불구하고, 그것이 진실일 수 있다고 생각한다.

이미 '성부'의, '성자'의 그리고 '성령'의 이름에 대한 단순한 들음에서 우리는 하나님의 신비가 하나의 놀라운 사귐(친교)이라는 사실을 감지한다. 삼위일체 하나님은 결코 천상의 고독하고 사랑이 없는 지배자, 곧 현세의 전제 군주처럼 모든 것을 굴복시키는 지배자가 아니라, 관계들에 있어서 풍성하신 사귐의 하나님이시다: "하나님은 사랑이시다."[13]

성부와 성자와 성령은 서로 함께, 서로를 위해 그리고 서로 안에서 인간이 생각할 수 있는 가장 최고의, 가장 완전한 사랑의 사귐 속에서 삶을 영위하신다. 즉 "나는 아버지 안에, 아버지는 내 안에"라고 요한복음에서 예수는 말씀하신다. 이것이 사실이라면, 우리는 지배와 정복을 통해서가 아니라, 사귐과 생명을 장려하는 관계들을 통해 하나님께 상응해야 할 것이다. 고독한 인간적 주체가 아니라, 오히려 참된 인간적 사귐이 이 땅 위에서의 하나님의 형상이다.[14] 개체의 부분들이 아니라, 오히려 전체 창조물의 공동체가 하나님의 지혜와 그의 삼위일체적인 생동성을 나타내야 할 것이다.

요한복음 17장 21절의 대제사장적 기도 안에서 예수는 기도하신다: "아버지께서 내 안에, 내가 아버지 안에 있는 것 같이, 그들도 다 하나가 되어 우리 안에 있게 하사." 주지하는 바와 같이, 이 말씀은 에큐메니컬 운동을 뒷받침하는 기본 성구이다. 이는 또한 신학적 생태학을 뒷받침하는 기본 성구가 될 수 있다. 상호 간의 내주는 하나님의 사랑의 신비이기도 하다: "사랑 안에 거하는 자는 하나님 안에 거하고, 하나님도 그의 안에 거하시느니라"(요일 4:16). 상호 간의 내주는 하나님께 상응하는 창조 공동체의 신비이기도 하다. 이에 대한 고대교회의 개념은 페리코레시스(헬라어: περιχώρησις/라틴어: circuminsessio, 상호침투·상호내주로 번역 역자)로 일컬어진다.[15]

기독교적 이해에 따르면, 창조는 삼위일체적인 사건이다. 아버지 하나님은 아들을 통해 성령의 능력 안에서 창조하셨다. 다른 측면에서 볼 때, 이는 모든 만물이 '하나님에 의해' 창조되었고, '하나님을 통해' 형성되었으며, '하나님 안에서' 존재한다는 사실을 의미한다.

"이 존재들의 창조에 있어서 성부는 선행하시는 근거로서, 성자는 창조하시는 자로서, 완성하시는 성령으로서 사역하셨음을 보아라. 그리하여 헌신하는 영들은 성부의 의지 안에서 그들의 시작을 가지며, 성자의 활동을 통해 존재하게 되었으며, 성령의 존립을 통해 완성되었다"라고 이미 가이사랴의 바실리우스Basillius von Cäsarea(동·서방교회 전체 기독교 전통의 가장 정통적 신앙고백이자 기독교 이천 년의 역사에서 가장 중요한 신조로 손꼽히는 〈니케아-콘스탄티노플 신조〉(381)의 형성에 지대한 공헌을 세웠던 캅바도키아 세 교부들 가운데 한 사람 역자)는 기술하였다.[16] 서방교회의 전통은 오랜 기간 단지 첫 번째 견해만을 강조했는데, 이는 하나님을 전능하신 창조주로서 그의 창조물인 세계로부터 구별하고 하나님의 초월성을 강조하기 위해서이다. 이를 통해 서방교회의 전통은 자연에게서 신적인 신비를 빼앗았고, 세속화를 통해 자연을 탈세속화에게 넘겨주었다.

그러므로 오늘날 창조물 안에서 창조주의 내재성을 재발견하는 일이 중요한 문제인데, 이는 전체 창조물을 창조주 앞에서의 경외 안으로 받아들이기 위해서이다. 하나님께서는 누구를 통해, 혹은 무엇을 통해 세계를 창조하셨는가? 잠언 8장 22-31절에 따르면, 하나님은 이 세계를 그의 딸, 곧 지혜chokma를 통해 창조하셨다: "야훼께서 만물을 지으시려던 시작, 곧 태초에 일하시기 전에 나를 가지셨으며, 만세 전부터, 태초부터, 땅이 생기기 전부터 내가 세움을 받았나니… 내가 그 곁에 있어서 장인이 되어 날마다 그의 기뻐하신 바가 되었으며 항상 그 앞에서 즐거워하였으며 사람이 거처할 땅에서 즐거워하며 인자들을 기뻐하였느니라."

이러한 하나님의 딸, 곧 지혜는 초대교회 교부 필로Philo에 의해 로고스 Logos로 번역되었다. 신약성서에서 요한복음 서두에 '로고스', 곧 '말씀' 이 쓰여진 곳에, '지혜'가 생각될 수 있다.[17] 지혜서에 따르면, 이러한 창조적 지혜는 하나님의 말씀, 혹은 하나님의 영으로 일컬어질 수 있다. 그러나 이는 언제나 모든 만물 안에 있는 하나님의 세계 내재적 현존을 의미하는 것이다. 모든 만물이 한 하나님에 의해 창조되었다면, 초월적 통일성이 그들의 다양성에 선행하게 될 것이다. 그들이 하나님의 지혜를 통해 창조되었다면, 내재적 단일성도 그들의 다양성의 기반이 될 것이다. 지혜를 통해 서로 함께 그리고 서로를 위해 존재하는 피조물들의 사귐은 형성된다.

기독교 신학은 그리스도 안에서 개인적 구원만이 아니라, 우주적 지혜를 재인식했는데, 골로새서가 제시하는 바와 같이, 이 지혜를 통해 모든 만물이 존재한다. 그리스도는 이 세계의 신적인 신비이시다. 누구든지 그리스도를 경외하는 사람은 그 안에서 창조된 모든 만물을 경외하며, 창조된 모든 만물 안에서 그리스도를 경외하게 된다. 예수는 광야에서 사탄의 유혹을 받으신 연후에 어느 곳에 계셨는가? "그는 동물들과 함께 있었고, 천사들이 그를 수종들었다"(막 1:13).

묵시사상적인 도마복음서, 그리스도의 말씀 77에서 예수는 말씀하신다: "나는 모든 만물 위에서 빛나는 빛이다. 나는 모든 만물이다. 모든 만물은 나로부터 유래하며, 나에게로 다시 돌아온다. 나무를 베면, 그곳에 내가 존재한다. 너희들이 돌맹이를 집어들면, 그곳에서 나를 발견할 것이다."[18] 그러므로 우리가 이 땅에 해害를 가하는 것은 곧 예수 그리스도에게 해를 가하는 것이다.

하나님의 말씀이 있는 곳에, 하나님의 영도 함께 거하신다. 창세기 1장 2절에 따르면, 하나님의 영의 진동하는 능력이 말씀을 통한 창조에 선행하신다. 하나님은 모든 만물을 그의 지명하고 구별하며 판단하시는 말씀을 통해 창조하셨다. 이에 모든 만물은 개체적으로 "모두 그의 종류대로" 차이가 난다. 그러나 하나님은 언제나 살아 있게 만드시는 그의 영의 호흡 속에서 말씀하셨다. 말씀과 영은 창조 공동체에 대한 조망 속에서 서로를 보완하신다. 즉 말씀은 특성화시키고 차별화시키시는 반면, 영은 결합시키고 조화를 형성하신다. 인간의 언어에서와 같이, 말씀의 내용은 서로 상이하지만, 동일한 호흡 속에서 전달된다. 그러므로 비유적 의미에서 다음과 같이 말할 수 있다. 한 영국의 찬송가 가사가 말하는 바와 같이, 하나님은 개별적인 피조물들을 통해 말씀하시고, '하나님은 전체 창조를 통해 호흡하신다'.[19] 여기에서 내가 '창조 공동체'라고 일컫는 창조의 전체성은 하나님의 영의 호흡을 통해 지탱된다: "주의 영을 보내어 그들을 창조하사 지면을 새롭게 하시나이다"(시 104:30).

솔로몬의 지혜서 12장 1절이 말하는 바와 같이, 말씀과 영을 통해 창조주는 그의 피조물에게 몸소 말씀하시고 그 안에 임재하신다: "주여, 주님은 생명을 사랑하시는 분이시며, 주님의 영원하신 영은 모든 만물 가운데 거하십니다."

그리하여 깔뱅도 이를 목도하였다: "성령이 어느 곳에서나 현존하고 보존하시기 때문에, 하늘과 땅 위에 있는 모든 만물을 먹이시고 생동케 하신다. 성령이 그의 능력을 모든 만물 안에 부어주시고 이를 통해 모든 만물에게 존재, 생명, 움직임을 약속하신다는 것은 명백하게 신적이다"(기독교 강요, I, 13,14). 이에 창조는 전적으로 '하나님의 손에 의해 만들어진 하나의 작품'으로 일컬어질 뿐만 아니라, 간접적으로 중재되는 하나님의 현존이기도 하다. 모든 만물은 창조되었는데, 이를 통해 모든 피조물의 '공동의 집'을 '하나님의 집'으로 만들기 위해서이다. 이 하나님의 집 안에서 하나님은 자신의 피조물들과 함께 거하시며, 피조물들은 영원히 하나님 안에서 살아갈 수 있다. 이는 성서적으로 우주적 하나님의 성전에 대한 표상과 함께 묘사되었다: "지극히 높으신 이는 손으로 지은 곳에 계시지 아니하시나니, 선지자가 말한바 주께서 이르시되, 하늘은 나의 보좌요 땅은 나의 발등상이니, 너희가 나를 위하여 무슨 집을 짓겠으며 나의 안식할 처소가 어디냐?"(행 7:48f, 참조 사 66:1f).

하나님께서 안식하실 처소는 곧 우주이다!

하나님의 영이 모든 만물 안에 거하시고 모든 만물을 하나님의 집으로 만드셨다는 이러한 관점으로부터 하나님의 우주적 경외와 모든 만물 안에 거하시는 하나님의 경외가 뒤따르게 된다. 믿는 자들이 교회 안에서 행하는 것은 대표적으로 전체 우주에 관련된다. 이미 사람들이 당시에 이해했던 바와 같이, 솔로몬 성전은 우주의 척도에 따라 지어졌는데, 이는 곧 소우주로서 대우주를 상징하며 그에 상응하기 위해서이다.[20] 그리스도의 교회 안에 말씀과 하나님의 영이 현존하신다는 것은, 모든 만물의 새로운 창조 안에 말씀과 하나님의 영이 현존하신다는 전조요, 시작이다. 교회는 그의 근거와 존재에서 우주적으로 방향 설정되어 있다.[21] 교회를 단지 인간의 세계 안에만 제한시키는 것은 현대세계가 행한 위험한 협소화Verengung이다. 그러나 교회가 우주적으로 방향 설정되어 있다면, 현세적인 창조의 '생태학적인 위기'는 교회 자체의 위기이기도 하다. 왜냐하면 '교회의 살로부터 살과 교회의 뼈로부터 뼈'가 이 땅의 파괴를 통해 파괴되기 때문이다. 가장 연약한 피조물이 죽어간다면, 창조 공동체 전체는 고통을 당하게 될 것이다. 교회가 자신을 창조의 대리자로서 이해한다면, 가장 연약한 피조물의 고난은 교회 자신 안에서 아픔으로 자각될 것이며, 교회는 이러한 아픔을 공적인 저항을 통해 부르짖게 될 것이다.[22] 우리의 인간적 환경만이 고난을 당하는 것이 아니라, '하나님의 환경'으로 규정된 창조물이 고난을 당하고 있다. 다시 복구될 수 없는 창조물에 대한 인간적 조작은 하나의 성물절취聖物截取, Sakrileg 행위이다. 이에 대한 결과는 행위자인 인간의 자기 배척(혹은 자기 소외 역자)으로 나타난다. (현대사회 속에 만연된 역자) 허무주의적인 자연파괴는 실제적인 무신론이다.

자연 안에 거하시는 하나님의 말씀을 주목할 것을 가르치는 것은 놀랍게도 바로 기독교의 신비교이다. 현대의 신비주의자요, 니카라과Nicaragua의 시인이자 혁명가인 어네스토 카르데날E. Cardenal의 말을 들어보자. 그는 자신의 저서『사랑에 관한 책Buch von der Lieb』에서 다음과 같이 기술하고 있다:

"아침 여명에 목소리를 돋우는 모든 동물은 하나님을 노래한다. 화산들과 구름들과 나무들은 우리에게 하나님에 대해 부르짖는다. 전체 창조물은 터질 것 같은 매우 큰 부르짖음으로 우리를 향해 부르짖는다, 하나님의 존재와 아름다움과 사랑에 대해. 음악은 우리의 귓가에 끊임없이 울러댄다. 자연의 경치는 우리의 눈을 통해 소리친다.

… 자연 전체에서 우리는 하나님의 이니셜을 발견하고, 모든 창조된 존재는 우리에 대한 하나님의 편지들이다. 자연 전체는 사랑의 불꽃 속에 서 있고 사랑을 통해 창조되었는데, 이는 우리 안에 그 사랑을 불붙이기 위해서이다.

… 자연은 하나님의 그림자, 하나님의 창조의 반사경과 반영과도 같다. 고요한 푸른 바다는 하나님의 반사경이다. 모든 호흡 속에 삼위일체

의 표상, 삼위일체 하나님의 자태가 깃들어 있다. 그리고 나의 육체도 하나님에 대한 사랑을 위해 창조되었다. 나의 모든 세포는 창조주에 대한 하나의 찬송이며 영원한 사랑고백이다."23

이제 아무도 이것이 '자연신학'에 대한 가톨릭의 전형적인 찬사라고 생각지 않을 것이다. 자연 안에서 하나님의 현존을 달리 보지 못했던 종교개혁자 깔뱅도 이에 대해 언급하였다. 그는 자신의 저서『기독교 종교에 대한 교의학 Lehrbuch über die christliche Religion』에서 다음과 같이 기술하였다: "축복된 삶의 최고의 목표는 이제 하나님을 인식함이다. 아무에게도 축복에 대한 입구가 열려 있지 않다. 이에 하나님께서는 우리 인간에게 우리가 종교의 핵심으로 일컫는 것을 선물하셨다. 이와 같이 하나님은 이 세계의 전체적인 기초에서 계시하셨고, 아직 오늘날에도 인간이 하나님을 반드시 보지 않고는 눈을 열 수 없도록 행하신다. 하나님의 존재는 파악 불가능하므로, 모든 인간의 이해는 하나님의 신성에 도달하지 못한다. 그러나 하나님께서는 그가 창조하신 개별적인 피조물들에게 그의 영광의 믿을 만한 표식을 남기셨는데, 이는 매우 분명하고 인상적이다. 그리하여 가장 이해력이 둔감한 인간도 하나님을 알지 못한다는 모든 변명이 불가능하게 되었다 … 사람들의 눈길이 미치는 이 세계의 어떤 부분에도 하나님의 영광의 섬광이 번뜩이지 않는 곳이 없다"라고 깔뱅은 토로하였다. "그러나 이 세계의 인간이 만들어낸 건축물 안에서 불타오르는 섬광은 우리에게 창조주의 영광을 드러내지만, 헛되이 빛나고 있다. 모든 측면에서 섬광은 그 빛으로 환히 비추지만, 우리에게는 눈이 없다. 우리는 소경이다."24

b. 이 땅에 대한 새로운 학문: 가이아 가설

독일어 'Erde'는 두 가지 의미를 내포한다. 즉 하나는 우리가 그 위에 서 있는 이 땅을 의미하며, 다른 하나는 우리가 그 안에 살아가고 있는 생물권과 대기권과 함께 지구를 의미한다. 인공위성이나 달로부터 전송되는 지구의 사진들은, 모든 생명이 그 속에 살고 있는 우리의 지구가 매우 얇은 대기층을 가지고 있다는 것을 보여준다. 이러한 두 가지 관점에서 우리는 이 땅 '위'에 살기보다, 오히려 지구 '안'에 살고 있다.

어떻게 우리가 그 안에 살고 있는 이 지구는 전체로서 이해될 수 있는가? 최근의 천문학자들은 지구의 살아 있는 영역과 살아 있지 않는 영역 사이의 상호작용에 대해 제시하였다. 이로부터 지구의 생물권이 대기권, 해양, 지면과 함께 하나의 단일하고 복잡한 시스템을 이룬다는 표상이 형성되었다. 이러한 시스템은 독특한 '유기체'로서 이해되고 있는데, 이는 그것이 지구를 생명에 적합한 장소로서 보존하는 능력을 소유했기 때문이다.[25] 태양 에너지를 지속적으로 받아들임으로써, 생명은 발전되고 보존된다. 이러한 논제에 대해 다룬 저서가 영국의 학자 제임스 러브록 J.E. Lovelock의 정평 있는 저서 『가이아 - 지구의 생명에 대한 하나의 새로운 관점 Gaja - a New Look at Life on Earth』(Oxford 1979)이다. 본래 러브록은 지구의 시스템을 '환경에 맞서 균형을 유지하는 시스템 Homoostase'의 경향성과 함께 '우주적이며 바이오 사이버네틱스적인 시스템'으로 명명하고자 하였다. 그렇지만 그의 이웃이었던 시인 윌리엄 골딩 W. Golding은 그에게 고대 그리스의 땅의 여신, 곧 가이아 Gaja의 이름을 붙여 주었다. 그리하여 러브록의 논제는 '가이아 가설 Gaja-Hypothese'로 알려지게 되었다.[26] 이 가설과 함께 우리는 지구의 재신화화再神話化에 대해 말하고자 함이 결코 아니다. 우리는 이 지구의 전체 시스템을 피드백시키는 시스템, 곧 생명에 대해 긍정적인 환경조건들을 조성하도록 모색하는 시스템으로 이해하고자 한다. 적극적인 조종의 도움으로 비교적 변하지 않는 조건들을 지탱하는 것을 우리는 환경에 맞서 균형을 유지하는 시스템이라고 일컫는다. 러브록은 우리의 지구 시스템이 이러한 경향성을 가지는 가운데 생물들, 특히 바다 속에 있는 미생물들에게 도움을 제공한다는 사실을 입증하였다.

러브록이 말한 바와 같이, 가이아 가설은 자연을 단지 정복하고 지배해야 할 원시적인 힘으로 구체화하는 현대세계의 관점에 대해 하나의 대안을 제시한다. 또한 이 가설은 지구가 의미도, 목적도 없이 태양 주변을 순환하다가 언젠가 작렬하여 사라지거나, 혹은 냉각돼버리는, 영혼 없는 하나의 우주선으로 간주되는 암울한 표상에 대한 대안을 제시하기도 한다. 사실 가이아 가설은 현대문명의 기초를 닦은 인간 중심주의에 대해 학문적으로 검증될 수 있는 대안을 제시한다. 그러므로 생물 중심적으로, 혹은 보다 바람직한 것은 지구에게 방향을 설정하여 생각하는 일이 필요불가결하다.[27]

'그 안'에서 인류가 확산되고 그 문화들을 발전시켰던 지구 시스템은 초유기체超有機體와 같이 활동한다. 이 시스템은 주체성(주관성, Subjektivität)의 고유한 특성과 함께 마이크로 분자들, 미생물들과 세포들로 된 생명의 형태들을 형성하면서 이들의 생명을 보존할 수 있는 능력을 가진다. 모든 생물의 가이아-언어는 유전적 코드, 곧 모든 세포에 의해 이용되는 우주적 언어이다. 지구 시스템 안에는 생명을 위협하는 유전적 코드에 대항하여 깊이 생각하여 고안된 안전 체제도 존재한다. 만약 이러한 지구 유기체가 마침내 인간과 같은 지능적인 생명체를 산출했다면, 이는 이미 로마의 시저Cicero가 주장했던 바와 같이, 그 자체 안에 고도의 지능과 수백만 년에 걸쳐 각인된 기억이 숨겨 있을 수밖에 없다. 그러므로 우리는 땅 자체가 '살아 있다'고 말할 수 있다. 창세기 1장 24절에 따르면, 땅은 하나님에 의해 살아 있는 생물들을 '생산한 여인Hervorbringenrin'으로서 창조되었다. 이는 땅 이외에 다른 피조물들에 대해서는 말해지지 않았던 바이다. 랍비의 전통에 따르면, 하나님은 땅(창 1:26)과 함께 인간을 창조하셨다.28

인간과 지구 전체의 생물권 사이의 내적인 결합은 유전적 코드이다. 이를 통해 세포들과 유기체들은 서로 의사소통을 한다. 인간의 유전적 코드는 미생물로부터 고래에 이르기까지, 최초의 단세포 생물로부터 공룡에 이르기까지 모든 생물의 코드의 다양성에 지나지 않는다. 유전적 코드에서 모든 생물은 상호 간에 근친관계를 이루는 가운데 서로 의사소통을 한다. 우리가 의식, 사유, 의지에 대해 일컫는 것은 단지 우리의 유전적 코드를 통해 조종된 유기체의 작은 부분에 불과하다. 그러면 유전적 코드를 인지하는 것은 가능한 일인가? 우리의 전체 구성은 유전적 코드를 다른 사람들에게서보다 몽골리언들에게서 분명하게 인식될 수 있다. 유전적 코드는 우리의 의식에게 말하는가? 이에 대해 사람들은 그리 많이 알지 못한다. 사람들은 유전적 코드가 몸의 형태와 몸의 리듬을 통해, '몸의 지혜bodywisdom'와 꿈들을 통해 우리에게 말한다고 추측해 왔다. 특별히 자연 친화성을 몸소 익혀 왔던 민족들은 항상 자신들만의 고유한 '꿈의 문화'를 가지고 있었다. 오늘날 우리는 유전적 코드의 학문적 인식을 통해 유전적 코드와 문화적 코드 사이의 의식적인 조화들을 이루어 나가야 할 것이다.

가이아 가설의 의미는 과대평가되어선 안 될 것이다. (그러나 이 가설

이 지닌 다음과 같은 장점들을 객관적으로 평가할 필요성이 있다 역자)

1. 이 가설은 국부적이고 지역적인 생태계를 글로벌적인 기능들 안에서 인식하는 것을 가능케 하며, 또한 이 생태계를 고립화하는 것을 방지한다.
2. 이 가설은 학문의 방법을 전도시킨다. 즉 기존의 학문들이 항상 전문가들의 세부적 지식 안에서 산산조각으로 분열시키는 방법을 지향한 반면, 이 가설에서는 학문 분야 간의 협력과 통합이 등장하는데, 특별히 지구 시스템 안에 있는 방대한 연관성을 탐구하는 '지구학문Erdwissenschaft'을 위해 협력하고 통합하도록 동기를 부여한다.
3. (학문의 영역 간에 서로 협력하는 역자) 통합된 지식은 고립된 지식보다 결코 덜 학문적이지 않다. 이 지식은 더 이상 '나누어라 그리고 지배하여라divide et impera'의 방법에 의거한 지배자적 관심사에 기여하기보다, 오히려 협력과 공생을 통한 공동의 생명과 생존에 대한 관심사에 기여한다.
4. 이 가설은 인간 중심적인 자기 이해와 인간의 행동을 변화시키고, 인간을 지구상의 공동의 생명 안에 민주적으로 편입시키는 데 필요불가결하다.
5. 정치적으로 위협적인 핵무기로 인해 우려되는 대재난에 직면하여 국가의 대외정책을 공동의 '세계 내적 정책'의 한 부분으로서 새롭게 구상하는 것이 필요불가결하다(Ch. Graf von Krockow, C. Fr. von Weizsäcker). 위협적인 생태계 대재난에 봉착하여 이러한 공동의 세계 내적 정책을 '지구 정책'으로 이해하는 것이 필요불가결하다(E. von Weizsäcker). 민주주의가 이루어지지 않으면, 생명존중 질서 그 자체만으론 생명력이 없

다. 우리가 우리 자신을 더 이상 '민족', '국가', 혹은 '인종'이라는 범주로 나누어 이해하는 것이 아닌 '인간'이라는 종으로서, 지구에 대한 전체적 조망 속에서 '지구의 창조물'로서 이해할 때만이, 우리는 다른 생물들과의 관계성 속에서 살아갈 수 있게 될 것이다. 그리고 지구상의 다른 생명체들 가운데 그리고 이들과 함께 살아가는 하나의 생명체로서 우리 자신을 파악할 수 있게 될 것이다.

이러한 가이아 가설은 땅의 여신에게로의 회귀와는 무관하며, 일련의 보수적 그리스도인이 우려하는 바와 같이, 땅에게 신적인 힘을 부여하지도 않는다. 그러나 모든 만물은 인류의 생존과 긴밀히 관련되어 있다. 인류의 생존은 지구의 전체 유기체와의 공생, 조정, 조화 안에서만 가능하다.

c. 하나님의 계약 속에 있는 인간과 자연

우리는 하나님께서 그의 창조물들을 사랑하시며, 그들의 생명을 번성하게 하신다고 믿는다. 어떠한 피조물도 하나님의 눈에 아무래도 좋은 무가치한 존재로 보이지 않는다. 모든 피조물은 그들 자신만의 존엄성을 지니고 있으며 그들 자신만의 권리를 가진다. 왜냐하면 그들은 모두 하나님의 계약 안으로 통합되었기 때문이다. 이러한 맥락에서 노아의 계약은 다음과 같이 말한다: "내가 내 언약을 너희와 너희 후손과 너희와 함께 한 모든 생물에게 세우리니"(창 9:9-10). '우리와 함께' 하시는 이러한 계약으로부터 기본적 인간의 권리들이 뒤따르게 된다.[29]

'우리와 우리의 자손들과 함께' 하시는 계약으로부터 미래 세대들의 권리들이 뒤따른다.

'우리와 우리의 자손들과 모든 살아 있는 생물과 함께' 하시는 계약으로부터 자연의 권리들이 뒤따른다.30

창조주 하나님 앞에서, 우리와 우리의 자손들과 모든 살아 있는 생물은 하나님의 계약의 동등한 파트너들이다. 자연은 우리의 소유물이 아니다. 그러나 우리 역시 단지 자연의 일부분일 따름만은 아니다. 모든 생물은 그들 나름대로의 방법으로 하나님의 계약의 동료들이다. 모든 생물은 인간에게서 하나님의 계약의 파트너요, 동료로서 존중받아야 한다. 즉 땅은 살아 있는 생물들을 생산하는 자이며, 인간은 이 땅 위에서 하나님의 형상이다. 누구든지 땅을 훼손하는 사람은 하나님을 훼손하는 것이다. 동물의 존엄성을 훼손하는 사람은 하나님을 훼손하는 것이다.

이러한 맥락에서 오늘날 1948년 제정된 '인권에 대한 공동 선언'의 인정을 계획하고 이를 공적으로 승인할 때가 되었다. 자연—공기, 물, 땅, 식물, 동물—이 인간의 폭력행위에 유린당하는 현실이 지속되고 있는 한, 자연은 인간의 법규를 통해 보호되어야 한다. 자연을 인간의 횡포로부터 해방시키기 위한 첫 시도로서 1982년 10월 28일 유엔에서 협약된 '자연을 위한 세계 헌장Weltcharta für die Natur'을 들 수 있다. 이 헌장은 아직 자연에게 자신의 권리들을 승인하고 자연을 권리의 주체로서 인정하지는 않지만, 자연 안에서 그 단서를 발견하는데, 이를 통해 자연을 단지 '주인 없는 물건'으로서 인간을 위해 존재한다고 생각하는 현대세계의 인간중심적이고 이기적인 견해를 탈피하기 위해서이다. '자연을 위한 세계 헌장'의 서두는 '인간은 자연의 일부분이다'라고 선언한다: "자연의 다른 모든 생명의 형태는 인간에 의해 존중되어야 하며, 인간에 대한 그들의 가치로부터 독립적이다(인간이 자연의 생명들에 대해 주관적으로 평가하는 가치와 무관하게 이들이 귀중한 존재라는 의미 역자)."31

그러나 이러한 도덕적으로 올바른 호소는 법률적 근거를 가져야 하는데, 이를 통해 자연이 단지 인간의 자의적 호의에만 의존하지 않고, 오히려 주체로서 그 자신의 권리들과 함께 법률적으로 승인받을 수 있기 위해서이다. 노예를 소유한 주인들의 호의가 아니라, 오히려 노예들 자신의 자유와 인권을 향한 투쟁이 결국 노예제도를 폐지하였다. 자연의 권리들의 법률적 승인을 통해서만이 자연은 그의 억압된 역할로부터 해방되어 인간의 파트너로서, 하나님의 계약의 동료로서 인정받을 수 있을 것이다.

그러나 어떻게 이 일이 실현될 수 있는가? 인간을 통한 파괴 앞에서 자연을 보호함은 일련의 정치가에 의해 개인의 인권에 대한 최소한의 보장으로 생각된다. 즉 모든 인간은 육체적으로 상해를 입지 않음, 이를테면 고문으로부터의 자유를 가지듯이, 이와 동일하게 훼손되지 않은 환경, 깨끗한 공기, 청정한 물과 오염되지 않은 땅에 대한 권리를 가진다. 그렇지만 이러한 관점에서 자연은 오로지 인간에게만 초점이 맞추어져 있다. 자연은 단지 '인간의 환경'으로서 필요시되지만, 자연 그 자신을 위해 인정받지는 못하고 있다.

그러나 이 땅이 모든 살아 있는 생물과 함께 하나님의 **창조물**이라면, 이 땅의 존엄성은 하나님을 위해 존중되어야 하며, 이 땅 자신을 위해 보호되어야 할 것이다. 자연이 인류사회의 자유 시장의 경제적 세력들에 의해 파괴되고 있다면, 자연은 국가의 특별한 보호를 받아야 할 것이다. 국가는 그의 헌법의 힘으로 인권을 모든 시민의 권리로서 존중한 것과 같이, 이와 동일하게 헌법의 힘으로 **훼손된 자연의 권리들**을 보호해야 할 것이다. 이에 우리는 다음과 같은 문장들을 우리의 헌법 안에 수용할 것을 제안하고자 한다: "자연 환경은 정부의 특별한 보호 아래 있다. 국가는 그의 행동을 통해 자연환경을 존중하고, 이를 인간을 통한 착취와 파괴 앞에서 자연 자신을 위해 보호해야 한다." 모든 민주적 정부는 두 가지의 사명을 갖는데, 1. 국민의 보호와, 2. 영토의 보호가 그것이다. 1986년에 제정된 독일의 동물 보호법은 동물을 더 이상 인간의 소유물이 아닌, 인간의 동료 피조물Mitgeschöpf로서 간주했는데, 이는 이러한 존엄성 가운데 동물을 보호한 독일의 첫 번째 법률 조항이 되었다: "이 법의 목표는 동료 피조물로서의 동물에 대한 인간의 책임에 근거하여 그들의 생명과 안녕을 보호하는 데 있다. 그 누구도 동물에게 합리적인 이유 없이 아픔, 고통 혹은 손상을 가해서는 안 된다."[32]

동물이 '동료 피조물'로서 일컬어진다면, 창조주, 피조물 그리고 창조 공동체는 인정될 수 있을 것이다. '창조'라는 신학적인 표현은 철학적인 표현인 '자연'보다 더 적절한데, 이는 그것이 하나님의 창조물에 대한 하나님의 권리를 존중함으로써, 인간의 권리에 한계를 설정하기 때문이다. 즉 하나님은 소유의 권리를 가지며, 인간은 단지 사용의 권리만을 갖는다!

자연의 권리들은 1989년 개혁된 세계연맹을 위해 스위스 베른Bern 대학과 독일 튀빙엔Tübingen 대학의 신학자들과 법학자들의 한 그룹이 제기한 제안이다. 자연의 권리들의 에큐메니컬 회합은 1990년 서울에서 개최되었고, 유엔-컨퍼런스는 1992년 브라질의 리오 데 자이네로Rio de Janeiro에서 개최되었다. (자연의 권리들을 제시하면 다음과 같다 역자).

"1. 자연은—생명이 있든지, 혹은 없든지—존재에 대한 권리, 곧 보존과 번성에 대한 권리를 갖는다.
2. 자연은 생태계의 그물망 안에서 그의 생태계, 종들 그리고 종족 번

식이 보호받을 권리를 갖는다.

3. 살아 있는 자연은 유전자적 상속이 보존되고 번성하게 되는 것에 대한 권리를 갖는다.

4. 생명체들은 그들에게 적합한 생태계 속에서 계속적인 번식을 위시하여 자신의 종에 적절한 생명에 대한 권리를 갖는다.

5. 자연에 대한 인간의 개입은 정당성을 필요로 한다. 이는 단지 아래의 조건들 아래서만 허용될 수 있다.

- 자연에 개입하고자 하는 전제조건들이 민주적으로 합법적인 헌법 안에서 그리고 자연의 권리를 고려하는 가운데 확정될 때만이,
- 자연에 개입하고자 하는 관심사가 자연의 권리를 축소시키지 않고 보존하고자 하는 관심사보다 더 클 때만이,
- 자연에 대한 개입이 과도하지 않을 때만이, 자연에 대한 인간의 개입은 허용될 수 있다.

훼손된 연후에 자연은 가급적 언제나 다시금 회복이 가능해야 한다.

6. 희귀한, 특히 종류가 많지 않은 생태계는 절대적 보호 아래 놓여야 한다. 종들의 멸종은 금지되어야 한다.

우리는 연합된 국가들에게 인권에 대한 공동 선언을 확장하고, 위에 언급된 자연의 권리들을 명시적으로 공식화할 것을 호소한다. 이와 동시에 우리는 개별적 국가들을 향하여 그들의 헌법과 법률을 제정할 때 자연의 권리들을 수용할 것을 호소한다."[33] 이러한 자연의 권리들을 위한 제안은 1992년 리오 데 자네이로에서 개최된 유엔의 대규모 환경 컨퍼런스에 제출되었고 '지구 헌장 Earth Charta'에 수용되었다.

4. 이 땅의 안식일: 신적인 생태학

오래 전부터 인간은 자연과 그 자신의 육체를 단지 노동의 관심사 안에서만 바라보았다. 이에 인간은 단지 자연의 유용한 측면과 인간 육체의 도구적 측면만을 인지하였다. 그러나 여기서 우리는 자연과 인간 자신을 다시금 하나님의 창조물로 이해하는 유대교의 옛 지혜를 살펴볼 필요성이 있다. 이러한 유대교의 옛 지혜는 안식의 날, 안식일의 축제인데, 이 날에는 인간과 동물이 안식하며, 자연이 안식을 누리게 된다.[34]

제1 창조기사에 따르면, 창조주는 세계의 창조를 안식일의 축제를 통해 '완성하신다'. 즉 "하나님은 그의 모든 사역으로부터 안식하셨다." 그리고 하나님은 이 창조를 자신의 안식하시는 현존을 통하여 축복하셨다. 하나님은 더 이상 사역하지 않으셨지만, 하나님 자신으로서 전적으로 현존하셨다.

일곱째 날은 마땅히 '창조의 축제'로 일컬어진다. 이 날은 '창조의 면류관'이다. 존재하는 모든 것은 안식일을 위해 창조되었다. 안식일을 홀로 누리지 않기 위해, 하나님은 하늘과 땅, 춤추는 별들과 물결치는 바다, 초원과 삼림, 동물들과 식물들, 마지막으로 인간을 창조하셨다. 그들은 모두 하나님의 안식일에 초대되었다. 그들은 모두—그들의 방법대로—하나님의 안식일의 동료들이다. 이에 시편에 기록된 바와 같이, 하나님은 그의 모든 창조물을 '보시기에 좋았다'. 그러므로 하늘들도 하나님의 영원한 영광을 '찬양한다'. 존재하는 모든 것은 하나님의 기쁨을 위해 창조되었는데, 이는 존재하는 모든 것이 하나님의 사랑에서 유래하기 때문이다.

이러한 하나님의 안식일은 '창조의 면류관'이다. 인간은 결코 '창조의 면류관'이 아니며, 다른 모든 피조물과 함께 더불어 하나님의 '안식일 여왕'을 통해 영광을 누린다.[35] 창조주 하나님은 그의 안식일의 안식을 통하여 자신의 목표에 도달하셨는데, 안식일을 누리는 인간은 자연을 창조물로서 인식하며, 이를 하나님의 사랑받는 창조물로서 그대로 존재하게 한다. 안식일은 지혜로운 환경정책이며, 우리 자신의 평온함이 없는 영혼과 긴장된 육체를 위한 좋은 치료이기도 하다.

그러나 안식일에는 또 다른 의미가 내포되어 있다. 즉 땅으로부터 살아가는 인간과 땅 자신을 위한 안식년의 의미가 바로 그것이다. 레위기 25장 4절에 따르면, "일곱째 해에는 그 땅이 쉬어 안식하게 할지니, 야훼께 대한 안식이라."

출애굽기 23장 11절에 따르면, 이스라엘은 일곱째 해마다 땅을 경작하지 말고, 오히려 땅으로 하여금 안식하게 해야 하는데, 이를 통해 "네 백성의 가난한 자들이 먹게 하기 위해서"이다. 레위기 25장 1-7절에 따르면, 이스라엘은 일곱째 해마다 땅을 경작하지 말고, "땅을 안식하게 해야 한다." 이에 대한 사회적인 동기는 생태학적인 동기로 보완된다.

레위기(26장)에서 땅의 안식은 매우 커다란 의미를 가진다. 하나님의 모든 축복은 순종을 통해 받지만, 불순종은 형벌을 받게 된다. 그러면 어떠한 형벌을 받게 되는가?

레위기 26장 33절에 따르면, "내가 너희를 여러 민족 중에 흩을 것이요, 내가 칼을 빼어 너희를 따르게 하리니, 너희의 땅이 황무하며, 너희의 성읍이 황폐하리라."

왜 그러한가? "너희가 원수의 땅에 살 동안에 너희의 본토가 황무할 것이므로, 땅이 안식을 누릴 것이라. 그때에 땅이 안식을 누리리니"(레 26:34).

이는 매우 주목할 만하다 – 우리는 이스라엘의 바빌론에로의 추방에 대해 생태학적으로도 해석할 수 있다. 즉 하나님은 인간에 의해 황폐화된 그의 땅을 구하기를 원하셨기 때문에, 그의 백성으로 하여금 적군에 패배하고 이국에 포로로 끌려가도록 허락하셨다. 70년 동안 하나님의 땅은 경작되지 않은 채 머물러 있었다. 그러고 나서 땅은 다시 회복되었고, 하나님의 백성은 약속의 땅으로 다시 돌아올 수 있었다! 그러므로 우리는 땅을 위한 안식년 계명을 그의 피조물들과 그의 땅을 회복시키기 위한 하나님의 환경정책으로 일컬을 수 있다.

고대의 모든 농경문화는 휴경(休耕)의 지혜를 알고 있었는데, 이는 토양의 비옥함을 유지하기 위해서이다. 내가 청소년기를 보낼 때, 북부 독일에서는 매 5년 마다 경작지를 휴경하였다. 그리하여 식물들과 동물들은 자연으로 되돌아갈 수 있었고, 아이들이 그 위에서 뛰노는 것이 허용되었다. 역사상 대제국들만이 그들의 군대와 주요 도시들을 부양하기 위해서 비옥한 지역들을 쉬지 않고 이용할 대로 마구 이용하였다. 이를 통해 땅은 고갈되었고 황무지가 되어버렸다. 추측컨대, 고대시대 거대한 문명이 일어났던 페르시아, 로마, 바빌론, 유카탄 반도에 있던 마야에서도 이러한 일들이 벌어지게 되었다.

그러나 오늘날 휴경 원칙은 거의 전적으로 농업에서 사라져버렸다. 농업의 산업화는 점점 더 많이 화학비료를 토양에 사용하도록 부추겼다. 단식농업은 오랫동안 경작되어 온 농작물의 윤작을 교체시켰다. 그 결과 인공비료 사용의 강화와 토양과 수확물에서 나날이 점증하는 유독성화를 초래했다.

그 종말은 고대 이스라엘에서 경험되었던 일과 유사하게 전개될 것이다. 땅에 대한 중단 없는 착취는 땅의 거주민들의 추방과 급기야 이 땅에서 인류의 소멸에로 유도할 것이다. 인류의 죽음 이후에 땅은 하나님 안에서 그의 큰 안식을 누리게 될 것인데, 이 안식은 현대인이 지금까지 땅에게 부여하기를 거부했던 것이다. 만약 우리가 우리의 문화와 자연으로 하여금 생존하게 하고자 한다면, 우리 자신을 스스로 경고하고, '땅이 그의 안식을 누리도록' 하게 해야 할 것이다. 안식일의 축제와 '땅의 안식' 앞에서의 경외는 우리가 살아가고 있는 땅과 우리 자신에게 구원으로 작용하게 될 것이다. 안식일적으로 자기 자신을 철회하고Sichzurücknehmen, 창조물을 더 이상 조작하지 않는 가운데 '그냥 내버려 둠'은 땅과 우리 자신에게 도움이 될 것이다.[36]

1972년 첫 번째 오일쇼크가 일어났던 당시 서부 독일에서는 어느 주일에 '자동차 없는 날'을 선언하였다. 그날은 내가 생각할 수 있는 가장 아름다운 날이었다. 아이들은 자동차 도로에서 축구를 했고, 어른들은 도로 십자로 위에 앉아 쉬었으며, 개들은 거리 위에서 이리저리 뛰어놀았다. 이는 가능한 일이다. 우리의 교통수단의 50%는 사실상 불필요하다.

교회의 해Kirchenjahr의 축제 때 '지구의 날'을 우리 인간에 의해 고통당하는 창조의 축제로 받아들이는 것은 어떨까? 아메리카에서는 비공식적으로 이러한 '지구의 날'을 4월 22일 많은 교회가 기념하고 있다. 유럽에서 4월 27일을 '체르노빌의 날'로 선언하는 것은 어떨까?

지구의 날에 우리는 지구 앞에 허리를 굽히고 지구에게 우리가 행했던 불의에 대한 용서를 구해야 할 것이다. 이를 통해 우리는 다시금 지구의 공동체에 받아들여지게 될 것이다. '지구의 날'에 우리는 하나님께서 노아와 지구와 체결했던 계약을 새롭게 갱신해야 할 것이다.

성서에 따르면, 안식일 규정들은 하나님께서 창조하신 생명을 보존하기 위한 하나님의 생태학적인 전략이다. 안식일은 하나님의 안식과 시간의 주기적인 변화와 함께 하나님의 전략이기도 하다. 이러한 하나님의 전략은 생태학적인 위기로부터 나오게 되었는데, 자연에게 부담을 안겨 준 일방적인 진보 이후에 지속적인 발전과 자연과의 화합에 대한 가치들을 우리에게 제시한다.

제3장

인권과 인류의 권리, 그리고 이 땅의 권리

1. 인권의 존립

인간의 기본적 권리와 의무에 대한 견해는 인간의 인간성에 대한 인식과 더불어 많은 문화 속에서 생겨났다. '인간'이란 개념이 형성된 곳에서는 어디든지 인간의 인간으로서의 권리도 공식화되었다. 비록 그렇게 공식화된 인권이 서구의 '계몽주의' 시대 속에서 북아메리카와 유럽 국가들의 헌법에 유입되고, 바로 이러한 국가들을 형성하는 기본 원리로 받아들여짐으로 인해 오늘날 전 세계적으로 통용되고 있음에도 불구하고, 나는 여기서 배타적으로 기독교적인, 혹은 유럽적인 사상에 대해서만 다루고자 하지 않는다. 왜냐하면 다른 보편적인 사상들, 예를 들어 수학처럼 인권은 유럽의 특별한 생성의 역사로부터 분리되었기 때문이다. 이에 인권은 모든 인간, 곧 아메리카인 혹은 러시아인, 흑인 혹은 백인, 남성 혹은 여성, 그리스도인 혹은 유대인뿐만 아니라 일차적으로 '인간'이라는 사실을 인식했던 사람들 모두에게 직접적으로 이해되었다. 그러므로 인권의 창시자로서의 권리는 유대교-기독교에도, 계몽적-휴머니즘에도 놓여 있지 않다고 말할 수 있다.

오늘날 이 땅 위에 살아가는 민족들은 과거보다 더 많이 상호 공동의 '세계 역사' 안으로 진입하고 있다. 왜냐하면 그들은 핵무기의 위협에 서로 공동으로 직면해 있고, 또한 생태학적인 위기들을 통해 치명적인 위험에 서로 공동으로 노출되어 있기 때문이다. 인류가 상호 공동의 위험에 직면할수록, 모든 위험을 방어할 수 있는 세계 공동체에 대한 인간의 인간으로서의 권리는 보다 중요한 의미를 지니게 된다. 이에 인권은 '인간적인' 정책의 평가와 합법성에 있어서 상호 보편적으로 통용되고 의견일치를 이룰 수 있는 프레임을 추구하게 된다. 모든 인간을 위한 인권이 인정되고 실현되는 데 결정적인 것은, '나누어지고' 위험에 직면한 이 세계로부터 하나의 인간적인 세계 공동체가 이 땅의 보편적인 생활여건과의 조화 속에서 생겨날 수 있는지, 아니면 인간 자신과 이 땅이 결국 몰락하게 될 것인지의 여부에 달려 있다. 현재 인류가 당면한 상황이 극도로 위험한 지경이기 때문에, 인권의 권위는 민족들, 그룹들, 종교들, 문화들에 대한 모든 개별적인 관심사 위에 (상위개념으로서 역자) 설정되어야 할 것이다. 절대성에 대한 각 개인의 특정한 종교적 요구와 정치적 관심사의 무분별한 관철은 오늘날 인류 자체의 존속을 위협하고 있기 때문이다.

이미 존재하고 있는 인권의 공식화는 그 자체로서 불충분하다. 인권 자체가 우리의 세계를 파괴하는 주된 장본인이 되지 않으려면, 우리는 인권이 확장되도록 함께 적극적으로 사역해야 할 것이다. 나는 인권의 필요불가결한 확장을 두 가지 방향 속에서 바라보는데, 이는 곧 1. 근본적인 인권의 공식화와, 2. 이 땅과 다른 생물들의 권리 속으로 인권의 편입이다.[1]

오늘날 연합된 국가들 안에서 통용되는 인권에 대한 선언들은 1. 1948년 선포된 인권에 대한 공동 선언과, 2. 1966년 선포된 인권들(경제적·사회적·문화적 권리들, 시민적·정치적 권리들, 선택 자유의 프로토콜)에 대한 국제적인 협약이다. 이 선언문들의 국제법적인 구속력은 아직 미미한 실정인데, 왜냐하면 이들은 단지 서문에서만 인권이 "모든 민족과 나라에 의해 실현되어야 할 공동의 이상"이라고 표명하고 있기 때문이다. 그럼에도 불구하고 인권은 많은 나라에서 일어난 시민권의 운동들 속에서 그 놀라운 힘을 입증했으며, 1975년 헬싱키Helsinki에서 KSZE(Konferenz über Sicherheit und Zusammenarbeit in Europa의 약자로서 유럽의 안전과 공동사역을 위한 컨퍼런스 역자)-컨퍼런스가 개최된 이래로 서유럽과 동유럽에 국제법적으로 확연하게 관철되었다[2].

제2차 세계대전의 종전 무렵까지만 해도 '어떻게 국가가 자신의 시민들을 다루어야 하는가?'에 대한 질문이 전적으로 국가의 결정에 절대적으로 지배를 받는다는 것이 국제적으로 인정되었다. 그러나 오늘날의 상황은 (급격히 변화됨으로써 역자) 더 이상 국가가 일방적으로 시민에 대한 절대적인 결정권을 행사할 수 없다. 아직도 많은 국가가 '그들의 내정 간섭'에 대해 유감을 표명함에도 불구하고, 한 국가가 그에 속한 시민을 다루는 방식은 정기적으로 다른 모든 국가와 그 시민이 관심을 기울이는 관건이 되었다. 왜냐하면 오늘날 국제적인 법들이 인권을 보호하는 한, 모든 인간은 이 법들의 주체이기도 하기 때문이다. 인권의 분할과 구획화는 이미 이들의 역사의 결과로서 나타나게 되었다. 즉 북대서양의 국가들(제1세계를 지칭 역자)은 제2차 세계대전 중에 출현한 파시즘적인 독재 체제들의 범죄와 종전 후에 국가와 사회적 권력들에 직면하여 개인의 인권을 공식화하였다. 사회주의 국가들은 자본주의와 계급지배에 대항한 투쟁 속에서 경제적이고 사회적인 인권을 분명히 제시하였다. '제3세계'의 빈곤한 민족들은 존재의 권리, 곧 생명과 생존의 권리에 대한 요구를 제기하였다. 우리는 이러한 인권을 다음과 같이 구분할 수 있다. 즉 1. 보호의 권리: 생명, 자유, 안전에 대한 권리, 2. 자유의 권리: 종교의 자유, 의견의 자유, 집회의 자유, 3. 사회권: 노동, 음식물 섭취, 주거 등에 대한 권리, 4. 참정권: 정치와 경제에 있어서 공동 결정에 대한 권리로 명시할 수 있다.

여러 갈래로 나뉜 인권의 뿌리와 상호 간의 공동의 연합은 '인간의 존엄성'으로 표현된다. 이에 인권은 다수(인권들)로 표기되지만, 인간의 존엄성은 단수로 표기된다. 인간의 존엄성은 하나이며 나뉘지 않는다. 인간의 존엄성은 더 많이, 혹은 더 적게 존재하기보다, 오히려 전적으로 존재하거나, 혹은 전혀 존재하지 않는다. 인간의 존엄성과 함께 인간 존재의 특성이 표기되는데, 곧 어떻게 항상 서로 상이한 종교들과 철학들이 그 특성을 내용적으로 표상하는지가 표기된다. 인간의 존엄성은 모든 경우에 있어서 인간의 '주체성'(주관성, Subjektivität)에 대해 원칙적으로 문제를 제기하는 인간의 태도를 중지하는 경우를 제외한다(I. Kant). 인간의 존엄성이 나뉠 수 없는 하나이기 때문에, 인권도 하나의 전체이며 필요에 따라 확장되거나, 혹은 축소될 수 없다.

그러나 인간의 존엄성에 대한 인권의 기초는 그 안에 내재된 인간 중심주의의 한계와 위험성을 보여주기도 한다.[3] 이에 인권은 이 땅의 자연, 곧 그로부터, 그와 더불어, 그 안에서 인간이 살아가는 자연의 권리들과 함께 조정되어야 한다. 사실 인간의 존엄성은 인간들이 다른 모든 생물 위에 군림하는 것이 아니라, 오히려 자연의 모든 생물에 대한 존엄성, 곧 기독교적으로 말해, 하나님의 모든 피조물의 존엄성의 특별한 경우에 지나지 않는다. 인간의 존엄성은 인권을 통해 자연과 다른 생물들의 희생의 대가에 의해서가 아니라, 오히려 이들과의 화합 속에서 그리고 이들을 위하여 실현될 수 있다. 만약 자연의 근본적인 권리 안으로 인권이 통합되지 않는다면, 인권은 보편성에 대해 요구할 수 없으며, 오히려 그 자신이 자연 파괴의 주된 장본인이 될 것이며, 이를 통해 결국 인류의 자기 파괴가 초래될 것이다.

세계대전의 종전 이후에 에큐메니컬적인 토론에 있어서 기존의 중심점들이 밀려나는 흥미로운 일이 일어나게 되었다. 1948년 암스테르담 Amsterdam에서 개최된 세계교회 컨퍼런스로부터 대략 1960년에 이르기까지 종교의 자유에 관한 질문이 에큐메니컬적인 토론의 중심점에 섬으로써, 사람들은 종교의 자유가 다른 개인적인 인권과의 연관성 속에서만 실현될 수 있다는 사실을 인식하였다. 양자를 요구하는 것이 오늘날에도 중요하다는 것을 KSZE-컨퍼런스와 터키의 상황들은 제시한다. 점차적으로 종교의 자유는 개인적인 인권과 함께 더불어 인정되고 있으며, 국가 이데올로기들과 국가 종교들과 함께 인정되고 있다.

그러다가 1960년 이래로 사회적이고 경제적인 인권에 대한 질문들이 가장 중요한 문제로 제기되었다. 이러한 상황 속에서 인종주의, 식민주의, 독재, 계급지배는 인권의 중대한 훼손으로 비판되었다. 극심한 정치적인 불의와 경제적인 불평등의 세계 속에서 개인의 자유에 대한 권리는 보호될 수 없다. 경제적이고 사회적인 권리는 개인들로 하여금 그들의 자유를 스스로 실현할 수 있도록 상황을 유도한다. 1974년 오스트리아의 성 플텐St. Pölten에서 개최된 에큐메니컬 협의회는 기독교 교회들의 인권에 대한 토론의 역사에서 하나의 전환점이 되었는데, 그 이유는 여기에서 처음으로 '제3세계' 민족의 대변자들이 발언권을 행사하고 많은 이에게 경청되었기 때문이다. 오늘날 산업 국가들에서 생태학적인 토론은 관심사의 중심점에 서 있다. 이 토론은 인권을 불가피하게 이 땅의 생활여건과 생명을 보존하는 우주의 테두리 속으로 결코 거부할 수 없도록 설정한다.

  1970년대 후반 대형 교회들의 인권에 대한 선언문들이 발표되었다. 1976년에는 세계 개혁교회 연맹에서 '인권의 신학적 기초'가 발표되었고, 1977년에는 루터교회의 세계연맹에서 '인권에 대한 신학적 관점들'이 발표되었으며, 1974년 이래로 교황청 위원회, 곧 정의와 평화justitia et pax의 '교회와 인권'에 대한 정책 보고서가 발표되었다. 그러나 유감스러운 것은 아직까지도 공동의 '인권에 대한 기독교적인 선언'이 나오지 않은 점이다. 만약 내가 올바로 파악했다면, 세계 개혁교회 연맹에서 발표한 선언서만이 오늘날의 인권의 문제, 자연의 권리의 문제에 대한 입장을 표명하였다. 그러나 이를 통해 인권이 참으로 보편적이고 또한 생명을 유지하는 데 기여하기 위해 필요한 틀을 확대시키지는 못하고 있다.

  이제 우리는 보편성을 지향하면서 상호 연관되어 있는 인권의 전체를 다음과 같이 체계적으로 고찰하고자 한다.

  1. 사회적인 인권 없이 산업적인 인권은 존재하지 않는다.

  2. 대량살상과 유전학적인 변형 앞에서의 보호와 세대들의 연속 안에서의 생존에 대한 인류의 권리 없이 인권은 존재하지 않는다.

  3. 자연의 권리에 대한 생태학적인 의무 없이 경제적인 인권은 존재하

지 않는다.

    4. 이 땅의 권리 없이 인류의 권리는 존재하지 않는다.

2. 개인적이고 사회적인 인권

    미국의 헌법에는 "우리는 모든 인간이 자유롭고 평등하게 창조되었다는 이 진리를 자명한 것으로 간주한다"라고 명시되어 있다. 이러한 명시와 함께 모든 인간이 그들의 인종, 민족, 종교, 건강상태 등의 차이에도 불구하고 모두 자유롭고 평등하다는 사실을 의미한다면, 우리는 모든 인간이 인격으로서 양도될 수 없는 인권을 함께 구비하고 있다고 생각해야 할 것이다. 물론 미국의 헌법과 프랑스 혁명의 헌법은 모든 인간의 자유와 평등의 최대치와 함께 현대 헌법국가들의 본질적인 문제들, 곧 인격의 개인적 자유권과 사회적 안전과 경제적 부양을 위한 사회의 보호권 사이의 중재 문제, 자유 민주주의와 사회주의 사이의 갈등의 문제를 제기하였다.

    '예언자적인 종교들', 곧 유대교, 기독교 그리고 이슬람교에 있어서 모든 인간의 자유와 평등은 창조신앙에 근거하는데, 이에 대해 미국의 헌법도 언급하고 있다. 모든 인간의 하나님 형상성 안에 인간의 존엄성이 놓여 있다. 인간은 하나님과의 관계 속에서 살아가도록 규정되었는데, 이는 인간의 실존에 양도될 수 없는 초월적이고 심층적인 차원을 부여한다. 초월적인 하나님과의 관계 속에서 인간은 그 존엄성이 결코 훼손되어선 안 되는 인격이 된다. 만약 법, 국가, 경제의 공공기관들이 진정한 의미에서 '인간적인 공공기관'이 되고자 한다면, 모든 인간의 개인적 존엄성을 존중해야 할 것이다. 만약 공공기관들이 인간을 객체로, 사물로, 상품으로, 단지 종속된 자, 혹은 노동력으로 다룬다면, 이는 자기 자신을 파괴하는 일이 될 것이다. 결국 그들은 그들의 정당성을 상실하게 될 것이다.

많은 민족의 지배의 신화들 속에서 오로지 지배자는 이 땅 위에 있는 '하나님의 형상'으로서, '하늘의 아들'로서 그리고 '하나님의 아들'로서 숭배되었다. "하나님의 그림자는 지배자이며, 지배자의 그림자는 인간이다"라고 바빌론의 군주 귀감서Fürstenspiegel에 씌어 있다. 그러나 유대교-기독교-이슬람교의 창조신앙에 따르면, 지배자가 아니라, 오히려 '인간', 곧 모든 인간이 이 땅 위에 있는 하나님의 형상으로서 창조되었다. 이로부터 다음의 결과들이 뒤따른다. 즉 모든 인간은 왕들/여왕들이며, 어떠한 인간도 다른 인간을 지배해선 안 된다. 그리하여 이미 중세기의 '작센 법전Sachsenspiegel' (독일 최고의 법령서 역자)의 국법서 제3권 제42조는 다음과 같이 명시한다: "하나님은 한 사람 한 사람의 인간을 자기 자신에 의거하여 창조하셨고 형성하셨으며 그의 고통을 통해 구원하셨다. 나는 어떤 사람이 다른 사람들의 (소유물)이 되어야 한다는 사실을 결코 이해할 수 없다."

유럽의 정치적 역사 안에서 모든 인간의 하나님 형상성에 대한 믿음과 모든 인간의 자유와 평등 앞에서의 존중으로부터 인간에 의한, 인간에 대한 모든 지배의 원칙적인 민주화가 이루어지게 되었다. 즉 모든 지배권의 행사는 인간 앞에서 합법성의 의무가 있다. 지배자들과 피지배자들은 어느 시대에서나 동일한 정도에 있어서 그리고 공동으로 '인간'으로서 인식될 수 있어야 한다. 이는 모든 시민의 법률적인 평등을 요청한다. 지배자들도 법률에 복종해야 한다. 정치적인 의사 결정의 민주화, 정부의 지시의 시간적 기한의 한정, 폭력의 격리와 국민의 대변을 통한 지배의 통제, 헌법의 명령에 지배의 결합, 특히 국민의 포괄적인 자기 결정과 기초 자치단체의 자치행정은 정치적인 수단으로 되었는데, 이는 모든 인간이 지닌 하나님의 형상성과 이들의 존엄성을 존중하기 위해서이다.

그렇지만 유럽과 북아메리카의 자유의 역사들에는 일면성이 있었는데, 곧 정치적인 지배 조직들에 대하여 개인의 개별적인 권리를 강조하고 그들의 사회적으로 동등한 권리와 경제적인 안전을 등한시한 일면성이 바로 그것이다. 인간과의 연대성 안에 서로 함께 놓여 있는 자유의 사회적인 차원을 도외시한 것은 서구 자유주의의 실수였다. 여기에는 아우구스티누스 이래로 서구 기독교 신앙의 역사가 지니고 있는 오류가 함께 작용하였다. 그러므로 육체가 없는 개별적인 영혼이 아니라, 오히려 다른 인간들과 함께 존재하는 인간이 하나님의 형상인데, 왜냐하면 "하나님께서 인간을 남자와 여자로 창조하셨다"라고 성서의 창조기사는 증언하고 있기 때문이다.

비록 개인적이고 사회적인 인권이 다양한 정치적인 근원에서 유래하며 언제나 하나의 문서 안에서 일목요연하게 총괄되지 않을지라도, 이들은 서로 함께 전체를 이루는 가운데 통합되며 현실화에 있어서 상호 간에 서로 의존한다. 인간의 사회성은 원칙상 인간의 개성과 동일한 존엄성을 갖는다. 개인도 사회 '앞'에 서 있지 않으며, 사회도 개인 '앞'에 서 있지 않는다. 개인과 사회는 상호 간에 서로 의존하는데, 이와 동일하게 인간의 개체화와 사회화도 상호 간에 서로 의존한다. 이에 사회적 인권 앞에서 개인적 인권의 우선권은 있을 수 없는데, 이는 서구세계에서 철저히 수용되었다. 개인의 권리는 오직 정의로운 사회 안에서만 실현될 수 있으며, 정의로운 사회는 오직 개인의 권리의 기초 위에서만 실현될 수 있다. 개인의 자유는 오직 자유로운 사회 안에서만이 펼쳐질 수 있으며, 자유로운 사회는 오직 개인의 자유로부터 실현될 수 있다. '직업에 대한 권리'가 없다면, '직업의 자유로운 선택'이란 실현될 수 없다. 인간이 자유를 누리며 살아가기 위해, 인간의 '직업에 대한 권리'는 '직업에 대한 자유로운 선택'을 전제로 한다.

3. 인권과 인류의 권리

지금까지 인권은 단지 개인과 사회에 대한 시각에서만 공식화되었는데, 유감스럽게도 인류 자신에 대한 시각에서는 공식화되지 않았다. '인간'이란 개념이 논리적으로 '인류'라는 개념을 포괄함에도 불구하고 말이다. 인류는 전체적으로 권리들과 의무들을 갖고 있는가? 이에 대해 소수의 사람만이 숙고했는데, 이는 사람들이 인류의 삶과 존립을 자명한 것으로, 하나님의 뜻에 따른 것으로, 숙명적인 것으로 전제했기 때문이다.

1. 1945년 히로시마Hiroshima에 원자폭탄이 투하된 이래로 핵무기의 군비강화와 화학적이고 생물학적인 대량살상용 무기들의 생산을 통해 다음의 사실이 보다 명료해졌다. 즉 인류는 어느 때에나 가능한 '인류에 대한 범죄들'을 통해, ABC 무기들로 무장된 전쟁의 발발 속에서 그의 존립을 치명적으로 위협당할 수 있다. 그러나 인류는 생존해야 하고 생존하기를 원한다. 인간의 삶에 대한 이러한 근본적인 긍정은 인권에 대한 모든 선언에서 전제되어 있다. 인류의 존재의 권리, 생존의 권리도 공식화되고 공적으로 인정되어야 할 때가 되었는데, 왜냐하면 이 권리가 인간에 의

해 언제나 다시금 부정될 수 있기 때문이다. 인류의 존재의 권리가 특정한 계급, 민족, 종교의 개별적인 권리에 앞서 무조건적인 우선권을 가지며, 모든 정당한 개별적인 관심사가 인류의 존재 권리에 예속되어야 하는 구체적인 상황들도 있다. '계급투쟁'도 단지 인류의 생존의 한정조건의 테두리 안에서만 억압받는 자들을 해방으로 인도할 수 있다고 고르바초프M. Gorbatschow는 말하였다. 특정한 종교들의 절대성에 대한 요구 자체도 인류의 존재의 권리와 생존에 예속되어야 한다. 왜냐하면 특정 종교의 절대성에 대한 요구가 인류의 생존에 대한 권리에 예속되지 않을 경우, 자칫 인류의 자살을 자초할 수도 있기 때문이다.

인류에 대한 위협이 ABC 무기를 소유한 국가의 폭력으로부터 시작될 수 있기 때문에, 이러한 국가의 폭력의 한계는 인류에 대한 시각에 있어서 전체적으로 보다 상세하게 규정되어야 할 것이다. 인류의 멸망을 초래할 수 있는 대량 살상용 무기를 소지한 잠재적인 적들의 위협은 '인간적 국가'가 되도록 요청되는 모든 국가의 권리를 월권할 수 있다. 이에 개별적인 국가들은 그들의 시민에 대한 의무를 가질 뿐만 아니라, 전체 인류에 대해서도 의무를 가진다. 이들 국가들은 그 자신들의 시민의 인권을 존중해야할 뿐만 아니라, 다른 국가들의 시민의 인권도 존중해야 하는데, 이는 인권은 나뉠 수 없기 때문이다. 다른 국가들과 시스템들에 대한 경쟁 속에 있는 국가들의 '외교정책'은 인류의 생존에 대한 의무가 있는 '세계의 내부 정책', 곧 상호 간에 생명을 장려하고 우리 모두 공동의 안전에 기여하는 정책을 위하여 철회되어야 할 것이다. 그러므로 상호 간의 위협을 극복함에 있어서 인간의 연대성은 특정 민족, 인종, 계급, 혹은 종교 공동체에 대한 충성심 앞에서 우선권을 갖는다. 개별적인 국가들과 국가 공동체들은 생명과 생존에 대한 인류의 권리에 직면하여 인간에 대한 의무를 갖는다.

2. 인간의 존엄성, 인간의 '주체성'이 훼손되거나, 혹은 영원히 파괴된다면, 이는 개인들에 대해서 뿐만 아니라, 다음 세대 그리고 인류 전체에 대해서도 해당될 것이다. 현대의 유전공학과 새로운 복제 의학을 통해 유전적인 질병들을 치료하는 것이 가능할 뿐만 아니라, '우생학'을 통해 유전형질이 변형된 세대를 배양할 수도 있다. 출생 이전의 태아를 진단하는 의술은 모태에서의 태아 도태를 통해 인류로 하여금 새로운 세대의 진화를 가능케 하였다. 배아 줄기세포에 대한 조작은 인류의 게놈Genom을 본질적으로 변형시킬 수 있다. 치료법상의 개입이 치료를 위해 기여하는 한, 이는 어느 정도 허용될 수 있을 것이다. 그러나 생물의 배양에 이용되는 조작, 곧 인간의 '주체성'이 결여된 조작은 인간의 존재를 파괴하고, 이를 통해 인류의 존엄성도 파괴하게 될 것이다. 만약 국가가 인간 존엄성의 보호와 함께 모든 인간의 생명을 보호하는 의무도 인계받았다면, 인간 생명의 인간성을 이 세대 안에서 그리고 다음 세대 안에서 보호해야 할 의무도 갖는다. 그렇지 않을 경우, 국가는 그의 정당성을 상실하게 될 것이다. '극대화하는', 혹은 여느 때에는 언제나 '유용한' 것으로 거론되는 생물의 종에 대한 유전학적인 조작은 '인류의 범죄'의 새로운 카테고리에 속한다. '살 만한 가치가 없는' 것으로 추정되는 생명과 '하찮은' 것으로 간주되는 종들의 폐기도 이에 동일하게 해당된다. 인류의 미래에 대한 진화론과 우생학의 새로운 인종학적인 응용이 시도되고 있는데, 이를 통해 인류의 존엄성과 인간성이 파괴될 것이다. 유전학적인 조작술을 통한 인류의 자기 파괴는 핵무기에 의한 지속적인 위협과 병행하여 새롭게 고조되는 현대세계의 위험이다.

3. '인류'는 한 시대의 수평적인 면에 있는 사람들만이 아니라, 시대들의 수직적인 면에 있어서 인간 세대들의 서열 안에 있는 모든 사람으로 구성된다. 인류는 언제나 한 시대의 한 공간에 서로 상이한 세대가 함께 더불어 살아가면서 서로를 위해 배려해야 한다. 즉 부모는 자녀를 위해, 젊은이는 노인을 위해 배려해야 한다. 인류가 세대들의 시간적인 서열로 구성되기 때문에, 지금까지 자연스럽고 자명한 것으로 간주되었던 '세대 간의 계약'이 인류의 생존을 보장해 왔다. 상속법은 세대 사이에 모종의 정의를 창출함으로써, 이전의 세대와 이후의 세대의 삶의 기회 사이에 일정 부분 조정이 이루어지게 되었다. 그러나 오늘날 이러한 세대 간의 명문화되지 않은 계약이 파기될 위험에 직면해 있는데, 이는 인류에게 치명적으로 작용할 수 있다. 우리는 산업국가들 안에서 재생 불가능한 에너지원들(오일, 석탄, 가스 등)의 다량을 이 세대 안에서 사용하는 데 동참하고 있다. 이를 통해 우리는 다음 세대들에게 공적인 재정에 있어서 산더미 같은 엄청난 부채를 남기고 있는데, 이는 그들이 언젠가 반드시 상환해야만 하는 채무이다. 우리는 이 시대에 산업적 생산물의 이득을 소비하면서 그 희생의 대가를 미래 세대에게 전가하고 있다. 우리는 핵폐기물이 결코 '제거'되지 않고, 오히려 물질이 소멸되기까지 대략 3,000년, 혹은 10,000년 정도 감시되어야 한다는 사실을 알고 있음에도 불구하고, 미래 세대가 '제거'해야 하는 어마어마한 쓰레기 더미를 양산하고 있다.

그러나 인류를 한시적으로나마 존립시키는 '세대 간의 계약'이 세대 사이의 정의를 창출할 때만이, 인류는 생존할 수 있을 것이다. 오늘날 이 계약은 돌이킬 수 없을 만큼 파기될 수도 있기 때문에, 법률적으로 공식화되고 공적으로 명문화되어야 할 것이다. 우리의 상황 속에서 아이들의 권리와 다음 세대들의 생명권은 특별히 주목되어야 할 것이다. 그 이유는 아이들이 세대들의 고리 안에서 가장 연약한 구성원이고, 다음 세대들은 아직 자신들의 목소리를 낼 수 없으므로, 현재 살아가고 있는 세대의 집단 이기주의의 첫 번째 희생물이 될 수 있기 때문이다.

4. 경제적 인권과 생태학적 의무

인간의 품위에 걸 맞는 인간다운 삶을 살아갈 수 있는 것도 인간의 존엄성에 속한다. 여기에는 이미 규정된 사회적이고 경제적인 최소한의 전제들, 이를테면 굶주림과 질병 앞에서의 보호, 노동과 개인적인 소유물에 대한 권리들이 속한다. 최근에는 자연환경의 보호도 인간의 인간적 존엄성을 위한 최소한의 보장에 포함된다. 우리는 정치적 자유권에 상응하여 경제적 인권을 발전시킬 수 있다. 만약 인간이 단지 국가 폭력의 객체로 전락해버린다면, 정치적 영역에서 인간의 존엄성에 항변해야 할 것이다. 이와 동일하게 만약 인간이 경제적으로 단지 노동력과 구매력으로서만 평가절하되어버린다면, 이 역시 경제적 영역에서 인간의 존엄성에 항변해야 할 것이다. 경제적 영역에서도 인간은 자신의 '주체성의 특성'을 보장받는 가운데 살아갈 수 있기 위해, 노동, 재산, 음식물 섭취, 보호 그리고 사회적 안전에 대한 정당한 몫을 받아야 할 것이다. 상거래에서 생산수단과 생활수단이 소수의 사람에게 집중되는 반면, 다수의 사람이 억압과 착취를 당하는 현상은 인간 존엄성에 대한 상당히 심각한 훼손이다. 수천만의 사람이 생존의 위기 속에서 기아에 허덕이는 전 세계의 경제적 상황은 인류의 존엄성을 훼손하는 일이다. 이는 기독교적으로 말해, 모든 인간의 하나님 형상성 안에 놓여 있는 하나님의 영예에 대한 훼손이다. 특별한 민족과 계급이 아닌, 오히려 모든 인간이 하나님 형상성의 존엄성과 함께 '자유롭고 평등하게' 창조되었다면, 경제의 민주화에 상응하여 정치의 민주화가 실현되어야 할 것이다. 기업체들의 노동자 단체 안에서의 노동조합 운동과 공동 의결권은 경제의 민주화에 상응하여 정치의 민주화를 향한 여정 위에 있는 행보이다. 그렇지만 경제의 민주화는 실현되기 특별히 어려운 것으로 입증되고 있는데, 이는 이 과정에서 자본가들의 관심사가 제1세계의 국가들의 관심사와 긴밀하게 결합되어 있기 때문이다. 그러나 세계 경제의 민주화를 통한 보다 나은 정의가 구현되지 않는다면, 인류가 결국 경제적-생태학적인 대재난에 직면하게 된다는 것은 이미 입증될 수 있는 명약관화한 사실이다. 왜냐하면 나날이 점증하는 제3세계 국가들의 착취와 부채가 그곳의 사람들로 하여금 열대우림을 벌목하고, 경작지와 녹지대를 스텝Steppe 지대화 하는 가운데 황폐화에 이르기까지 과도하게 착취하며, 이와 함께 전체 인류의 생활기반이 대규모로 소실되고 있기 때문이다.

모든 인간의 경제적 기본권과 함께 이미 규정된 경제적 기본 의무가 함께 설정되어 있다. 급속도로 증가하는 인류와 일련의 국가의 고조되는 요청에 뒤이어 경제적 기본권의 존립은 무한히 증대되고 있다. 왜냐하면 우리 모두가 잘 알고 있는 바와 같이, 이 땅에 대한 생태학적인 한계가 경제적인 성장에 설정되기 때문이다. 생존을 위한 인류의 투쟁은 결코 자연이 희생하는 대가로 유지될 수 없다. 만약 자연이 희생하는 대가로 유지될 경우, 이 땅의 자연의 생태학적인 붕괴가 모든 인간 생명에게 종말을 가져올 수도 있기 때문이다. 이에 경제적인 권리는 인류가 생육하고 번성하고 있는 이 땅의 자연의 우주적인 조건과의 조화 속에서 이루어져야 할 것이다. 그러므로 사회 안에 있는 인간들 사이에, 인간의 공동체 사이에 그리고 인류의 세대 사이에 이루어지는 경제적인 정의에 인간 문화와 이 땅의 자연 사이에 이루어지는 생태학적인 정의가 서로 상응해야 할 것이다. 그러나 지금까지는 경제적인 불의에 단지 생태학적인 불의만이 상응하고 있는 실정이다. 인간의 노동력에 대한 '착취'에 정확하게 자연자원에 대한 '착취'가 서로 상응하고 있다. 인간 사이에서 상호 간에 착취하는 관계가 중단되고, 이러한 상황이 역전된다면, 자연에 대한 인간의 착취하는 관계 또한 중단될 수 있을 것이다. 오늘날 착취의 기술적 수단은 자연의 생활기반을 총체적으로 파괴하기에 이르기까지 나날이 증가하고 있기 때문에, 여기에서는 도덕적 판단만이 아니라, 지혜의 판단도 매우 중요한 문제이다. 단기간의 이득을 위해 자기 자신의 생활기반을 장기간에 걸쳐 파괴하는 것은 자살행위이기 때문에, 이는 극도로 어리석은 일이다.

5. 이 땅의 권리와 생명 공동체의 존엄성

사람들이 이 세계를 단지 개인적인 관점에만 의거하여 바라본다면, 단지 '개인들'과 '물건들'만이 존재할 것이다. 이와 마찬가지로 현대의 세계관의 관점에서도 이 세계 안에는 단지 주체와 객체만이 존재할 것이다. 그러나 동물은 과연 인간의 인격과 관련하여 인간이 소유하고 이용할 수 있는, 단지 '사물들'에 불과한 존재인가? 동물은 인간에 의해 존중받을 수 있는 그 자신들만의 고유한 권리와 분명한 주체성을 소유하고 있는가?

현대세계의 서구문명이 시작된 이래로 우리는 자연을 단지 인간의, 인간에게만 관련된 '주변 환경'으로, 다른 모든 자연의 생물을 단지 인간에 대한 이용가치와 관련하여 바라보는 데 익숙해져 있다. 단지 인간만이 '자기 자신을 위해 존재'하며, 다른 모든 생물은 '인간을 위해 존재'한다. 이러한 현대세계의 인간 중심주의는 자연을 탈영혼화했으며 인간을 육체 없는 주체로 만들었다. 이에 반해 현대 이전 고대의 세계관들은 전체 세계를 '영혼이 깃들어 있는' 세계로 바라보았다. 일례로 아리스토텔레스Aristoteles는 '식물의 영혼', '동물의 영혼', '인간의 영혼' 그리고 모든 영혼을 구별하는 동시에 통합시키는 '세계의 영혼'에 대해서도 말하였다. 다른 한편 현대 이후 포스트모던의 세계관은 인간의 육체-영혼의 합일로부터 출발하는데, 이는 인간의 육체적인 욕구와 관계로부터 다른 모든 생물에 이르기까지 인간이 그 안에 통합된 우주적 공동체에 대한 사상을 발전시키기 위해서이다. 이러한 현대 이전 고대의 세계관과 현대 이후 포스트모던의 세계관은 현대세계가 행한 인격과 사물, 주체와 객체의 분리가 그 안에서 그로부터 인간이 이 땅 위에서 살아가는 자연의 생명 공동체에도, 인간의 육체적 실존에도 정당하지 않다는 사실을 가리킨다. 이러한 양자의 분리가 현대세계의 수단과 함께 철저히 관철된다면, 결국 자연의 생명 공동체는 파괴되고, 인간의 육체성도 사멸하게 될 것이다. 현대세계의 '인간 중심주의'는 자연의 피조물들에게 뿐만 아니라, 인간 자신에게 있어서도 치명적으로 작용하는 마지막 종말이다. 세계관과 인생관에 있어서 고대의 '우주 중심주의'에로의 회귀가 다만 가까스로 존립하고 있는 상황인데, 비록 현대의 일련의 사상가가 그 안에서 현대세계의 아포리Aporie로부터 벗어날 수 있는 탈출구를 발견함에도 불구하고 말이다. 왜냐하면 '우주 중심주의'는 산업사회 이전 농경사회의 기초인 반면, 현대의 '인간 중심주의'는 현대 산업사회의 기초이기 때문이다. 그러나 현대세계의 인간 중심주의는 이 땅의 생활조건들과 생물들의 생명 공동체에로 편입될 수 있다. 이러한 편입은 농경사회에 대한 향수에 젖어 그에 대한 대안으로 산업사회를 떠나기보다, 오히려 산업사회를 이 땅에 대한 생태학적인 타협과 지구상의 생명 공동체에로의 통합에 이를 수 있도록 개혁하는 것이다.

그렇지만 이 땅 위에 존재하는 다른 모든 생물과 함께하는 생명 공동체가 모든 생물의 법률 공동체 안에서 현실화되지 않는다면, 이는 하나의 꿈같은 소망에 불과하게 될 것이다. 이러한 지구상의 법률 공동체는 다른 모든 생물과 이 땅의 권리를 위해 인간의 법률 공동체를 개방해야 한다. 경우에 따라서 법률 공동체는 이 땅의 우주적 생명의 권리 안으로 편입되어야 한다. 이는 인간에 대한 땅, 식물, 동물의 이용가치를 산정하기 이전에, 그들 자신의 가치 안에서 존중하는 것을 전제로 한다. 인간의 존엄성이 인권의 원천을 나타내듯이, 창조물의 존엄성은 다른 생물들과 이 땅의 자연의 권리를 보호하기 위한 원칙이다. 동물의 권리에 대한 공동 선언, 곧 1948년에 제정된 인권에 대한 공동 선언에 상응하고 이에 부합하며 이를 수정한 선언은 현대의 국가들의 헌법과 국제적인 협약들에 속한다. 이 선언을 위한 초안은 1977년 이래로 이미 작성되어 있다: "그 누구도 동물에게 합리적인 근거 없이 아픔, 고통, 혹은 피해를 가하거나, 불안하게 해선 안 된다" … "추구하는 목표를 위해 불가피할 경우에만 동물에게 아픔, 고통, 혹은 피해를 가하는 것이 허용된다." 동물실험은 제한되어야 하고, 다른 실험을 통해 대체되어야 하며, 가급적 완전히 폐지되어야 한다. 이들은 어떠한 경우에도 인가를 받아야 할 의무가 있다.

하나의 동물은 인간의 '인격'이 아니지만, '사물'도, 생산품도 아닌, 오히려 그 자신의 고유한 권리를 지닌 살아 있는 생물이므로 공적인 법률의 보호가 필요하다. 이러한 사실을 존중하는 것은 산업적으로 호르몬을 조절하는 '정육 산업'을 중단하고, '종을 지키는' 동물 사육을 시행함을 의미한다. 이로부터 다음의 사실들이 뒤따르게 된다. 즉 산업적인 동물 실험에서 동물을 수백 번에 걸쳐 이용하는 것을 가능한 한 제한하고 시뮬레이션과 같은 다른 기술을 통해 대체해야 할 것이다. 미국에서는 해마다 최소한 1,700만의 동물이 동물실험을 위해 소비되고 있는데, 그 가운데 85%가 쥐이다. 점점 더 많은 사람이 "동물실험의 실제적 이익은 도덕적 손상을 메우기에 충분한가?"(뉴스위크, 1989. 1. 16)라고 마땅히 질문할 것이다. 도덕적 손상은 자신과 다른 이질적 생명, 이를테면 그것이 동물이든, 태아이든, 혹은 다른 인간이든 간에 자신과 다르다고 간주하는 생명에 대한 나날이 점증하는 무관심에 명백히 놓여 있다. 이들에 대해 아무래도 상관없다고 생각하는 무관심은 결국 자기 자신의 생명에 반격을 가하게 된다. 자연에 적대적인 산업사회의 아포리에 직면하여 우리는 이 땅 위에 있는 생명의 그물망 안에서 인간의 자리와 역할을 새롭게 규정해야 하며, 그 결과로서 인권을 포괄적인 자연권 안으로 편입시켜야 할 것이다. 만약 우리가 생존하고자 원한다면 말이다.

그러나 나의 생각으로는, 이러한 자명한 요구로부터 현대의 서구문명의 종교적 기초에 대한 심각한 질문이 다시금 제기되어야 할 것이다. 유대교-기독교적 전통은 성서의 창조기사 이래로 다른 모든 생물에 대면하여 인간에게 하나님과 유사한 특권을 승인하는가? 오직 인간만이 유일하게 이 땅 위에서의 하나님의 형상이며 이 땅과 다른 생물을 지배하도록 규정되었는가? 이러한 인간 중심주의는 서구세계에서 특별한 인권의 발전을 위한 기초로 작용하지는 않았는가? 우리는 이러한 사실들을 관망해야 하는데, 왜냐하면 인간 중심주의는 수백 년에 걸쳐 기독교 교회들과 신학자들에 의해 대변되었기 때문이다. 그렇지만 이는 완전한 진실이 아닌데, 왜냐하면 시편 104편이 분명히 말하는 바와 같이, 인간에 대한 특별한 규정은 단지 모든 피조물에 의해 존경을 받는 그들의 공동체의 테두리 안에서만 유효하기 때문이다. 즉 우리는 다른 모든 존재가 지닌 **창조의 존엄성**을 인정하는 전제 아래 인간의 **특별한 존엄성**에 대해 말할 수 있는데, 만약 그렇지 않을 경우, 인간의 특별한 존엄성에 대해 말할 수 없을 것이다. 창조주의 형상으로서 인간은 모든 동료 피조물을 창조주의 사랑으로 사랑해야 하는데, 만약 그렇지 않을 경우, 인간은 하나님의 형상이 아니라, 단지 창조주의 캐리커처(풍자화)이며 모든 살아 있는 생물체의 정부Liebhaber에 불과할 것이다. 그러므로 인간의 특별한 생존권과 생명권은 인간이 이 땅의 권리와 다른 생물의 권리를 존중하는 한에서만 유효하다.

성서적 전통들에 따르면, 인간의 법률 공동체를 넘어서는 이 땅과 인간의 법률 공동체가 존재하는데, 이는 하나님의 특별한 법 안에, 창조물에 대한 창조주의 법 안에 뿌리를 박고 있다. 우리는 이러한 법률 공동체를 안식법의 제정 안에서 발견할 수 있다. 매주 주기적으로 돌아오는 안식일과 7년 주기의 안식년은 인간과 그리고 인가에서 함께 더불어 살아가고 있는 동물에게도 해당된다. '땅의 안식'(레 25장과 26장)은 특별히 중요한 의미를 지닌다. 일곱째 해에 땅은 경작되지 않은 상태를 유지해야 하는데, 이는 땅으로 하여금 재충전하도록 배려하기 위해서이다. 이는 땅의 권리이다. 누구든지 '땅의 안식'을 지키는 사람은 평화 속에서 살아가게 될 것이다. 그러나 누구든지 땅의 안식을 경홀히 여기는 사람은 가뭄과 기근 속에 고통을 당하게 될 것인데, 왜냐하면 그는 땅의 생산력을 파괴하기 때문이다. 오늘날 이 땅과 그 생물들의 재충전에 대한 권리는 경홀히 여김을 당하고 있다. 화학 비료와 살충제를 통해 이 땅은 자연에 적대적인 연속 생산성을 강요당하고 있다(땅으로 하여금 중단 없이 지속적으로 생산하도록 자연에 유해한 화학 물질을 사용함을 의미 역자). 다시 원상회복될 수 없는 이 땅의 훼손은 그에 따른 결과이며, 인간이 극심한 기근에 시달리는 대재난은 불가피한 일이다. 누구든지 이 땅의 권리를 경홀히 여기는 사람은 다음 세대와 인류의 생존을 심각하게 위협하게 될 것이다.

6. 인권에 대한 포럼 속에서의 세계 종교

현재 살아가는 생명체들의 생명과 인류의 미래의 생존은 인류가 인권, 인류의 권리 그리고 자연의 권리를 준수하는지의 여부에 달려 있기 때문에, 세계 종교들도 이 세계의 보존이라는 원대한 목표에 자신을 예속시켜야 할 것이다. 서로 상이한 세계 종교들 안에서 진리보다 더 높은 상위 개념은 없을 것이다. 오늘날 종교들은 근본적으로 자신들을 이 세계의 생활여건과 법률 공동체 안에 통합시키고, 절대성에 대한 부분적 요구들을 진리의 보편주의를 위해 희생할 준비가 되도록 시작할 때에야 비로소 '세계' 종교들이 될 수 있을 것이다. 종교들은 개인의 종교적 자유를 인권으로서 존중하고 이러한 테두리 안에서 자신을 관대하고 대화할 준비가 되도록 서로를 배려하고 서로에게 개방된 자세를 취하는 것을 배워야 할 것이다. 이는 종교들이 현재의 생명과 인류의 미래의 생존이라는 원대한 목적을 위해 그들의 경전들—토라와 산상설교, 교회법들과 샤리아 Scharia(이슬람의 율법/법전 역자), 힌두교와 유교의 윤리 등—을 인권, 인류의 권리, 자연의 권리에 대한 최소한의 요구들에 예속시켜야 한다는 것을 의미하기도 한다. 자신의 종교만을 고집하고 다른 종교들을 반박하는 행위는 종교 공동체를 인류의 적으로 만들게 될 것이다.[4]

사실 인권과 인류의 권리의 계속적 발전은 서로 상이한 종교적 세계관들의 창조적 기여를 독려하였다. 지금까지 이루어졌던 인권의 공식화는 현대 서구의 휴머니즘의 전통에 기초하는데, 이는 다른 한편으로 유대교-기독교의 영역 안에서 생성했으며, 이러한 문화는 인간 중심주의적으로 강하게 각인되었다. 이에 사람들은 유대교, 기독교 그리고 이슬람교를 아시아와 아프리카의 '자연 종교들'에 대하여 '역사의 종교들'이라고 일컬었다. 사실상 이들 종교들 안에서는 인간의 희망과 역사적 진보가 중요시되는 데 반해, 자연 종교들은 균형과 조정의 진리를 장려한다. 그러므로 사람들은 이들 역사의 종교들을 인도적-중국적 종교들의 직접적이고 감각적이며 자연 친화적인 영성에 대하여 '예언자적 종교들'과 '문헌 종교들'이라 부르기도 하였다. 언제나 사람들이 이러한 방법으로 양대 종교 간의 차이점을 묘사하는 바와 같이, 현대세계의 생태학적인 문제에 대한 조망 속에서 진보와 균형 사이의 조정, 인류역사와 이 땅의 자연 사이의 화합 그리고 인격과 자연 사이의 생명력이 왕성한 이해관계 사이의 조화가 이루어져야 할 것이다. 종교 사이의 대화가 서구의 종교들과 아시아의 종교들에게 그리고 인류에게 의미 있는 작업이 되려면, 종교들은 오늘날 인류의 이러한 삶의 질문들에 관심을 기울여야 할 것이다.

제4장

타자에 대한 인식과 서로 상이한 이들 간의 친교

1. 평등과 불평등의 문제

　인식(앎)과 친교(사귐)는 상호 간에 서로 관련되어 있다. 우리는 서로 함께 친교를 맺기 위하여 상호 간에 인식해야 한다. 즉 우리는 서로에 대해 인식하기 위하여 서로 가까워져야 하고 서로 함께 접촉을 해야 하며 서로에 대한 관계를 맺어야 한다. 개인적 삶은 물론 정치적 삶에서도 친교는 우리가 '타자'(우리 자신과 상이한 다른 존재들, 이를 테면 다른 사람, 자연의 동·식물, 더 나아가 전적 타자이신 하나님을 일컬음 역자)를 얼마나 잘 인식하고 인정할 수 있느냐의 여부, 혹은 우리가 '타자' 안에서 단지 우리 자신만을 나타내고 타자를 우리의 표상에 굴복시키기 위해 타자를 우리의 생각에 근거하여 받아들이고 있느냐의 여부에 달려 있다. 다른 한편으로 '타자'에 대한 우리의 인식과 우리의 표상은 언제나 그에 대한 우리의 사회적 관계 그리고 그와 친교하는 사회의 공적인 형태에 의해 형성된다. 이에 사람들은 인식 없이 친교란 존재하지 않으며, 친교 없이 인식이란 존재하지 않는다고 말하곤 한다.

만약 위에서 언급한 인식과 친교 사이의 긴밀한 관련성이 일반적이라면, 이로부터 다음의 사실들이 귀결될 것이다. 즉 인식의 이론과 사회학은 서로 상당히 밀접하게 관련됨으로써, 한 영역 안에서의 법규와 다른 영역 안에서의 법규가 동일하게 나타나며, 한 영역 안에서의 변화가 다른 영역 안에서의 변화를 모방하는 경향이 있다는 사실이 그것이다. 나는 이러한 관련성을 분석하는 가운데 이에 대해 논의하고자 한다. 나는 이미 이전에 여러 차례 거론했던 다음과 같은 추측으로부터 출발하고자 한다.[5]

즉 인식의 원리는 아리스토텔레스Aristoteles 이래로 "동일한 것은 단지 동일한 것에 의해서만 인식된다"[6]고 일컬어진다. 여기서 친교의 원리는 아리스토텔레스 이래로 "동류는 쉽사리 친구가 된다"[7]고 일컬어진다. 이러한 인식의 이론 안에서 상응相應의 원리와 친교의 이론 안에서 유유상종類類相從의 원리는 동일한 것처럼 보인다.

그러나 상응의 원리와 유유상종의 원리는 과연 진리인가? 이 원리들은 '타자'를 올바로 인식함에 있어서 과연 유용한가? 이들은 우리로 하여금 타자와의 생동적인 친교로 인도하는가? 그렇지만 타자 자신에게 있어서는 우리 자신이 결국 '타자'가 아닌가?

이미 첫눈에 분명해지는 것은, 상응의 원리와 유유상종의 원리가 우리와 타자 서로를 위해 전혀 아무런 도움이 되지 않거나, 심지어 그 반대로 작용한다는 점이다. 만약 동일한 것이 동일한 것에 의해 인식된다면, 이는 왜 그러한가? 동일한 것은 동일한 것에 대해 전적으로 무관심하게 되지는 않는가?[8] 만약 내가 동일한 것, 혹은 나에게 이미 상응하는 것만을 인식한다면, 이는 내가 이미 알고 있는 것을 인식할 따름이다. 여기서 인식의 자극은 결여되기 마련이다. 인식에 대한 관심은 마비되어버릴 것이다. 만약 두 사람이 모두 동일한 내용에 대해 말한다면, 한 사람은 불필요하다고 러시아의 격언은 말한다.

만약 사회적으로 동일한 부류가 언제나 동일한 부류만을 추구한다면, 황폐함이 사회 전체를 지배하게 되지 않겠는가? 즉 부유한 이들은 부유한 자신들을 위해, 가난한 이들은 가난한 자신들을 위해, 백인들은 백인 자신들을 위해, 흑인들은 흑인 자신들을 위해, 남성들은 남성 자신들을 위해, 여성들은 여성 자신들을 위해, 건강한 이들은 건강한 자신들을 위해, 장애인들은 장애인 자신들을 위해 추구한다면 말이다. 그렇다면 모든 사람은 자신들과 동일한 것들 안에 머무는 가운데 '타자'에 대해 알고자 하지 않을 것인데, 왜냐하면 "지옥 - 이는 바로 타자이기"(J.P. Sartre) 때문이다. 이러한 사회는 상호 간에 끈끈한 관계성이 없는 게토Ghetto의 완전한 격리 사회이며, 모든 게토 안에서 죽음은 지루함을 통해 지배하게 될 것이다.

그렇다면 우리는 타자를 인식하고 타자와 친교를 맺기 위해 서로 상반된 원리에서 출발해야 하지 않겠는가? 인식의 이론에 있어서 기본 원리는 "타자는 오직 타자에 의해서만 인식된다"는 원리이다. 친교의 이론에 있어서 기본 원리는 "타자를 수용함은 서로 상이함 속에서의 친교community in diversity를 형성한다"는 원리이다.

나는 전자를 유사성과 동질성의 원리로, 후자를 차이성과 상이성의 원리로 일컫는다. 혹은 양자를 각기 유추적 사고와 변증법적 사고로 일컫는다. 나는 우선 전자에 대해 보다 자세히 기술하고 나서, 후자에 대해 다루고자 한다. 나는 두 가지 원리를 각각 타자 인간들, 타자 자연의 생물들, 전적 타자이신 하나님에 대한 인식에 테스트해 보고자 하는데, 이를 통해 인간, 자연의 생물, 그리고 존재에 대한 본질적인 경탄Staunen 속에 거하시는 하나님에 대한 인식의 근거에 대한 질문을 제기하고자 한다.

2. 동일한 것과 동일하게 만드는 것의 친교로 인도하는 인식 속에서의 상응

"동일한 것은 단지 동일한 것에 의해서만 인식된다." 만약 이러한 동일성의 기본 원리가 인식의 이론에서 엄격하게 적용된다면, 우리는 동일하지 않은 것, 곧 '타자'를 도무지 인식하지 못할 수 있다. 그러면 우리의 모든 인식은 이미 알고 있고 있는 것에 대한 재인식이며, '동일한 것의 영원한 반복'에 불과하게 될 것이다. 이러한 사실을 간파했던 고대 그리스 철학은 "동일한 것은 단지 동일한 것에 의해서만 인식된다"라는 인식의 기본 원리를 곧 바로 유사한 것으로 확대하였다. 이로써 "유사한 것은 단지 유사한 것에 의해서만 인식된다"라는 인식의 원리가 명시된다. 이에 만약 우리가 제3의 동일화tertium comparationis에 대해 질문한다면, 우리는 유사성의 표준에 의거하여 인식하게 될 것이다. 서로 상이한 것의 영역 안에서 인식하는 자는 언제나 유사한 것, 곧 그에게 상응하는 것을 인식하게 된다. 왜 그러한가? 사람들은 자신들의 내면에서 상응을 발견한 그것을 바로 인식한다. 외적으로 대우주에 상응하는 것은 내적으로 소우주이다. 외부 세계의 모든 사물에 대한 인식은 내부 세계에 하나의 공명共鳴을 불러일으킴으로써, 인식이 이루어진다. "수신자는 송신자와 동일한 파장을 연결할 때만이 들을 수 있다"라고 오늘날 우리는 말하곤 한다. 그러므로 이러한 동일성의 인식 이론적 원리를 주창한 엠페도클레스 Empedokles는 다음과 같이 말하였다:

"단 것은 단 것을 손에 쥐고, 쓴 것은 쓴 것을 향해 달려가며, 신 것은 신 것을 향해, 따뜻한 것은 따뜻한 것을 향해 흘러간다. 이와 같이 동일한 것에 도달하기 원하는 불은 높이 용솟음친다." 왜냐하면 "우리는 땅과 함께 땅을 바라보고, 물과 함께 물을, 공기와 함께 신적인 공기를 바라본다. 그러나 불과 함께 우리는 소멸하는 불을, 사랑과 함께 사랑을, 서글픈 다툼과 함께 다툼을 보게 되기"[9] 때문이다.

여기서 인식을 주도하는 관심사는 우주의 동일한 것과 인간의 동일한 것의 합일이다. 동일한 것은 동일한 것을 추구하는데, 이를 통해 그와 합일을 이루기 위해서이다. 우주를 창조하고 결합시키는 사랑의 힘은 동일한 것을 통해 동일한 것에 대한 인식을 이끌어낸다. 대우주와 소우주 사이의 존재의 동일성은 세계에 대한 인간의 인식을 가능케 함으로써, 인간의 입장에서 보면, 인식은 인간으로 하여금 내부와 외부의 상응을 통한 세계와의 친교이다. "분리된 모든 것은 서로를 다시금 찾아낸다"(F. Hölderin). 이러한 친교의 목표는 인식의 관심사이자 목표이기도 하다. 친교의 근거는 "모든 것은 영원히 내적인 근친관계에 있다"(J. von Eichendorff)는 보편적 사실에 놓여 있다. 이러한 존재론적 기본 원리는 인식을 통한 합일을 가능케 만든다. 고대 그리스에서—구약성서의 세계에서도—인식은 언제나 친교를 형성케 하며, 인식은 전적으로 에로틱하다: "그때 아담이 하와를 인식하였다"(창 4:1). 그리고 그 결과는 그들 사이에 태어난 아들 가인이었다. 그러나 에로스의 힘은 어디에 존재하는가? 이는 사랑에 있어서 호의적인 사람에 대한 끌림 안에, 욕망에 있어선 자극적인 사람에 대한 끌림 안에, 인정에 있어선 효용 가치가 큰 사람에 대한 끌림 안에 놓여 있다. 에로스의 힘은 인식과 합일의 힘이므로, 사회학의 기초는 물론, 인식의 이론의 기초로서 간주될 수 있다.

이제 우리는 이러한 인식의 기본 원리들을 타자 인간들, 타자 사물들, 전적 타자이신 하나님에 대한 우리의 인식에 적용하고자 한다.

1. 만약 단지 동일한 것들끼리만 서로서로 인식한다면, 우리는 다른 인간들 속에서 우리 자신의 본질에 상응하는 것만을 인식하게 될 것이다. 우리는 다른 인간들이 지니고 있는 상이한 것과 이질적인 것을 인식하지 못하기 때문에, 이를 회피해버린다. 다른 인간들이 지니고 있는 우리와 동일한 것은 우리에 의해 인식됨으로써, 그들과 우리 사이의 친교의 기초가 될 수 있다. 이러한 맥락에서 "진정한 친구관계는 동일성의 기초 위에서 형성된다"라고 아리스토텔레스는 말한 바 있다.[10] 동일한 부류의 사람들이 서로 친구관계를 맺음은 그리스 철학에 있어서 친교의 이론의 본질이다. 여기에 조정하는 정의의 영이 상응하는데, 이 정의의 영은 '동일한 것으로 동일한 것에 대응한다'. 즉 선으로 선에 대응하고, 악으로 악에 대응한다. 물론 어떤 영웅들은 '신들의 친구들'로 일컬어지기도 하지만, 본래 그리스에서 인간과 신들의 아버지 제우스Zeus 사이의 친구관계에 대해선 말할 수 없다. 이와 동일한 맥락에서 남성과 여성 사이, 자유한 자와 노예 사이의 친구관계에 대해서도 말할 수 없다. 이러한 동일성의 기반 위에서 친구관계는 상당히 배타적으로 작용한다. 동일한 사람들로부터는 단지 폐쇄적인 친교만이 생겨난다. 이러한 폐쇄적인 친교 안에

서 동일한 사람들은 타자에 대한 배척과 반복적인 확언을 통해 상호 간에 그들의 정체성, 곧 그들이 타자가 아니라는 사실을 재차 확인한다. 우리의 친교 안에서, 칼 포퍼K. Popper의 지적대로 '개방된 친교'[11] 안에서 동일한 부류의 사람들은 배타적 모임 안에서 서로 결합한다. 동일한 사람들의 이러한 배타적 태도가 소외된 '타자'의 감정을 상하게 한다는 사실을 제외하더라도, 이는 '그 안에' 있는 사람들을 치명적인 지루함 속으로 유도하는데, 왜냐하면 그들은 폐쇄적인 친교들이 즐겨하는 모든 이야기와 위트를 이미 귀에 못이 박히도록 수도 없이 들었기 때문이다.

상응의 원리는 새로운 인식을 얻을 수 있도록 인도하기보다, 오히려 단지 이미 아는 것만을 계속해서 반복하는 자기 확신을 유도한다. 그러므로 동일성의 원리는 폐쇄된 계급사회와 계층사회를 유도하며, 각기 다양한 상반성과 대비로 구성된 삶의 생동성에 대한 관심을 파괴한다.

2. 우리가 인식의 기본 원리들을 자연에 적용한다면, 두 개의 상반된 가치를 동시에 내포하는 이중적 작용을 경험하게 될 것이다. 고대에 있어서 인식은 동참을 의미하였다. 즉 우리는 외부에 존재하는 자연(인간을 둘러싼 외부 자연세계를 의미 역자)을 우리 안에 내부적으로 존재하는 자연(인간의 육체를 의미 역자)과 함께 경험하는데, 이를 통해 우리 안에 있는 자연과 함께 외부의 자연 전체에 동참하며, 또한 우리 자신으로 하여금 자연과 합일하기 하기 위해서이다. 본질적으로 이성은 관찰하는 이성, 곧 존재하는 것을 바라보는 눈을 가진 사고를 의미하였다.

그러나 근대에 이르러 자연에 대비된 인격과 주체로서의 인간에 대한 이해가 생겨나게 되었는데, 여기서 자연은 인간 인식의 객체로서 이해되었다. 프랜시스 베이컨F. Bacon과 르네 데카르트R. Descartes 이래로 인식은 지배를 의미한다. 우리는 자연을 지배하기 위해 외부의 자연을 인식하고자 한다. 우리는 자연을 불법적으로 우리 것으로 만들기 위해 자연을 지배하고자 한다. 우리는 우리가 원하는 것을 소유하기 위해 자연을 우리 것으로 만들고자 한다. 이러한 우리의 사고는 타자를 장악하고자 하는 사고이다. '파악하다begreifen'라는 독일어 단어는 생각을 가져오다auf den Begriff bringen, 통제하다im Griff haben를 의미한다. '과학기술적'으로 일컬어지는 근대 문명에 있어서 이성은 더 이상 사물을 인지하는 기관이 아니라, 오히려 힘의 도구로서 이해된다.[12] 아이작 뉴턴I. Newton의 세계상을 철학적으로 합리화하고자 시도했던 임마누엘 칸트I. Kant에 따르면, 자연과학에 영향을 받은 근대세계에서 이성은 '그 자신의 의도대로 만들어낼 수 있는 존재이다 … 이성은 불변하는 법칙들에 대해 그가 판단하는 원리들에 선행하며 그의 질문들에 답변하기 위해 자연을 필요로 한다'(129)[13] 인간의 이성은 자연에 대해 마치 증인을 힐문하는 심판자와도 같이 행동한다. 프랜시스 베이컨에 따르면, 과학 실험이란 자연으로 하여금 인간의 질문에 답변하고 자신의 비밀을 내어주도록 하기 위해 자연에 가하는 고문이다.[14] 이러한 공격 성향을 지닌 인간의 이성은 그 자신의 의도에 따라 자연에게서 얻고자 하는 것만을 이해한다. 그리하여 자연 속에 존재하는 다른 것, 낯선 것은 영원히 은폐된 상태로 남아 있게 된다. 인식의 주체는 자신에게 나타나는 것만을 인식할 수 있다고 칸트가 해명한 것처럼, 이는 사물 그 자체에 대해서는 아무 것도 알 수 없다. 만일 이것이 옳다면, 인류는 자연과학을 통해 투영된 자연 속에서, 곧 일종의 거울 진열장Spiegelkabinett 속에서 살아가게 된다. 어디를 보든지 인간은 단지 인간 자신이 투사시킨 것, 성찰하는 것 그리고 그 자신의 흔적들만을 볼 수 있을 뿐이다. 이러한 인간의 이성은 사물들의 내면과 자연의 고유한 독자적 삶에 대해 아무 것도 알지 못한다. 만약 '동일한 것이 단지 동일한 것에 의해서만 인식'된다면, 단지 인간의 이성에 부합하고 그에게 동일하게 된, 정복당한 자연만이 인식될 것이다. 그러나 이는 결과적으로 자연 자신의 삶을 파괴하며 인간을 고립화시킬 것이다. 남겨진 것은 기술 만능의 도시와 사막이다. 인간은 이 땅을 인간 문명의 채석장과 쓰레기장으로 만들어버렸다.[15]

3. 만약 우리가 인식의 기본 원리들을 하나님께 적용한다면, 이들은 인간의 우상화로 유도하거나, 하나님의 인간화로 유도할 것이다. 고대 세계에서 모든 참된 하나님 인식은 인간이 신적인 존재가 되는 것theosis을 뜻하였다. 왜냐하면 하나님 인식은 하나님의 존재에 대한 참여를 뜻하며, 하나님과의 사귐을 창출하기 때문이다. 우리는 우리 위에 있는 신적인 것을 오직 우리 안에 있는 신적인 것을 통해 인식할 수 있다. '하나님은 오직 하나님을 통해서만' 인식되기 때문이다. 이러한 의미에서 괴테J.W. von Goethe는 다음과 같이 말하였다: "만일 우리의 눈이 태양과 같지 않다면, 어떻게 태양을 바라볼 수 있겠는가. 하나님 자신의 힘이 우리 안에 계시지 않다면, 어떻게 신적인 것이 우리를 무아지경 속으로 빠뜨릴 수 있겠는가."

인식은 친교를 만들어내는데, 단지 동일한 존재의 친교만이 인식을 가능케 한다. 여기서 우리는 인식에 대한 고대의 이해를 다시금 주목할 필요성이 있다. 이에 따르면, 인식은 인식하는 자를 변화시킴으로써, 인식하는 자는 인식된 자에게 점차로 상응하게 된다. 그렇다면 하나님은 신적인 것이 아닌 유한한 존재로부터도 인식될 수 있는가?

괴테는 특별히 동일성에 대한 신학적 기본 원리에 관심을 표명하였다.

만약 하나님께서 단지 하나님을 통해서만 인식된다면, 이는 그 반대의 경우도 해당될 것이다: "하나님 자신 이외에 아무도 하나님을 대항할 수 없다Nemo contra Deum nisi Deus ipse." 괴테가 누구로부터 이러한 대단한 명언을 들었는지, 혹은 그가, 경우에 따라서는 리머F.W. Riemer가 그 명언에 영향을 끼친 이후 이를 괴테 자신이 한 말로 사칭했는지의 여부에 대해서는 분명치 않다. 여하튼 괴테는 그 명언을 모토로 하여 그가 1830년 저술한 자서전 『시와 진실Dichtung und Wahrheit』의 네 번째 책을 출간하였다. 여기서 그는 선과 악의 저편에 있는 것으로 보이는 '악마적인' 인격성들에 대해 언급하면서 다음과 같이 결론을 지었다: "동시대인들은 좀처럼, 혹은 결코 한 번도 그들과 동일한 것을 발견하지 못하며, 아무 것을 통해서도, 우주 자신을 통해서도 그들이 투쟁을 시작하는 것을 극복할 수 없다. 이러한 깨달음으로부터 '하나님 자신 이외에 아무도 하나님을 대적할 수 없다'는 그처럼 특별한, 대단한 명언이 생겨난 것 같다." 에드워드 슈프랭어E. Sprangen는 이 일의 진상에 대해 조사했으며,[16] 리머의 글 "괴테에 대한 전언Mitteilungen über Goethe"에서 괴테의 해석을 발견하였다: "탁월한 명언, 무한한 적용. 하나님께서는 언제나 그 자신이 몸소 인간과 만나신다. 인간 안에 거하시는 하나님 자신은 다시금 인간 안에 거하신다…." 괴테에 의해 존경을 받았던 스피노자B. de Spinoza도 '하나님은 모든 것 안에서 모든 것이 되신다'는 문구를 명시하였다. 무언가 하나님을 대적하는 것이 존재한다면, 이러한 하나님에 대한 대적은 하나님 자신 안에도 존재한다. 왜냐하면 하나님 자신 이외에 하나님에게 대항하여 투쟁할 수 있는 존재가 아무도 없기 때문이다. '하나님을 가장 강력하게 대항'하는 그 자체 안에 '하나님 자신'이 숨어 계신다는 것이다.

그렇지만 그 자체에 있어서 '하나님 자신 이외에 아무도 하나님을 대적할 수 없다'는 문구는 괴테 자신을 무신론자로 만들었다. 만약 하나님 자신 이외에 아무도 '하나님에 대적하여' 존재할 수 없다면, 인간의 무신론은 사실상 불가능할 것이다. 혹은 이 문구는 '하나님을 대적하는' 모든 무신론자를 하나님 자신으로 우상화하였다. 그리하여 '하나님 자신 이외에 아무도 하나님을 대항할 수 없다'는 문구는 엄청나게 들리며, 그것이 열어놓은 사고의 가능성은 촉각을 곤두세우게 하였다. 이 문구는 신학의 자기 면역Selbstimmunisierung에 적용될 수도 있다. 만약 하나님께서 오로지 하나님을 통해서만이 인식된다면, 하나님 자신 이외에 아무도 하나님을 대적하여 존재할 수 없을 것이다.

근·현대세계의 이성은 고대와 같이, 인식의 과정을 정확하게 역으로 이해한다. 인식을 통해 인식되어진 것은 인식하는 것에게 정복당하고 순응해야 하는데, 왜냐하면 인식은 지배를 의미하기 때문이다. 만약 우리가 동일성의 기본 원리를 우리 위에 군림하는 신적인 것에 적용한다면, 이는 하나님에 대한 모든 인식을 인간의 환상의 투사로서 이해하도록 유도할 것이다. 그렇다면 하나님에 관한 모든 표상과 개념은 단지 인간이 만들어낸 생산물이며, 하나님 자체에 대해 아무 것도 진술하지 않을 것이다. "너는 나와 동일하지 않고, 네가 파악하는 그 영과 동일하다"라고 괴테의 희곡『파우스트Paust』에서 '땅의 영Erdgeist'은 그를 불러들이길 원하는 파우스트 박사에게 소리쳐 말하였다. 그러므로 인간들은 그들의 신들을 그들의 형상을 따라 만들었다. 즉 그들은 남성 신들, 백인 신들, 흑인 신들, 여성 신들을 만들었다. 타자와 이질적인 것, 그리고—칼 발트[17]가 루돌프 오토R. Otto[18]에 근거하여 말했던—신적인 것의 '전적 타자'는 한 번도 생각할 수 없을 만큼 이에 대한 인식이 불가능하다. 동일성의 기본 원리는 현대세계의 이성을 원칙상 불가지론적으로 만든다. 현대의 종교비판이 포이어바하L. Feuerbach에 의해 증명된 바와 같이, 이는 이성을 자기도취적으로 만든다. 자기 자신에 흠뻑 도취되었던 아름다운 젊은이 나르시스Narziß처럼 우리 현대인들은 타자 인간들, 혹은 타자 자연, 혹은 전적 타자이신 하나님 안에서 언제나 우리가 눈을 돌리는 대로 그 어느 곳에서나 단지 우리 자신의 반사경만을 바라보고자 한다. 그렇지만 나르시스가 빠졌던 자기 사랑은 그동안 우리에게 잃어버린바 되었으며, 많은 이들이 자기 증오 속으로 빠져들고 있다. 여기서 폐소閉所 공포증적인 자기 연민의 한 아류가 생겨나는데, 이로부터 호르크하이머M. Horkheimer와 함께 이따금 '전적 타자에 대한 동경'이 표면으로 떠오른다.[19]

우리는 한 예로서 근대세계의 초창기에 일어났던, 이 세계를 변화시켰던 커다란 사건, 곧 1492년 이래로 콜럼버스, 코르테스 그리고 정복자들을 통해 이른바 '아메리카가 발견'되었던 사건을 떠올린다. 토도로프W. Todorov가 그의 연구 논문 "아메리카의 정복. 타자의 문제Die Eroberung Amerikas. Das Problem des Anderen"[20]에서 제시한 바와 같이, 아메리카는 유럽인에 의해 한 번도 진정으로 그의 고유함과 상이함으로서 '발견'되지 않았다. 정복자들은 단지 그들이 찾았던 것, 곧 금과 은만을 '발견'했으며, 그 이외에 전혀 아무 것도 보지 못하였다. 인디언에게 풍부한 것들은 정복자들에게 결코 제대로 인식되지 못했으며, 오늘날에 이르기까지 이해되지 못한 채 그대로 남아 있다. 인디언은 정복당했고 파괴되었으며 착취당했으며 유럽인이 구상했던 계획의 기준에 따라 선교되었으며 식민지화되었다. 다른 인간들은 지배자들에게 신하로서 순응하였다. 기독교 선교사들의 사역일지가 입증하는 바와 같이, 그들 역시도 개종을 통해 다른 인간들을 자신들과 동일하게 만들 수 있다는 것만을 이해하였다. 스페인인, 포르투갈인, 그리고 개신교의 순례자들은 인디언이 지닌 그들만의 독자적인 고유함과 상이함을 인식하지 못하였다. 그들은 단지 자신들과 동일한 것만을 인식할 수 있었고 이해하고자 원했기 때문에, 자신들과 다른 이질적인 문화들을 파괴하고 다른 사람들을 자신들과 동일하게 만들었다. 이에 대한 서글픈 결과는 식민지적인 단일문화, 제국주의적인 단일종교 그리고 모든 것을 획일화시키는 단일언어였다.

3. 상이성 안에서 친교로 인도하는 타자에 대한 인식

"타자는 단지 타자에 의해서만 인식된다."

동일성에 대한 인식의 이론적 기본 원리와 마찬가지로 상이성에 대한 인식의 이론적 기본 원리도 그 근원을 고대 그리스 철학의 한 전통에 기초하는데, 이는 오늘날 서구 문화에 매우 경미한 영향만을 주었다.

아리스토텔레스를 인용했던 유리피데스Euripides는 "가뭄으로 메마른 땅은 비를 동경하고, 높은 하늘은 이 땅에 비를 흡족히 내리기를 동경한다"[21]라는 내용의 시를 창작하였다. "모든 살아 있는 것은 다툼으로부터 생겨난다"라고 헤라클레스Heraklit는 말하기도 하였다. 그렇지만 상이성에 대한 인식의 원리들을 가장 먼저 공식화했던 인물은 아낙사고라스Anaxagoras로, 그는 2절에서 언급한 엠페도클레스가 주장했던 동일성의 인식의 원리들에 다음과 같이 반박하였다: "아낙사고라스는 감각적인 인지가 반대적인 것들로부터 생겨난다고 믿었는데, 왜냐하면 동일한 것은 동일한 것에 대해 무관심하기 때문이다 … 우리는 따뜻한 것을 통해 차가움을 인지하고, 신 것을 통해 단 것을, 어둠을 통해 밝음을 인지한다 … 왜냐하면 감각적인 인지는 고통과 결합되어 있기 때문이다. 만약 우리의 감각기관들이 동일하지 않은 것을 접하게 되면, 우리 안에 고통이 생겨나게 된다."[22]

아낙사고라스가 지적한 인식과 고통의 연관성에 대한 마지막 깨달음은 중요하다. 우리의 인지기관들이 동일한 것, 이미 아는 것, 혹은 우리에게 이미 상응하는 것을 접하게 되면, 우리는 존재를 확인받은 듯한 감정을 느끼는데, 이는 우리의 감각들을 편안하게 만든다. 이에 반해 우리의 감각기관들이 다른 것, 이질적인 것, 혹은 새로운 것을 접하면, 가장 먼저 고통이 생겨난다.[23] 우리는 우리 안에서 이질적인 것에 대한 저항을 감지한다. 우리는 다른 것에 대한 반대를 느낀다. 우리는 새로운 것에 대한 요구를 깨닫는다. 만약 우리가 이질적인 것을 이해하고 다른 것을 인지하며 새로운 것을 이해하고자 원한다면, 우리가 감수하는 고통은 우리 자신이 스스로 변화되어야 한다는 사실을 보여준다. 우리가 다른 것, 이질적인 것, 새로운 것을 받아들일 때 느끼게 되는 고통은 우리 자신이 스스로 개방해야 한다는 사실을 보여준다.

그러나 우리는 무엇을 통해 이러한 사실을 인지하는가? 우리는 우리에게 상응하는 동일한 것을 통해서가 아닌, 상반된 이질적인 것을 통해 이를 인지하게 된다. 우리는 사물들을 먼저 우리 자신과 다른 것들에 대한 대비를 통해 인식한다고 일반적으로 말할 수 있을 것이다. 우리 안에 존재하는 대비된 것과 함께 우리는 다른 것을 인식하게 된다. 협화음을 통해서가 아닌, 불협화음을 통해 우리는 새로운 것에 눈을 뜨게 된다. 아낙사고라스의 그림 언어에 따르면, 우리 안에 있는 것이 어두울수록, 우리는 빛의 밝음을 더 많이 감지하게 된다. 우리는 추울수록 불의 따스함을 보다 강렬하게 느낀다. 흑인들 안에서 우리는 우리가 하얗다는 것은 깨달으며, 백인들 안에서는 우리가 검다는 것을 깨닫는다. 젊은 시절의 쉘

링F.W. Schelling이 변증적으로 진술한 바와 같이, 비유적 의미에 있어서 "모든 존재는 상반된 것 안에서만이 분명하게 드러날 수 있다. 사랑은 미움 안에서만이, 합일은 다툼 안에서만이 분명하게 드러날 수 있다."[24] 보다 평이하게 표현한다면, 낯선 것 안에서야 비로소 우리는 본향이 무엇을 의미하는지에 대해 이해하게 된다. 죽음에 직면해서야 비로소 우리는 삶의 유일회성에 대해 예감한다. 다툼 속에서야 비로소 우리는 평화를 가치있게 여기게 된다. 타자에게서 우리는 우리 자신에 대한 경험을 한다. 동일한 것 안에서 우리는 우리 자신 안에 있는 동일한 것을 전혀 인식하지 못하는데, 이는 우리에게 있어서 자명한 일이다. 우리가 전혀 감지할 수 없는 것들은 우리에게 그토록 가까이 존재한다. 간격 안에서야 비로소, 차이 안에서야 비로소 우리는 마침내 모순 안에서 다른 존재들을 감지하고, 이들을 소중히 여기는 자세를 배우게 될 것이다.

여기서 인식을 주도하는 관심사는 합일이다. 그러나 인식의 목표는 동일성 속에서의 하나됨unity in uniformity이기보다, 오히려 서로 상이성 속에서의 하나됨unity in diversity이다. 서로 상이한 것은 보완될 수 있으며 상호간의 보완을 동경할 수 있다. 이는 마치 땅이 비를 동경하고, 비가 땅을 동경하는 것과도 같다. 서로 상이한 것은 다툴 수도 있지만, 이러한 다툼으로부터 새로운 삶을 창조할 수도 있다. 이에 대립관계는 언제나 치명적인 것만은 아니다. 이는 서로의 삶을 생동적으로 만들고 서로 장려할 수도 있다. 그리스인들은 "모든 살아 있는 것은 다툼으로부터 생겨난다"라고 말한 헤라클레스에도 불구하고, 논쟁과 함께 투쟁과 놀이를 '모든 만물의 아버지'라고 생각하였다.[25] 중국의 철학에서 이러한 대립관계는 음陰과 양陽의 양극성이다. 음과 양은 리드미컬하고 유동적으로 분리하면서 합일을 이루는데, 이들은 합일하기 위해 분리하고, 분리하기 위해 다시금 합일한다. 이를 통해 생명의 역동적인 과정이 진행된다.[26] 여기서 합일된 것들의 힘은 에로스이지만, 보다 심층적인 이해에 대해서는 위에서 언급하였다. 이는 곧 사랑의 역동적 변증법(G.W.F. Hegel)으로서, 분리 안에서의 합일과 합일 안에서의 분리를 만들어내는데, 왜냐하면 그것이 분리의 합일과 합일 그 자신이기 때문이다.[27]

이제 우리는 변증법적인 기본 원리들을 타자 인간들, 타자 사물들 그리고 전적 타자이신 하나님에 대한 인식에 다음과 같이 적용해 보고자 한다.

1. 만약 우리가 우리와 동일하지 않은 존재를 인식하고자 한다면, 타자의 상이성에 대한 우리의 관심사가 동일성에 대한 관심사보다 더 커야 할 것이다. 우리는 타자 안에서 동일한 것을 보기보다, 오히려 상이한 것을 보는 가운데 이를 이해하고자 시도해야 할 것이다. 우리는 우리 자신을 스스로 변화시키고 타자의 뜻을 받아들임으로써, 타자를 이해하고자 시도해야 할 것이다. 타자에 대한 우리의 이해 안에서 우리는 우리 자신의 변화에 따른 아픔과 기쁨을 감수하는데, 이는 우리 자신을 타자에 맞추려 하기보다, 오히려 입장을 바꾸어 타자의 처지가 되어 생각하기 위해서이다. 그러한 감정이입感情移入 없이 타자에 대한 진정한 이해란 존재하지 않는다. 우리는 우리 스스로 타자와의 상호 간의 변화 과정 안으로 들어가고자 한다. 모든 배움의 과정은 이러한 변화의 아픔과 새로운 통찰의 기쁨을 내포한다. 그리스어에서 'mathein'(배우다)와 'pathein'(고통을 당하다)라는 단어는 많은 격언들 안에서 서로 밀접하게 결합되어 있다. 만약 감정이입이 상호 간의 이해를 이끌어낸다면, 이해하는 감정이입으로부터 결합시키는 교감交感이 생겨나게 될 것이다. 그러한 사회의

기본 원리는 타자의 상이성 안에 있는 '타자에 대한 인식'이다. 이러한 기본 원리 위에 전개된 사회는 '폐쇄적인 사회', 곧 획일적이고 무조건적으로 통합하는 사회가 아니라, 오히려 '개방적인 사회'이다. 이러한 개방적인 사회는 상이함과 다름과 더불어 살아갈 뿐만 아니라, 칼 포퍼가 요청했던 바와 같이, '그의 적들'과 함께 더불어 살아가야 하는데, 왜냐하면 적들과의 적대관계는 그의 관심사를 보다 풍요롭게 만들어 주기 때문이다. 어떻게 이러한 일이 가능한가? 마땅히 한 사회의 적들을 향해 순응할 것인지, 아니면 이주할 것인지를 명령해야 하지 않겠는가? 그러나 나는 그렇게 생각하지 않는다. 동일한 것에서 형성된 사회의 기초가 정상적인 경우에 친구사랑인 것과 같이, 서로 상이한 것에서 형성된 사회의 기초는 위급한 경우에 원수사랑이다. 원수를 '사랑한다'는 것은 자기 자신과 그에게 소속된 사람들에 대한 책임을 의미할 뿐만 아니라, 그의 원수들을 떠맡는 것을 의미한다. 이제 우리는 '우리에게 원수가 될 소지가 있는 잠재적인 원수들에 직면하여 우리 자신을 어떻게 보호할 수 있는가?'라는 질문을 더 이상 제기하지 말아야 한다. 오히려 '우리가 원수들과 함께 더불어 공동으로 생존하기 위해 원수들에게서 원수관계를 어떻게 제거할 수 있는가?'라고 질문해야 할 것이다. 이러한 의미에서 원수사랑은 대립과 갈등 가운데에서 공동으로 살아가는 삶을 위한 기초이다.[28]

  2. 우리가 이러한 변증법적인 인식의 원리를 자연에 적용하고자 한다면, 자연의 객체화와 함께 분석적인 사고를 유기체적이고 의사소통적인 사고로 대체해야 할 것이다. 의사소통적인 사고란 자연의 생물들을 그들의 고유성 안에서 존중하고, 그들로 하여금 인간의 파트너로서 그들이 지닌 모습 그대로 살아가도록 인정하고 허용하는 사고이다. 한편으로 이 사고

는 자연의 존재들을 그들의 전체 안에서 그리고 그들의 삶의 세계 안에서 인식하고, 그들을 더 이상 고립시키지 않으며, 그들을 불법으로 인간의 소유물로 만들지 않기 위해 나누지 않는 것을 의미한다('나누어라 그리고 지배하라'는 지배 방법을 참조 역자). 다른 한편 의사소통적인 사고는 자연의 존재들을 그들의 상대적인 주체성(주관성, Subjektivität) 안에서 인정하고, 그들을 더 이상 수동적인 객체로 평가절하하지 않는 것을 의미한다. 이제 인식을 주도하는 관심사는 더 이상 지배와 통제가 아니라, 오히려 상호 간의 소통이다. 통전적인 사고[29]는 인간을 다시금 이 땅의 보다 큰 유기체 안에서 생명 공동체의 그물망 안으로 인도하는데, 사실 이 땅으로부터 인간은 자연과학과 기술의 힘에 의거하여 자연의 지배자와 소유자로 고양된 이래로 고립되었다. 이러한 인간의 자기 고립을 해체시키는 것은 파라다이스적인 자연상태와 '어머니 땅'에로의 낭만적인 귀향을 의미하기보다, 오히려 서로 상이한 삶의 관심사들의 조정 속에서 이 땅의 자연에로 인간 문화를 새롭게 통합시키는 일일 것이다. 인간의 측면에서 볼 때, 이는 수용하고 참여하는 이성 안으로 구별하고 지배하는 오성을 재통합시키는 일을 포함하지만, 한 걸음 더 나아가 이를 넘어선다.

새롭게 참여하는 이성은 언제나 참여된 이성이다. 이 이성은 사물들과 다른 생물들을 그들이 되어져 가는 현실성 안에서 바라보면서 지배하지 않고, 오히려 그들의 현실성을 그들의 가능성과 함께 이해하는데, 이를 통해 파괴적인 가능성을 멀리하고 생명에 유용한 가능성을 장려하기 위해서이다. 참여된 사고는 어떻게 사물들이 존재하는지에 대해 질문할 뿐만 아니라, 그들로부터 무엇이 될 수 있는지에 대해서도 질문한다.[30] 이 사고는 사물들의 상태와 함께 그들의 미래에 대해서도 인식한다. 참여된 사고는 모든 사물을 그의 시간 속에서 이해하며, 그리고 자연의 생물들을 그들의 과정 안에서 이해한다.

참여된 사고는 자연의 '객체'를 미래에 대해 개방적인 시스템으로 이해하는 것을 전제한다(데카르트가 주창한 기계론적인 세계관에서 자연세계는 철저한 인과의 법칙에 따라 움직이는 자동기계와 같은 존재로 인식됨으로써 새로운 미래·역사를 갖지 않는 하나의 폐쇄된 체계로 간주되는데, 참여된 사고가 이러한 세계관에 반기를 제기하는 사고임을 의미 역자). 이러한 시스템의 과거는 이미 일어났지만, 미래는 부분적으로 결정되지 않으며, 현재는 가능성의 선취 속에서 존속한다.[31] 프리고진I. Prigogine과 다른 이들이 말하는 바와 같이, 만약 원자로부터 인간에 이르기까지 모든 존재가 개방적인 시스템이라면, 정확히 말해 자연 안에서 '객체'란 존재하지 않으며, 오히려 다양성의 서로 상이한 단계들과 함께 단지 주체들만이 존재할 것이다.[32] 이에 자연의 사물들에 대한 인간의 인식은 서로 상이한 다양성의 단계들의 열려진 시스템들 사이의 의사소통이다. 그러나 서로 상이한 주체들 사이에는 상이성에 대한 인정 속에서의 친교가 중요한 문제일 것이다. 지배와 조종의 측면에서 살아 있는 존재들과 생명의 관계들의 다양성은 파괴될 수 있다.

3. 우리가 변증법적인 인식의 원리를 하나님께 적용한다면, 변증법적인 사고는 우리로 하여금 친교 속에서 상이성에 대한 인정에로 인도할 것이다. '하나님은 오로지 하나님에 의해서만 인식된다'고 동일성의 기본 원리는 말한다. 이에 반해 변증법적 사고는 하나님께서 단지 자신에게 타자인 존재의 영역 안에서, 곧 유한한 자의 영역 안에서 그리고 하나님을 거스르는 인간의 영역 안에서 '하나님'으로서 나타나신다는 사실을 말한다. 변증법적인 사고는 인간에게 '하나님'은 전적 타자라는 사실을 말

한다.³³ 인간이 자신을 단지 인간으로서 그리고 더 이상 우상으로서 이해하지 않을 때에야 비로소, 전적 타자이신 하나님의 존재를 올바로 인지하게 될 것이다. 마르틴 루터가 말한 바와 같이, 우리가 불행한 초인超人과 초라한 반신半神의 상태로부터 벗어나 다시금 진정한 인간이 될 때만이, 우리는 하나님을 하나님 되시게 할 수 있을 것이다. 한 걸음 더 나아가 우리는 다음과 같이 말할 수 있다. 즉 우리 인간이 모든 자기 신격화, 혹은 하나님을 닮았다는 착각에 빠지지 않는다는 의미에서 전적으로 하나님-없는 존재가 될 때에야 비로소, 우리는 우리와 전적으로 다르신 참된 하나님의 현실성을 올바로 인식할 수 있게 될 것이다. 역으로 말해서, 전적 타자이신 하나님의 손길이 우리에게 미치시는 그곳에서 우리는 우리의 불안하고 공격적인 '하나님 콤플렉스'를 버리고 참된 인간이 될 수 있을 것이다.

"하나님을 인식한다는 것은 하나님으로 인해 고난당하는 것을 의미한다"라고 고대 그리스의 경험의 지혜는 말한다. 아브라함, 이삭, 야곱의 하나님 경험, 모세와 예수의 하나님 경험은 이를 입증한다. 인간은 전적 타자이신 하나님의 현실을 아픔 가운데서야 비로소 인지한다. 기독교적인 경험에 따르면, 이는 하나님 안에서 죽음의 고통이며 하나님으로부터 새롭게 거듭남의 기쁨이다. 단지 우리 자신의 총체적인 변화를 통해서만이 우리는 전적 타자이신 하나님의 현실을 올바로 인지하게 될 것이다. 이와 같은 류의 하나님 인식은 십자가 신학을 통해 깊은 신학적 통찰에 도달하게 한다. 십자가 신학에 따르면, 하나님은 십자가와 고난 가운데 숨어 계시므로, 하나님에게 버림받은 것처럼 보이는 우리의 현실적인 비참함은 우리가 하나님을 만나는 장소이다. "하나님의 심오한 계시의 순간에는 언제나 고난이 있었는데, 이를테면 이집트에서의 억압당하는 자들의 절규, 십자가상에서의 예수의 절규, 전체 창조물의 해방을 고대하는 산고의 고통이 있었다."34 "하나님께서 그와 반대되는 존재 가운데서 계시되는 한, 그는 하나님 없는 자들과 하나님에게 버림받은 자들에 의해 인식될 수 있을 것이다. 요한1서 3장 2절이 말하는 바와 같이, 바로 이러한 인식은 하나님에게 버림받은 자들을 하나님께 향한 상응에로 인도하는데, 심지어 하나님을 닮음(혹은 유사성, Gottähnlichkeit)에 대한 희망에로 인도한다."35

그렇다면 이질성과 다름과 모순으로부터 얻게 되는 이 변증법적인 인식은 중세기의 기본 명제인 아날로기아적인 인식, 곧 피조물들과 창조주 사이의 모든 유사성 속에서 보다 더 큰 비유사성이 있다고 주장하는 인식과 동일한가?36

모든 닮음 가운데서도 닮지 않음은 창조주를 그의 피조물들로부터 이상적인 방법으로 구별한다. 그러나 인간의 현실 속에서 하나님을 대적하는 죄인들의 반항과 하나님 없는 자들에 대한 하나님의 자비를 통한 하나님의 계시가 중요한 문제이다. 참으로 하나님 없는 자들이 하나님을 인식할 수 있는 길은 오로지 하나님께서 그들을 조건 없이 받아 주시는 사건 속에만 놓여 있는데, 이는 곧 십자가에 달리신 그리스도 안에서 일어난 사건을 의미한다: "임마누엘—칭의의 사건 속에서의 하나님 인식—우리 하나님 없는 자들과 함께!"37 이러한 칭의의 사건 속에서의 하나님 인식에 의거해서야 비로소 창조주에 대한 인간의 상응에 대해 말할 수 있으며, 하나님께 상응하는 인간의 유비에 대해 처음으로 말할 수 있다. 하나님을 거스르는 우리의 반항에 대한 하나님의 대항만이 존재론적인 모든 닮지 않음 가운데서 상응과 닮음을 창출한다.

4. 경탄 속에 내재된 인식의 원천

　인식의 구체적 과정 안에서 우리는 상응의 순간들과 상응하지 않는 순간들을 언제나 연결시킨다. 만약 동일한 것이 전혀 존재하지 않는다면, 함께 공유하는 공동의 것도 전혀 존재하지 않을 것이며, 따라서 인식의 가능성도 없을 것이다. 만약 타자가 전혀 존재하지 않는다면, 인식의 필요불가결성도 존재하지 않을 것이다. 구체적 인식 안에서 우리는 서로 상응한다는 확인이 필요할 뿐만 아니라, 상응하지 않음으로 인해 아픔도 필요하다. 인식은 이미 아는 것에 대한 기억이며 새로운 것에 대한 기대이므로, 재인식이며 새로운 인식이라고 말할 수 있다.

　그러나 과연 어디에 우리의 인식의 뿌리가 놓여 있는가? 우리가 희구하는 바람들이 있는 것처럼, 우리의 인식을 주도하는 수많은 관심사가 존재한다. 그러나 이들과 함께 단지 주체적인 요소들만이 거론되는데, 이들은 인식에 대한 능력을 제 것으로 만드는 가운데 이미 전제되어야 하는 요소들이다. 인식 자체의 뿌리는 주관적일 뿐만 아니라, 동시에 객관적이다. 이는 우리의 소생하는 감각들이 세계에 대한 인상과 대면하는 만남의 본질적인 형태 안에 놓여 있다. 이에 그리스의 철학자들은 인식의 가장 깊은 근거를 경탄으로 일컬었다. 경탄 속에서 세계의 직접적인 인상을 위한 감각들이 열린다. 경탄 속에서 인지된 사물들은 여과 없이 생동감 있게 우리의 감각기관들 안으로 진입한다. 이들은 우리에게 큰 감명을 준다. 이들은 우리에게 깊은 인상을 남김으로써, 우리는 지속적으로 이들에게 영향을 받게 된다.

　경탄 속에서 사물들은 처음으로 인지된다. 경탄하는 아이는 사물들을 통해 받은 인상을 파악할 수 있는 표상과 함께 이 표상을 경계 지을 수 있는 개념을 아직 소유하고 있지 않다. 2회 그리고 3회째에서야 비로소 아이는 사물들을 통해 받은 인상들을 기억하게 되고, 물밀듯 밀려오는 인상들에 대한 반복된 장면들을 습득한다. 그리고 나서 20회째에 이르면, 아이는 이러한 인지에 대해 익숙해지게 된다. 이미 우리가 습득한 바와 같이, 우리는 오성과 의지 안에서 반응한다. 그러면 이제 우리는 더 이상 경탄하지 않게 된다. 우리는 더 이상 놀라지도 않는다. 우리는 어떻게 말해야 하는지에 대해 이미 적응되어 있다. 그러므로 우리 어른들은 경탄이라는 감정이 이 세계를 처음으로 인지하고 경험하는 아이들에게 속한다는 사실을 유념해야 할 것이다.

그렇지만 어른들의 인지의 근저에 있어서도 경탄하는 짧은 순간은 지속적으로 유지된다. 엄밀한 의미에서 삶의 유한한 현실 속에서 아무 것도 반복되지 않으며, 오히려 모든 순간은 유일회적이기 때문에, 우리 안에서 일어나는 경탄은 우리로 하여금 유일회적인 순간을 붙잡을 수 있게 한다. 더 이상 경탄할 수 없는 사람, 모든 것에 대해 이미 익숙해져버린 사람, 단지 틀에 박힌 것처럼 인지하고 반응하는 사람은 현실을 그대로 지나쳐버리면서 살아가는 사람이다. 그러나 모든 기회는 유일회적이다. 유일회성은 기회의 본질에 속한다. 두 번의 동일한 기회는 찾아오지 않는다. '두 번째의 기회'란 존재하지 않는데, 왜냐하면 시간은 되돌릴 수 없는 것이기 때문이다. "아무도 동일한 강으로 두 번 올라가지 않는다" (헤라클레스). 경탄의 본래적 능력을 자체 내에 간직하고 있는 사람은 순간의 유일회성에 대한 직감을 소유하게 된다. 그는 순간의 유일회성을 그가 사물의 유일회성을 파악했던 개방성과 함께 인지한다.

경탄 속에서 우리는 사물이 어떻게 보이는지에 대해 아직 파악하지 못하지만, 그것이 존재한다는 사실에 대해서는 파악한다. 우리는 사물이 거기 존재한다는 사실을 감탄과 함께 인지한다. 우리는 본질적인 방법으로 존재 자체의 기적을 이해한다. 우리는 우리 자신이 거기 존재한다는 사실에 대해서도 자주 경탄한다. 비록 우리가 왜, 혹은 무엇 때문에 거기 존재하는지에 대해 알지 못함에도 불구하고 말이다. 경탄 속에 빠지는 것은 우리가 참으로 거기에 존재하며 그것이 환상이 아니라는 사실을 경험케 한다. 이는 경탄을 통해 우리가 세계의 존재와 우리 자신의 존재를 파악하게 된다는 사실을 의미한다. 우리는 '무엇'과 '어떻게'에 대해서는 뒤늦게 이해한다. 그러나 단순한 존재에 대해 우리는 결코 이해하지 못한다. 이는 경탄스러운 가운데 머물러 있다.

그렇다면 우리의 인식, 우리의 인식의 관심사, 우리가 경험으로부터 형성하는 표상, 우리가 우리의 표상을 정리하는 개념, 언제나 다시금 존재 자체에 대한 본질적인 경탄으로 되돌아가는 것이 중요하지 않겠는가? 만약 그렇지 않을 경우, 다음과 같은 일들이 일어날 수도 있다. 즉 우리는 단지 우리의 인지만을 감지하는 가운데 현상으로부터 아무 것도 볼 수 없을 수 있다. 또한 우리는 보고자 하는 것만을 바라보는 가운데 삶에 대해 거의 앞을 보지 못한 채 지나쳐버릴 수도 있다. 그리고 우리는 다른 인간들을 더 이상 인식하지 못할 수 있는데, 이는 우리가 이들에 대한 우리의 장점을 확정하며 단지 그것만을 옳다고 인정하고자 원하기 때문이다. 그뿐만 아니라 우리는 우리의 종교적 환상의 부산물을 하나님으로 간주하는 가운데 살아 계신 하나님에 대해 아무 것도 깨닫기 원하지 않을 수 있다. 이러한 현실은 언제나 우리가 상상할 수 있는 것보다 더 놀라운 일이다.

"개념들은 우상의 형상들을 만들어내는데, 인식만이 무언가를 파악한다"라고 지혜로운 현인 닛사의 그레고리 Gregor von Nyssa 는 말하였다.[38] 우리가 그 고유성을 존중하는 사람들은 우리에게 경탄스럽게 머물러 있으며, 우리의 경탄은 그들과 함께하는 우리의 공동체에 미래의 새로운 가능성에 대한 자유를 부여할 것이다. 만약 우리가 하던 일을 잠시 중단하고 꽃, 나무, 노을을 바라보는 일에 침잠할 수 있다면, 우리에게 있어서 자연의 기적도 경탄스럽게 머물게 될 것이다. 그러나 가장 경탄스러운 것은 우리에게 있어서 모든 사물의 존재 근거인데, 우리는 이 근거에 무언가 존재한다는 사실 자체에 대해 감사해야 할 것이다. 우리는 이러한 존재의 근거를 '하나님'으로 일컬으면서 하나님의 존재를 고정시키는 우리의 경직된 표상들과 하나님을 움켜잡고자 하는 개념들을 멀리하고자 한다. 그렇지만 하나님은 우리 자신이 존재하는 것보다 더 가까이 계신데, 아우구스티누스가 의식했던 바와 같이,[39] 곧 하나님은 내 안 깊숙한 곳에 거하신다. 왜냐하면 우리는 "그(하나님) 안에서 살아가고 기동하며 존재하기" 때문이다. '살아왔던 순간의 어둠 속에서'[40] 우리는 하나님의 현존을 의식한다. 경탄은 자연, 하나님과 서로 함께하는 우리 인간 공동체의 고갈되지 않는 근거이다. 경탄은 모든 새로운 경험의 시작이며, 새로운 날에 대한 우리의 창조적인 기대의 근거이기도 하다.

제5장

시장 가치와 인간의 존엄성

1. 현대세계를 위협하는 이중의 위험–글로벌화와 개인주의

다른 모든 생명과 동일하게 인간의 생명도 서로 함께하는 공동의 생명, 곧 서로 함께 공동으로 주고받는 생명, 의사소통 속에 있는 영적 교감交感이다. 인간의 생명 공동체는 오늘날 두 가지 방면, 곧 한편으론 나날이 점증하는 현대인의 개인주의와, 다른 한편 모든 사물과 관계의 글로벌적인 시장화(혹은 상품화)로부터 위협을 당하고 있다. 개인의 선택의 자유, 아니면 자유로운 시장 경제의 원칙, 무엇이 진정한 자유인가?

모든 사물과 직무 수행의 글로벌적인 시장화는 순수한 경제 훨씬 그 이상으로서, 이는 인간의 총체적 삶을 포괄하는 법이 되어버렸다.[1] 우리는 언제나 우리 자신이 원하는 것의 고객이자 소비자가 되어버렸다. 시장은 세계관, 세계 종교, 어떤 사람들에게 있어서는 심지어 '역사의 마지막'이 되어버렸다.[2] 모든 사물의 상품화는 모든 영역에서 공동체를 파괴하는데, 왜냐하면 그것은 인간을 그의 시장 가치에 의거하여 평가하기 때문이다. 이로써 인간은 능력을 발휘하고 어떤 일을 수행할 만한 재정적 수단을 가지고 있는 역량만큼 가치평가 된다.

전통적 형태의 가족 공동체는 한편으론 과잉노동을 통해, 다른 한편 장기간의 실업을 통해 약화되었다. 사회적 통합을 이룰 수 있는 가족 공동체의 능력은 점점 더 미약해지고 있다. 독일의 통일 이후 동독에 있는 많은 여성이 불임수술을 받았는데, 이는 그들이 노동시장에서 경쟁력을 갖추기 위해서이다. 이를 통해 출생률은 현격히 저하되었다. 홀로 자녀들을 키우는 싱글 맘의 비율이 독일의 도시들에서는 무려 40%에 육박하기도 한다. 남성들은 남성을 상징하는 전형적인 3K, 곧 커리어Karriere - 경쟁Konkurrenz - 탈진Kollaps과 함께 '일중독자'가 되어 간다.[3]

시민사회는 점차로 양극화, 곧 부유한 상류계층과 빈곤한 하류계층으로 나뉘어 간다. 부자들은 '통제된 커뮤니티', 곧 황금의 감옥 속에서 살아간다. 가난한 사람들은 슬럼가와 게토 그리고 철의 감옥 속에서 근근이 생계를 이어간다. "부자와 가난한 사람 사이의 사회 계약이 과연 존재하는가?"라고 이미 장자크 루소J. Rousseau는 냉소적으로 질문하였다. 현대의 모든 민주주의는 자유와 평등에 기초한다. 즉 미국의 헌법이 명시하는 바와 같이, "우리는 모든 사람이 자유롭고 평등하게 창조되었다고 믿는다." '맹위를 떨치는 시장 사회에서', 완벽하게 조정되지 않은 자본주의 안에서 과연 자유 민주주의가 가능한가? 아마도 불가능할 거라는 심기 불편한 답변이 제기될 것이다. 그 이유는 자유 민주주의가 어느 정도의 경제적 평등—사회적으로 말해 견고한 중산층—을 전제로 하는데, 이는 신자유주의적인 시장 법률을 통해 와해되고 있기 때문이다.

특별히 생산의 국제화는 민족적 공동체와 민족적 사회복지 국가를 약화시켰다. 어떻게 사람들은 사유재산에 대한 사회적 의무를 명시한 기본법 제14,2 조항, 곧 "사유재산은 보장된다. 이와 동시에 그 사용은 공공복리를 위해 기여해야 한다"라는 조항에 의거하여 민족을 초월한 초국적인 단체들에게 소송을 제기할 수 있는가? 이 법 조항의 유일한 목표는 자본주들의 배당금이다. 자본주들은 국가에 의해 더 이상 통제를 받지 않으며 의무를 짊어지지도 않는다. 어떤 아메리카인, 혹은 독일인이 시간당 1달러도 채 안 되는 액수를 받고 일하는 인도인, 혹은 중국인과 경쟁할 수 있겠는가? 자본 흐름의 국제화는 각국 정부들이 이 자본 흐름을 통제하는 일을 불가능하게 만들고 있어서, 이들은 오히려 자본 흐름에 의존하고 있는 실정이다. 그렇다면 민족국가는 시대에 뒤떨어진 무용지물인가? 그 안에서 인간이 자신의 정체성을 확인할 수 있는 어떠한 사회들이 모든 사물의 글로벌적이고 총체적인 시장화 속에 존재하는가?

과연 글로벌적인 시장화에 대한 대안이 존재하는가? 프랜시스 후쿠야마F. Fukuyama는 더 이상 이에 대안이 존재하지 않으며, 오히려 새로운 해결 이후에 더 이상의 모순이 들이닥치지 않는다면, '역사의 마지막'에 이르게 될 거라고 생각하는데, 나는 그의 생각과 다르다. 모든 사물의 글로벌적인 시장화는 개인적·사회적 자연, 경제적·생태학적 자연의 엄청난 모순을 양산하는데, 만약 인류가 이 모순 안에서 더 이상 새로운 해결 방안을 발견하지 못한다면 멸망할 수도 있을 것이다.

2. 인간 자유의 세 가지 차원

먼저 우리는 위험의 개인적인 측면에 주목하고 개인주의의 진전이 개인적인 인간의 존엄성과 개인적인 자유를 보존할 수 있는지에 대해 질문하고자 한다.

1. 우리가 정치적 역사로부터 알고 있는 자유의 첫 번째 규정은 **지배로서의 자유**이다. 지금까지 모든 역사가 힘을 얻기 위한 지속적인 투쟁과 자신의 힘의 증대로 파악될 수 있기 때문에, 이 투쟁에서는 단지 힘을 획득하고 지배하는 소수만이 '자유를 누리게' 된다. 그러나 이에 반해 투쟁에서 패배하고 정복당한 사람들은 '자유를 누리지 못하게' 된다. '자유'라는 단어의 언어적 뿌리는 노예제 사회에서 유래한다. 즉 지배자만이 자유를 누리는 반면, 그들의 노예, 여인들, 아이들은 자유를 누리지 못한다. 그러나 자유를 지배로서 이해하는 사람은 다른 인간들의 희생의 대가로서 자유를 누릴 수 있다. 그렇다면 그의 자유는 다른 이들에 대한 억압을 의미하고, 그의 부는 다른 이들을 가난하게 만들며, 그의 힘은 연약한 자들을 무기력하게 만든다. 이에 '자유를 누리는 자들'은 그들의 자유와 함께 언제나 다른 이들을 분노케 하는 '안전상의 문제들'을 가진다.

자유를 지배로서 이해하는 사람은 본래 자기 자신을 주체로서 이해하는 반면, 다른 이들을 자신의 소유물, 자신의 객체로 이해한다. 그에게 자유는 하나의 소유물의 역할을 한다. 그는 다른 사람들을 존중받아야 할 하나의 인격으로서 인식하지 못한다. 오늘날 우리가 자신이 원하는 대로 행동하고 다른 사람들을 부릴 수 있는 사람을 자유를 누리는 사람으로 이해한다면, 우리는 자유를 지배로서, 곧 자기 자신 위에 군림하는 인간의 자유 의지로서 이해하는 것이다. 맥퍼슨C.B. Macpherson은 시민사회가 어떠한 과정을 거쳐 봉건주의로부터 '진보적인 개인주의'로의 해방을 주도했는지에 대해 제시하였다.[4] 어느 누구도 주인의 노예, 혹은 몸종이 되어선 안 된다. 모든 사람은 그 자신의 주인이다. 모든 사람은 자기 자신에게 속한다. 자유가 남성 사회로부터 유래하는 지배, 혹은 자기 지배로서 이해되어 온 것은 독일어의 '지배Herr-schaft'(독일어 'Herr'는 남성·주인·지배자를 의미 역자)라는 단어가 잘 보여주고 있다.

서유럽에서 영주들의 절대주의를 해체시켰던 시민적 자유주의는 봉건주의적 귀족들의 이상을 고수하고 이를 민주화하였다. 모든 인간은 자유에 대한 동일한 권리를 가진다. 모든 개별적 인간의 자유는 다른 모든 이들과 동일한 자유의 한계를 갖는다. 이에 자신의 자유를 요구하는 사람은 자유를 요구하는 다른 이들의 동일한 권리를 존중해야 한다. 모든 사람은 다른 이들의 자유에 대한 한계이다. 그 어느 누구도 다른 이들을 규정할 수 없으며, 모든 사람은 스스로 자신에 대해 규정할 수 있어야 한다. 모든 사람은 자기 자신에 대해 자유로운 존재이며, 그 어느 누구도 다른 이들에게 할당된 몫을 취해선 안 된다. 이는 이상적인 경우에 서로 방해하지 않는 고독한 개인들의 사회, 사회적 냉정함의 사회를 이룬다.[5] 이와 같이 자유는 일반적인데, 그러나 이는 과연 진정한 자유인가?

나는 그렇지 않다고 생각한다. 왜냐하면 한 인격은 개인이 아니기 때문이다. 인격과 개인의 구분은 단순하지만, 그다지 언급되지 않고 있다. '개인'이라는 단어의 라틴어적인 의미는 그리스어의 '원자atom'와 같이 더 이상 나눌 수 없는 마지막 부분이다.[6] 이에 반해 '인격'은 포이어바하L. Feuerbach, 헤겔G.W.F Hegel, 횔덜린F. Hölderin에 의거하여 마르틴 부버M. Buber가 제시했던 바와 같이, 나-너-우리, 나-자신과 나-그것에 대한 그의, 혹은 그녀의 관계의 공감 속에 있는 개체적 인간이다.[7] 이러한 관계의 네트워크 속에서 인격은 받음과 줌, 들음과 행함, 경험과 감동, 질문과 답변의 인간 주체로 되어 간다. 만약 우리가 개인주의에서 인격주의로 이행하고자 한다면, 휴머니즘에 보다 가까이 다가가야 할 것이다.

이에 나는 인간 인격의 자유가 개인주의화의 진전을 통해 보존될 수 없다고 주장한다. 오히려 현대사회 속에서 인간의 개인주의화의 진전은 인간의 새로운 노예화를 부추긴다. "나누어라 그리고 지배하라divide et impera"라고 아직도 준수되고 있는 로마의 지배 방법은 명시한다. 사람들은 다른 사람들을 지배하고자 원하기 때문에, 가능한 한 서로 분리시키고 고립시키며 개별화시키며 개인주의화시킨다. 마지막으로 더 이상 나누어질 수 없는 부분에 이르게 되면, 이는 완전히 지배당하게 된다. 그러므로 현대의 개인주의는 "나누어라-그리고-지배하라-방법"의 최종 생산물로서, 이는 곧 원자화된 세계 속에서의 개인들을 양산한다.

그렇다면 인간의 인격은 어떻게 개인주의화의 압력에 대항하여 자신들의 존엄성과 자유를 보존할 수 있는가? 인격은 서로 함께 공동체를 형성하고자 심혈을 기울임으로써, 인간의 존엄성과 자유를 보존할 수 있을 것이다. 이는 공동체주의자들이 확신하는 네트워크의 진리이다.[8] 그렇다 하여 우리는 전통적 사회들에서와 같은 이전에 결정된 소속성에로 다시금 되돌아갈 수는 없다. 이에 우리는 힘겹게 쟁취한 개인적 자유를 포기하고 전통, 혹은 우리 위에 군림하는 위계질서로 하여금 다시금 우리를 지배하도록 하며 우리에 대해 결정하게 하도록 해선 안 될 것이다. 그러나 우리가 한 걸음 더 앞으로 나아간다면, 개인적인 존엄성과 자유를 보존할 수 있게 될 것이다.

자유로운 인간은 '약속할 수 있는 존재'라고 니체F. Nietzsche는 말하였다.

나는 여기에 자유로운 인간이란 '약속을 지켜야 하는 존재'라고 덧붙이고 싶다. 내가 이행하는 약속을 통해 나는 내가 지니고 있는 다양성 속에서 다른 사람들에게 그리고 나 자신에게 나의 이미지를 분명하게 만든다. 약속 안에서 한 인간은 자신의 이미지를 확정함으로써, 다른 사람들로 하여금 자신을 신뢰할 수 있고 자신의 이미지를 예측할 수 있게 만든다.[9] 자신의 약속을 망각하는 사람은 자기 자신 또한 망각하게 된다. 자신의 약속을 성실하게 지키는 사람은 자기 자신 또한 성실하게 지키게 된다. 우리는 약속을 지킴으로써, 다른 사람들의 신뢰를 얻게 된다. 이에 반해 우리가 약속을 파기하면, 다른 사람들은 우리를 분명코 불신하게 되는데, 왜냐하면 이를 통해 우리가 우리의 정체성을 상실하거나 부정하며, 종국에는 우리 자신을 더 이상 알지 못하게 되기 때문이다.

'신뢰는 좋은 것이지만, 감시는 더 좋은 것'이라고 자신의 동족을 불신했던 공산주의자 레닌W.I. Lenin은 말한 바 있다. 이를 통해 그는 사회주의 세계가 자기 파괴에 이르게 된 근본적 원인을 암시하였다. 감시는 비용이 많이 들고 무한대의 시간을 필요로 하는데, 이는 감시하는 사람 또한 언제나 감시를 받아야 하며, 따라서 국가 안전기관이 국가 예산안을 독식하기 때문이다. 더욱이 이는 모두에 대해 대적하는 모두의 깊은 불신을 민족 가운데 확산시킨다: "네 이웃은 정보 제공자가 될 수 있으니, 조심하라."

약속과 약속 이행, 신뢰를 주는 것과 신뢰를 받는 것은 개인적 자유의 제한이 아니라, 그 현실이다. 어디에서 우리는 인격적으로 자유함을 느끼는가? 우리가 (돈을 넉넉히 소유하고 있는 한도 내에서) 사고자 하는 물건을 구입할 수 있지만 아무도 우리를 알아보지 못하고 계산원만이 힐끗 쳐다보는 대형마켓 안에서 자유로움을 느끼는가, 아니면 다른 사람들이 우리를 긍정해 주는 공동체 안에서 자유로움을 느끼는가, 우리는 과연 어떠한가? 전자는 현대의 개인주의적인 선택의 자유인 데 반해, 후자는 의사소통적인 자유이다. 첫 번째 자유는 사물에 관련되는 반면, 두 번째 자유는 인격에 관련된다.

2. 우리가 사회적 역사로부터 알고 있는 다른 규정은 **자유를 자유로운 친교(사귐)로 정의한다**. 여기서 자유는 주체의 속성이 아니라, 오히려 그 안에, 그로부터 인간 주체가 살아가는 간주관적인intersubjektiv 관계들의 특성이다. 이는 곧 의사소통적인 자유의 개념이다.[10] 모든 친교는 자유케 하는 친교이다. 매우 배타적이고 강제적인 친교도 존재하는데, 이로부터 사람들이 이탈하는 것은 자유를 경험하기 위해서이다. 이러한 독일의 언어의 역사는 '친절Freundlichkeit'이 자유의 또 다른 뿌리라는 사실을 증명한다. 즉 '자유로운' 사람은 친절하고 호감이 가며 개방적이며 기뻐하며 사랑할 만 하다고 『어원학 전문 사전Kluges Etymologisches Wörterbuch』은 기술한다. 알코올로부터 자유로운 사람은 알코올 없이도 살아간다. 그러나 '손님 대접이 후한' 사람은 많은 손님을 받아들이며 '남에게 아끼지 않고 잘 베푼다'. 그는 다른 이들을 자신의 삶에 동참시키며 그들의 행복에 관심을 기울인다. 간주관적인 관계들이 상호 간의 인정과 상호 간의 친절에 의해 형성된다면, 이는 '자유로운' 것으로 일컬어진다. 만약 내가 다른 사람들에게 받아들여지고 사랑받고 있다는 것을 알게 되면, 자유로움을 느낄 것인데, 왜냐하면 나는 가식적인 나로부터 벗어나 나 자신의 있는 모습 그대로 행동하게 될 것이기 때문이다. 만약 내가 다른 사람들에게 나 자신을 개방하면, 나는 그들을 인정하고 사랑하게 될 것이다. 나는 그들을 위해 사회적 자유의 공간을 개방하며, 이를 통해 그들은 자신들을 계발

할 수 있게 될 것이다.

 그러므로 상호 간의 존중, 호감, 우정, 사랑의 공동체 안에서 다른 인간들은 더 이상 나의 개인적 자유를 구속하는 붙박이장이 아니라, 오히려 나의 제한된 자유를 펼쳐주는 사회적 보완이 된다. 이를 통해 다른 이들의 삶에 대한 상호 간의 참여가 생겨나게 될 것이며, 우리는 우리 자신의 삶의 한계를 넘어 자유롭게 될 것이다. 이러한 상호 간의 참여로부터 서로 함께하는 공동의 삶, '좋은 삶'이 생겨나게 될 것이다.

 우리는 이러한 삶을 '자유로운 공동체'로 일컫는다. 빈번히 도외시되어 왔던 자유의 사회적 측면이 있는데, 우리는 자유를 기독교 공동체에서는 '사랑'으로, 사회주의 이론에서는 '연대성'으로 일컫는다. 이에 '자유로운 공동체'는 개인적으로 자유로운 개체들의 무리(군중)가 아니라, 오히려 '연대성의 공동체'이다. 여기서 사람들은 서로를 지지하고 옹호하는데, 특히 연약한 자들, 병자들, 아이들 그리고 노인들을 대변한다. 이 공동체 안에서 우리는 개별화되고 고립화된 개체들의 합일을 경험한다. 연대성의 공동체는 (고대로부터 오늘날에 이르기까지 서구세계에서 통용되었던 역자) '나누어라-그리고-지배하라-방법'의 지배에 대항하는 저항운동이다.

 만약 인간 주체가 객체에 관련된다면, 자유는 지배의 형태를 띠게 될 것이다. 그러나 만약 인간 주체가 서로에게 관련된다면, 자유는 친교의 형태를 띠게 될 것이다. 그렇지 않고서 인간의 존엄성은 존중될 수 없는데, 왜냐하면 인간은 언제나 그리고 어느 곳에서나 주체이며, 어느 경우에 그리고 어느 곳에서도 객체―노예, 노동력, 혹은 인간 기계―로 품격이 떨어져선 안 된다는 사실에 인간의 존엄성이 놓여 있기 때문이다. 자유가 보존되어야 한다면, 지배의 자유와 친교의 자유는 엄격히 구분되어야 할 것이다.

3. 자유의 세 번째 규정은 양자, 곧 지배로서의 자유, 자유로운 공동체로서의 자유를 넘어 우리를 인도하는데, 곧 자유는 가능한 잠재적인 것을 위한 창조적인 고난으로 인도한다. 자유는 지배처럼 이미 존재하는 사물을 지향할 뿐만 아니라, 연대성처럼 이미 존재하는 인간의 공동체를 지향한다. 더 나아가 자유는 미래를 지향하는데, 그 이유는 현재와 미래가 현실의 잘 알려진 나라를 표현하는 반면, 미래는 가능성들의 알려지지 않은 미지의 나라이기 때문이다.

그리스인들은 자유를 인간의 도시 국가로 개인들이 조화롭게 편입하는 것으로, 신적인 코스모스로 인간의 도시 국가가 조화롭게 편입하는 것으로 이해하였다. 이에 '자연에 상응하여 사는 삶'은 자유 안에서의 진정한 삶으로 간주되었다. 이러한 표상을 칼 마르크스K. Marx와 프리드리히 엥겔스F. Engels도 사용했는데, 이는 곧 그들이 자유를 세계 역사적인 '필요불가결성'에 대한 '통찰'로서 가르칠 때였다. 당시 그들은 자본주의를 사회주의로부터, 그리고 사회주의를 공산주의로부터 분리하고자 시도하였다.

우리가 자유를 미래로 방향 설정하고 창조적인 기대로서 파악한다면, 우리는 성서적, 곧 유대교적이고 기독교적인 '희망의 원칙E. Bloch'에게 감사해야 할 것이다. 창조적 고난은 언제나 미래의 프로젝트에 의해 매료되었는데, 이 프로젝트는 창조적 상상력에서 선취된 것이다. 우리는 새로운 가능성을 실현하고자 한다. 이에 우리는 미래로부터 새로운 날들을 기대한다. 우리의 이성은 생산적인 환상이 되며 사물의 현재의 상태를 지향하지 않고, 오히려 보다 더 나아질 수 있는 상태를 지향하게 될 것이다. 마르틴 루터 킹M.L. King이 다른 이들의 회복되고 정의로우며 좋은 삶에 대한 꿈을 가졌던 것처럼, 우리도 비전과 꿈을 가진다. 우리는 미래의 가능성을 탐색하는데, 이를 통해 우리의 꿈, 비전 그리고 프로젝트를 현실화하기 위해서이다. 모든 문화적·사회적 개혁은 미래를 위한 자유의 영역 안에 속한다. 기독교적 가능성의 사고는 자유에 대한 이해에 강력한 추진력을 부여하였다: "모든 사물은 하나님에게서 가능성이 있다" 그리고 "모든 사물은 믿는 사람들에게서 가능성이 있다".[11]

지금까지 우리는 자유를 객체에 대한 주체의 관계로서 이해하거나, 혹은 주체에 대한 주체의 관계 안에서 공동체로서 이해하였다. 프로젝트에 대한 관계 안에서 자유는 창조적인 활동이다. 누구든지 현재를 미래를 향한 사고, 말과 행위 속에서 초월적으로 살아가는 사람은 참으로 자유롭다. 미래는 창조적인 자유를 위한 자유 공간이다.

"사고는 넘어섬을 의미한다"라고 튀빙엔에 있는 에른스트 블로흐E. Bloch의 묘비에 씌어 있다. 이를 위해 우리는 사실 희망을 필요로 한다. 사회는 창조적인 자유 역시 허용해야 하고 이를 결코 방해해선 안 될 것이다. 하지만 많은 사회들은 실현 가능한 것을 유지하고 가능성 있는 잠재적인 것을 제한하는 보수적인 경향을 견지한다. 이들은 개혁보다는 안정성을 지향한다. 아마도 사회들은 단지 그들의 주체 안에서는 창조적이지만, 그들의 간주체성 안에서는 창조적이지 못한 것 같다. 과거 동독에서 학생들은 공동 작업을 위한 교육을 받았다. 세미나의 모든 참가자는 학기말에 동일한 학점을 받았다. 이에 반해 서독의 한 대학에서 개설된 나의 세미나에 참가한 그룹들은 브레인스토밍brainstorming(난상토론, 회의에서 각자가 생각나는 대로 의견을 말하고 최선책을 마련하는 일 역자)에서는 창의적이었지만, 과제물을 작성함에서는 창의적이지 않아 각기 다른 학점을 받았다. 공동체주의 운동은 희망과 개혁의 정신을 장려하는가? 그러나 만약 그것이 이를 저해한다면, 이는 곧 시대착오적인 진부한 것이 되어버릴 것이다.

이러한 연관성 속에서 자유에 대한 마지막 생각은 한 주체가 객체 위에 군림하는 지배로서의 자유가 소유의 기능이라는 것이다. 방해받지 않고 생명을 장려하는 공동체로서의 자유는 하나의 사회적 기능이다. 미래의 가능성에 대한 초월로서의 자유는 창조적 기능이다. 첫 번째는 소유Haben에, 두 번째는 존재Sein에, 세 번째는 되어감Werden에 관련된다.

이러한 마지막 관점에서 자유는 소유물도, 특성도 아닌, 오히려 사건이다. 우리는 우리의 창조적 자유를 오직 해방의 과정 속에서만 가진다. 우리는 결코 만일회적으로 자유롭지 않지만, 지속적으로 자유롭게 될 수 있다. 자유를 활용하는 사람만이 자유를 누린다. 자유를 활용함 없이 자유는 텅 빈 타이틀에 불과하다. 역사 안에서 자유는 해방시키는 과정, 진행과 활동 속에서 경험된다. 우리는 아직 '자유의 나라' 안에 있지 않고, 오히려 과거의 옛 관계들로부터 미래의 새로운 가능성들에로 해방시키는 여정 위에 있다. 성서의 회상에 따르면, 역사 안에서 우리는 자유를 종살이와 나태함으로부터의 끊임없는 '엑서더스exodus' 속에서, 그리고 광야를 지나는 '기나긴 행군'의 여정 속에서 발견하지만, 아직 '약속의 땅', 곧 '역사의 마지막'에 도달하지는 않은 상태이다. '만나'와도 같이 자유는 광야 속에 존재한다. 우리는 만나를 보관하지 않고, 오히려 그것이 아침마다 거기 존재한다는 사실을 신뢰할 따름이다. 그러므로 우리는 우리의 자유를 만나와 같이 매일 활용해야 할 것이다.

위에서 언급한 자유의 세 가지 차원은 상호 간에 조정을 필요로 한다. 객체 위에 군림하는 주체의 지배로서의 자유는 그 자체로 볼 때 소유를 지향하는 글로벌적인 시장 사회로 유도한다. 공동체로서의 자유는 그 자체로 볼 때, 총체적으로 공산화된 세계로 유도한다. 만약 공동의 미래에 대한 참여와 책임으로서의 자유가 전면에 부각되면, 지배로서의 자유는 공동체로서의 자유 안에서 해체될 것이다. 이를 위해 소유와 존재의 카테고리들은 상호 간에 서로 침해하는 일 없이 되어감과 '지속적인 영향력을 미치는 발전'의 포괄적인 카테고리 안으로 통합될 수 있을 것이다.

3. 시장은 모든 사물의 가치를 결정하는 척도인가?

시장과 생산의 글로벌화는 가정으로부터 시민사회를 넘어 민족적 연대 공동체에 이르기까지 모든 전통적 공동체에게 심각한 위험을 가져온다.[12] 사회적 통합을 이루는 전통적 공동체들의 능력은 점차로 약화되고 있다. 이들 공동체들은 모든 사물을 글로벌적으로 상품화하는 인간의 비용을 청산할 수 있는 능력을 점점 더 적게 소유하고 있다. 나는 경제학자가 아니다. 나는 기독교 신학자로서 목사들과 디아코니아들이 우리의 경제 체제에서 이탈하거나, 혹은 이에 결코 진입하지 못하는 낙오자들과 함께하는 경험을 깊이 유념하고자 한다. 나는 에큐메니컬 신학자로서 제3세계의 국가들, 특히 아프리카와 라틴아메리카에서 살아가는 사람들의 음성과 그들이 당하는 말문이 막힐 정도로 기막힌 일들을 경청하고자 한다. 글로벌적인 시장 사회에 대한 나의 질문들은 이러한 콘텍스트에서 유래한다.

1. 만약 시장들이 현대 사회 이전에도 이미 존재했다면, 도시들은 그러

한 시장터로부터 결코 생겨나지 않았을 것이다. 본래 시장의 관계들은 교환 관계들이다. 사람들은 자신의 필요를 위해 생산물을 생산했으며 이를 통해 시장에 이윤을 가져왔다. 그러나 이는 현대세계 속에서 근본적으로 변화되었다. 시장은 모든 생활 영역 안에 침투한 기관이 되어버렸다. 지금 우리는 자본 시장, 노동 시장, 생활필수품 시장, 음료수 시장, 의약품 시장, 결혼 시장, 사회복지 시장에 대해, 그리고 종교, 도덕, 세계관 등의 범람에 대해 언급하는 것이다. 더 이상 인간의 결핍된 욕구들이 아니라, 오히려 시장의 필요한 조건들이 생산을 조정한다. 올림픽 경기들은 지난 20년 동안 운동경기 행사에서 마케팅 이벤트로 변천하였다. 애틀랜타Atlanta에서 개최되었던 '코카콜라 경기'가 보여준 바와 같이, 스포츠맨들은 살아 있는 광고탑이자 광고매체로 오용되고 있다.

  이에 많은 사람의 첫 번째 질문은 다음과 같다. 즉 시장은 인간에게 기여하는가, 아니면 인간이 시장에게 기여하는가? 가정에서, 이웃관계에서 그리고 자유로운 친교에서 인간의 관계는 상호 간의 인정 속에 존재한다. 그러나 만약 시장이 지배적인 세력이 된다면, 상호 간에 인정하는 관계는 해체되어버릴 것이다. 인정 속에서 경험되는 자기 존중은 공적인 시장 가치에게 굴복한다. 누구든지 노동시장에서 일자리를 찾는 사람은 그가 노동능력을 소유한 자로서, 혹은 구매자로서 얼마나 많은 가치를 창출할 수 있는지의 여부에 달려 있다는 사실을 곧 경험하게 될 것이다. 누구든지 생산의 합리화와 글로벌화의 명목으로 말미암아 실업자가 된다면, 그가 얼마나 자신이 소유한 노동능력의 가치와 동일시되는지에 대해 경험하면서 자신의 내면의 자기 가치 의식을 감지하게 될 것이다. 사람들은 노동과 소비를 통해 '자신을 실현'해야 하기 때문에, 실업과 빈곤 속에서는 자기 자신을 상실하게 된다. "그는 사람들이 그에게서 기대했던 능력을 보여주지 못하였다"라고 축구선수들, 혹은 트레이너들의 해고에 명시되고 있다. 승자뿐만 아니라, 패자도 공적인 시장에서의 경쟁의 공적인 가치 시스템을 습득하며, 자기 자신을 '낙오자'로 판정한다. 이로써 보다 적은 돈-보다 적은 가치-보다 적은 자기 신뢰로 이어진다. 바로 여기에 유능한 자, 성공한 자만이 예찬되는 시장 사회의 개인적이고 가정적인 심각한 문제들이 놓여 있다. 시장 사회는 이전의 계급 사회, 곧 그 안에서 인간이 출생과 가족, 민족을 통해 정체성이 규정되었던 사회를 해체시켰으며 능력과 성공만을 높이 평가하였다.[13] 우리 가운데 있는 모든 목사와 교사는(독일 사회의 목사와 교사를 의미 역자) 근래 들어와 빈곤이 가장 주목해야 할 가족의 비밀이 되어버렸다는 사실을 잘 알고 있다.

물론 우리는 인간이 그의 시장 가치보다 더 많은 것을 지니고 있다는 사실을 이미 뇌리 속에서 알고 있다. 물론 우리는 노숙자가 지니고 있는 인간의 존엄성과 대도시의 시장이 지니고 있는 인간의 존엄성이 동일한 것이라는 사실을 믿고 있다. 그러나 우리가 알고 있고 믿고 있는 인간의 존엄성이 공적인 삶 속에서 인간의 시장 가치와 같이 그렇게 규정대로 작용하고 있지 않은 실정이다. 인간의 존엄성은 우리의 공적인 양심에 작용해야 하는데, 이는 우리가 실업 보험금과 사회 복지를 통해 노동시장으로부터 퇴출당한 사람들이 받는 충격을 '사회적으로 흡수'하기 위해서이다. 그러나 인간의 존엄성은 시장화된 사회 자체에 더 이상 작용하지 못하고 있는 실정이다. 만약 우리가 '사회적' 시장 경제를 수행할 수 있는 재정적 수단을 갖고 있다면, 이는 잘 기능하게 될 것이다. 그렇지만 우리가 이를 수행할 만한 재정이 없다면, 우리는 이를 가장 필요로 하게 될 것이다. 시장 가치, 아니면 인간의 존엄성, 본래 우리는 어느 것을 원하는가? '사회적 구성요소'가 단지 시장 사회의 사회적 해악을 완화하고 인간의 비용을 낮추어야 하는가, 아니면 우리는 전체 인간사회의 시장에 기여하는 미래를 계획할 수 있는가?

만약 우리가 글로벌적인 시장을 희생제물을 바쳐야 하는 우상으로 만들지도 않고, 두려워해야 할 악순환도 아닌, 오히려 인간의 기준으로 축소시키는 것은 이러한 도상으로 향하는 한 걸음이 될 것이다. 경쟁적으로 투쟁하고 시장 가치를 비교하는 일은 마치 유치하게 투쟁하는 사춘기 소년, 혹은 우쭐한 사춘기 소녀와도 같이 미성숙한 일이다. 우리는 사회의 다른 성숙 단계, 곧 경쟁의 원칙에서 협력에로 이행하며 시장이 수행할 수 있는 것을 인간적으로 능가하는 단계에 대해 철두철미 생각해야 할 것이다.

2. 우리가 세계 시장을 내부의 중심부로부터가 아닌 오히려 외부의 주변부로부터 주시하며, 이를 그 역사의 상층부에서 누리는 입장이 아닌 오히려 하층부에서 고난당하는 입장이라면, 세계 시장은 우리에게 달리 보일 것이다. 제3세계 나라들 안에는 세계 종말에 대한 (허무주의적인 역자) 감정과 숙명론이 확산되어 있다. 제3세계의 대도시들은 무질서와 폭력에 깊이 빠져 있는 가운데 제대로 통치될 수 없는 상태이다.[14] 제3세계 자체의 생성은 현대세계의 생성과 인과적으로 깊이 결합되어 있다. 제3세계 나라들은 먼저 금, 은, 목화, 커피의 착취를 위해 수백만의 사람이 노예로 동원되었으며, 이후에는 값싼 노동력을 배로 운송하는 일을 위해 동원되었다. 그리고 나서 직접적인 착취의 자리에 이제 부채(채무)의 덫이 대신 등장하게 되었다. 오늘날에는 지목할 만한 천연자원들을 소유하지도, 유용한 판매시장들을 내세우지도 못하는 나라들이 (이제 더 이상 쓸모없는 존재가 되어 역자) 밀려나고 있다. 이들 나라들은 세계 시장의 대열

에서 탈락하고 있다. 수백만의 사람이 아무도 이들을 필요로 하지 않는 잉여 인간surplus people으로 전락하고 있다. 이들은 아프리카 르완다에서와 같이 쉽게 폭력의 희생제물이 되거나, 혹은 라틴아메리카에서는 전염병의 형태로, 아프리카에서는 에이즈의 형태로 반복되는 지속적인 근심거리의 희생제물이 되고 있다.

이러한 상황 속에서 제3세계 국민들이 제1세계의 복지국가들에로 대규모로 이동하는 일이 발생하고 있다. 이에 부유한 나라들에 투쟁하는 빈곤의 십자군들이 들이닥칠 수 있다. 망명에 대한 엄격한 법률도 (가난한 제3세계의 난민들이 입국하지 못하도록 강력한 요새를 구축해 왔던 역자) '유럽 요새', 혹은 '북아메리카의 요새', 혹은 '일본 요새'를 수호하지 못할 것이다. 제1세계 국가들과 제3세계 국가들 사이의 정의 없이 지속적인 평화는 존재하지 않는다. 그러나 우리는 소유, 아니면 보다 나은 공동체, 이 가운데 무엇을 진정 원하는가? 빈곤에 대한 대안은 소유가 아니다. 즉 빈곤에 대한 대안은 바로 공동체이다. 제3세계 국민들과 함께하는 공동체를 위해 제3세계 안에 사람들이 살 만한 좋은 생활여건을 조성하는 것이 급선무이다. 사실 제1세계가 제3세계에게 '개발 원조'를 해 주는 것만으로는 제1세계가 제3세계 안에서 세계 시장을 통해 불의를 자행하는 가운데 파괴한 것들을 원상회복시킬 수 없을 것이다. 바로 세계 시장 자체가 제3세계에게 개발 원조로서 작용해야 할 것이다. 이는 사실 단기간의 이득 대신에 장기간에 걸친 투자를 요청한다. 현재 진행되고 있는 생산의 글로벌화는 동유럽, 인도, 아프리카에게서 개발 원조의 한 형태가 되어야 할 것이다. (부유한 나라들에 투쟁하는 빈곤의 십자군들에 봉착하는 것보다, 단기간의 손실을 감수하고라도 장기적인 안목에서 역자) 세계 시장의 목표를 변화시키고 개발도상국에게 우선권을 부여하는 것이 보다 의미 있지 않겠는가?

3. 끝으로 나는 다음과 같이 제안하고자 한다. 즉 '생태학적'인 세계 시장은 바람직하지만, 취약한 생태학적인 조치들은 훼손된 자연세계를 원상회복하고 새롭게 훼손되는 일을 예방하기에는 아직 불충분하다. 열대 우림의 벌목과 사막의 확장이 보여주듯이, 모든 사물에 대한 무분별한 상품화는 파멸을 유도한다. 파산한 사람들은 단기간의 이득을 도모하기를 원하며 이를 위해 우리 모두의 공동의 생활기반을 매각한다. 지금까지 세계 시장은 일방적으로 인간의 입장에 선 가운데 이 땅의 입장을 도외시하였다. 우리가 장기간에 걸쳐 다음 세대들을 깊이 유념한다면, 에른스트 폰 바이체커E. von Weizsäker가 요청한 바와 같이, 생태학적인 훼손의 한계로부터 하나의 경제적인 '지구 정책'으로 이행하는 것이 보다 바람직할 것이다. 사실 이 땅의 입장에 서는 일은 지금까지 세계 시장에서 아무런 역할을 감당하지 못하였다. 이 땅은 천연자원에 대한 인간의 착취를 말없이 감수해 왔으며, 인간의 산더미 같은 쓰레기 투척을 침묵하면서 받아들였다. 그러는 동안에 인류의 음식물에 대한 수요와 쓰레기 투척이 인류의 삶 자체를 위해 생태계의 파괴를 위협할 만큼 심각하게 급증하게 되었다. 그러므로 이 땅은 다음 세기에 경제적이고 정치적인 계획들 안에서 어느 곳에서나 존중받아야 할 중요 요소가 되어야 할 것이다. 이는 이 땅에 대한 우리의 영적인 견해도 변화시키게 될 것이다. 즉 이 땅은 지배의 객체로부터 모든 살아 있는 생명체의 경외되어야 할 원천으로서 새롭게 인식되어야 할 것이다. 여기서 현대세계의 가치와 목표의 변화가 절실히 요청된다. 생태계에 대해 깊이 고려함은 지금까지 부차적인 문제로 간주되어 왔지만, 이제 중심적 문제가 되어야 할 것이다. 왜냐

하면 이 세계가 존재하지 않는다면, 세계 시장도, 세계 종교도 더 이상 존재할 수 없게 될 것이기 때문이다.

인간 종은 살아 있는 생물들의 진화 안에서 상대적으로 뒤늦게 창조된 종이다. 아마도 우리는 아직 성장기 단계에 있으며, 우리 자신의 힘에 도취되어 우리의 능력을 투쟁 경쟁에서 겨루고자 하며, 우리의 어머니인 자연을 무분별하게 노획하고 있다. 우리는 우리보다 앞서 창조된 피조물들과 이 땅 자체의 입장에 서야 하는데, 이를 통해 우리가 보다 성숙해짐으로 마침내 성인이 되기 위해서이다. 우리는 학문과 보다 나은 기술을 필요로 하지만, 학문과 기술과의 관계에서 보다 많은 지혜를 가장 절실하게 필요로 한다. 우리가 생존하기를 원한다면 말이다. 이제 우리는 더 이상 수익과 확장이 아닌, 오히려 글로벌적인 시장의 역동성과의 관계 안에서의 보다 많은 지혜에 대해 스스로 자문해야 할 것이다. 나는 시장의 글로벌화가 인간과 자연이 모두 견딜 만한 정도로 제한되어야 한다고 믿는데, 이를 통해 시장을 자연과 함께하는 인간사회의 보다 커다란 가치에 통합시키기 위해서이다. 내가 확신하는 바로는, 우리는 확신을 통해, 혹은 재난을 통해 배우게 될 것이다. 나는 결코 재난이 아닌, 확신을 통해 배움에 이르게 되기를 희망한다.

제3부

타종교와 기독교 신학

제1장

구덩이-하나님은 어디에 계셨는가
: 아우슈비츠 이후의 유대교와 기독교 신학

1941년 8월 23일 우크라이나Ukraine의 한 도시이자 폴란드의 키에프 Kiew에서 멀지 않은 벨라야 체르코프Bjelaja Zerkow에서 90명의 유대인 아이가 총살당했고 구덩이에 매장되었다. 몇몇은 유아였고, 7~8세가 가장 연령이 높은 아이들이었다. 이 아이들은 체르코프에 거주하던 유대인의 자녀들로서 그 도시의 거주민들은 이미 총살당하였다. 90명의 아이는 이를테면 총살당한 유대인의 남겨진 아이들이었다.

아이들의 총살을 명령했던 아우구스트 해프너A. Häfner는 당시 IVa 출동 부대 안에 있던 나치 친위대의 중대장이었는데, 1964년 한 심문에서 다음과 같이 증언하였다. "국방 요원들이 이미 구덩이를 파내었다. 아이들은 열차를 타고 그곳으로 끌려왔다. 찢어질 듯한 기계음 때문에 나는 아무 것도 할 수 없었다. 우크라이나 사람들은 곳곳에서 일어났고 몸서리 쳤다. 아이들은 열차에서 내려졌다. 그들은 구덩이 위에 정렬로 세워졌 고 총살당하자 그 자리에서 쓰러졌다. 그들은 구덩이 안으로 매몰되었 다"(칼 프르흐트만의 다큐멘터리 필름 "구덩이", 라디오 브레멘, 1995. 12. 21).

1. 아직도 남아 있는 경악스러운 충격

"구덩이 - 하나님은 어디에 계셨는가?" 나는 이 질문에 오로지 두려움 과 전율과 함께 가까이 다가간다. 나는 1959년 마이다네크Maidanek/루블 린Lublin의 강제수용소에 남아 있는 유물을 통해 가스실에 들어갔었는데, 그때 느꼈던 동일한 끔찍스러움이 다시금 나를 엄습하였다. 나는 그 가 스실에서 아이들의 신발들과 잘려진 머리카락들이 산더미처럼 쌓여 있는 모습을 보았을 때, 무섭도록 경악스러움(끔찍스러움)과 수치스러움 앞에 서 차라리 땅 속으로 가라앉고 싶었다. 칼 프르흐트만K. Fruchtmann의 필 름 "구덩이Die Grube"는 다시금 나에게 이러한 엄청난 경악스러움을 주었 다. 90명의 유대인 아이, 유아들과 8세 미만의 모든 아이는 총살당했고 아무렇게나 매장당하였다. 국방요원들은 구덩이를 파내었고, 나치 친위 대원들은 아이들에 대한 살해를 감행하였다. 이 일은 반제-컨퍼런스 Wannsee-Konferenz(1942년 1월 20일 베를린의 반제 호수에서 유대인에 대한 궁 극적 문제 해결책에 관해 논의한 컨퍼런스 역자)에 훨씬 앞서 러시아에 대한 공격이 3개월 지난 이후에 1941년 8월 23일 일어났다. 아이들에 대한 살 해는 처음부터 계획되었고 마지막 순간까지 시행되었던 유대 민족에 대한 섬멸의 일환으로 이루어졌는데, 이는 '제3국'인 독일을 통해 일어났다.

경악스러움은 시간이 지나도 사라지지 않는다. 그 기억은 퇴색되지 않는다. 그동안 50년이 넘는 기간 동안 우리 독일인을 통해 이루어진 유대 민족에 대한 대량학살을 역사화하려는 모든 시도는 경악스러움의 심연과 하나님에게서 좌초되고 말았다. 왜냐하면 하나님 앞에서는 과거의 시간적 간격도, 자칭 말하는 은혜를 통한 '뒤늦은 거듭남'을 통해서도 시효가 소멸되지 않기 때문이다. 영원한 것 앞에서 모든 것은 동시적이고 현재적이다. 이에 그러한 가공할 만한 범죄에 직면하여 우리에게 엄습하는 경악스러움은 그 끝을 헤아릴 수가 없는 것이었다. 우리는 이를 무의식 안으로 억압할 수도 없었는데, 왜냐하면 우리는 그 끝을 파악할 수조차 없었기 때문이다. 그러므로 유대 민족에 대한 대량학살을 역사화하고자 했던 우리의 시도는 우리 세대에서 다음 세대로 넘어가게 되었다.

경악스러움은 비교 속에서도 사라지지 않는다. 아우슈비츠의 경악스러움을 '굴락 군도Archipel Gulag'와 함께, 혹은 히로시마, 혹은 슬레베니차 Srebeniza와 함께 상쇄시키려는 모든 시도는 우리 자신에 대한 경악스러움의 심연 속에서 좌초되어버린다. 우리 자신과 다를 바 없는, 우리 민족으로부터 유래하는 사람들은 범죄자들, 아마도 미혹되고 눈이 멀었으며 술에 취해 제 정신이 아닌 범죄자들일지 모른다. 그러나 오늘날 우리 독일인은 우리가 과연 그들이 아닐 수 있다고 자신할 수 있는가? 언젠가 실제로 일어났던 일은 그 이후에도 언제나 다시금 가능하다. 우리는 상대화를 통해서도 그 경악스러운 일에서 결코 벗어날 수 없다. 우리의 짐은 다른 대량학살들과 '종족의 숙청'과의 비교를 통해 결코 가벼워지지 않는다. 오히려 그 반대이다. 우리는 아우슈비츠와 벨라야 체르코프에서 일어났던 일을 이해할 수도, 잊어버릴 수도 없다. 그렇지만 우리는 그 앞에 우리가 세워졌던 질문들에 대해 우리 자신의 마음을 열어야만 한다.[1] 우리 자신에 대한 우리의 관계도, 하나님에 대한 우리의 관계도, 이스라엘, 곧 유대인에 대한 우리의 관계도 더 이상 아우슈비츠 이전과 같지 않다. 어째서 그러한가?

나는 기독교 신학자로서 아우슈비츠 이후 하나님에 관한 질문과 함께 대면해야만 한다. 이는 유대인과 독일인 가운데 신앙을 가진 사람들에 대한 질문만이 아니다. 내가 디터 코흐D. Koch와 함께 믿는 바와 같이, 하나님에 관한 질문은 안티-세미티즘과 유대인의 살해자들에 대한 질문이기도 하다.[2] 왜 유대인에 대한 대량학살은 전쟁이 이미 패배하고 있을 무렵에서야 비로소 본격적으로 가동되었는가? 왜 유대인은 러시아 군대의 최전선이 이미 가까이 근접했고 계속해서 진군했을 때, 1944년 말엽 발칸 반도에 있는 모든 나라로부터 강제적으로 소집되었고 아우슈비츠의 가스실에서 독살당했는가? 왜 아이히만K.A. Eichmann(유대민족 홀로코스트의 주범으로서 종전 후 16년 동안의 도피 끝에 결국 법정에 서게 된 인물 역자)은 이 일을 위해 열차를 이용하고 독일의 전선을 약화시킬 수 있는 권리를 가지게 되었는가? 그것은 전적으로 이치에 맞지 않은 일이 아닌가? 분명히 거기에는 비밀리에 공모된 나치의 왜곡된 이론이 작용하였다. 이 이론에 따르면, 본래 전쟁의 상대는 연합국이기보다, 오히려 '유대인'이었다. 그리고 메시아적인 '제3국'은 '최종적 해결에 대한 유대인의 질문'에 대한 세계 역사적인 결정을 가지는데, 그 자체가 멸망했음에도 불구하고 말이다. 그러나 이러한 '제3국'의 묵시사상적인 메시아니즘으로부터 가장 깊은 근저에 무언가 다른 것이 존재하였다. 즉 하나님에 대한 혐오와 유대인과 함께 '아브라함의 하나님, 이삭과 야곱의 하나님' 그리고 하나님의 영원한 정의를 멸절시키고자 하는 의지가 있었는데, 이를 통해 무신론적인 지배자를 일으켜 세우기 위해서이다. 그러므로 유대인에 대한 독일 민족의 학살은 사실상 하나님에 대한 살해의 시도였다!

2. 고난 속에서의 하나님에 대한 질문과 죄악 이후의 하나님에 대한 질문

힘이 없는 무기력한 아이들이 절망적이고 의미 없는 고난을 당하는 일은, 사람들로 하여금 하나님을 향해 절규하게 할 뿐만 아니라, 하나님에 대해 회의하게 만든다. 만약 하나님께서 존재하신다면, 왜 이러한 고난이 있느냐고 그들 가운데 한 사람은 질문할 것이다. 이스라엘의 하나님은 그의 자녀들이 '구덩이' 안에 던져졌을 때에, 어디에 계셨는가? 기독교에서 유래하는 그리스도인이 그토록 잔인한 비인간이 되었고 안티-그리스도인의 명령이 실행될 때에, 그리스도인의 하나님은 도대체 어디에 계셨는가? 아우슈비츠 이후에도 사람들은 하늘에 계신 전능하시고 선하신 하나님을 믿을 수 있는가? 아우슈비츠 이후에도 악은 선을 위해 기여할 수 있는가?

위의 질문을 하는 사람들 가운데 한 사람은 하나님에 대해 다음과 같이 이론적으로 질문할 것이다. 즉 하나님이 의로우시다면, 어떻게 이를 허용하실 수 있는가? 그들은 하나님께서 인간 자녀들의 죽음에 대해 별 관심이 없는 냉혹하고 눈이 먼 운명의 세력이라는 인상을 갖게 될 것이다. 사람들은 하나님에 대해 그렇게 생각하는데, 왜냐하면 그들 자신도 고난에 대해 무감동하고 냉정하며 냉소적이 될까 봐 두려움을 갖기 때문이다. 그렇지만 소위 이러한 신정론에 대한 질문의 제기는 그릇된 것인가? 왜 하나님은 이를 허용하셨는가? 부정적인 입장에서 보면, 신정론에 대한 질문은 지켜보는 이, 곧 뒤늦게 이러한 왜-질문을 제기하면서도 이에 대한 모든 답변이 '그러므로'와 함께 시작한다는 것과 고난당하는 자들에 대한 경멸과 하나님에 대한 비방이 제기될 수도 있다는 것을 정확히 알고 있는 사람들의 질문이다. 긍정적인 입장에서 보면, 신정론에 대한 질문은 당사자들의 질문이기보다, 오히려 이들을 애도하고 슬퍼하는 사람들의 질문이기도 하다. "왜, 나의 하나님, 왜…?" 사람들은 이 질문에 대해 이 세계 속에서 답변할 수 없지만, 이를 또한 포기할 수도 없을 것이다. 사람들은 이 질문 안에서 그리고 이 질문과 함께 마치 자신의 삶의 열려진 상처와 함께 존재해야 할 것이다.³

당사자들의 질문은 "왜 하나님은 이를 허용하시는가?"라기보다, 오히려 보다 직접적으로 "나의 하나님, 당신은 어디에 계십니까?", 혹은 일반적으로 "하나님은 어디에 계시는가?"이다. 첫 번째 질문은 이 세계 안에서 비인간적인 고난에 직면하여 하나님의 정당함의 증명에 대한 질문이다. 두 번째 질문은 하나님을 저주하는 이 세계의 고난 속에서 하나님과의 친교Gottesgemeinschaft에 대한 절규이다. 첫 번째 질문, 곧 왜-질문은 무감각한 하나님, 인간의 고난 앞에 자신의 정당성을 증명해야 할 하나님을 전제한다. 두 번째 질문, 곧 어디에-질문은 우리의 고난을 나누시고 우리의 근심을 짊어지시는 하나님을 전제한다.

그러나 우리가 첫 번째 질문의 도움으로 자주 배제하는 하나님에 대한 세 번째 질문이 아직도 남아 있는데, 이는 인간에 대한 하나님의 질문이다. 이 질문은 희생자들의 질문이기보다, 오히려 행악자들과 아우슈비츠의 긴 그림자 속에서 살아가야만 하는 사람들의 질문이다. 사람들은 이 질문을 정당성의 증명에 대한 질문이라고 일컫는데, 이와 함께 하나님께서 세계 앞에서 세계의 고난에 대해 정당성을 증명하기보다, 오히려 행악자들, 살해자들과 그들의 그림자 속에서 살아가야 하는 사람들이 하나님 앞에서 자신의 정당성을 증명해야 한다고 생각하는 것은 아니다. 하나님 없는 사람들이 어떻게 의롭게 될 수 있는가? 행악자들과 그들의 자손들을 위한 화해가 이루어질 수 있는가? 생명에로의 회개가 가능한 일인가? 우리 독일 민족은 아우슈비츠 이후에도 우리가 이를 위해 살 만한 가치가 있는 인간적인 미래를 가질 수 있는가? 이러한 연관성 속에서 우리 독일 민족은 "하나님이 어디에 계신가?"라고 부르짖기보다, 오히려 "아담아, 네가 어디에 있느냐?", "가인아, 네 아우 아벨이 어디에 있느냐?", "너는 무엇을 행하였느냐?"라고 부르시는 하나님의 영원한 음성을 듣는다.

이제 우리는 먼저 '아우슈비츠 이후에' 유대인의 음성을 듣고자 하는데, 이는 이로부터 우리가 배우기 위해서이다. 나는 많은 사람 가운데 네 사람, 곧 리처드 루빈슈타인, 에밀 팍켄하임, 엘리제르 베르코비츠, 엘리 위젤을 지목하였다. 그러고 나서 우리는 '아우슈비츠 이후의 기독교 신학'을 위한 처음의 출발점에 귀를 기울이고자 한다. 나는 요한 밥티스트 메츠, 도로테 죌레를 지목하면서 그들에게 합류하였다. 그러고 나서 우리는 그동안 무책임하게 등한시해 왔던 다른 측면으로 이행하면서 죄과를 짊어져야 하는 사람들의 삶에 대해, 살인죄를 범한 가인Kain의 미래에 대해, 그리고 가인의 표Kainsmal와 함께 그들의 집단적인 인생사 속에서 살아가야 하는 사람들의 미래에 대해 질문하고자 한다. 이는 시몬 비즌탈S. Wiesenthal이 그의 저서 『해바라기 Die Sonnenblume』에서 우리 모두에게 제기했던 질문, 곧 "죄과를 짊어져야 하는 사람들을 위한 화해가 존재하는가?"라는 질문이기도 하다.

3. '아우슈비츠 이후'의 유대교 신학: 이스라엘의 하나님은 '역사의 주님'이신가?

아우슈비츠의 충격은 이로부터 구사일생으로 빠져나온 사람들이 10년이 지나서야 비로소 이에 대해 말할 수 있었고, 또한 신학에 행한 첫 번째 질문들이 유대교 공동체 안에서 그리고 그 이후에 기독교 공동체 안에서 제기되기까지 오랜 시간이 걸렸을 만큼 우리 독일인들에게 매우 깊은 충격이었다. 유대인에게 이스라엘 국가의 재건과 이를 위한 투쟁이 매우 중요시되었던 데 반해, 독일인에게는 추방자들을 받아들이고 파괴된 도시들을 재건하는 일이 매우 중요시되었다. 아우슈비츠 이후에 출생한 사람들은 이미 그 이전에 일어났던 일에 대한 비난을 받을 필요가 없을 것이다.

'아우슈비츠 이후' 대토론은 아마도 리처드 루빈슈타인R. Rubenstein과 그의 저서 『아우슈비츠 이후, 급진적 신학과 현대 유대주의*After Auschwitz, Radical Theology and Modern Judaism*』(1996)를 통해 촉발되었다.[4] 나는 여러 차례 그와 개인적 만남을 가졌지만, 왜 그가 그러한 저서와 함께 당시 미국의 개신교 신학 안에서 일어났던 '하나님-죽음-운동Gott-ist-tot-Bewegung'에 동조했는지 결코 이해할 수 없었다. 그러나 나는 그의 마음을 움직였던 질문들을 매우 진지하게 받아들였다. 루빈슈타인은 이스라엘의 하나님께서 세계 역사의 주님이신지, 그리고 어떤 연유로 그 자신의 민족을 가스실에서 멸망시키고자 도모하셨는지에 대한 신학적인 질문을 제기하였다. 이와 함께 그는 또 다른 실제적인 질문을 제기했는데, 이는 곧 그가 그의 자녀들을 유대인으로서 이 세상 속에서 살아가도록 하기 위해 유대교적으로 교육해야 하는지, 이것이 아우슈비츠에서도 가능했는지 그리고 가능할 것인지, 아니면 그가 그의 자녀들로 하여금 이러한 운명에서 벗어나게 해야 하는지에 대한 질문이었다.

루빈슈타인은 첫 번째 질문을 베를린에 있는 그뤼버Grüber 주교로부터 인계받았다. 그뤼버는 그에게 하나님의 의지로서의 독일의 운명에 대해 지적했던 사람으로서 전쟁 이후 시대의 비참함과 함께 하나님께서 죄악을 범한 독일을 심판하셨다고 주장하였다: "그는 새로운 역사에 대한 성서적인 해석을 시작한 이후에 유럽의 유대인을 멸절하기 위해 아돌프 히틀러를 보낸 일이 바로 하나님의 의지였다는 것을 주장하기를 중지할 수 없었다"(166). 그뤼버는 안티-세미티스트가 아니었다. 이와 정반대로 그는 수년 동안 강제 수용소 안에 수감되었는데, 왜냐하면 '그뤼버의 직무실'이 박해받는 유대인을 보호했기 때문이다. 그러나 그뤼버의 역사신학과 함께 루빈슈타인의 '신앙의 위기'는 시작되었다. 이스라엘의 하나님은 모든 것 안에서 사역하시는 세계 역사의 주님이신가? 만약 사람들이 '이스라엘의 역사 안에서 일어난 불행'을 단순한 우연으로 간주한다면, 우리는 이치에 맞지 않는 불합리한 세계 속에서 살아가는 것이다. 그러나 만약 그것이 하나님의 뜻이라면, 하나님은 고통을 주는 가학자이며 다만 이스라엘을 아우슈비츠에서 죽음에 이르게 하기 위해 선택하셨다고 말할 수 있다. 그러면 이스라엘의 선택은 '하나님이 부과하신 가장 저주스러운 선택'일 것이다(117). 루빈슈타인은 "의미 없고 목적 없는 우주 속에서 살아가는 것이 그의 백성에게 아우슈비츠의 고통을 가하는 하나님을 신앙하면서 살아가는 것보다 차라리 더 낫다"(118)는 결론을 내렸다. 루빈슈타인은 나치즘이 옛 이교異敎나 새로운 사교邪敎라기보다, 오히려 정치적 사탄 제의Satankult의 음울한 미사를 드리는 '유대교적-기독교적 이단異端의 한 부류'(123)라는 사실을 전적으로 올바르게 간파하였다. '나치-이데올로기'는 '제3국', '천년왕국', '인도자'와 '최종적 구원'의 상징과 함께 제시되고 있는 바와 같이, 정치적 메시아니즘이었다.

루빈슈타인은 아우슈비츠 이후에 자신의 개인적 신앙고백으로서 조서에 기록되도록 "나는 이교도다"(124)라고 진술하였다. 그는 이러한 놀라운 전향과 함께 자신이 세계 역사의 하나님, 이스라엘을 유배지로 내치신 하나님으로부터 '땅의 신들'에게 귀의할 작정임을 암시하였다. 그 신들은 더 이상 시간의 하나님이 아니라, 지역적 신들이다. 그 신들은 더 이상 유랑의 하나님이 아니라, 집과 가축의 신들이다. 이와 함께 그는 갈룻Galuth으로부터 이스라엘 땅으로의 유대 민족의 귀향을 의미하였다: "아우슈비츠는 사실상 유배의 마지막 표현이다"(124). 루빈슈타인이 말하고 의도하는 바가 언제나 명료하진 않지만, 그는 섬광과도 같은 통찰력을 지니고 있었다. 내가 아는 바에 따르면, 그는 이스라엘이 아닌, 미국 플로리다의 외지에서 살면서 유대교를 떠나지 않았으며, 그의 자녀들이 세속적인 이방인이 되지 않게 하였다. 그러나 루빈슈타인은 두 가지 정당한 질문, 곧 1. 이스라엘의 하나님은 세계 역사의 주님이신가? 2. 사람들은 아우슈비츠 이후에도 유대교적으로 자녀들을 교육하는가?라는 질문을 제기하였다.

이에 대해 나와 자주 대화를 나누었던 에밀 팍켄하임E. Fackenheim은 루빈슈타인의 두 번째 질문에 다음과 같이 답변하였다: "히틀러는 모든 유대인을 살해하는 일에 성공하지 못했는데, 이는 그가 전쟁에서 패배했기 때문이다. 만약 히틀러가 성공했더라면, 그로부터 유래하는 우리는 과연 유대교 신앙을 파괴하는 일에 성공할 수 있는가?" 만약 우리가 두 번째 아우슈비츠의 가능성을 세 세대 속에서 바라본다면, 우리는 무엇을 행할 것인가? 우리가 유대인이기를 포기한다면 (그리고 유대교적으로 자녀들을 양육하는 것을 포기한다면), 이는 우리가 수천 년 동안 역사의 하나님을 증언했던 구약을 포기하는 일을 의미하는 것이다(79). "유대교에 대한 충성 속에서 우리는 하나님을 홀로코스트로부터 분리시키는 것을 거부해야 한다"(87). "오늘날 역사의 하나님에게 이를 수 있는 모든 통로가 완전히 사라져버렸다면, 역사의 하나님 자신은 사라져버릴 것이다"(89)라고 그는 기술하였다. 그러고 나면 절망의 절규만이 남게 될 것이다: "심판은 없고 심판자도 존재하지 않는다." 그러면 히틀러는 유대 민족의 3분의 1을 살해했을 뿐만 아니라 유대교 신앙을 살해했으며, 이스라엘뿐만 아니라 이스라엘의 하나님을 죽인 것이다. 누구든지 아우슈비츠 이후에 하나님은 '죽었다'고 선언하고 유대교 신앙에서 떠난 사람은, 사후의 히틀러에게 유대인과 이스라엘의 하나님에게 대한 승리를 안겨 주는 것인데, 이 하나님을 히틀러는 결코 그의 생전에 쟁취할 수 없었다.

파켄하임은 그 자리에서 다음과 같이 맹세하듯이 말한다: "유대인에게는 히틀러로 하여금 사후에 승리하도록 하게 하는 것이 금지되어 있다. 그들에게는 유대인으로서 생존하는 것이 촉구되는데, 이는 유대 민족이 멸망하지 않도록 하기 위해서이다 … 이스라엘의 하나님에 대해 의심하는 것이 결국 그들에게 금지되어 있는데, 이는 유대교가 멸망하지 않도록 하기 위해서이다"(95). 이는 아우슈비츠를 통해 유대인과 민족에게 말씀하시는 '하나님의 명령하시는 음성'이다. 이 음성을 듣도록 하기 위해, 아우슈비츠에서 살해당한 사람들을 기억 속에 머물게 하고 그들을 잊지 않는 것이 의무이다. "아우슈비츠가 세계를 절망의 장소로 만들어버렸기 때문에, 세계에 대해 절망하는 것이 유대인에게는 금지되었다"(99). 파켄하임은 토라를 시편 119편 92절과 함께 외친다: "주의 법이 나의 즐거움이 되지 아니하였다면, 내가 내 고난 중에 멸망하였으리이다." 이에 유대인에게 아우슈비츠 이후에 희망은 실존, 생존, 참고 견뎌냄, 하나님의 증언에 대한 명령이다. 곽켄하임의 저서 『역사 속에서의 하나님의 현존 God's Presence in History』은 1970년 뉴욕에서 출판되었다. 수년 전에 그는 캐나다에서 이스라엘로 '귀향'하였다. 그러나 하나님의 현존에 대한 이러한 표상 속에서, 카테고리적인 명령의 음성 속에서 이스라엘의 하나님은 토라의 하나님 그 이상인가? 하나님은 아우슈비츠 이후에도 이 세계 속에서 유대인으로서 존재할 것을 명령함과 함께 아직도 '역사의 하나님'이신가? 나는 곽켄하임이 이에 대해 말하는 거라고 생각하지 않는다. 그렇다면 어디에 역사의 하나님은 거하시며, 누가 역사의 하나님이신가?

엘리제르 베르코비츠E. Berkovits는 옛 랍비 세대에 속한다. 그는 아우슈비츠를 이스라엘의 고난의 역사와의 커다란 연관성 속에서 바라본다. 그는 그 어떠한 것도 독일의 죽음의 수용소의 비극을 능가하지 않지만, "우리는 그 수효를 헤아릴 수 없을 정도로 무수히 많은 아우슈비츠를 경험하였다"(47)고 말한다. "개인적인 하나님에 대한 유대교 신앙의 관점 아래에서 유럽의 홀로코스트를 파악하는 것이 가능한 일인가?"라고 베르코비츠는 질문하면서 다음과 같이 답변한다. 즉 "그것은 이스라엘의 죄악에 대한 하나님의 심판이 아니다. 그것은 절대적인 불의이다. 그러나 그것을 하나님께서 허용하셨기 때문에, 이러한 극단적인 악에 대한 마지막 책임은 하나님 안에 놓여 있다"(46). "나는 평안도 짓고 환란도 창조한 영원한 자이다"라고 이사야 45장 7절에 기록되어 있다. 만약 우리가 이러한 하나님의 전능을 인정한다면, 역사의 하나님, 그 뜻을 실현하고 정의를 부여하시는 하나님을 신앙하는 일이 가능할 것이다. 단지 이러한 전제 아래에서만 예언자들과 시편기자들은 하나님과 논쟁하였다. 단지 이러한 전제 아래에서만 의로운 욥은 하나님께 호소하였다.

그렇다면 무엇이 역사 속에서 악과 부당한 고난과 함께 존재하는가? 죄악에 기인하는 고난이 있지만, 부당한 고난, 하나님이 참고 허용하신 불의한 고난도 있다. 이에 대해 『탈무드Talmud』는 "하나님께서 그의 얼굴을 숨기신다hester panim"라고 확실하게 표명한다. 하나님께서 그의 '얼굴을 숨기시기' 때문에, 고난당하는 사람은 그의 비참함 가운데에서 하나님을 발견할 수 없고 시편 44편 18-27절과 함께 부르짖는다: "주여 깨소서, 우리를 영원히 버리지 마소서! 어찌하여 주의 얼굴을 가리시나이까? 우리의 고난과 압제를 잊으시나이까?" 하나님은 그의 '얼굴을 숨기실' 수 있는데, 이는 구체적인 진노와 일반적인 무관심에 기인한다. 하나님은 자신이 심판하신 사람을 분명코 잊지 않으신다. 이에 보다 더 심각한 하나님의 위기는 하나님께서 우리를 잊으시고 우리의 운명이 하나님에게 무관심하게 되는 것이다. 우리에게 무관심하신 하나님에 대한 표현은 '숨겨진 얼굴'이기보다, 오히려 '외면하시는 얼굴'이다. 자신의 얼굴을 '숨기시는' 하나님은 그의 임재를 통해 현존하신다. 즉 우리는 우리가 하나님을 그리워하는 바로 그곳에서 하나님의 현존을 감지하게 된다. 하나님의 자리는 다른 그 어느 것으로도 채워지지 않는다.

그러나 인류역사 안에는 하나님의 근본적인 부재도 존재한다. 이를 통해 "왜 불합리한 고난이 존재하는가?"라는 질문에 대한 답변보다는, 오히려 "왜 인간에게는 악에 대한 자유가 있는가?"라는 질문에 대한 답변이 제시된다. 베르코비츠는 이에 대해 다음과 같이 답변한다. 즉 "만약 인간에게 악에 대한 자유가 있다면, 하나님은 인간에 대해 인내하셔야 한다. 하나님은 인간을 참고 견디어내셔야 한다"는 것이다. 이는 하나님의 섭리의 불가피한 패러독스이다. 하나님께서 죄인들에 대해 인내하시는 동안, 그 희생자들을 포기하실 수밖에 없을 것이다. 하나님께서 범법자들에게 관용을 베푸시는 동안, 고통 속에서 하나님께 부르짖는 사람들에게는 마음의 문을 잠그실 수밖에 없을 것이다"(65). 베르코비츠는 이로부터 다음과 같이 결론적으로 말한다. 즉 "누구든지 하나님에게 정의를 요구하는 사람은 인간을 포기해야 할 것이다. 누구든지 하나님에게 사랑과 자비를 기대하는 사람은 고난을 감수해야 할 것이다"(66).[5] 그렇지만 이는 인류역사 속에서의 하나님의 '전능'의 특별한 방식이다. 하나님은 그의 전능을 제한하는 가운데 '무기력'하게 되시는데, 이는 인류역사를 가능케 하기 위해서이다. "하나님은 그의 힘의 포기를 통해 강하게 되시는데, 이는 인간에게 관용을 베푸실 수 있기 위해서이다"(68). 베르코비츠는 그의 기고문 "아우슈비츠 이후의 신학Theologie nach Auschwitz"을 하나님에 대한 찬미 속에서 다음과 같이 요약하였다: "누가 당신과 같으신지, 우리 하나님은 침묵 가운데 강하시다"(72).[6]

잘 알려진 아우슈비츠에 관한 저서 엘리 위젤E. Wiesel의 『밤Nacht』은 1958년 프랑스에서 가톨릭 철학자 프랑소아즈 모리악F. Mauriac의 머리말이 수록된 가운데 출판되었다.[7] 1960년부터 '아우슈비츠-이후-토론'은 아메리카와 독일에서 점차적으로 영향력을 행사하게 되었다. 여기서 우리는 자주 인용되고 있는 한 장면을 언급하고자 하는데, 이 장면을 독자들은 결코 잊을 수 없을 것이다. 두 명의 어른과 한 아이가 수용소에 모여 있는 수감자들의 눈앞에서 교수형을 당하였다. 어른들은 "자유 만세"라고 부르짖으면서 곧바로 죽었지만, 그 아이는 잠자코 있었다. "'어디에 하나님은 계신가? 어디에 그는 거하시는가?'라고 누군가가 내 뒤에서 물었다. 수용소의 지휘관의 신호에 따라 의자들이 옆으로 쓰러졌다. 절대적 침묵이 수용소 전체를 지배하였다. 지평선 아래로 지는 태양이 넘어가고 있었다. 두 명의 어른은 더 이상 살아 있지 않았다. 그러나 세 번째

밧줄은 여전히 움직였다. 아이는 체중이 가벼웠기 때문에, 아직 살아 있었던 것이다. 거의 반시간 넘게 그 아이는 죽음과의 참으로 처절한 사투를 벌이고 있었다. 내 뒤에서 처음의 질문을 제기했던 그 남자가 '하나님은 어디에 계신가?'라고 다시 물었다. 그리고 나는 내 안에서 한 음성이 대답하는 것을 들었다. 즉 '어디에 하나님이 계신가? 하나님은 여기에 계신다. 그는 저기 교수대 위에 매달려 계신다.' 저녁에 수프는 시신의 맛을 내었다"(『밤』, 76).

엘리 위젤은 경악스러운 현실을 묘사하지만, 이를 매우 상징적으로 묘사하고 있다. 그 아이는 '슬픈 눈을 가진 천사'로 표현된다. 세 명의 살해당한 사람과 일몰은 골고다에서 죽임을 당하신 다른 유대인(예수 그리스도를 지칭 역자)의 죽음을 회상케 한다. 그렇지만 시신의 맛을 낸 스프는 부활절을 암시하지 않는다. 하나님의 음성이 예언자의 음성 안에 존재하는 것과 같이, "하나님은 어디에 계신가?"라는 질문에 대한 답변은 '내 안에 있는 음성'을 통해 들려온다. 이 음성은 무엇을 계시하는가? 하나님은 결코 부재하지 않으시고, 오히려 임재하신다는 사실을 계시하신다. 하나님은 결코 숨으신 것이 아니라, 오히려 우리 모두가 인식할 수 있도록 죽어가는 그 아이 안에 거하신다는 사실을 계시하신다.[8] 하나님 자신이 희생자이신가? 하나님은 거기 사형장의 교수대에서, 슬픈 눈을 가진 죄 없는 그 아이 안에서 만일회적으로 죽으셨는가? 엘리 위젤은 이를 자주 보았다: "결코 나는 나의 하나님과 나의 영혼을 살해했던 그 눈길을 잊을 수 없을 것이다. 나는 나의 신앙을 영원히 쇠약하게 만들었던 그 불길을 결코 잊을 수 없을 것이다."

만약 하나님께서 이스라엘의 아이들 안에서 함께 고난을 당하는 자와 죽어가는 자라면, 그럼에도 불구하고 하나님은 영원한 자이신가? 엘리 위젤은 이러한 해석을 자주 제시하였다. 이 해석은 랍비적인 쉐히나 Schechina-표상에 소급한다: "하나님은 이스라엘 민족의 한 가운데 내주하기를 원하신다." 이는 옛 계약의 약속에 속하는데, 여기서 하나님의 백성은 그의 존재에 대해 감사한다. 하나님은 그의 백성과 함께 더불어 이집트 종살이로부터 이동하신다. 하나님은 함께 이동하는 언약궤 안에 거하신다. 하나님은 시온에 있는 성전의 지성소 안에 거하신다. 주전 587년 성전이 파괴되었을 때, 하나님은 이스라엘과 함께 유랑의 길을 떠나셨다. 하나님은 하나님 없는 세상 속에서 본향을 잃어버린 하나님이 되어 이방인으로 살아가는 이스라엘과 함께 고난을 나누셨다. 이스라엘 자손들이 당한 고난은, 그들 안에 내주하셔서 그들과 함께 길을 떠나시는 이스라엘의 하나님도 당하셨다. 쉐히나, 이는 하나님의 자기 비하Selbsterniedrigung에 근거하여 그의 백성 안에 거하시는 하나님의 내주이다. 이 쉐히나를 통해 하늘도 파악할 수 없는 영원한 자이신 하나님께서 이 땅 위에서 그의 백성의 길동무이자 고난의 동지가 되어 주신다.[9]

아이가 교수대에 매달려 있는 바로 그곳에, 하나님께서도 교수대에 매달려 계신다. 아이가 고난당하는 바로 그곳에, 하나님 자신도 고난을 당하신다. 아이가 죽어가는 바로 그곳에, 하나님 자신도 그 아이의 죽음을 당하신다. "지옥(음부)에서도 당신은 거기에 계십니다"라고 시편 139편은 어느 곳에나 현존하시는 하나님에 대해 말한다. 아우슈비츠의 지옥에서도 하나님은 계셨는데, 역사의 주님으로서가 아닌, 오히려 수백만의 희생자 가운데 희생자로서 거기에 거하셨다. 엘리 위젤은 '함께 고난당하시는 하나님'의 이러한 랍비적인 표상 속에서 위로를 발견했는데, 이는 하나님 자신이 우리의 고난을 나누시고, '나누어진 고난은 절반의 고난'으로 줄어들기 때문이다. 그러나 위젤은 두 배의 부담을 발견했는데, 이는 우리가 우리의 인간적 고난과 함께 하나님의 고난도 참고 견디어내야 하기 때문이다. 그러므로 위젤에게 있어서 '그 안에서 들려온 음성'에 대한 답변은 이중적 의미를 가진다. 즉 "하나님은 저기 교수대 위에 매달려 계신다", 다시 말해 유대인 아이는 홀로 외롭게 있지 않으며 하나님에 의해 버림을 받은 것이 아니며, 오히려 하나님은 그와 함께 고난을 당하신다. "하나님은 저기 교수대 위에 매달려 계신다", 다시 말해 그 아이와 그를 함께 바라보아야만 하는 우리는 하나님의 무한한 고통을 참고 견디어내는데, 이 고통 속에서 모든 사람은 하나님에 대한 단순한 신앙을 깨뜨리고 만다. 엘리 위젤은 다음과 같이 결론을 내린다. 즉 "사람들은 하나님과 함께 이를 납득하지 못한다. 그리고 사람들은 하나님 없이 이를 이해하지 못한다."[10] '함께 고난당하시는 하나님'에 대한 표상은 희생자들에게는 명백히 선하게 작용하지만, 행악자들에게는 확실히 그렇지 못하다.

4. '아우슈비츠 이후'의 기독교 신학: 예수 그리스도의 하나님은 '전능자'이신가?

매우 뒤늦게서야 비로소 우리는 신학적으로 변화된 전후 세대의 상황 속에서 '아우슈비츠 이후'에 대해 의식하였다. 오늘날에 이르기까지 독일 개신교와 가톨릭 전통 안에서 지극히 소수만이 이에 대한 회개를 모색하고 있는데, 왜냐하면 이들은 '아우슈비츠'에로 이끌었던 기나긴 길들을 뼈저리게 인식하고 있기 때문이다. 대부분의 사람은 차라리 이 '재난' 이후에도 계속해서 이전처럼 행동하고, 신학이란 (불의한 정치-경제-사회적 상황, 역사적 사건에 관여하지 않은 채 *역자*) 하나님과 함께 역사적 비극의 저편에 서 있다고 생각하고 싶어한다.

'아우슈비츠 이후'에 대해 의식적으로 생각하고 말할 것을 경고한 신학자들 가운데 한 사람은 나의 친구 요한 밥티스트 메츠J.B. Metz이다.[11] "아우슈비츠는 우리 모두와 관련된다"라고 그는 말한다. "'이해할 수 없는 것'은 악인의 신격화, 하나님의 침묵일 뿐만 아니라, 사람들의 침묵이다. 방관하거나 시선을 돌려버렸던 모든 사람의 침묵을 통해 이 민족(이스라엘 민족)은 죽음의 위협 속에서 이루 말할 수 없는 고독에 내던져지게 되었다"(『아우슈비츠 이후의 하나님』, 123). 이처럼 메츠가 말한 바와 같이, 우리 독일 그리스도인은 결코 또 다시 아우슈비츠의 뒤안으로 되돌아가선 안 될 것이다: "그러나 정확히 볼 때, 아우슈비츠를 넘어 우리는 더 이상 혼자가 아니라, 오히려 희생자들과 함께 올 것이다"(144). 아우슈비츠 이후에 '희생자들과 함께' 하는 미래는 아우슈비츠에 대해 말하기 시작한 희생자들의 말을 먼저 경청할 것을 요청한다.

여기에 나는 다음과 같은 내용을 부언하고자 한다. 유감스럽게도 우리는 독일에서 첫 번째를 행하기 이전에 다시금 두 번째를 행하였다. 우리는 교회의 날Krichentagen (독일에서 매 2년마다 한 차례 개신교만, 매 4년마다 개신교와 가톨릭이 서로 한자리에 모여 대화와 토론을 개최하는 교회 축제의 날 역자) 행사 때 유대교-기독교 사이의 대화와 함께 시작했는데, 희생자들이 발언을 하는 홀로코스트-컨퍼런스를 아메리카 그리스도인들에게 양도하고 말았다. '아우슈비츠'는 유대교에게 있어서는 물리적 종말이 아니었지만, 경우에 따라서 기독교에게는 영혼의 종말이었다. 이를 우리는 아직도 깨닫지 못하고 있는가?

1960년대 아도르노스 딕툼A. Diktum은 "아우슈비츠 이후에 더 이상 시구가 떠오르지 않는다"[12]라고 말함으로써, 센세이션을 일으켰다. 하지만 파울 켈란P. Celan과 넬리 삭스N. Sachs에게 있어서는 사정이 달랐다. 그러나 우리는 "사람들이 아우슈비츠 이후에도 아직까지도 하나님에 관해 이야기하는가?"라는 질문과 대면하고 있다. 당시 메츠와 내가 발견했던 이에 대한 답변은 다음과 같다. 즉 아우슈비츠 안에서도 사람들은 쉐마 이스라엘Shema Israel과 주기도문으로 기도하였다. 우리는 아우슈비츠 이후에도 기도할 수 있는데, 왜냐하면 아우슈비츠 안에서도 사람들은 기도했기 때문이다(124). 그러나 사람들은 '아우슈비츠 이후에' 하나님에 대해 무엇을 말할 수 있는가? 메츠에게 있어서 '아우슈비츠'는 역사의 모든 신학을 파괴했는데, 그 이유는 어떠한 기독교적 '신정론'도, 하나님의 어떠한 변명과 어떠한 '역사의 의미'도 아우슈비츠의 살해당한 이들의 면전에서는 도저히 있을 수 없는 일이기 때문이다. '구덩이' 앞에서 하나님에게 정당성을 증명하고 경악스러운 일의 의미를 찾는 것은, 하나님에 대한 모독일 것이다. 그러므로 우리는 "1941년 8월 23일 하나님은 도대체 어디에 계셨는가?"라는 질문에 대해 답변할 수 없다. 그러나 우리는 죽어간 아이들을 망각하는 일 없이 과연 이 질문을 포기할 수 있는가?

  메츠는 기독교 신학을 '기독교적 서구세계'의 의기양양한 승리자 역사로부터 해방시키고 신학으로 하여금 다시금 '고난에 대해 상고'하고 하나님에 대한 질문의 피로 얼룩진 상처에 대해 개방하도록 동기부여하고자 한다. 역사의 승리자들은 무감각한데, 이는 그들이 전능하기 때문이다. 그들은 그들에게 희생된 사람들의 고난에 대해 아무런 감정을 느끼지 못하는데, 이는 그들이 희생자들에 대한 책임을 짊어지고자 하지 않기 때문이다. 마치 그들은 그들이 잘못 생각하는 그들의 하나님처럼 전능하고 고난을 당할 수 없는 존재이다. 만약 그들이 고난을 당할 수 없는 존재라면, 그들 자신의 연약함을 무의식적으로 억압하고 그들의 무기력에 대한 속죄양을 찾을 것이다. 메츠는 언제나 다시금 우리 세계의 희생자들의 고난에 대해 상고할 것을 제기하였다. 그러면서 그는 서구세계 거주민들이 '신정론-예민성'에 빠지고 급기야 근거 없는 추측을 하게 만드는, 곧 그들의 무감각에 대한 보다 깊은 원인을 하나님께서 그들을 떠나셨고 하나님의 살아 있게 만드시는 현존이 그들에게서 떠나버렸다는 사실에 있다고 토로하였다. 우리의 '사회적 냉담'은 객관적인 '하나님 부재Gottes-ferne'에 근거한다. 즉 하나님은 그의 얼굴을 우리 앞에서 숨기시고, 우리를 우리 자신이 선택한 심연으로 향한 길들에 내버려두셨다.[13]

아돌프 히틀러도 하나님을 믿는 가운데 하나님을 '전능자'로 일컬었다. 그렇지만 이 하나님은 독일 국기에 승리를 밀착시켜야 하는 하나님이다. 히틀러는 전능을 신격화했으며, 이를 통해 자기 자신을 신격화하였다. 히틀러가 믿는 '전능자' 하나님은 언제나 강력한 전투의 편에 서 있고 승리자들과 함께 승리하는 '역사의 주님'이다. '전능자' - 그는 어떠한 미덕도 없는 절대적인 능력이다. 그는 자신이 하고자 하는 바를 언제나 행할 수 있다. 그러나 그는 본래 무엇을 행하고자 원하는가? '전능자' - 그는 모든 것을 결정하고 그 누구에 의해서도 결정되지 않는 무감각한 신성이다. 그는 모든 것을 지배하고 절대 고난당하지 않는 신성이다. 그는 언제나 말하고 결코 한 번도 들을 수 없는 신성이다. 역사의 모든 절대적 지배자들은 칭기즈 칸Dschingis Khan에서 히틀러에 이르기까지 이러한 왜곡된 하나님의 형상에 따라 자신들의 계획을 관철시켰다. 그러므로 아우슈비츠 이후에 공적인 하나님 형상에 대한 신학적인 재검토는 마땅히 하나님의 '전능'에 대한 재검토에서 시작되었다. '모든 것을 그토록 영화롭게 다스리시는…' 하나님은 아우슈비츠에서 과연 어디에 계셨는가?

사고의 전환(전통적 유신론에 의거한 '고난당할 수 없는 하나님'으로부터 성서적 하나님 이해에 의거한 '고난당할 수 있는 하나님'으로의 사고의 전환을 의미 역자)의 발단은 한 신학자에게서 시작되었는데, 그는 히틀러에 대한 강력한 저항 때문에 1945년 4월 9일 교수형으로 처형당한 신학자, 곧 디트리히 본훼퍼D. Bonhoeffer였다. 1944년 그는 게슈타포 독방 감옥에서 "고난당하시는 하나님만이 도우실 수 있다"는 사실을 발견하였다.[14] 예수 그리스도는 그의 전능의 힘에 의거하지 않고, 오히려 그의 고난의 힘에 의거하여 도우신다(242). 일반적 종교성은 곤궁에 처한 인간으로 하여금 이 세계 속에서 하나님의 능력에 호소할 것을 말한다. "그러나 성서는 인간으로 하여금 무기력과 이 세상 속에서 하나님의 고난에 호소할 것을 말한다." "인간은 하나님 없는 이 세계 속에서 하나님의 고난을 함께 고난당하도록 부르심을 받았다"(244). "그리스도인은 고난 속에 계신 하나님 곁에 서 있다. 이것이 그리스도을 이방인과 구별시킨다."

어떻게 본훼퍼는 하나님의 무기력과 이 세계 속에서 하나님의 고난에 대해 말함으로써, 이를 통해 전능하신 하나님에 대한 기존의 종교적 견해를 대체시키는 데 이르게 되었는가? 이에 대한 두 가지 근원이 있다. 즉 하나는 영국에서 일어난 하나님의 '고난 가능성'에 대한 토론인데, 이 토론에 대해 당시 독일 신학은 전혀 인지하지 못했지만, 영국 신학은 매우 깊이 각인했다.[15] 다른 하나는 랍비 전통의 쉐히나-신학인데, 이는 하나님의 '자기 비하'와 낯선 곳에서 고난당하는 이스라엘의 고난에 동참하시는 하나님에 대해 말함으로 말미암아 버림받고 박해받는 민족을 위로하였다. "그의 내주(쉐히나) 속에서 하나님은 그의 민족과 함께 고난을 당하시고 감옥에 함께 가시며 순교자들과 함께 고통을 느끼신다."[16] 1972년 나는 엘리 위젤의 아우슈비츠의 역사를 랍비들의 쉐히나-신학의 의미 안에서 해석하였다.

도로데 죌레D. Sölle는 그의 저서 『고난Leiden』(1973)을 통해 나에게 동조하였다: "이와 같이 우리는 말할 수 있다. 즉 하나님은 쉐히나의 형태 속에서 아우슈비츠에서 교수대에 매달리셨고, '세상으로부터 시작하는 구원을 향한 움직임이 일어나도록' 기다리신다. 외부로부터, 혹은 위로부터 구원은 인간을 향해 가까이 다가간다. 하나님은 인간을 필요로 하시는데, 이는 인간으로 하여금 하나님의 창조의 완성을 위해 일하게 하기 위해서이다. 그러므로 하나님은 인간과 함께 고난을 당하신다."[17] 하나님은 강력한 전제 군주가 아니시다. 행악자들과 희생자들 사이의 갈등 속에서 '고난당하시는 하나님'은 언제나 희생자들의 편에 서 계신다. 실로 하나님 자신은 권력자들의 희생자들 안에, 희생자들과 함께, 희생자들 가운데 계시는 희생자이시다. 이 세계의 고난의 역사는 하나님의 고난의 역사이기도 한데, 하나님은 인간의 자유를 원하시기 때문에 행악자들의 악한 행위를 허용하실 뿐만 아니라, 희생자들 안에서 악한 행위도 인내하시고 홀로 희생자들을 그의 영원한 친교에로 인도하시는 분이시다. 고통을 느낄 수 없는 하나님은 우리를 이해할 수 없는 하나님이다. 고난당할 수 없는 하나님은 사랑할 수도 없는 하나님이다. 사랑하는 모든 사람과 그 사랑 안에서 고난을 당하는 모든 사람과 함께하시는 하나님은 고난당할 수도, 사랑할 수도 없는 하나님보다 더 크신 하나님이시다.[18]

여기서 다시금 해석의 두 가지 가능성들이 생겨난다. 즉 만약 하나님께서 더 이상 모든 것을 통제하는 전능자가 아니시라면, 우리 인간은 이 세상 속에서 하나님의 고난에 함께 동참하고 하나님의 구원에 함께 동역하도록 부르심을 받았다. 그러면 우리의 손 안에 '하나님의 이름의 구원'과 '하나님의 의지의 행위', 그리고 이를 통해 '하나님의 나라의 도래'가 달려 있다. 나는 하나님에 대한 우리의 사명을 이해하는 이러한 휴머니즘적인 해석을 존중하는데, 이는 도로테 죌레가 지지했던 해석이기도 하다. 그러나 우리 인간이 그러한 것처럼, 나는 이 해석을 이중적 존재의 지나친 요구로 느낀다. 하나님 자신이 우리를 도우셔야 한다. 본훼퍼가 말한 바와 같이, 만약 하나님께서 그의 전능을 통해서가 아닌, 오히려 그의 무기력을 통해, 하늘에서의 그의 열락을 통해서가 아닌, 오히려 이 땅 위에서의 그의 고난을 통해 도우신다면, 하나님은 그 자신의 함께 고난당하심으로 말미암아 구원받은 이들은 물론 구원받지 못한 이 세계의 구원의 주체로서 존속하신다. 이러한 구원은 어떤 모습을 띠는가? 구원은 하나님의 쉐히나가 다시금 하나님 자신과 함께 합일되는 곳에 존재한다. 프란츠 로즌츠바익F. Rosenzweig은 이를 자신의 저서 『구원의 별Stern der Erlösung』(1921)에서 다음과 같이 바라보았다: "하나님 자신은 자신으로부터 분리되신다. 하나님은 자신을 그의 백성에게 내어주신다. 하나님은 그의 백성과 함께 고난당하신다. 하나님은 그의 백성과 함께 낯선 곳의 비참함 속으로 이동하신다. 하나님은 그의 백성의 유랑과 함께 유랑하신다."[19] 이러한 하나님의 자기 구별은 신적인 고난이다. 하나님의 고난은 분리된 쉐히나가 버림받은 민족과 잃어버린바 된 피조물들과 함께 하나님께 되돌아갈 때에야 비로소 중지될 것이다. 쉐히나가 하나님께 되돌아가고 기다리시는 하나님과 합일을 이룰 때에 믿는 자들은 함께 동역하게 될 것이다. 하나님의 '이름의 신성화'와 '의지의 행위' 안에서 쉐히나는 세계의 낯선 곳에서 하나님의 근원으로 되돌아갈 것이다. "하나님의 하나되심Einheit을 고백하는 것, 이를 일컬어 유대인은 '하나님을 합일시킨다'고 말한다."[20] 이는 우리의 양심 안에 거하시고 우리로 하여금 불의에 순응하지 않고, 오히려 불의에 저항하고 말문이 막혀버릴 정도로 기막힌 일을 당한 사람들을 위해 부르짖으시는 하나님 자신의 내주이다. 이는 인류역사 가운데 '십자가에 달린 민족들' 안에서 고난당하시는 하나님에 대한 해석이라고 말할 수 있다.

우리가 하나님의 고난의 세계 역사 안에서 인간의 폭력으로 인한 희생자들 가운데서 하나님의 전능의 자리를 인식한다면, 이는 동시에 하나님의 전능 속에서 심판과 하나님 나라를 위해 오심을 희망하는 것을 의미하는 것이다. 사도 바울이 오시는 하나님 나라를 고대한 바와 같이, 하나님은 '만유의 주로서 만유 안에 계시고'(고전 15:28) 역사하실 만큼 아직 이 세계의 만유 안에 현존하시지 않는다. 그러나 하나님께서는 희생자들과 고난을 짊어진 사람들 가운데 거하시고 그들을 하나님의 영원한 친교를 통해 위로하실 만큼 이미 지금 이 세계 안에 현존하신다. 이 세계의 역사 속에서의 하나님의 통치는 아직도 논란의 여지가 있으며, 요한계시록이 묘사하는 바와 같이, 희생자들과 순교자들을 통해 증언하고 있다. 그러나 하나님 자신의 영광이 창조 안으로 임하시고 그의 쉐히나가 모든 것을 성취하시며 이들을 영원히 살아 있게 만드실 때에, 쉐히나는 전능하고 무소부재하게 될 것이다. 믿음의 시험들과 신학적 어려움들은 이미 지금 우리가 현존한다고 믿는 것보다 더 전능하시고 무소부재하신 하나님의 나라, 하나님께서 '모든 것을 그토록 영광스럽게 다스리시는…' 나라를 통해 이루어지게 될 것이다. 그러므로 하나님의 역사적 현존이 십자가의 형상을 간과한다고 믿는 것은 잘못된 신앙이다.

5. 하나님의 질문: "가인아, 네 아우 아벨은 어디에 있느냐?"

우리는 결국 우리의 인간적 질문, 곧 하나님에 대한 질문과 우리 인간에 대한 질문으로 다시금 되돌아가게 된다. 우리가 희생자들에 대한 기억 속에서 실존하는 신학으로부터 배우는 일은 바람직한 일이다. 그렇지만 우리가 행악자들이 독일 민족의 이름으로 범한 경악스러운 행위의 긴 그림자 속에서 실존하고 또한 삶을 모색하는 것은 사실상 불가피한 일이다. 아우슈비츠의 희생자들과의 연대성은 중요한 일이지만, 이는 우리 독일인을 당시의 행악자들에 결박시키고 사로잡는 죄과에 대한 부담감에서 벗어나도록 아직 도움을 주지 못하고 있기 때문이다. 삶을 향한 회개가 존재한다면, (엄청난 반인륜적 죄악을 범한 선조를 둔 역자) 우리 독일인에게도 새로운 삶에 대한 확신과 함께 하나님과의 친교가 존재하는가? 어떻게 우리는 (반인륜적 죄악의 사슬에서 역자) 자유롭게 될 수 있는가?

나는 여기서 시몬 비즌탈S. Wiesenthal이 아우슈비츠에서의 자신의 삶을 기술한 저서 『해바라기 Die Sonnenblume』에서 말했던 이야기와 함께 시작하고자 한다. 비즌탈은 강제수용소에 수감되었을 당시 나치 친위대에 소속되었던 한 임종하는 남자의 침상으로 와 줄 것을 요청받았는데, 이 남자는 유대인인 그에게 자신이 우크라이나에 있는 유대인의 대량총살에 가담했다는 사실을 고백하였다. 그리고 그 남자는 자신이 평온함 가운데 임종할 수 있기 위하여 비즌탈에게 용서를 구하였다. 비즌탈은 살인자의 고백을 경청할 수 있었지만, 그를 결코 용서할 수는 없었다. 어떠한 살아 있는 자도 '죽은 자들의 이름'으로 그들의 살인자들을 용서할 수 없는데, 왜냐하면 그는 이에 대한 권리를 갖지 않으며, 이에 대한 능력 또한 갖지 않기 때문이다. 그렇지만 비즌탈은 용서의 불가능성으로 인해 심히 마음이 불편하였다. 그리하여 그는 자신의 이야기를 유럽의 많은 철학자와 신학자에게 전하면서 이를 그들의 답변과 함께 출판하였다.[21]

비즌탈이 실제 경험했던 이 이야기 안에서 다음의 사실이 분명해진다. 즉 1. 범죄는 일어났다. 구덩이는 파졌고 아이들은 그곳에 매몰되었다. 그 어떠한 것도 이미 일어났던 일을 일어나지 않은 현실로 다시 되돌릴 수 없다. 그 어떠한 것으로도 살인을 '원상복구'할 수 없는데, 이는 어떠한 사람도 죽은 자들을 다시 소생시킬 수 없으며, 단지 그것만이 원상복구일 수 있기 때문이다. 2. 희생자들은 살해당하였다. 이러한 죄악의 짐과 함께 어떠한 사람도 계속하여 살아갈 수 없다. 이 죄악의 짐은 죄를 범한 사람의 후손들에게 있어서도 압도적이어서, 이는 자기 존중감을 앗아가며 삶에 대한 의지를 송두리째 꺾어버린다.[22] 상황이 이렇다면, 과연 사람들은 무슨 일을 행할 수 있겠는가?

살인자들은 결코 일어나지 않은 현실로 다시 되돌릴 수 없는 대량학살에 대한 자신들의 기억을 지워버리기 위해 언제나 피나는 노력을 기울인다. 1944/45년 하인리히 힘믈러H. Himmler(나치 친위대의 2인자이자 아돌프 히틀러의 심복 역자)는 대량학살당한 희생자들의 무덤가에서 시신들을 발굴하고 이들을 모두 불에 태웠는데, 이를 통해 대량학살의 모든 흔적을 지워 없애버리기 위해서이다. 라틴아메리카에서는 살해당한 사람들이 '실종자들'로 일컬어지는데, 이는 그들을 회상케 하는 모든 흔적과 행악자들의 기소를 철폐하기 위해서이다. 이처럼 우리 독일인은 심히 부담스러운 과거와 함께 살아가면서 이를 무의식적으로 억압하거나, 그 안에 함몰되지 않기 위해 모든 종교적 전통, 이를테면 우리가 이미 알고 있는 속죄를 절실히 필요로 한다. 불의가 속죄된다면, 사람들(특히 불의를 범한 사람들의 후손들 역자)은 죄악의 짐으로부터 자유롭게 되고 다시금 살아갈 수 있을 것이다. 죄악의 짐으로부터 해방되는(자유케 되는) 일 없이 어떠한 인간과 어떠한 민족도 살아갈 수 없다. 그러나 속죄 없이 죄악의 짐으로부터 자유케 되는 일이란 없다. 누가 필요불가결한 속죄를 담당할 수 있겠는가? 속죄는 인간의 가능성인가? 누가 '아우슈비츠'에 대해, 혹은 '구덩이'에 대한 속죄를 담당할 수 있겠는가? 그렇다면 이는 단독으로 하나님의 가능성이 아닌가?

많은 민족의 문화 안에서 인간의 범죄에 대한 속죄는 사형을 통해, 혹은 대리적으로 동물의 희생제물을 통해 주도되었다. 희생제물은 인간의 불의를 통해 격앙된 신들의 진노를 완화시키는 것으로 인식되어 왔다. 토라에서도 속죄제물을 통해 죄악의 짐으로부터 자유케 되는 해방의 가능성이 제시되고 있다.[23] 이는 이른바 '속죄양'이었다.

제사장들은 속죄양에게 안수를 하고 그에게 민족의 죄악을 전가시킨다. 그리고 나서 그들은 그 양을 광야로 내쫓는데, 이를 통해 민족의 죄악을 소멸시키기 위해서이다. 이 '속죄양'은 하나님의 진노를 완화시키기 위해 민족에 의해서 하나님께 바쳐지기보다, 오히려 하나님 자신이 '속죄양'을 희사하셨는데, 이를 통해 하나님께서 자신의 백성과 다시금 화해하시기 위해서이다. 하나님은 인간과 수동적으로 화해되기보다, 오히려 능동적으로 화해하기를 원하신다. 이것이 이스라엘을 다른 민족들의 희생제의들과, 또한 자신의 육체를 몸소 형벌하고자 하는 이교도들의 욕구들과 구별시킨다.

이사야 선지자의 위대한 비전, 곧 이사야 53장에 따르면, 하나님은 '새로운 하나님의 종'을 보내실 것이다. 첫 번째 '하나님의 종' 모세가 이스라엘 자손들을 이집트의 종살이로부터 자유의 약속의 땅으로 인도했듯이, '새로운 하나님의 종'도 그들을 죄악의 종살이로부터 자유케 하고 영원한 정의의 평화 속으로 인도하실 것이다. "그가 징계를 받으므로 우리는 평화를 누리고, 그가 채찍에 맞으므로 우리는 나음을 받았도다"(53:5). 이러한 새로운 하나님의 종은 "많은 사람을 의롭게 하시는데, 이는 그가 그들의 죄악을 친히 담당하시기" 때문이다(53:11).

신약성서는 나사렛 예수를 이 '고난당하는 하나님의 종'으로 일컬으면서 십자가에 달리신 자를 '세계의 죄악을 짊어지신 자'로 선포한다. 성서의 전통들에서는 언제나 하나님 자신이 인간의 죄악의 짐을 '짊어지시고' 화해를 이루신다. 하나님 자신이 속죄하시는 하나님이다. 이는 어떻게 일어나는가? 하나님께서는 우리의 인간적 죄악을 그 자신의 고난으로 받아들이시고 우리 편에서 인간의 죄악의 짐을 짊어지시는데, 이를 통해 우리가 다시금 호흡할 수 있기 위해서이다. "세상의 고난을 짊어지시는 하나님", 이는 희생자들에게 있어서 매우 중요시된다. "세상의 죄악을 짊어지시는 하나님", 이는 행악자들에게 있어서 매우 중요시된다. 이러한 면에서 볼 때, 하나님의 고난은 이중적 의미를 지닌다.

하나님의 무한한 고난이 죄악을 범한 인간을 이미 속죄하셨다는 인식은, 우리로 하여금 대리 전가Stellverleugung와 자기 파괴 없이 과거의 경악스러운 사건에 대면케 하고, 또한 희생자들과 행악자들을 오래도록 뚜렷이 기억하는 것을 가능케 한다. 오늘날 속죄하시는 하나님의 현존 속에서의 화해는 과거를 기억하는 것을 의미한다. 과거는 결코 망각되어져선 안 된다. 그러나 과거는 하나님의 (죄악을 속죄하시는 역자) 화해 안에서 무효가 되기도 하는데, 이는 곧 과거가 현재를 더 이상 결정하지 않고, 오히려 현재가 정의의 미래에 의해 결정될 경우에 그러하다. 화해는 죄악의 짐에 대한 무죄 판결이며 다른 삶으로의 거듭남인데, 이를 통해 (죄인은 다시금 역자) 새로운 존재가 될 수 있다.[24] 성서의 전통들에 의거하여 하나님께서 죄악을 '용서'하시면, 하나님은 역사 한 가운데서 새로운 창조를 선취하시는데, 이 안에서 인간은 피로 얼룩진 이 땅에 대해 "기억하거나, 마음에 생각하지 않게" 될 것이다(사 65:17; 계 21:1). 죄악의 용서가 회상으로 이끌린바 될 때만이, 죄악은 언젠가 '더 이상 기억나지 않도록' 이끌린바 될 것이다. 이는 망각과 무의식적 억압이 결코 아니다.

어떻게 우리는 우리의 과거에 대면하여 이러한 희망과 함께 미래를 형성할 수 있는가?

교회의 옛 참회(회개) 의례에 따르면, 과거의 그늘로부터 자유의 빛으로 전향함에 있어서 다음과 같은 세 가지 행위들이 일어난다.

1. 비밀고해confessio oris는 오늘날 독일 민족의 집단적인 과거에 대한 공적인 고백이다. 진실은 자유의 첫 번째 행위이다. 자신의 과거에 진실하게 대면하는 사람만이 자유를 누리게 된다. "진리가 너희를 자유케 한다"고 요한복음은 말하고 있다.

2. 마음의 후회attrito cordis는 오늘날 '슬픔에 대한 하나의 심리적 대처' Trauerarbeit인데, 이는 우리로 하여금 죄악으로 이끌었던 미혹과 강박에서 전적으로 자유롭게 만들기 위해서이다. 생각의 변화는 중요한데, 이를 통해 다른 이들이 피상적으로 머물지 않기 위해서이다. 여기에는 개인적인 것뿐만 아니라, 오늘날 우리의 정치·문화·경제를 지배하는 이데올로기들의 공적인 양심에 대한 연구도 속한다.

3. 선한 일을 통한 사죄 배상satisfactio operum은 오늘날 가능한 한 원상복구를 위한 중요한 시도이다. 이는 당시 우리 독일 민족의 희생자들이었던 민족들을 자유롭게 하는 행위의 '속죄의 징표'이다. 그리고 자유롭게 하는 행위는 당시 우리 민족의 희생자들이었던 민족들에게 '속죄의 징표'이기도 하다.

죄과의 수용 – 슬픔에 대한 심리적 대처 – 정의를 실현하기 위한 첫 걸음은 우리 인간이 가지고 있는 가능성들인데, 이를 통해 속죄를 전향 속에서 변화시키기 위해서이다. 그럼에도 불구하고 어두운 잔재는 아직도 남아 있다. 보다 자세히 표현한다면, 하나님과 죄악을 범한 사람들 사이에 해결될 수 없는 비밀이 존재하는데, 이 비밀을 우리 자신과 다른 사람들, 곧 희생자들과 그의 후손들은 존중해야 할 것이다. 하나님과 죄인 사이의 비밀은 곧 가인의 표이다:

"야훼께서 가인에게 이르시되 네 아우 아벨이 어디 있느냐? 그가 이르되 내가 알지 못하나이다. 내가 내 아우를 지키는 자니이까? 이르시되 네가 무엇을 하였느냐? 네 아우의 핏소리가 땅에서부터 내게 호소하느니라 … 네가 땅에서 저주를 받으리니 … 가인이 야훼께 아뢰되 내 죄벌이 지기가 너무 무거우니이다 … 야훼께서 그에게 이르시되 그렇지 아니하다. 가인을 죽이는 자는 벌을 칠 배나 받으리라 하시고 가인에게 표를 주사 그를 만나는 모든 사람에게서 죽임을 면하게 하시니라"(창 4:9-13,15).

가인의 표는 경고의 표인 동시에, 보호의 표이기도 하다. 아무도 당사자를 죽여선 안 된다. 당사자는 자살을 시도해서도 안 된다. 이러한 표는 우리 독일 민족의 집단적인 전기Biographie을 특징적으로 나타낸다.[25]

제2장

개신교 – '자유의 종교'

"독일 개신교의 운명을 진척시키기 위해 노력하는 것은 이제 더 이상 보람이 없는 일이다. (개신교) 400년의 찬란한 역사는 종언을 고하고 있다. 최근 100년 동안 유럽에서 민족교회를 존립시킨 것은 (개신교회가 아닌) 가톨릭교회이다"라고 저명한 언론인 요한네스 그로스J. Groß는 1987년 5월《프랑크푸르터 알게마인 차이퉁FRANKFFURTER ALLGEMEINEN ZEITUNG》(독일의 일간지 역자)에서 EKD(Evangelische Kirche in Deutschland의 약자, 독일 개신교회 역자)-연구에 의거하여 기술하였다.

이러한 서글픈 예견은 사실인가, 아니면 가톨릭의 희망적 관측인가? 여하튼 이 예견은 개신교인들의 자각을 절실히 요청한다. 자기 자신에 대해 자각하는 사람은 자신이 어디에서 왔는지 질문하고, 자신의 과거에 대해 종합적으로 성찰한다. 그는 자신이 어디로 가야 하는지를 질문하고, 자신의 미래를 탐색한다. 그렇지 않고서 그는 달리 의식적으로 될 수 없을 것이다. 왜 나는 개신교를 사랑하는가? 왜 나는 개신교인인가? 나는 그것이 자유, 곧 하나님 앞에서 신앙의 자유, 국가 앞에서 종교의 자유, 교회 앞에서 양심의 자유 때문이라고 믿는다. 그러나 이러한 자유는 위험성과 부담을 그 안에 동시적으로 내포하고 있다. 물론 모든 사람은 자유하기를 원하지만, 많은 이들이 자유의 위험성을 두려워한다. 물론 모든 사람은 자유하기를 원하지만, 많은 이들이 자유와 뗄 수 없이 결합되어 있는 그 책임을 힘에 버거워 하기도 한다. 그러므로 자유에 대한 우리의 갈망 자체 안에는 상반된 감정이 병존해 있는데, 이는 그것이 자유 앞에서의 두려움과 결합될 때가 많기 때문이다. 우리 사회 안에 있는 사람들은 참으로 양심의 자유와 종교의 자유에 대해 갈망하는가, 아니면 많은 이들은 자유의 위험성을 두려워하고 자기 자신의 선택에 번민함으로 말미암아 다른 사람들, 혹은 어떤 사람으로 하여금 자신을 위해 대신 결정하도록 하게 하는가? 우리는 참으로 '우리의 자유를 지금' 원하는가, 아니면 우리의 책임이 우리에게 너무 힘든 중압감을 주기 때문에 차라리 이를 다른 사람들의 어깨 위에 전가하고 싶어하는가? 참으로 우리는 디트리히 본훼퍼D. Bonhoeffer와 함께 '성숙하게 되고자' 하는가, 아니면 경우에 따라서 다시금 아이처럼 미성숙하게 '어머니 교회'와 '아버지 국가'의 보호막 속에 숨어버리고 싶어하는가? 진보와 후퇴는 때때로 서로 멀리 떨어져 있지 않다. 그러므로 미래 사회 안에서 개신교의 운명과 자유의 운명은 아마도 동일한 운명일 수도 있을 것 같다. 자유가 있는 그곳에 개신교가 존재한다. 그러나 만약 개신교가 자유를 포기한다면, 개신교는 사라져버리게 될 것이다.

나는 개신교가 형성되었던 세 시대, 곧 1. 16세기의 종교개혁, 2. 18세기의 개신교, 3. 20세기의 에큐메니컬 주의에 의거하여 개신교 신앙의 존재와 자유에 대한 개신교의 이해를 제시하고자 한다. 우리는 이러한 세 시대의 차이점을 다음과 같이 표기할 수 있다. 즉 16세기의 종교개혁에 있어서는 '신앙의 자유'와 교회 안에서의 자유의 기본적 토대가 중요한 문제였다면, 18세기와 19세기 계몽주의 시대에는 '종교의 자유'와 개인적 차원이 중요한 관건이었다. 오늘날 20세기에 있어서는 에큐메니컬 '공동체의 자유'와 자유의 사회적 차원이 중요한 관심사이다.

1. 오직 신앙에서 유래하는 의, 종교개혁

종교개혁을 주도한 사상은 분명히 인식될 수 있다. 기독교 역사상 모든 위대한 운동에서와 같이, 이는 단순한데, 곧 의롭게 하는 복음에 대한 인식이 바로 그것이다. 즉 "우리는 하나님 앞에서 그리스도로 말미암은 은혜로부터 오로지 믿음을 통해"라고 〈아우구스타나 신앙고백Augustana Confession〉(1530) 제4장은 말하고 있다. 의롭게 하시는 하나님은 인간의 선한 업적과 악한 행위에 근거하여 심판하시기보다, 오히려 불의한 인간을 순전한 사랑으로 받아들이시며 그를 예수 그리스도로 말미암아 의롭고 선하게 하신다. 이에 하나님의 의는 확정하는 의justitia distributiva이기보다, 오히려 창조적인 의justitia justificans이다. 이는 "우리가 범죄한 것 때문에 죽으시고, 또한 우리를 의롭다 하시기 위하여 부활하신 그리스도 안에" 계시되어 있다(롬 4:25). 그러므로 의롭게 하는 믿음만이 그리스도에 대한 참된 인식이며, 그리스도에 대한 참된 인식은 의롭게 하는 믿음에로 이끈다. 칭의론의 명백함에서 교회가 하나님의 복음의 교회인지, 아니면 기독교적인 종교기관인지가 결정된다. 칭의론의 명백함에서 진실한 인간이 진실한 하나님을 믿는지, 아니면 인간 자신이 만든 우상의 형상들의 꽁무니를 뒤쫓아 가는지가 결정된다.

루터에 따르면, 기독교 신학의 대상은 '의롭게 하시는 하나님과 죄를 범한 인간'이다. 신약성서의 초대 기독교 시대에서와 같이, 종교개혁적인 신앙은 예수 그리스도에 대한 신앙이다. 그리스도만이, 특히 우리를 위해 십자가에 달리신 그리스도만이 참된 신앙과 참된 교회와 참된 신학의 근거이자 시금석이다. 그리스도 자신이 바로 '복음'인데, 이에 근거하여 개신교회는 '복음적'(독일어 'evagelisch'는 이중적 의미, 곧 1. 개신교적, 2. 복음적이라는 의미를 가짐 역자)이라고 일컬어진다.

이에 대한 결과들은 광범위하다. 여기서 나는 가장 중요한 내용들을 제시하고자 하는데, 이는 곧 개신교 신학을 형성하는 다음과 같은 네 가지 원칙이다.

1. **오직 믿음으로**sola fide: 죄인들을 사랑하고 이들을 은혜에 기인하여 의롭게 하시는 하나님께서 옳다고 인정하는 사람은 신앙한다. 우리가 하나님을 선택한 것이 아니라, 하나님께서 우리를 선택하셨음을 우리는 인식하면서 이에 대해 기뻐하며 '예'와 '아멘'을 말한다. 신앙은 하나님의 판결을 자신의 것으로 받아들이고 하나님의 약속을 신뢰하며 하나님의 의롭게 하시는 은혜가 옳다고 인정하는 것을 의미한다. 만약 나의 의(정체성, 자기 존중, 자의식)가 하나님의 은혜뿐만 아니라 나의 행위에도 달려 있다면, 구원에 대한 확신이 없을 것인데, 이는 내가 구원을 위해 충분히 선을 행했는지에 대해 결코 알 수 없기 때문이다. 인간의 의가 전적으로

그리고 오로지 하나님의 은혜에만 달려 있다면, 사도 바울이 기술한 바와 같이, 믿는 자들은 구원에 대한 분명한 확신을 갖게 될 것이다: "내가 확신하노니, 사망이나 생명이나 … 우리를 우리 주 그리스도 예수 안에 있는 하나님의 사랑에서 끊을 수 없으리라"(롬 8:38-39). 삶과 죽음에서 구원에 대한 이러한 인격적 확신은 종교개혁 시기에 개신교 그리스도인의 표시였다.

2. 오직 영광으로sola gratia : 오직 은혜로 의롭게 되는 사람은 불안감 없이 살아갈 수 있다. 그는 더 이상 자신의 영혼의 구원에 대해 염려하지 않아도 된다. 이제 그가 지니고 있는 모든 염려는 자기 자신이 아닌, 그의 이웃들에게 주의를 돌리게 된다. 신앙은 스스로의 힘으로 구원받게 만들지만, 신앙은 단독으로보다는, 오히려 믿는 자들이 살아 있는 동안에 사랑 속에서 함께 역사한다. 누구든지 오직 은혜로 의롭게 되는 사람은 하나님의 자녀가 된다. 사실 행위와 업적을 통해서 우리는 하나님의 자녀가 되기보다, 오히려 언제나 종으로 머물러 있다. 우리는 하나님의 영으로부터의 거듭남을 통해 아이로 된다. 신적인 탄생의 이러한 고귀함은 하나님의 자녀에 대한 확증이다. 우리가 행한 업적의 명성과 선한 행위들과 악한 행위들에 대한 평가는 종으로서의 존재를 나타내는 표지이다. '오직 은혜로'의 원칙은 개신교에서 결코 나태함을 정당화하는 원칙이 아니라, 오히려 쉼 없는 사역의 원천이 되었는데, 특히 종교개혁 그리스도인들에게 있어서 그러하다. 선한 행위에 대한 압박으로부터 자유롭게 된 사람은 사랑 앞에서 번민하고, 〈하이델베르크 교리문답서Heidelberger Katechismus〉가 말하듯이, 자발적으로, 자기 스스로, 순수하게 감사함으로 모든 선한 행위를 행한다. 나는 이에 대해 다음과 같이 표현하고자 한다.

즉 하나님께서 은혜로 의롭게 하신 사람은 이 세상 속에서 의에 주리며 불의에 대해 저항한다. 하나님께서 영혼에 평화를 주신 사람은 이 땅 위에서 평화에 목말라하며 세상의 불화에 대해 저항한다.

3. 오직 그리스도로sola Christus : 그리스도께서만이 교회의 주님이시라면, 기독교 교회는 그의 실제에 대해 확실하게 말할 수 있다. 교회가 오직 그리스도의 복음만을 따른다면, 기독교 교회는 그의 자유를 누리게 될 것이다. 이에 모든 종교개혁적인 신앙고백은 교회 전통과 민족 신앙의 교회 법령들과 의례들, 상징들을 그리스도의 표준에 예속시킬 것을 요청한다.

히틀러 독재 치하에서 독일의 개신교회들도 이에 동조하고 있을 때에, 고백 교회는 1934년 〈바르멘 신학선언die Barmer Theologische Erklärung〉을 통해 다음과 같이 선언하였다: "예수 그리스도는 우리가 들어야 할 하나님의 말씀이다. 우리는 교회가 선포의 원천으로서 이러한 하나님의 말씀 이외에 다른 사건들, 세력들, 형상들, 진리들을 하나님의 계시로 인정하는 거짓된 가르침을 배격한다. 우리는 예수 그리스도가 아닌, 다른 주관자들에게 내맡겨진 삶의 영역이 존재한다는 거짓된 가르침을 배격한다." 종교개혁은 그리스도 중심주의를 당시의 교회들에게 비판적으로 적용하였다. 고백교회는 이를 독재정권의 전체주의적인 요구와 정치적인 종교에 비판적으로 적용하였다. 그리스도에 대한 배타적인 신앙은 개신교의 신앙을 특성화하였다. 그러나 그리스도가 전체 세계의 주님으로서 신앙되고 고백되기 때문에, 이는 구름이 흘러가는 곳에 이르기까지 전체 창조를 포괄하는 신학적 지평을 위한 중심점이 된다. 올바로 이해된 그리스도 중심주의는 편협함을 유도하기보다, 오히려 세계에 대한 참된 개방성에로 인도한다.

4. 오직 성서로sola scriptura: 오직 성서, 이는 가톨릭의 종합 명제에 대항하는 것이었다. 성서와 전통, 전통과 지금 현재의 신앙의 의미는 표준으로 정해져 있다. 성서 자체는 모든 사람이 충분히 읽을 수 있고 이해할 수 있으며 죄인들을 의롭게 하시는 예수 그리스도 복음의 증인이다. 그러나 성서는 오류가 없는가? 개신교에게 성서는 종이로 된 포켓 속에 있는 교황Taschenpopst인가? 이 질문의 배후에는 순전히 신학적인 문제, 곧 교회 안에서의 교직의 문제가 도사리고 있다. 가톨릭의 견해에 따르면, 사도들의 가르침의 권위는 로마에 있는 주교나 혹은, 주교들의 공동체 위에서 베드로를 능가한다. 이에 주교들은 이제 사도적인 권위와 함께 예수 그리스도의 이름으로 말한다. 개신교의 견해에 따르면, 아무도 사도들의 권위를 능가하지 않는다. 사도들은 부활하신 그리스도를 직접 목도한 목격자들이었고 그들 편에서 후계자가 되어야 할 새로운 사도를 임명하지 않았다. 그들의 사도적인 권위는 오히려 그들의 사도적인 문서들을 능가한다. 신약성서를 통해 사도들은 오늘날 교회 안에서, 교회를 통해 말한다. 첫 번째 견해는 사도 계승권successio apostolica에 대해 말하고, 두 번째 견해는 복음 계승권successio evangelica에 대해 말한다. 한 주교의 사도적 계승의 형식은 다른 주교들에게 무슨 유익을 가져오게 되겠는가? 만약 이 주교들이 성서에 근거한 복음에 대한 선포를 충실하게 따르지 않는다면 말이다.

이러한 개신교의 네 가지 원칙으로부터 교회와 세계 속에서 그리스도인 됨의 다음과 같은 새로운 이해가 뒤따르게 된다.

1. 하나님께서는 그가 복음을 통해 의롭게 하신 모든 그리스도인에게 사명을 주시기 때문에, 그리스도의 공동체 안에서 모든 믿는 자의 성직자로서의 직무가 일반적으로 통용된다. "누구든지 세례의식을 마친 사람은 사제와 교황으로 성별된다"라고 1521년 마르틴 루터는 기술하였다. 여기에 나는 남성과 여성을 부연하고자 한다. 이를 통해 루터는 교회 안에서 성직자와 평신도 사이를 서로 분리시키는 장벽을 허물고자 시도하였다. 부르심 받은 모든 그리스도인은 전체로서 '택함을 받은 족속이며 왕 같은 제사장'을 나타내는 하나님의 백성의 한 사람에 속한다. 루터는 사제 서품sacramentum ordinis을 세례에 소급시킴으로써, 세례를 부르심의 성례전으로 재평가하였다. 그러므로 모든 남자 그리스도인과 모든 여자 그리스도인은 신앙에 대한 남자 증인이요, 여자 증인으로서 선포와 성만찬의 의례를 위해 부르심을 받았다. 이러한 인식이 진지하게 받아들여지는 그 자리에, 사제 교권제도Priesterhierarchie, 혹은 목회자 교회 대신 성도들의 구체적인 모임이 등장하게 된다.

2. 하나님께서 의롭게 하시는 그 사람을 또한 하나님은 부르신다. 이는 그리스도의 공동체 안에서 뿐만 아니라, 일상의 삶 속에서도 해당된다. 대단한 독창성과 함께 루터는 '소명vocatio'의 개념을 종교적인 영역으로부터 세상적인 영역으로 전이시켰으며, 모든 영역에서의 성실한 사역을 신적인 '소명'으로 일컬었다. 이와 함께 그는 순종, 충성, 사랑, 신뢰성, 그리고 하나님 나라에서의 동역과 같은 신적인 소명을 세상적인 일들 안으로 수용하였다. (종교적인 영역이든, 세상적인 영역이든 역자) 모든 성실한 직무는 하나님께 드리는 하나의 '예배'이다. 사회에서의 직무는 하나님-나라의-일이며 이러한 방향 설정으로부터 그의 보다 높은 의미를 획득하

게 된다. 이로부터 개신교의 소명 윤리가 생겨나게 되었다. 루터교회 안에서 이는 하나님의 질서로서 파악되는 직능의 세계였다. 깔뱅교회 안에서 이는 하나님의 나라를 위해 일하고 투자하는 크고 작은 자립적인 시도들의 세계였다.

그러나 두 가지 관점에서 종교개혁의 취약점이 드러나는데, 이를 통해 종교개혁은 16세기에 하나의 '미완성된 개혁'으로 머물러 있다.

1. 교회의 형성에 있어서: 교회 공동체는 단지 난민 공동체와 라인 강 하류의 '십자가 아래 있는 교회'에서 생겨나게 되었다. 교회 공동체가 현실화될 수 없는 곳에, 국가 폭력으로부터 교회의 자유가 교황을 통해 보증된 자리에 개신교 영주교회가 등장하였다. 영주는 '긴급 상황시의 주교 Notbischop'로서 받아들여졌다. 그는 개신교회를 "영토를 다스리는 자는 종교를 결정한다cuius regio eius religio"(1555년 독일 아우구스부르크 종교 회의에서 제정된 종교 간의 평화를 위한 기본 원칙으로서 이에 근거하여 영주는 신하들의 신앙을 결정. 의역하면, 통치자는 그가 지배하는 세력권 안에서의 종교를 결정한다는 의미 역자)의 원칙에 입각하여 국가교회로 조직하였다. 이로 인해 개신교회는 그의 보편성을 상실했고 부분적이고 지엽적인 지방교회와 국가교회로 되었다. 개신교회는 하나의 새로운 바빌론 포로로 전락하게 되었는데, 20세기의 에큐메니컬 운동을 통해서야 비로소 놓여남을 받게 되었다.

2. 그리스도인 됨의 형성에 있어서: 만약 그리스도인이 살아가는 공동체가 '기독교적인 세계'라면, 그리스도인의 영적인 소명은 공동체적, 혹은 정치적인 직무와 함께 동일시될 수 있을 것이다. 그러나 비기독교적인 세

계 안에서 이는 더 이상 가능하지 않다. 모든 그리스도인의 영적인 소명은 무언가 특별한데, 이는 세속적인 세계 안에서 그리스도인의 '특별한 정의' 가운데 드러나야 할 것이다. 만약 그리스도인이 세속적인 공동체의 모순들 안에서 산상설교의 지침들에 근거하여 그리스도를 뒤따름을 시작한다면, 이러한 '특별한 정의'는 드러나게 될 것이다. 그렇게 되면 그리스도인은 폭력이 난무하는 불의한 공동체 안에 평화와 생명으로 인도하는 신적인 대안을 표명하게 되는 것이다.

그러면 과연 무엇이 자유인가? 나는 종교개혁이 자유의 기본 토대에 대해 말한 것을 다음과 같이 신학적으로 요약하고자 한다. 즉 종교개혁의 메시지는 많은 사람들에 의해 비교할 수 없이 자유케 하는 메시지로서 경험되었고, 또한 오늘날에도 경험되고 있다. 이는 신앙에 있어서 자유에 대한 경험이다. 루터의 논박문 "그리스도인의 자유에 대하여Von der Freiheit eines Christenmenschen"(1521)에 따르면, 의롭게 하고 자유케 하시는 하나님의 말씀을 통한 자유는 모든 믿는 자에게 열려 있다. 신앙은 모든 사람을 '모든 만물의 자유로운 주인'으로 만든다. 이들은 그 어느 누구에게도 종속되지 않는다. 사랑은 모든 사람을 '모든 만물에게 봉사하는 종'으로 만든다. 이들은 모두 봉사하는 종이 된다. 무엇으로부터 그리스도의 말씀은 믿는 자들을 자유케 하는가? 종교개혁 신학에 따르면, 그것은 모든 사람을 악에 대한 속박, 자기 의인Selbstrechtfertigung의 법과 죽음 앞에서의 두려움으로부터 자유케 하는데, 왜냐하면 법과 죽음은 이 세계의 거대한 무신적인 세력이기 때문이다. 무엇을 위해서 그리스도의 말씀은 믿는 자들을 자유케 하는가? 그리스도의 말씀은 모든 사람으로 하여금 방해받지 않고 직접적이며 영원한 하나님과의 친교Gottesgemeinschaft에로 자유케 하고자 한다. 신앙 안에서 모든 사람은 하나님에게 이르는 직접적인 통로를 소유하게 된다. 신앙 안에서 모든 사람은 하나님의 자녀들이 된다. 신앙 안에서 모든 사람은 하나님의 친구가 됨으로써, 하나님은 그들의 기도를 들으신다. 신앙 안에서 우리는 하나님 안에 거하며 우리 안에서 하나님을 소유하게 된다.

신앙 안에서의 자유는 자유의 관계적이고 신학적인 개념이다. 의롭게 하시는 하나님은 인간에 대한 자신의 관계 속에서 자유케 하는 하나님이 되신다. 의롭게 된 인간은 하나님에 대한 그의 관계 속에서 자유로운 인간이 된다. 인간과 함께하시는 하나님의 계약 속에서 자유는 하나님으로부터 오는 의로 규정되며, 인간으로부터 오는 신앙으로 규정된다.

2. 자유의 종교, 개신교

개신교 신앙은 17세기와 18세기에 계몽주의와 관용주의의 새로운 문화와 특별히 긴밀한 결합을 맺게 되었다. 19세기의 시민적 세계, 이를테면 영국, 네덜란드, 프로이센-독일, 미국은 많은 이에게 '개신교적인 세계'였다. '개신교 사상'은 개신교 신앙의 현대적인 형태에 있어서 명백하게 나타난다.

그러나 무엇이 '계몽주의'인가? 나는 개신교 철학자였던 임마누엘 칸트I. Kant의 계몽주의에 대한 다음과 같은 두 가지 정의로부터 출발하고자 한다.

1. "계몽주의는 인간으로 하여금 자기 책임적인 미성년의 상태에서 벗어나게 함이다."
2. "이러한 계몽주의에게는 모든 부분에서 이성에 의해 공적으로 사용

되는 자유 이외에 그 어느 것도 필요시되지 않는다"(180).

우리는 역사적으로 영국적-아메리카적 계몽주의, 프랑스적 계몽주의, 독일적 계몽주의 사이의 차이점을 구별한다. 17세기 이래로 서구세계의 시대적인 지체는 대략 50～100년 정도로 추산된다. 영국적-아메리카적 계몽주의는 개신교적으로 형성되었고 상당히 종교적이었는데, 이는 아직 오늘날의 미국에서 매 주일마다 볼 수 있다. 이에 반해 프랑스적 계몽주의는 가톨릭화된 영토 안에서 위그노파(17세기 당시 프랑스에 거주하던 깔뱅 계열의 개신교도들을 일컬음 역자)에 대한 잔인한 박해 이후에 안티-로마 가톨릭적이고 세속적으로 형성되었는데, 여기서 휴머니즘은 철저히 비종교적이고 무신론적인 성향을 띠었다. 독일의 계몽주의는 개신교적으로 형성되었지만, 국가교회에 대항하도록 방향설정되었다. 이는 개인주의에 입각하여 개인의 종교에 대한 권리를 대변했으며, 도래하는 '성령의 나라'에 대한 유토피아적인 꿈을 지지하였다. 이 나라 안에서는 아무도 다른 사람을 가르칠 필요가 없는데, 왜냐하면 모든 사람은 성령 안에서 하나님이 어떤 분이신지 하나님을 보게 될 것이기 때문이다.

계몽주의의 기독교는 최근의 개신교 교파들 안에서 발견될 수 있는데, 곧 퀘이커 교도에게는 '성령의 내적인 빛'에 대한 종교적인 경험이, 침례교인에게는 개인적인 신앙의 결단이, 감리교인에게는 마음이 따뜻해지는 신앙의 경험과 자기 통제와 자기 지배를 통한 인격적인 구원이 발견될 수 있다. 여기서 '영혼의 자유'는 새로운 슬로건이었다(R. Williams). 개인주의와 주체성(주관성, Subjektivität)에 대한 권리의 발견은 현대 개신교를 지배한다.

독일에서 신앙고백은 1648년 30년 종교전쟁을 종결시켰던 베스트팔렌 평화조약 이래로 국가적인 일이 되었다: "영토를 다스리는 자는 종교를 결정한다." 종교의 자유는 단지 이민자 법jus emigrandi으로서 존재하였다. 이에 계몽주의의 영향을 받은 독일의 기독교는 시민적 개신교 안에서 단지 '사적인 일'로서 전개되었다. 이러한 맥락에서 "종교는 사적인 일이다", "모든 사람은 자기 나름대로 구원을 받아야 한다"라고 계몽주의를 신봉하던 프로이센의 프리드리히 대제Friedrich der Große는 말하였다.

영국과 미국에서의 계몽주의는 '자발적인 종교의 공적인 시스템system of voluntary religion'을 창출하였다. 여기서 종교의 자유는 모든 인간이 자신이 선택한 교회 안에서 하나님을 경배하고 경외하는 것을 의미한다. 이러한 종교의 자유는 독일에서 아직 실현되지 않음으로써, 종교적인 소속성과 종교적인 자발성 사이에, 국가종교와 개인의 신앙 사이에, 제도성과 주체성 사이에는 불협화음이 남아 있다. 독일에서는 모든 영역에서 개인적 신앙을 '공적으로 사용하는' 자유가 항상 결여되었다. 아직 오늘날에도 독일 국민의 80% 이상이 한 교회(루터교회를 지칭 역자)에 '소속'되어 있으며, 단지 10~15%만이 자신들이 선택한 교회(독일에서는 루터교회를 제외한 타교단의 개신교회를 자유교회라 지칭 역자)에 '다닌다'. 독일에서 종교의 자유는 교회의 기관들에 의해 철두철미 단지 '내적인 망명'(현실 참여를 기피하는 행위 역자)의 권리로서 인식되고 있다.

계몽주의와 개신교의 원칙들은 다음과 같은 개인의 자유의 원칙들이기도 하다.

1. 국가에 대한 종교의 자유: 국가가 종교, 혹은 이데올로기를 획일적으로 결정하는 한, 개별적 인간은 그 인격에 있어서 미성숙한 존재로 간주된다. 즉 개별적 인간은 그의 이성도, 그의 신앙도 국가, 혹은 교회의 관리 없이는 봉사할 수 없는 존재로 인식된다. 이에 모든 개별적 인간의 종교

의 자유는 개신교 신앙에서 뿐만 아니라, 이성에 있어서도 하나의 전제 조건이 된다. 종교의 자유는 종교를 국가로부터 자유케 하며, 국가를 종교로부터 자유케 한다. 이는 세속적이고 합리적이며 종교에 대해 관용적인 국가를 위한 조건이다. 17세기에 영국에서 종교의 자유가 쟁취된 이후 종교의 자유는 1789년 프랑스에서 도입되었고, 이에 상응하는 시대적 지체(당시 영국과 프랑스에 비해 독일의 시대적 지체는 대략 50~100년 정도로 산정 역자)와 함께 뒤늦게 독일에서 확산되었다. 마지막으로 개인의 종교적 자유는 가톨릭교회가 제2차 바티칸 공의회를 개최하기 50년 전까지도 당국에 의해 대단히 비판을 받은 연후에야 비로소 가톨릭교회에 의해 승인되었다.

2. 교회에 대한 양심의 자유: 교회들이 개인의 양심을 윤리적인 질문과 결합시키는 한, 개인은 미성숙하고 의존적인 존재로 머문다. 이에 계몽주의는 먼저 개인의 양심을 자유케 하였다. 양심 속에서 모든 개별적 인간들은 직접적으로 하나님 앞에 서며 자기 스스로 결정해야 하는데, 이는 그들이 스스로 하나님 앞에서 자기 책임적인 존재가 되어야 하기 때문이다. 양심은 '우리 안에 계신 하나님'(I. Kant)으로 일컬어지는데, 이를 통해 양심의 침해 불가성을 보장하기 위해서이다. 많은 사람에게 개신교는 '양심의 종교'(K. Holl)로 인식되었다. 교회는 개인의 양심을 '수련'시킬 수 있지만, 어떠한 사람에게도 그 자신의 독자적인 양심의 결정권을 빼앗아선 안 된다. 로마 교황청의 교서들을 통해서도, 교회의 회고록들을 통해서도 교회는 개인이 지닌 양심의 결정권을 박탈해선 안 된다. 왜냐하면 교회는 개인이 행동하거나, 혹은 마땅히 해야 할 일을 행하지 않는 것을 하나님 앞에서 책임질 수 없거나, 혹은 책임져야 하기 때문이다. 그

러므로 교회는 인간으로 하여금 양심에 이반하여 행동하도록 미혹해선 안 되는데, 이는 예로부터 기독교의 일반적인 견해이기도 하다.

3. 성서, 전통, 교회의 권위에 대한 신앙의 자유: 나는 나 자신의 확신과 함께 의심에 대한 권리 또한 갖는다. 독일 계몽주의의 개신교 종교 개혁자였던 레싱G.E. Lessing은 다음과 같이 말하였다: "내 자신의 눈으로 직접 목도하고 내 자신이 검증할 기회가 있었던 기적들과, 다른 사람들이 보고자 했고 검증하고자 했던 것에 대해 내가 단지 역사적으로만 알고 있는 기적들은 별개의 것이다"(Werke, III, 9). 후자는 우연적이고 신뢰와 신앙 위에서 중재된 역사의 진리들인 데 반해, 전자는 필연적이고 나 자신에게 직접적으로 인식된 이성의 진리들이다. "하나는 선입견에 기인한 진리를 믿는 반면, 다른 하나는 진리 그 자체를 위해 믿는 것이다"(Werke, III, 127). "하나는 징벌 앞에서의 두려움 때문에 선을 행하는 반면, 다른 하나는 그것이 선이기 때문에 선을 행하는 것이다."

4. 개별적 인격의 양심의 자유와 신앙의 자유는 교회에 대하여 '위로는' 신적인 기관으로서, 아래로는 공동체에 대한 권리로서 이해되었다. 교회는 특정한 시간에 특정한 장소 앞에서 '모이는 공동체'에 지나지 않는다. 교회 공동체는 종교개혁의 본래적인 약속이지만, 이는 영주와 개신교의 교회 지도부를 통해 지속적으로 저지되었는데, 이는 역사의 아이러니이다. 오늘날 라틴아메리카에 있는 가톨릭의 기초 공동체들은 이러한 약속을 이행하고 있다.

계몽주의와 개신교 신앙을 통한 해방(혹은 자유케 됨 역자)의 주체는 시민적 주체의 형태 속에 있는 인간 주체이다.

종교의 자유, 신앙의 자유, 양심의 자유 그리고 교회 공동체의 자유의 권리는 계몽주의 시대 속에서 인권과 시민권과 함께 쟁취되었다. 이를 통해 인간의 존엄성은 공적으로 인정되었다. 오늘날에도 종교의 자유는 인간의 자유의 권리와 개인적인 인권을 배제하고 실현될 수 없다. 시민계급은 이러한 자유의 권리를 봉건주의와 교권주의에 저항한 영국적이고 아메리카적이며 프랑스적인 혁명 속에서 쟁취하였다. 종교의 자유, 신앙의 자유, 양심의 자유에 대한 권리는 자유 민주주의의 기본 토대가 되었다.

그러면 무엇이 자유인가? 나는 개신교가 자유의 개인적 차원에 대해 말한 것을 다음과 같이 요약하고자 한다.

현대의 개신교는 신앙 안에서 하나님을 향한 종교개혁적인 자유로부터 신앙의 자유, 곧 개인적으로 신앙을 결단하는 자유를 실현하였다. 의롭게 하시는 하나님에 대한 관계 안에서 인간의 자유의 관계적인 개념은 선택의 자유의 주관적인 개념을 통해 대체되었다. 모든 개별적인 인격의 주체성은 그들의 권리로 표출되고 이제 하나님과의 친교의 인간적인 측면을 형성한다. 개인적인 신앙의 결단, 개인적인 회심의 경험, 현대 개신교의 교단들에 있어서 성령의 마음 따뜻하게 하는 내적인 증거에 대한 촉구는 하나의 새로운 율법주의로 유도할 수 있지만, 이는 루터 자신에게로 소급했던 요한 웨슬리J. Wesley에게서 보여지는 바와 같이, 반드시 그렇지는 않았다. 그렇지만 우리는 종교개혁의 그리스도 중심주의가 현대 개신교 안에서 하나의 성령론적인 보완과 첨예화를 경험했다고 말할 수 있다. 그리스도의 말씀을 통한 자유는 하나님의 영 안에서의 자유이기도 하다. 국가와 교회는 인간에게서 하나님의 영의 개인적인 경험을 빼앗아갈 수 없다.

"주관성은 진리이다"라고 개신교 철학자 키르케고르S. Kierkegaad는 말하였다. 개신교의 주관주의는 종교적이고 문화적으로 개인주의, 다원주의,

에고이즘의 모든 가능한 형태에로 이끌었다. 그러나 이와 동시에 주관주의는 모든 인간의 존엄성과 개인적 인권을 현대의 문화 안으로 가져오는데 기여하였다. 신앙의 자유와 개인적인 책임 없이 인간 공동체는 사실상 성립이 불가능하다. 인간의 주관성을 극복하고자 하는 현대 이후 포스트모던의 모든 시도는 경직된 관료주의의 결탁을 통해서든, 밀교적으로esoterische '완화된 결탁'을 통해서든 결국 인간성의 말살을 야기하게 될 것이다.

3. 공동체의 종교: 에큐메니컬 시대

20세기 초반 이래로 개신 교회들은 교파적인 시대로부터 교파 간에 상호 연합하는 에큐메니컬적인 시대로 진입하는 도상에 들어섰다. 이에 개신교회들은 그리스도 교회의 보편성의 의미를 발견한 가운데 분리된 교회들의 에큐메니컬 운동 안에서 '성령의 공동체의 종교'를 모색하고 있다. 오늘날 많은 개신교인에게 억압받는 형제자매와 함께하는 에큐메니컬적인 연대성은 다른 나라들과 다른 교파들에 있어서 국가적인 충성, 혹은 자신의 교파적인 정체성보다 더 우위에 서 있다. 에큐메니컬 운동은 타자의 발견과 그의 상이성 안에서 상호 간의 수용이다.

a. 에큐메니컬적인 삶

분리된 교회들의 에큐메니컬적인 이해로 가는 길은 비교하는 교회론에 대한 사역과 함께 시작되었다. 1910년 에딘버러Edinburgh에서 개최되었던 선교 컨퍼런스가 명시한 바와 같이, '신앙과 교회헌법에 관한 서로 다른 견해들에 대한 보다 나은 이해'가 합일에의 갈망을 심화시키며 교파들로 하여금 이에 상응하는 공적인 결의들을 하도록 인도할 거라는 희망 속에서 사람들은 상호 간에 친교(사귐)를 갖게 된다. 아직 종결되지 않은 이 사역의 결과는 부정적인 합의의 한 형태이다. 사람들은 전통적인 차이점들이 불가피하게 교회를 분리시키는 요소로 작용할 수밖에 없다는 것을 발견한다. 차이점들은 상호 간의 보완과 유익을 위해 이용될 수도 있다. 이에 사람들은 서로 상이한 신학적·교회적 전통들 속에서 배척시키는 분리에 대한 이유를 발견하지 못했는데, 물론 아직도 서로를 결합시키는 공통적인 요소도 표명할 수 없었다. 1952년 룬드Lund에서 개최되었던 교회의 에큐메니컬 협의회의 총회에서야 비로소 사람들은 비교하는 교회론에서 그리스도론적인 교회론으로 전환하게 되었다: "만약 우리가 교회의 존재에 대한 우리의 상이한 표상들과 이들이 도입된 전통들만을 상호 간에 비교하고 있다면, 하나됨을 위한 참된 진보를 이룩할 수 없었을 것이다. 이는 우리가 그리스도에게 가까이 다가감으로써, 서로 가까워지게 된다는 사실을 보여주었다. 이에 우리는 우리의 분열을 넘어서 그리스도 안에 계신 하나님께서 우리에게 주신 교회와의 하나됨에 대한 보다 깊고 풍성한 이해를 관철시켜야 할 것이다." 그 이래로 단지 외적으로 비교하는 교회론에서 내적으로 결합시키는 그리스도론적인 교회론으로의 전환은 에큐메니컬 운동의 길을 결정한다. 즉 우리가 그리스도에게 보다 가까이 다가갈수록, 우리는 서로를 향해 가까이 다가가게 될 것이다.

　에큐메니컬 운동은 우리가 스스로 그리스도의 십자가 아래 서 있고 우리를 상호 간에 그의 십자가 아래서 형제와 자매로서, 우리 모두의 공동의 빈곤 속에서 굶주리는 자로서(롬 3:23), 우리 모두의 공동의 죄악 속에서 감옥에 갇힌 자로서 발견하는 곳 어느 곳에서나 전 세계적으로 태동한다. 예수 그리스도의 십자가 아래 우리 모두는 빈손으로 서 있다. 우리는 죄과의 짐과 마음의 공허함 이외에 하나님께 아무 것도 드릴 것이 없다. 그리스도의 십자가 아래서 개신교인, 가톨릭교인, 정교회교인이라는 구분은 사실 그다지 중요시되지 않는다. 그리스도의 십자가 아래서 하나님 없는 자들은 의롭게 되고, 원수들은 화해하며, 갇힌 자들은 자유롭게 되며, 가난한 자들은 부요하게 되며, 슬퍼하는 자들은 희망으로 가득 채워질 것이다. 이에 우리는 우리 자신을 그리스도의 십자가 아래서 동시에 그리스도의 동일한 자유의 자녀로서, 하나님의 영의 동일한 공동체 안에 있는 친구로서 발견한다.

"우리는 그리스도의 십자가에 가까이 다가갈수록, 서로를 향해 가까이 다가가게 될 것이다." 어떻게 우리의 분열과 원수관계는 그리스도의 비통한 고난과 죽음의 목전에서 바르게 교정될 수 있겠는가? 우리가 '그리스도의 열린 마음' 앞에 서 있을 때에, 어떻게 우리는 우리 자신을 폐쇄한 채 머물고 교회에 대해 불안해 할 수 있겠는가? 우리가 그리스도의 십자가의 고난 속에서 하나님의 펴신 팔에 붙들린바 될 때, 어떻게 우리는 경직된 자세로 팔짱을 끼면서 우리의 교파적인 전통만을 편협하게 고수할 수 있겠는가?

b. 에큐메니컬적인 사고

만약 그리스도인들과 전체 교회들이 그들의 지엽적이고 편협한 전통들과 교파들의 협소한 지평으로부터 탈피하여 포괄적이고 에큐메니컬적인 지평을 인식한다면, 사고의 전환이 시작될 것이다. 우리 스스로 자기 자신에 대해 성찰할 수 있는 이러한 학습과정은 전향(혹은 회개 역자)의 고통들과 기쁨들과 결합되어 있다. 우리는 지엽적인 사고를 극복하기 시작한다. 지엽적인 사고란 고립되고 단편적이며 자기만족적인 사고로서, 이는 자기 자신에 대해서만 인식하고 확인하고자 하기 때문에 절대성에 대한 요구와 함께 나타나는 사고이다. 우리는 우리 자신의 지엽성, 한계, 그리고 상대성을 견뎌내지 못하는 경향이 있다. 이에 개별적인 그룹들과 전체 그룹들은 자신들이 견지하고 있는 사고를 완고하게 주장한다. 지엽적인 사고는 그 본질에 있어서 분파적인 사고이다. 우리는 교회 분열과 교파적 절대주의의 시대 속에서 분파적 사고에 매우 익숙해져 있음으로 인해 일련의 사람은 이러한 분파적 사고를 더 이상 감지하지 못한다. 우리는 우리 자신의 경계를 긋고, 다른 이들에게 의기소침하게 적대적으로 자신의 존재를 드러내며, 우리 자신과 우리가 지니고 있는 정신적·문화적·종교적 유산에 대해 완고하게 주장한다. 사람들은 이를 종전까지도 '논쟁 신학Kontroverstheologie', 곧 교회 분리와 교파적으로 자기주장을 시도하는 신학이라고 일컬었다. 그러나 에큐메니컬적으로 생각한다는 것은 분파적 사고를 극복함을 의미한다. 이는 지엽적 사고를 보편적 사고를 통해 극복하고자 할 때에만이 가능하다. 그런데 이러한 극복이 어떻게 이루어질 수 있는가?

우리는 전全 그리스도인의 신앙의 증언과 삶의 증언을 그들이 지닌 교파적인 지엽성의 측면에서 성찰할 수 있다. 이런 관점에서 볼 때, 전 그리스도인 안에는 정교회적이고 가톨릭적이며 개신교적인 증언들, 그리고 다른 증언들이 존재한다. 그런데 우리가 '이는 정교회적이다', '이는 가톨릭적이다', '이는 성공회적이다', '이는 루터교적이다'라고 섣부르게 판단하게 될 때, 이들에 대한 우리의 이해도 끝나버리게 된다.

이에 반해 우리는 전 그리스도인의 신앙의 증언과 삶의 증언을 기독교의 보편성의 측면에서 성찰할 수 있다. 그러면 우리는 이들을 하나의 그리고 전체의 교회의 표현으로서 이해하게 될 것이다. 그러면 우리는 이들을 보편적인 지평 속에서 점검하고 이러한 공동체 안에서 답변을 모색하게 될 것이다. 이를 통해 신학적인 사고는 수월하기보다 오히려 어려워질 수도 있는데, 이는 우리가 문제들과 논쟁들을 더 이상 교파 간의 상이성으로 전가할 수 없기 때문이다. 에큐메니컬적으로 사고하는 것은 "전체를 깊이 고려하라 – 하나된 교회의 전체를 깊이 고려하라!"를 의미한다.

우리가 우리 자신의 한 부분을 전체로 간주하는 가운데 이를 절대적으로 확정하는 것이 분파적인 사고라면, 에큐메니컬적인 사고는 우리가 생래적으로 지니고 있는 불안과 교만 신드롬을 해소하게 될 것이다. 이러한 에큐메니컬적인 사고는 우리로 하여금 다른 이들에 대해 의식적으로 개방적이 되도록 하며, 또한 다른 이들을 의지하는 가운데 실존하도록 가능케 한다. 우리에 대한 진리의 요구만이 절대적이다. 그렇지만 진리에 대한 우리의 요구는 그렇지 않다. 하나님의 나라는 모든 것을 포괄하지만, 우리의 영역은 그렇지 않다. 자신의 불완전성에 대한 인식을 통해 다른 이들에 대한 동경을 일깨우는 것이 에큐메니컬적인 사고의 강화라고 나는 믿고 있다. 그러므로 에큐메니컬적인 사고는 "네가 단지 한 부분이라는 사실을 깊이 고려하라, 곧 네가 교회의 한 부분이라는 사실을 깊이 고려하라!"를 의미하기도 한다.

에큐메니컬적인 시대에 있어서 복음적이 된다는 것은 자신의 경계를 긋고 다른 이들로부터 자신을 분리시키는 것이 아니라, 오히려 복음을 에큐메니컬 운동 안으로 가져가 복음으로 하여금 그 자신의 작용을 신뢰하도록 하게 하는 것을 의미한다. 그렇다면 과연 무엇이 자유인가? 나는 우리가 에큐메니컬적인 시대에 자유의 사회적인 차원에 대해 가르쳤던 것을 아래와 같이 요약하고자 한다.

에큐메니컬적인 시대 속에서 개신교인들은 칭의의 사회적인 측면과 자유의 의사소통적인 개념을 발견한다. 에큐메니컬 운동을 통해 그들은 기독교의 보편성이 무엇을 의미하는지를 발견하게 된다. 그들은 고난당하는 자들과 억압당하는 자들과 함께하는 연대성을 파악하게 된다. 그들은 진정한 자유란 지배일 수 없으며, 오히려 친교를 의미한다는 사실을 이해하는 것을 배운다. 인간의 자유는 내가 행하고 내가 원하는 것을 행하고, 또한 이를 행하도록 할 수 있는 선택의 자유에 놓여 있지 않다. 이러한 자유의 형식적인 개념은 지배의 언어에서 유래하는 것이다. 만약 현대의 개인주의가 모든 인간이란 그 자신의 '주인'이며 자기 자신에게 소속된다고 아직도 주장한다면, 전혀 변화되지 않은 것이다. 이에 반해 자유에 대해 특별히 인간적인 개념은 친교의 언어에서 유래한다. 여기에서 '자유'는 '친구관계'와 동일한 개념이다. 내가 전적으로 나 자신일 수 있는 바로 그곳에서 나는 전적으로 자유로움을 느끼게 된다. 사람들이 나를 알아주고 나를 인정하며 나 자신의 모습 그대로 받아들이는 바로 그곳에서 나는 전적으로 나 자신일 수 있다. 내가 나의 삶을 다른 사람들을 위해 개방하고 이들을 나의 상이성 안에서 인정하며 기꺼이 이들과 함께 존재하는 바로 그곳에서 나는 자유롭다. 인간의 자유는 상호 간의 인정과 수용을 통해, 이를테면 인격적인 친교 안에서 실현된다. 그러면 다른 사람들은 더 이상 나의 자유를 구속하는 장벽이 아니라, 오히려 나의 제한된 삶의 보완이 될 것이다. 이는 인간 자유의 사회적이고 의사소통적인 측면이다. 우리는 이를 연대성, 혹은 친구관계, 혹은 사랑이라고 일컫는다. 이를 통해서야 비로소 신앙 안에서 종교개혁적인 자유와 개신교적인 신앙의 자유가 실현될 것이다: "그리스도께서 우리를 받아 하나님께 영광을 돌리심과 같이 너희도 서로 받으라"(롬 15:7). 오늘날 우리는 이러한 자유의 현실을 보다 방대한 지평들 안에서 모색하고 경험하고자 한다. 서로 상이한 그리스도인들의 에큐메니컬적인 친교 안에서, 억압당하는 자들과 함께하는 연대적인 친교 안에서, 위협을 당하는 이 땅의 피조물들과 함께하는 친교 안에서 이러한 자유의 현실을 모색하고 경험하고자 한다.

요약

1. 개신교 신앙은 의롭게 하시는 예수 그리스도의 복음에 대한 신앙이다. 이러한 신앙은 개인적인 구원의 확신을 창출한다. 이 신앙 안에서 남자 그리스도인과 여자 그리스도인은 예수 그리스도의 친교에 대한 모든 사역과 세계에 대한 모든 사역에로 부르심을 받았다. 즉 남녀 모두는 그의 능력에 따라 – 남녀 모두는 그의 필요에 따라 하나님에게 부르심을 받았다.

2. 개신교 사상은 개신교적인 신앙의 현대적이고 시민적이며 인간적인 형태를 지닌다. 여기서는 주체성의 원칙과 권리, 곧 개인적인 신앙의 결단, 그 자신의 확신, 개인적인 양심의 결단, 그 자신의 삶에 대한 책임이 중요시된다.

3. 개신교 신앙의 에큐메니컬적인 형태는 초자연적이고 초교파적인 발견 속에서 그리스도 교회의 보편성을 발견하는 데 있다. 이러한 인식은

박해의 시대 속에서, 이를테면 '십자가 아래'에서 획득되었다. 이는 주님의 식탁에서의 성만찬 친교에 대한 결단에로 인도한다. 에큐메니컬적으로 살아간다는 것은 모든 그리스도인이 성만찬 친교에 의거하여 굶주리고 목마르게 되는 것을 의미한다. 에큐메니컬적으로 사고하고 행동한다는 것은 전체 세계에 대한 하나님의 의에 의거하여 굶주리고 목마르게 되는 것을 의미한다. 오늘날 두 가지 에큐메니컬 운동—교회 내적인 에큐메니컬 운동과 교회 외적인 에큐메니컬 운동—은 서로 긴밀하게 결합되어 있다. 교회는 1945년 히로시마와 함께 시작했던 인류의 세계 역사적인 시대 안으로 진입하기 위해, 이제 완전한 에큐메니컬인 친교에 이르러야 할 것이다.

제3장

현대세계의 자유주의와 근본주의

근본주의에서는 '현대세계'가 중요하게 다루어진다.[1] 근본주의는 (현대주의/자유주의에 대한 역자) 하나의 반대현상으로서 그 자신의 독자적이고 획기적인 운동이 아니다. 이는 그의 적대적인 형제인 현대주의(모더니즘), 혹은 자유주의와 함께 비로소 생성하였다. 현대세계는 자신을 대적하는 위험을 극복하기 위해 '현대세계'의 모든 의사소통적인 수단을 사용하는 것을 주저하지 않는데, 근본주의는 이러한 '현대세계'에 대항하는 현대적인 반응이다. 기독교적 근본주의 안에서 적대자는 '현대세계' 자신이지만, 보다 실제적인 적대자는 기독교적 현대주의 안에서 '현대세계'에 예속된 모든 그리스도인이다. 이슬람 근본주의는 '서구세계' 안에서 거대한 사탄을 보는 가운데 우선적으로 '서구세계'의 원칙을 허용하고 그 독성을 이슬람 국가들 안에 확산시킨 모슬렘들에 대항하고 투쟁하고 있다. 이에 우리는 현대세계 속에 나타난 근본주의의 현상을 그 자체 내에서 이해하기보다, 오히려 이를 현대와 '서구세계'의 존재와 가치에 대한 반작용으로서 바라보아야 할 것이다.

그러므로 우리는 이 장의 1절에서 현대 서구세계의 원칙과 가치를 강조하고 이해하기를 시도하고자 한다. 2절에서 우리는 기독교적 자유주의의 반작용에 대해 살펴보고자 한다. 3절에서야 비로소 우리는 기독교적 현대주의와 함께 현대 서구세계에 대한 기독교적 근본주의의 반작용을 이해할 수 있게 될 것이다. 4절에서 우리는 자유주의와 근본주의를 넘어서 현대세계 속에 있는 전 그리스도인을 위한 운동과 방법에 대해 모색하고자 한다.

나는 기독교적 현대주의뿐만 아니라, 기독교적 근본주의도 일종의 막다른 골목으로서, 이들은 기독교적 실존으로 하여금 일종의 자기 유기 Selbstaufgabe에로 유도한다고 확신한다. 현대세계의 '마지막 절규'에 순응하는 현대주의와 마찬가지로 현대세계를 '거부'하는 근본주의의 행동도 별 중요한 의미가 없는 것이다. 현대주의적 신학은 현대세계의 종교적인 반사경을 양산하며 현대인이 어차피 이미 알고 있는 것을 반복할 따름이다. 이는 교회들에게 있어서는 명백히 관심 있는 일이겠지만, 당대의 사람들에게는 지루한 일인데, 왜냐하면 원본은 복사본보다 언제나 더 흥미롭기 때문이다. 칼 마르크스K. Marx와 마르크스주의Marxism가 문제시되든, 칼 포퍼K. Popper와 실증주의가 문제시되든, 혹은 료타르J.F. Lyotard와 포스트모던이 문제시되든 말이다. 기독교 신학의 현대주의자(모더니스트)들이 행하는 현대주의에 대한 추종은 하나의 모험적인 놀이일 따름이다. '시대정신'과 결혼(결탁)한 신학은 다음 세대에서는 과부가 된다고 사람들은 말하곤 한다.

　기독교적 정체성과 기독교적 가치가 상실되어 가는 상황에 대한 두려움이 근본주의의 옵션Option(선택사양)을 양산한다. 이러한 옵션은 교회력이나 절기에 따라 바뀌는 '기독교적 교체 미사곡Proprium'으로 일컬어지기도 한다. 미래를 전망하기 어려운 불확실성과 현대세계의 다원주의가 위협하는 상황 속에서 사람들은 비정치적인 게토 속으로 후퇴한다. 즉 그들은 자신들의 신앙에 대해 논쟁의 여지없이 살아갈 수 있으며 기독교 세계가 잘 유지되는 게토 속으로 도피한다. (이와 같이 그리스도인이 세상을 도피하는 상황 속에서 역자) 신학은 먼저 교회의 신학이 되며, 그리고 나서 그 자신만의 게토화된(폐쇄된) 교회의 영역 안에서 근본주의적인 신학으로 되어 간다. 그러나 참된 신앙, 오류가 없는 성서, 오류가 없는 교직의 '강한 성'으로의 이러한 후퇴는 사실상 신앙을 난공불락으로 만들어 버린다. 이러한 난공불락의 강한 성은 모든 포위당한 성처럼 아사餓死당할 수 있다. 오늘날 근본주의적인 신앙의 아사상태는 공적인 무관심을 통해서 가동된다. 자신을 공격하지 못하게 만드는 신앙은 더 이상 공격할 수 없다. 그러므로 근본주의적인 신앙의 '강한 성'은 결국 그 자신의 감옥이 되어버린다.

　오늘날 기독교 신학의 사명은 역사적으로 오래된 건축물의 보수 안에서 고갈되기보다, 오히려 위협당하는 현대세계에 대한 새로운 건축 안에서 하나님 나라에 대한 상기(회상) 속에서 그리고 모든 만물의 새로운 창조에 대한 선취 속에서 존재한다. 이와 함께 나는 신학의 방향에 대해 진술하고자 하는데, 이 방향 안에서 현대세계에 봉착한 그리스도인, 교회 그리고 신학의 사명을 바라보고자 한다. 교회는 그 자신을 위해서가 아닌, 오히려 하나님의 나라를 위해서 이 세계 안에 존재한다. 교회는 오시는 하나님 나라의 보편적인(우주적인) 관심사들을 공적으로 대변해야 한다. 기독교 신학은 교회의 신학, 혹은 현대세계의 신학, 혹은 안티 현대세계의 신학이기 이전에 언제나 우선적으로 하나님-나라의-신학이다.

1. 현대세계의 원칙과 가치

여기서 우리는 현대주의와 근본주의 사이의 논쟁 속에서 형성된 현대세계의 원칙과 가치에 그 내용을 제한하는 가운데 두 가지 테마, 곧 1. 교회와 국가, 종교와 정치, 그리고 우주적 인권의 테두리 안에서 개인의 종교적 자유의 생성, 2. 과학기술적인 문명과 우주적인 시장 경제에 대해 다루고자 한다.

1. 교회와 국가의 분리는 현대세계의 본질적인 특징이다. 과거의 모든 문화들을 비교해 볼 때, 우리는 현대세계에서 이루어진 교회와 국가의 분리가 인류역사 안에서 전적으로 이례적이며 유일회적이라는 사실을 알 수 있다. 양자 간의 분리가 이루어지지 않았을 경우, 종교는―혹은 그의 대체물인 세계관―언제나 어느 곳에서나 지배의 정당화로서, 그의 내적인 통일로서, 곧 하나의 종교-하나의 지배-하나의 국가로서 이해될 것이다. 현대세계 바깥에서는 종교 없는 정치가 결코 존재하지 않았고, 또한 존재하지 않는다. 독일에서 전체 기독교의 종교개혁은 정치적인 기본 원칙, 곧 "영토를 다스리는 자는 종교를 결정한다"를 통해 종결되었다. 이를 통해 교파는 국가의 일로 선언되었고 일차적인 시민의 의무로 설정되었다. 개신교 국가이든, 가톨릭 국가이든, 정교회 국가이든, 교파적으로

통일된 신앙의 국가가 유럽을 지배하였다.

개인의 종교적 자유는 먼저 네덜란드에서 이루어졌으며, 그러고 나서 영국의 종교개혁에서 이루어졌는데, 대륙에서는 1789년부터 프랑스 혁명을 통해 쟁취되었다. 이는 인간의 주체적 자유에 대한 최고의 표현이 되었다. 이제 종교는 더 이상 지시를 내리는 국가의 일이 아니라, 오히려 시민적 주체의 '개인적인 일'이며 자유로운 신앙의 결정의 대상이다. 개인의 종교적 자유는 국가를 교회로부터, 교회를 국가로부터 해방시켰다. 이는 현대적이고 이성적이며 관용적인 헌법 국가를 위한 전제로서, 이 국가는 그의 여자 시민과 남자 시민에게 종교를 지시하지 않고, 오히려 그들에게 종교의 자유를 보장하는 국가이다. 개인의 종교적 자유는 개신교 세계와 그의 '종교의 자유'(G.W.F. Hegel)로부터 근거하였다. 로마-가톨릭교회는 개인의 종교적 자유를 제2차 바티칸 공의회에서야 비로소 승인했는데, 이 공의회가 개최되기 50년 전까지만 해도 개인의 종교의 자유는 가톨릭교회에 의해 비난을 받았다. 사실 기독교와 이슬람 근본주의자들이 유감을 표명하는 현대세계의 국가들의 '세속화'는 비종교적인 악이라기보다, 오히려 현대인의 종교적 자유에 대한 종교적 대가라고 말할 수 있다.

현대세계의 일차적 원칙과 최고의 가치는 인간 주체의 자기 결정에 놓여 있다. 근대시대의 위대한 발견은 인간의 주체성(혹은 주관성, Subjektivität)에 대한 발견이다. 모든 인권은 하나의, 나뉠 수 없고 양도될 수 없는, 그리하여 보편적인 인간의 존엄성에 근거한다. 인간의 존엄성은 결코 객체로 전락하거나, 대상물로서 다루어져선 안 되는 인간 인격의 주체성 안에 존재한다. 인간의 존엄성이 그의 개인적이고 주체적인 자기 결정에 놓여 있다면, 가족, 교회, 전통, 특히 인간 자신의 육체의 생물학적 유전 등의 거대한 집단적 지배세력들은 그 힘을 잃어버리게 된다. 각 사람은 그 자신의 오성과 의지의 주체이자 그의 출신과 본성의 세력들에 대해 자유로운 주체로서 대칭한다. 성서와 교회의 권위는 인간의 역사적-비판적 의식의 대상들이 되며, 각 사람에 대한 무조건적인 요구를 상실한다. 이러한 권위는 신실한 믿음을 통해 중재되는 '우연한 역사적 진리들'(G.E. Lessing)이 되며, 직접적이고 절대적인 이성의 진리를 내포하지 않게 된다. 그러므로 전통의 자리에 인간 자신의 경험이 대신 등장한다. 가족에 대한 소속과 배려가 나날이 점증하는 개인의 자기 결정 배후에서 얼마나 급격하게 퇴각하고 있는가를 우리는 20세기 현대의 대도시들 안에서야 비로소 경험하고 있다. 현대인은 이제 자신들의 육체도 어쩔 수 없이 받아들여야만 하는 숙명으로 감수하지 않고, 오히려 (성형의학과 유전공학을 통해 역자) 의학적이고 유전적인 조작의 대상으로 간주하고 있다.

  2. 현대의 주체성이 철두철미 계몽주의의 산물로 표기되는 데 반해, 서구세계는 최소한 두 가지의 의미심장한 근원을 갖는다. 즉 1. 정복, 곧 1492년 이래 아메리카에 대한 발견과 정복, 2. 자연에 대한 과학기술적 힘의 장악이 바로 그것이다.

  a. 1492년 유럽의 국가들은 당시의 중심, 곧 거대한 오스만 제국, 인도의 무굴제국, 중국의 제국으로부터 밀려나 중요치 않은 주변적인 처지였다. 그러다가 아메리카의 정복과 착취와 함께 유럽의 강대국들이 부상하게 되었고, 이를 통해 서구세계의 승리의 개선행렬이 시작되었다. 유럽인들은 세계를 '발견'했으며, 그들이 발견한 것을 자신들의 소유물로 삼았다. 아프리카 대륙에 본래 거주하던 토착민에 대한 노예화와 아메리카

대륙의 자연자원에 대한 착취는 오늘날 소위 말하는 '제1세계'의 건설을 위한 경제적 전제를 창출하였다(제3세계 거주민과 자연자원을 무자비하게 착취한 제1세계는 엄청난 부를 축적했는데, 이것이 17-18세기 서구세계에서 산업화에 필요한 자본, '산업혁명'을 가능케 한 원동력으로 작용하게 되었음을 의미 역자).2

b. 자연에 대한 과학기술적인 힘의 장악은 새롭고 현대적인 세계 질서의 또 다른 주춧돌로 작용하였다. 니콜라스 코페르니쿠스N. Copernicus와 아이작 뉴턴 경Sir I. Newton의 당대에 성행했던 새로운 학문들은 그때까지 '세계의 영혼'으로 일컬어져 왔던 자연을 탈신비화했으며, 자연에게서 신적인 신비를 강탈하였다. "지식은 힘이다"라고 말했던 프랜시스 베이컨F. Bacon의 구호를 기반으로 급성장한 자연과학은 '어머니 자연'을 그의 자녀와 함께 '자연의 주인과 소유주'(R. Descartes)로 간주되었던 인간의 폭력에게로 데려왔다. 자연과학의 '발견들'도 자연에 대한 인간의 불법적인 강탈을 유도하였다. 이를 통해 인간의 이성은 변질되었다. 즉 인간의 이성은 '수용적 이성'과 지혜의 수단으로부터 지배의 도구와 '소유의 지식Verfügungswissen'으로 변질되었다. 현대세계의 과학기술적인 문명을 통해 인간은 이제 그가 불법으로 강탈했던 세계와 그 자신의 역사의 주체로 되었다.

c. 위의 두 가지 힘의 장악으로부터 현대세계의 메시아적인 꿈, 곧 '새로운 세계neue Welt'와 '근대시대Neuzeit'가 출현하게 되었다. 초창기에 현대세계의 이러한 꿈은 예수 그리스도께서 그에 속한 사람들과 함께 다스리고 민족들을 심판하실 거라는 '천년왕국'에 대한 기독교의 꿈이었다. 이후에 메시아적인 꿈은 전체 인류의 '황금시대'에 대한 꿈으로 확대되었다. 그리고 나서 '필연성의 나라'에 뒤따라오는 것으로 간주되었던 '자유

의 나라'에 대한 유토피아가 생겨나게 되었다. 마지막으로 19세기에 '역사의 마지막'에 대한 세계 역사적인 표상들이 후기 역사적이고 무역사적인 파라다이스 안에서 출현하였다. 미합중국 연방정부의 부서 고문인 후쿠야마F. Fukuyama에게 오늘날 대안이 없는 인류역사의 종말은 '자유 민주주의와 모든 사물에 대한 글로벌적인 시장화'에서 시작된다.[3]

2. 기독교적 현대주의

근대시대가 시작된 이래로 기독교 신학과 교회는 현대세계의 진보와 함께 그의 행보를 저지하며, 또한 오늘날 여성과 남성이 살아가고 있는 바로 그곳에 현존하기 위해 대단한 노력을 기울였다.[4] 현대세계가 먼저 서유럽의 개신교적 국가들 안에서 출현했기 때문에, 개신교 신학과 교회는 매우 일찍이 새로운 원칙과 가치를 허용했으며, '자유주의 신학'과 '문화 개신교', 가톨릭적으로 '현대주의'로 일컬어지던 것들을 양산하였다.

1. 개신교 신학은 이미 18세기 전통의 역사적-비판적 의식 위에서 허용한 역사적 성서비판을 발전시켰다. 참된 신앙은 성서의 세계상과 문자적 신앙에 달려 있지 않고, 오히려 성서 문헌들이 생성된 역사적 상황을 올바르게 인식하는 데 있다. 역사적 성서비판은 참된 신앙의 기초를 파괴하기보다, 오히려 참된 신앙의 초월적 근거를 밝히 드러내고자 한다. 슈바이처A. Schweitzer의 저서 『예수의 삶 연구의 역사Geschichte der Leben-Jesu-Forschung』(1906)는 다음의 사실을 입증하였다. 즉 역사적 의식은 역사적 예수를 어떠한 경우에도 역사적으로 함몰시키지 않고, 오히려 생생하게

현존하도록 만들었는데, 이는 기독교 전통 교리가 할 수 없었던 것이었다. 역사적 예수의 삶에 대한 연구는 '진리를 추구하는 대단히 독특한 행위'이다(A. Schweitzer). 성서와 전통에 대한 역사적-비판적 관계는 두 개의 상반된 가치를 동시에 내포한, 곧 철저히 이중적인 성향을 지닌다. 즉 그것은 한편으론 역사적인 상대주의일 수 있지만, 다른 한편 진리를 생생하게 묘사할 수도 있다.

2. 현대세계의 지식인들이 소유한 개신교 신앙은 언제나 '역사적 교회의 신앙'에서 참된 '이성의 신앙(I. Kant)'으로의 전이 속에서 의식하고, 또한 하나님에 대한 영혼의 개인적 관계를 교회의 신앙 위에 설정하였다. 개신교적 '양심의 종교'(K. Holl)는 '우리 안에' 거하시는 하나님에 대해 의식하고자 했는데, 역사 안에서 '우리에 대한' 하나님의 증언은 하나님에 대한 의식을 얻게 한다. 만약 종교가 더 이상 국가의 일이 아닌 '개인의 일'이라면, 이는 더 이상 교회의 일도 아닐 것이다. 모든 사람은 개인적으로 확신을 가져야 하며 스스로 결단해야 하는데, 왜냐하면 단지 개인적 신앙만이 각 사람을 지탱할 수 있기 때문이다. "주체성은 진리이다"(S. Kierkegaard). 주체성에 대한 현대인의 자각은 개신교 안에서 자유로운 문화 기독교로 이끌었을 뿐만 아니라, 현대의 경건주의로 이끌었다. 현대 개신교의 교파들은 주체성의 종파들이다. 게오르그 폭스G. Fox와 퀘이커 교도들은 성령의 '내적인 빛'에 대해 설파하면서 모든 사람 안에 내재하는 이 빛을 존중하였다. 침례교도 로저 윌리엄R. William은 미국 동북부에 있는 로드아일랜드 주와 뉴잉글랜드 주에서 '영혼의 자유'와 종교의 자유를 선포하였다. 요한 웨슬리J. Wesley는 참된 신앙을 '마음이 따뜻해지는 경험'과 삶의 인격적 치유로 이해하는 가운데 감리교를 창설하였다.

3. 문화 개신교는 현대세계의 메시아적 꿈의 개신교적 형태였다. 기독교는 교회의 단계로부터 그의 윤리적이며 정치적인 연대기로 향하는 도상에 있다. 정기적으로 예배에 출석하는 경건한 신도들은 과거에 소속될 뿐, 이제 윤리성과 문화의 나라 안에서 성숙한 시민으로서의 그리스도인만이 존재한다. 윤리적인 국가는 인류와 함께하는 하나님의 역사의 마지막 목표이다. 성숙한 그리스도인은 교회를 넘어서 성장하며 문화와 정치 속에서 살아간다고 19세기에 리처드 로테R. Rothe는 선언하였다. 왜소해져 가는 교회의 자리에 확장하는 세계 역사적인 기독교가 대신 등장하고 있다. 이는 세속화의 긍정적인 의미이다. 이러한 기독교적 문화 메시아니즘은 '기독교적 세기'와 '기독교적 세계'를 형성하였으며, 전체 기독교의 역사 속에서 유일무이한 선교운동을 세계 전역에서 동기부여했는데, 이 선교운동은 현대세계의 진보신앙과 함께 결합되어 있다. 보편적인 윤리성과 일반적으로 인정된 인권, 그리고 영원한 평화의 나라 속에서 역사의 완성은 가까이 다가온 것처럼 보였다. 세계 공동체와 세계 평화의 패러다임은 실현될 수도 있었다. 이는 기독교적 자유주의와 현대주의의 꿈이다.

3. 기독교적 근본주의

기독교 근본주의자들이 항상 유별나게 행동하는 바와 같이, 이들을 배제하거나, 혹은 지적인 교만함 속에서 우익 편에 두는 것은 잘못된 일일 것이다. 이에 우리는 이들의 관심사를 긍정적으로 수용하는 가운데 우리의 비판을 다음과 같이 제안하고자 한다.[5]

1. 근본주의자들은 역사의 상대주의와 신앙의 주체성에 대항하여 하나님의 권위를 근거로 내세운다. 신앙은 개인의 인격적인 결단이지만, 신앙의 확실성은 오직 영원하고 신적인 권위의 굳건한 기초 위에 근거한다. 이른바 경전을 가진 책의 종교들에서 이 기초는 계시의 책이 지닌 신적인 권위이다. 즉 하나님의 말씀을 기록한 계시의 책은 마치 하나님 자신처럼 오류가 없고 확실하다. 개신교 근본주의자들에게 이는 성서의 무오류성이고, 이슬람의 근본주의자들에게 코란은 거짓이 없고 순수한, 곧 모든 오류를 초월한 하나님의 계시로 간주되며, 가톨릭의 근본주의자들은 성서의 무오류성과 아울러 교황과 교권의 무오류성을 신봉한다. 역사적 연구는 자연과학적 연구와 같이 다소 거부되었지만, 이들의 방법과 결과는 하나님의 권위의 기초에 예속되어야만 한다. "그래도 성서는 옳다"는 것을 역사적-비판적 연구는 입증해야 한다. 그리고 학문적 '창조론'은 하나님을 부정하는 찰스 다윈C. Darwin의 진화론을 반박해야 한다. 근본주의는 현대적 사고의 위험성에 대한 반작용일 뿐만 아니라, 현대적 사고에 대한 공격이기도 한데, 이를 통해 다른 모든 삶의 영역을 하나님의 권위에 예속시키기 위해서이다. 그러므로 근본주의자들은 기독교 진영에서는 재-기독교화 캠페인을 전개하고, 이슬람 진영에서는 재-이슬람화 캠페인을 펼치고 있다.

역사적 사고와 현대적 진보신앙의 선적인 시간이해에 직면하여 근본주의는 전체 생명을 영원의 카테고리 속으로 설정함으로써, 하나님 신앙의 '무시간적인 진리'와 도덕의 '절대적인 명령'에 대해 질문한다. 영원의 현존 속에서 시류 적합성Zeitgemäßheit에 대한 현대주의의 압박은 이치에 맞지 않는 불합리한 일이다. 영원의 현존 속에서 계시의 책에 대한 역사적 차이는 그다지 중요치 않다. 계시의 책에 대한 증인들의 역사적 한계가 중요하기보다, 오히려 증언된 것의 영원히 변치 않는 내용이 중요하다. 사람들은 과거를 현재로 해석학적으로 중재하는 것에 관심을 기울이기보다, 오히려 영원을 시간에로 중재하는 것에 관심을 기울인다.

하나님의 영원 앞에서 모든 시간은 동시적이다. 하나님의 계시의 책인 성서, 혹은 코란은 영원이 현재로 직접적으로 연결된다고 말한다. 실제로 역사의 수평적인 영역과 수직적인 영역은 상호 모순되지 않는다. 근본주의자들이 계시의 책이 생성된 시간을 하나님의 계시의 영원과 혼동할 때, 또한 현대주의자들이 자신들의 현재를 절대적으로 규정하고 계시의 시금석으로 만들 때에야 비로소 모순들은 생겨나게 된다. 널리 확산된 선先 비판적인 근본주의와 함께 후後 비판적인 근본주의도 존재한다.

현대세계가 그 자신의 모순들과 재난들을 양산하면 할수록, 현대세계에 대한 인류의 신뢰는 점점 더 위축되어 간다. (현대인이 추구하는 신념의 중심점인 역자) 진보신앙의 근간을 이루는 시간에 대한 신뢰는 히로시마와 체르노빌 이후에 더 이상 유지되지 않고 있다. 오직 영원만이 인류가 의지할 든든한 지렛대를 제공한다. 자연과학적-기술적인 지배의 근간을 이루는 이 땅에 대한 신뢰는 나날이 점증하는 생태학적인 대재난에 직면하여 더 이상 유지되지 않고 있다. 머물 수 있고 영혼의 안식처를 부여할 수 있는 것은 하늘이다. 급기야 두 차례의 세계대전과 아우슈비츠를 겪고 난 이후에 인간에 대한 신뢰는 사라져버리게 되었다. (현대인이 죽었다고 선언했던 역자) 하나님이 아닌, 인간 자신이 '죽어버렸다'. 이에 오로지 초월적인 하나님에 대한 신뢰만이 남아 있다. 이러한 현대세계의 신뢰 상실은 근본주의가 세력을 확장할 수 있는 하나의 지지기반이다. 비록 근본주의가 건전하고 생산적인 답변을 주지 않음에도 불구하고 말이다. 과거에 정치·경제·사회적으로 향상하려고 부단히 애를 썼던, 그러나 지금은 경제적으로 침몰해 가는 중산층은 이러한 근본주의의 메시지에 서서히 마음을 열고 있는데, 이는 그들이 현대세계에 대해 철두철미 실망했기 때문이다.

2. 현대세계가 확산되는 곳마다, 사람들은 그들의 생래적인 정체성을 상실하는데, 그와 함께 그들의 문화와 도덕 또한 상실하고 있다. 가족과 같은 혈통을 통해 형성된 현대인의 사회적 연결 고리들은 해체되고 있다. 해체된 사회적 연결 고리들의 자리에 개인의 자유와 그의 자유로운 결합이 대신 등장하고 있다. 그러나 개인의 자유로운 의사에 따라 형성된 다양성이 개인들을 상호 간에 연결시키는 공동체와 규범의 자리에 대신 등장할 수 있겠는가? 공동체 없는 다원주의는 의심할 나위 없이 무질서한 혼란이며, 모든 사람이 오로지 자기 자신에 대해서만 생각하는 '자아도취적인 나르시즘의 문화'는 생명을 파괴한다. 기독교 근본주의자들과 이슬람 근본주의자들은 위협당하는 가족과 성별의 질서를 방어하고 종교의 도움으로 절대적인 질서를 구축함으로써, 공존을 위해 없어서는 안 되는 가치들을 관철시키고자 한다. 이들은 여성 해방에 대항하여 베일과 산아제한의 금지와 함께 투쟁하고 있다. 그러나 인간 주체의 개인적 자유는 현대세계의 기초, 곧 현대세계의 학문·문화·경제의 기초가 되는데, 이러한 자유는 도시화를 통해 자력으로 생겨나게 된다. 2000년에는 인류의 40%가 넘는 인구가 대도시 안에서 살아갈 것이므로, 현대 이전의 농경적 생활양식과 가족과 가부장제의 가치를 현대세계의 대도시 안에서 관철시키는 일은 불가능하게 될 것이다. 이와 동일한 맥락에서 공동체, 곧 기초 없는 다원주의는 존재하지 않는다. 만약 다원주의가 현대세계 속에서 개인의 가능성의 다원성에 의해 향상된다면, 근본주의는 공동의 기초가 된

다. 그러나 생명의 다양성을 반대하는 기초가 아니라, 오히려 생명의 다양함을 지지하는 기초만이 존속하게 될 것이다. 획일성을 요구하는 기초는 생명의 기초가 아니라, 오히려 죽음의 기초이다. 인간이 지닌 지적 재능의 다양함에 대한 기독교적 기초는 바로 그리스도 자신이다. 이는 결코 현대 이전의 기독교적 생활양식이 아니다. 다원적이고 다문화적인 사회를 위한 인간의 기초는 인권 안에 존재하는데, 이 인권은 개별적인 공동체들 안에서 시민권들로 되어야 한다. 오늘날 인류가 인류의 생존 자체를 군국주의적으로, 경제적으로 위협할 수 있기 때문에, 가능성의 다원주의는 생명에 유용하도록 제한되어야 하며, 죽음을 부추기는 모든 것은 배척되어야 할 것이다. 가족 자체도, 사유재산도 세속적 의미에서 '거룩하다'. 즉 생명 자체가 거룩하다.

3. 특별히 근본주의는 현대세계의 묵시사상 속에서 확산되며, 세계 멸망에 대한 (세상 도피적·허무주의적 역자) 분위기를 널리 유포시키고 있다. 현대주의가 현대세계의 생성에 대해 메시아적 '현대시대'라고 찬사를 보낸 이래로 현대의 묵시사상이 존재하게 되었는데, 이 묵시사상은 현대세계 속에서 모든 것을 파괴하는 '마지막 시간' 이외에 다른 것을 보지 못하였다. 인류의 황금시대의 자리에서 사람들은 묵시사상적인 기사들의 말발굽 소리와 아마겟돈에서의 전투 소리를 들었다. 19세기에 묵시사상적인 두려움의 환상들이 프랑스 혁명과 '적그리스도' 나폴레옹을 통해 소멸되었다면, 20세기에 그것은―로널드 레이건R. Reagan 대통령이 생각했듯이― '핵무기로 무장된 아마겟돈'과 '핵전쟁 그 이후의 겨울'의 현실적 광경들이다. 중세 기독교에 있어서 아랍의 지배에 의한 비잔틴 제국, 러시아 제국과 다른 '세계들'과 같이, 세계 멸망에 대한 두려움들은 역사적인

문화 세계가 멸망할 때에 출현한다는 것이 일반적으로 통용된다. 그러나 핵의 시대의 시작과 함께 전체 인류는 '종말'의 시대에 진입했는데, 여기서 인류의 종말은 그 어느 때에나 가능한 일이다. 인류가 핵무기로 인한 세계 멸망의 형태를 통해 배운다는 것을 또 다시 망각할 수 없는 일이기 때문에, (더욱이 핵무기로 인한 세계 멸망으로부터 인류의 생존 자체가 불가능한 일이기 때문에 역자) 현대인이 직면한 종말은 그 이후의 다른 시간이 더 이상 도래할 수 없는 그야말로 '종말'이다.

그렇지만 현대의 종말의 현실적인 도전에 대한 미국 근본주의자들의 반응은 경악스러울 만큼 이상하다. 즉 그들은 핵무장한 초강력세력들을 통해 붕괴될 수 있는 핵전쟁의 세계 멸망을 요한계시록 16장 14절 "하나님, 곧 전능하신 이의 큰 날"에 근거하여 '아마겟돈'이라고 일컬으면서 하나님에게 세계 멸망에 대한 책임을 전가하고 있다. 여기서는 세계 평화를 위해 필요불가결하게 짊어져야 할 인간의 책임의 자리에 종교적인 현실 도피주의에 대한 무책임한 약속, 끔찍스러운 세계 종말 이전에 참된 신앙인들은 하늘의 무아지경 속으로 들어간다는 공허한 약속이 대신 등장하고 있다. 사람들은 힘의 책임에 대해 과중한 부담감을 느끼게 되면, 복잡한 현실적 문제들을 비껴가는(도피하는) 가운데 쉽게 '무아지경 속에 빠져버리는' 경향이 있다. 이러한 근본주의자들의 (현실 도피적·허무주의적 역자) 묵시사상은 현대세계의 위협적인 자기 파괴를 부추기는 도발적인 증상이다. 그러므로 기독교 종말론은 현대세계의 메시아니즘으로부터 벗어나야 하며, 이 세계의 파멸로부터 구원의 카테고리들을 보존해야 할 것이다.

4. 현대주의와 근본주의를 넘어서

교회는 교회 자신을 위해서가 아니라, 오히려 하나님 나라를 위해 존재한다. 교회가 세계 어느 지역에나 존재하듯이, 교회는 세계 역사 속에서 하나님 나라와 그 의의 보편적인 관심사들을 대변해야 할 것이다. 이러한 이론의 여지없는 확실한 단언으로부터 다음의 사실이 뒤따르게 된다. 즉 전 그리스도인은 현대세계와 동일시될 수도, 현대세계로부터 격리될 수도 없는데, 왜냐하면 경건한 계몽주의자들이 생각했던 바와 같이, 현대세계는 하나님 나라가 아니며, 하나님 나라에 대한 인간적 가까움도 아니기 때문이다. 그러나 하나님께서도 그의 나라 없이 존재하시지 않는다. 그렇지만 현대세계는 그의 가능성과 함께 그의 한계 속에서 하나님 나라에 상응하거나, 혹은 그에 이반할 수도 있다. 하나님 나라를 희망하는 사람들은 현대세계의 모순에 항변하고 그의 상응을 환영할 것이다. 이들은 현대세계의 개혁을 위해 비판적으로, 예언자적으로 사역하게 될 것이다. 이에 대해 1934년 독일 고백교회의 〈바르멘 신학선언die Barmer Theologische Erklärung〉은 분명히 제시하였다: "교회는 하나님의 나라, 하나님의 계명과 정의 그리고 통치자들과 피통치자들의 책임을 상기(회상)시킨다." 우리는 하나님 나라, 계명 그리고 정의를 위해 자유를 부가할 수 있다. 오늘날 우리는 이러한 공적인 '상기'를 시장 경제, 이 땅의 생태계 그리고 문화 안에 널리 확산시켜야 할 것이다. 전 그리스도인의 비판적-예언자적인, 이와 함께 공적인 사명은 현대세계 속에서 이루어져야 할 것이다. 다른 한편 근본주의자들이 모색하는 바와 같이, 참된 신앙인들이 공공성으로부터 논쟁의 여지가 없는 확실한 교회 공간 속으로, 혹은 거룩한 남은 무리들 속으로 후퇴(세상 도피를 의미 역자)하는 것은 있을 수 없는 일이다. 왜냐하면 이는 공공성 속에서 예언자적인 사명의 포기를 의미하기 때문이다. 하나님께서는 하나님 나라 없이 존재하시지 않는다. 하늘과 땅은 하나님의 광채와 함께 충만하게 될 것이다. 그러므로 성서적 토대 위에 도래하는 하나님 나라에 대한 희망 없이 하나님에 대한 신앙은 있을 수 없다. 이는 유대교적인 하나님 신앙에 해당되고, 이슬람적인 하나님 신앙에도 해당된다. 개신교 문화신학이 제1차 세계대전의 와중에 붕괴된 이래로, 많은 개신교인에게 '교회의 세기'(O. Dibelius)는 시작되었다. 이러한 상황 속에서 개신교 신학은 '교회의 신학'으로서 강조되었다. 이와 함께 기본적 관계가 역전됨으로써, 곧 교회의 하나님-나라에 대한-방향 설정의 자리에 하나님 나라를 교회의 중심으로 설정하는 일이 대신 등장하게 되었다. 그러나 오늘날 우리는 예수께서 이를 위해 공개적으로 십자가에 못 박혀 돌아가셨던 하나님 나라에 방향을 설정할 때에야 비로소 현대세계의 원칙과 가치에 대해 비판적-예언자적인 관계를 갖게 될 것이다. 그렇게 되면 우리는 현대주의와 근본주의의 어리석은 양자택일을 버리게 될 것이다.

1. 교회 안에서 하나님의 나라를 발견하는 일은 **성숙한 교회 성도들을** 발견하는 것을 의미한다.[6] 교회는 '지역 단체들'과 함께 설립된 대규모 조직체가 아니다. 또한 교회는 파벌적인 집단도 아니다. 교회 안에서 모든 것은 성숙한 교회 성도들의 신앙의 각성, 연합 그리고 교화를 위해 기여해야 한다. 교회 안에 전 그리스도인은 모인다. 교회 안에서는 성직자와 평신도의 분리가 존재하지 않는데, 이는 교회가 (각계각층의 다양한 역자) 전문가들로 이루어졌기 때문이다. 즉 모든 남자 그리스도인과 모든 여자 그리스도인은 그들의 삶의 영역과 소명 속에서 살아간다. 성숙한 교회

성도들은 자신들의 사명을 스스로 규정할 수 있는데, 이는 그들이 이에 대한 재능을 충분히 가지고 있기 때문이다. 그들은 디아코니아를 반드시 디아코니아적인 사역단체들에 위임할 필요가 없는데, 왜냐하면 그들은 환자들과 장애인들을 돌보는, 그 자체가 디아코니아적인 성도들이기 때문이다. 그들은 선교를 반드시 선교단체들에게 위임할 필요가 없으며, 오히려 그들의 사도의 직을 그들의 삶의 영역과 소명 속에서 깨달아야 할 것이다. 그들은 에큐메니컬 운동을 에큐메니컬 담당자들이나, 혹은 에큐메니컬 위원회들에게 위임할 필요가 없으며, 오히려 에큐메니컬 공동체 안에서 그 지역에 있는 모든 그리스도인과 함께 연대하여 살아가야 할 것이다. 그들은 신학을 신학교수들에게 위임할 필요가 없으며, 오히려 그 자신들의 실천을 지속적으로 복음의 빛 속에서 성찰해야 할 것이다. 그 동안 시행되어 왔던 위임의 원칙은 사실상 전 그리스도인을 미성숙하게 만들었다. 즉 이는 전 그리스도인이 가진 최상의 재능과 사명으로부터 소원해지게 함으로써, 그리스도인으로 하여금 단지 공직자들의 '명예직'의 부하직원으로서 '영혼을 돌보는'이로서 제한시켜버렸다. 그러므로 성숙한 교회 성도들의 재능과 사명을 발견하는 일은 하나님의 영을 받는 충만함의 경험보다 결코 경미한 일이 아니다. 성숙한 교회 성도들은 카리스마를 가진 성도들이다. 이 성도들 안에서 하나님의 영을 받은 모든 남자 성도와 하나님의 영을 받은 모든 여자 성도는 단지 이른바 '성직자들'뿐만이 아니다. 오늘날 비록 카리스마적인 운동들과 오순절 교회들이 근본주의를 차용함에도 불구하고, 우리는 하나님의 영에 대한 경험을 결코 포기하거나, 아니면 이를 다른 곳에서 허용하지 않을 이유가 없을 것이다. 십자가에 달려 죽으시고 영원히 살아 계신 예수 그리스도의 기초 위에서 하나님의 영을 받음의 충만함이 임하게 되는데, 하나님의 영을 받음은 공동으로 하나님 나라와 그 의를 위해 이 세상 안에서 사역하는 것을 통해 그 가치를 부여받게 된다. 첫 번째는 하나님 나라의 의미에서의 교회개혁이다. 우리는 국가교회와 지역단체 교회를 필요로 하지 않으며, 오히려 하나님 나라를 위한 교회를 필요로 한다. 즉 우리는 교회 공동체Kirchengemeinde 대신에 공동체 교회Gemeinde-Kirche를, 복지 교회Betreuungskirche 대신에 협력의 교회Beteiligungs-Kirche를 필요로 한다. 이에 대한 사례를 소개하자면, 1989년 월요일 저녁에 라이프치히Leipzig에 있는 교회들의 작은 모임들에서는 평화를 위한 기도회가 있었다. 이 모임들에 "우리는 그 민족이다"라고 구호를 외치던 자유를 위한 대규모 시위대들이 동조하게 되었다. 이 안에서 결연한 의지를 가진 소수자들이 보편적이고 우주적인 관심사를 설득력 있게 성공적으로, 곧 비판적이고 예언자적이며 비폭력적으로 대변하게 되었다.

2. 현대세계 속에서 하나님 나라를 발견하는 것은 성숙한 그리스도인이 환상적으로 꿈꾸는 일이다. 여기서 나는 세 가지 문제의 영역을 언급하고자 하는데, 이의 일환으로 하나님의 나라와 그의 의에 대해 비판적-예언자적으로 '상기'하는 것은 필요불가결한 일이다.

a. 인간의 존엄성은 시장 가치보다 더 값지다. '현실적으로 일어났던' 사회주의적 대안이 종언을 고한 이후 명백히 대안이 존재하지 않는 상황 속에서 이전에 '자본주의'로 일컬어지던 '모든 사물의 글로벌적인 상품화'만이 남아 있다.7 만약 시장 가치가 '모든 사물의 기준'으로 된다면, 시장은 문자적인 의미에서 '모든 사물의 묵시사상적인 종말'이 될 것이다. 나머지는 쓰레기이다. 종교 역시 국가의 일로부터, 그리고 개인의 사적인 일로부터 세계 시장의 '감각의 자원들Sinnesressourcen'에 대한 봉사의 영역에서

의 하나의 상품으로 전락하였다. 미국에 있는 근본주의자들의 '전자식 교회'는 자신들의 종교를 상품화함에 있어서 주목할 만한 성공을 거두고 있다. 자유주의자들과 현대주의자들은 이에 대해 혐오감을 갖거나, 아니면 그저 단순히 이를 위한 자금이 없다. 시장이 종교에 가하는 위해는 확실하다. 상품화된 종교, 곧 겨울 바겐세일처럼 '특별 행사'하는 종교는— 최소한 독일에 있어서는—그다지 성과를 거두지 못하고 있다. 우리는 '염가'로 판매하는 교회를 필요로 하지 않는다. 우리는 시장이 인간에게 가하는 위해를 보다 중요하게 유념해야 한다. 만약 인간의 존엄성이 시장 가치와 동일하게 산정된다면, 인간의 존엄성은 장기간에 걸쳐 큰 영향을 미치는 가운데 점차로 파괴될 것이다. 이는 장기간 실업상태에 있는 사람들이 그 자신들의 육체 안에서 경험하는 것과도 같다. 인간은 그의 능력의 총계보다 더 많은 가치를 지니고 있으며, 그의 실패의 총계보다 더 많은 가치를 지니고 있는 매우 귀중한 존재이다. 여성이든 남성이든 각 사람은 인격으로서 하나님 앞에서 존중을 받아야 하며, 그에 대한 시장 가치의 판단, 곧 그가 시장 가치가 있거나, 혹은 시장 가치가 없다는 판단에서 자유로워야 한다. 우리는 시장 위에서 상대적인 메시지, 곧 인간의 시장 가치 없이도, 오직 은혜로서만 인간이 의롭다 인정함을 받는 메시지를 필요로 한다. 우리는 그 안에서 인간이 인격으로서 받아들여지고 존중되는 것을 느끼는 사회를 필요로 하는데, 이는 인류가 시장 위에서 모두에 대항하는 모두의 투쟁 속에서 멸망에 이르지 않기 위해서이다. 향후 미래세계에 혹독하게 문제시될 영역은 교회와 국가이기보다, 오히려 교회와 시장이 될 것이다.

b. 평등 없이 자유도 존재하지 않는다. 현대세계의 인류에 대한 프로젝트는 "모든 인간이 자유롭고 평등하게 창조되었다"는 약속과 함께 시작되었다.

우리는 서구의 자유 민주주의 안에서 무엇이 국가의 폭력에 직면하여 개인의 자유를 의미하는지에 대해 이해하였다. 그러나 모든 인간이 자유롭다는 이러한 약속은 아직도 실현되지 않고 있다. 아직도 이를 이행하기 위한 많은 해방의 운동과 시민권의 운동이 절실히 요청된다. 모든 인간이 '동등하게' 창조되었다는 진리는 전적으로 실현되지 않고 있다. 실패로 돌아간 사회주의적인 실험의 종언 이후에 서구세계에서 아무도 더 이상 평등에 대해 말하고 싶어하지 않는다. 그렇지만 평등 없이 모든 인간의 자유란 존재하지 않는다. 평등 없이 자유는 보편적일 수 없기 때문이다. 더욱이 경제적으로 극단적인 불평등은 민주주의를 불가능하게 만들기 때문이다. 평등의 사회적 개념은 정의를 의미한다. 정의롭고 사회적인 관계들 없이 인간 사이에, 민족 사이에 평화는 존재하지 않는다. 평등의 윤리적 개념은 연대성을 의미한다. 동독에서 서독으로 수십만에 이르는 사람이 이주하지 않도록 하기 위하여, '동일한 생활환경'이 동독과 서독에 조성되어야 할 것이다. 이는 비용이 많이 드는 일이지만, 그런대로 진행되고 있다. 동유럽에서 서유럽으로 수백만에 이르는 사람이 이민하지 않도록 하기 위하여, '동일한 생활환경'이 전체 유럽에 조성되어야 할 것이다. 유럽이 (가난한 대륙들에 대하여 자신만의 강력한 아성을 구축하는 역자) '유럽 요새'가 되지 않기 위하여, '동일한 생활환경'이 남(가난한 제3세계를 지칭 역자)과 서(부유한 제1세계를 지칭 역자)에 균등하게 조성되어야 할 것이다. 달리 표현하여 '망명자들(난민들)의 밀물'로 일컬어지는 빈곤퇴치 운동들이 중지되어선 안 될 것이다. 기독교 교회들, 곧 '가톨릭교회들', 혹은 '에큐메니컬 교회들'은 그들에게 우주적이고 보편적인 것이 지엽적인 것보다 더 중요하다는 사실과, 또한 에큐메니컬 연대성이 국가적인 충성, 혹은 사회계급적인 충성보다 더 상위에 있다는 사실을 표명할 수 있다. 기독교 교회들이 남아프리카에서 지역적인 인종차별 사회체제에 성공적으로 저항했듯이, 글로벌적인 인종차별 사회에 보다 적극적으로 저항해야 할 것이다.

c. 우리는 특히 현대세계의 생태학적인 혁명 앞에 서 있다. 현대세계와 우리가 그 안에서 생존하고자 원한다면 말이다. 이를 위해 전 그리스도인의 생태학적인 개혁이 중요하다. 우리는 이를 위해 하나의 새로운 신학적인 건축학을 필요로 한다. (그동안 기독교 이천 년의 신학 전통이 사실상 신봉해 왔던 역자) 단일신론은 자연을 '탈신비화' 했으며, 인간으로 하여금 자연에 대한 존중 없이 자연을 지배하고 장악하도록 부추겼는데, 이는 오직 인간 안에만 하나님의 영이 현존하신다고 간주되었기 때문이다. 현대세계의 휴머니즘적 사상도 자연의 다른 생물들에게 부담을 가하였다. 단지 인간만이 주체이며, 자연의 다른 모든 존재는 객체이다. 우리는 '이 땅에 대한 재발견'과 '육체의 복귀Wiederkehr' 앞에 서 있다.[8] 창조의 억압받는 영역들은 자신들의 비참한 처지를 알리고 있다. 그들은 침묵과 사멸을 통해 자신들의 참담한 처지를 알린다. 이러한 상황 속에서 새로운 기독교적 영성은 이 땅과 그 자신의 육체 안에 감추어져 있는 하나님의 내재성을 발견한다. "어떠한 창조물도 그 안에 하나님을 담지하지 않을 만큼 하나님으로부터 멀리 떨어져 있지 않다"라고 토마스 폰 아퀴나스Th. von Aquinas는 말하였다. 루터와 깔뱅도 하나님께서 창조하신 모든 피조물이 지니고 있는 존엄성을 자명한 것으로 인정하였다. 전 그리스도인의 교회는 영혼의 회복과 인간 인격의 구원에 대해 돌볼 뿐만 아니라, 우주, 특히 이 땅의 회복도 돌보아야 하는데, 사실 우리는 이 땅으로 인해 살아가지만 이 땅을 계속해서 파괴하고 있기 때문이다. 하나님의 모든 피조물 가운데 창세기 1장은 유독 이 땅만을 일컬어 동식물을 '생산한 여인

Hervorbringerin'이라고 불렀다. 땅에 대한 현대세계의 학문은 가이아 가설 Gaja-Hypothese의 모델과 함께 사역하고 있는데, 이 가설에 따르면 땅 자신은 그 안에 거하는 모든 생명체의 생명을 가능케 하고 보존하는 단 하나의 거대한 유기체이다. 인간과 이 땅, 문화와 자연에 대한 하나의 새로운 포스트모던적인 관점을 위한 신학적 카테고리들을 획득하기 위해, 우리는 인도로 순교여행을 떠날 필요가 없으며, 오히려 기독교 자체 안에 있는 신비적인 원천으로부터 마실 필요성이 있다. 모든 살아 있는 것과 거대한 창조 공동체(시 104편)의 합일에 대한 현대세계 이전 고대의 표상들은 포스트모던의 구상들에 대한 좋은 본보기가 될 수 있을 것이다. 우리의 목표는 인간의 문화를 다시금 이 땅의 자연에로, 인간의 정신을 다시금 육체의 자연에로, 그리고 현대세계의 도구적 이성을 다시금 지혜의 보다 커다란 연관성에로 통합시키는 것이다.

제4장

대화인가, 아니면 선교인가
: 위기의 세계 속에서의 기독교와 타종교의 사명

이 장에서 나는 먼저 나 자신의 다음과 같은 개인적 경험과 진솔한 회의와 함께 시작하고자 한다.

1. 인도에서 나는 화려한 힌두-사원과 자이나-사원, 그리고 수천 년 이래로 동일한 형태, 동일한 역사, 동일한 종교의식을 드리고 기도하며 제물을 바치는 사람들의 무리에 매료당하였다. 이곳에서는 삶, 사랑과 죽음과 함께하는 고난과 경험에 대한 지혜가 그 안에 잘 보존되어 있는 가운데 오늘날에 이르기까지 살아 존재한다. 나는 스리랑감Srirangam에 있는 비슈누-사원과 마운틴 아부Mount Abu에 있는 자이나-성물을 뇌리에 떠올린다. 때때로 나는 거기에서 다음과 같이 질문하곤 하였다. 즉 이러

한 훌륭한 종교적 상징물들이 사라져버린 그 자리에 도처에 동일한 기독교 교회들이 세워지는 것을 나는 그리스도인으로서 본래 원하고 있는가? 그렇지만 나는 다른 한편 그들 모두가 예수 그리스도의 복음을 듣고 생명의 영을 경험하며 새로운 창조와 생명의 충만함에 대해 희망하는 것을 원하지 않는가? 나는 이리 저리 골몰하였다. 한편으로 나는 인도 종교들의 훌륭한 내면세계에 깊은 인상을 받았지만, 다른 한편 예수 그리스도에 대한 신앙과 하나님 나라에 대한 희망에 사로잡힌바 되었다. 나는 무엇을 행해야 하는가? 나는 그리스도의 보내심의 사명을 포기하고 타종교들 사이의 관용과 이해를 지향하는 타종교 간의 대화에 진력해야 하는가, 아니면 나는 그러한 대화를 거부하고 전적으로 기독교 선교에만 전념해야 하는가? 사실 마태복음 28장 19절에 근거한 선교의 명령은 "모든 민족을 그리스도의 제자로 만들어라"고 선포하면서 모든 종교 공동체와 함께 대화할 것을 말하고 있지는 않다! 아니면 타종교들과의 대화와 기독교 선교는 서로에게 전혀 상반되지 않는 것인가?

2. 튀빙엔 대학에서 선교학 교수직을 새롭게 임용할 때, 대학의 소평의회 안에서 다른 학과들로부터 항변이 제기되었다. 선교는 더 이상 시류에 적합하지 않다고 종교 간의 대화를 기획하는 프로그램들은 진술하고 있다. 그러면 우리는 선교학을 위한 교수직을 '기독교적 대화학Dialogwissenschaft'으로 명칭을 바꾸어 불러야 하는가, 아니면 선교학을 종교학을 위한 학과에 양도하는 가운데 선교학 대신 일반적 종교학을 위한 교수직―기독교 종교에 포함시켜―을 만들어야 하는가? 만약 우리가 이러한 일을 행한다면, 우리는 그에 따른 논리적 결과 속에서 기존의 교파적-신학적 학과들을 종교학의 한 전공분야로 만들어야 하는가? 그러나 선교란 본래

무엇인가? 오늘날 이미 거론되고 있는 바와 같이, 선교란 기독교 제국, 기독교 문명, 혹은 '서구적 가치 공동체'의 확장인가? 아니면 기독교 교회들의 확장인가? 아니면 기독교 신앙으로의 인간의 개종인가? 아니면 선교란 필시 무언가 전적으로 다른 것, 곧 선교란 생명의 미래로의 초대인가?

나는 이 장에서 다음의 내용들에 대해 살펴보고자 한다. 즉 1. 종전의 기독교와 타종교들 간의 대화에 대해 고찰하고자 한다. 종교 간의 대화, 곧 다른 신앙과 다른 세계관을 가진 인간과 함께하는 대화는 과연 어떠한 대화인가? 우리는 무엇에 관해 서로 함께 대화해야 하는가? 우리는 어떠한 전제들과 어떠한 기대들과 함께 대화를 나누며, 여기서 무슨 타개책을 모색할 수 있는가? 2. 종교 간의 대화를 전제하는 기독교 선교에 대한 새로운 이해를 발전시키고자 한다. 선교에 대한 새로운 이해는 종교 간에 대화를 중단하거나 배제하지 않고, 오히려 종교 간에 지속적으로 대화를 나누는 가운데 대화를 가능케 할 것이다. 대화는 필요불가결하기 때문에, 단순한 대면보다는 대화를 보다 많이 활용해야 할 것이다.

(종교 간의 대화를 지속적으로 가능케 하기 위해 역자) 나는 아래와 같은 두 가지 단순한 사실에서 출발하고자 한다.

1. 종교 공동체 사이의 종교적이고 문화적인 대화 없이 그 어느 누구도 ─그리스도인도, 유대교인도, 모슬렘도, 힌두교인도, 불교인도─ 사려 깊게 될 수 없을 것이다. 자신만의 영역 안에 머무는 가운데 곤경에 빠져 있는 사람은 어리석은 사람인데, 왜냐하면 그는 언제나 그리고 어느 곳에서나 단지 그 자신이 확인했던 동일한 것만을 듣게 되기 때문이다. 그러나 동일한 것은 동일한 것에 대해 예나 지금이나 전적으로 무관심해진

다. 우리는 다른 것들 안에 둘러싸여 있을 때, 정신적으로 깨어 있고 자신의 신념에 확신을 갖게 된다.

2. 지금까지 종교 간의 대화를 통해 아직 아무도 그리스도인, 혹은 유대교인, 혹은 모슬렘, 혹은 힌두교인, 혹은 불교도가 되지 않았다(종교 간의 대화를 통해 쉽사리 다른 종교로 개종하거나 전향하지 않음을 의미 역자). 오히려 종교 공동체 사이의 대화는 현재 자신의 종교적 상태를 보전하고 자신의 종교적 성향에 전적으로 보수적이 되도록 만든다. 모든 사람은 대화 이후에도 자신들의 종교적 상태 그대로 존속한다. 그렇지만 그들은 대화 속에서 서로 함께 '이야기를 나누거나', 혹은 '서로에게 친절하게' 대한다. 이를 통해 그들은 평상시에 종교적으로 평화를 누리게 된다. 한스 큉H. Küng은 "세계의 종교 사이의 평화 없이 이 세계 안에 평화란 존재하지 않는다"라고 말한바 있는데, 이러한 그의 말은 옳다. 만약 우리가 지금 서로 함께 대화하지 않는다면, 아마도 우리는 내일 서로를 향해 총을 겨누게 될 것이다. 베를린이 바로 다음번의 사라예보Sarajewo(1914년 6월 28일 이 도시에서 오스트리아의 황태자 암살사건이 발생했는데, 이 사건이 제1차 세계대전 발발의 결정적 계기로 작용 역자)가 되지 않는다고 누가 보장할 수 있겠는가? 그리하여 사람들은 자신들이 살아가고 있는 이 세계의 무수히 많은 치명적인 위험에 직면하여 휴전과 방치상태보다는, 아마도 더 많이 종교 공동체들에게 (세계 평화를 위해 사역할 것을 역자) 기대하지 않겠는가?

그러므로 우리는 비판적으로 다음과 같이 질문을 제기하고자 한다. 즉 대화는 좋은 일이지만, 과연 무엇을 위한 대화인가? 선교는 좋은 일이지만, 과연 무엇을 지향하는 선교인가?

1. 기독교와 타종교 사이의 대화에 대한 고찰

종교의 역사 속에서 종교 간의 대면의 가능성과 공존의 형태는 많이 존재하였다. 종교 간의 '대화'는 특별히 현대세계에서나 가능한 일인데, 왜냐하면 이 대화는 종교와 국가권력의 분리, 개인의 종교적 자유를 전제하기 때문이다(현대세계에 이르러서야 비로소 종교와 국가권력의 분리, 개인의 종교적 자유가 가능케 되었음을 의미 역자).

1. 본래 종교와 국가의 결합은 가장 폭넓게 확산되었고, 또한 현재에도 그러하다.[1] 고대 국가들은 종교 국가들이었으며 큰 종교들은 국가종교들이었다. 종교적 예배는 시민으로서의 일차적 의무로 간주되었으며, 왕들과 황제들, 이를테면 이집트의 파라오들과 로마 제국의 시저들은 그들의 지배 영역 안에서 대제사장이기도 하였다. 로마 황제는 '조국의 아버지 pater patriae'인 동시에, 신들의 아버지인 주피터Jupiter를 위한 '로마 제국의 대제사장pontifex maximus'이었다. 이집트 파라오들, 페르시아의 대왕들, 중국의 황제들의 세계 속에서도 이러한 상황은 다르지 않았다. 국가종교는 지배자의 절대주의를 정당화하였다. 이와 함께 지배자의 통치는 백성들에게 행복을 약속하는 '거룩한 지배'로 정당화되었다. 이에 공적인 국가 제의Staatskult를 거부하는 사람은 신들과 제국의 적으로 간주되었다. 그는 신들의 진노를 불러일으키고 영토와 거주민들에게 불행을 가져온다고 생각되었기 때문에, 제물로 바쳐져야 했다. 불교, 혹은 이슬람교를 국가종교로 삼았던 국가들은 오늘날에도 아직 존재한다. 마르크스-레닌주의를 국가종교로 삼았던 국가들은 과거의 동구권에 존재하였다. 로마 제국 안에서 콘스탄티누스Konstantin 황제와 그의 후계자 테오도시우스Theodosius,

저스티니언Justinian은 기독교를 그들의 다민족 국가를 위한 제국의 종교로 만들었다. 국가와 기독교 종교의 결합은 서구세계에서 현재에 이르기까지, 독일에서는 1919년 바이마르Weimar 공화국의 헌법에 이르기까지 존재하였다. 이 헌법의 제48 조항은 "국가교회는 존재하지 않는다"라고 명시하였다. '교파적으로 통일된 신앙의 국가', 곧 '한 왕-한 법률-한 종교'는 오랜 기간 독일의 정치적인 이상이었다. 이러한 절대주의적인 구호 이후에 개신교의 소수자들은 프랑스, 오스트리아, 이탈리아, 헝가리에서 추방당했으며, 가톨릭교도는 영국에서 추방당하였다.

이러한 의미에서 어떤 한 종교가 정치적으로 주도적인 종교로 부각되면, 종교 사이에 (세력 균형이 깨지면서 역자) 대화보다는 오히려 종교전쟁이 일어나게 된다. 그 자신의 종교에 속한 다른 교파들은 배교할 것을 종용당한다. 다른 종교들은 우상숭배와 악마숭배로서 멸절당하며, 그 추종자들은 개종을 강요당하게 된다. 대부분의 경우, 국가종교들 사이의 대면은 보다 나약한 종교의 사멸과 함께 보다 강력한 '집단들'의 신들에게로 나약한 종교의 추종자들이 넘어가도록 유도하였다. 종교전쟁들, 혹은 보스니아Bosnia에서처럼 종교들이 침략의 원동력으로 작용하였던 전쟁들은 언제나 정치적 종교들과 관련이 있다.

그렇지만 고대의 정치적 종교들은 현대의 정치적 종교들처럼 그다지 전체주의적인 성향을 띠지 않는 편이다. 모두를 결속시키는 국가 제의의 문턱의 하층부에서 (국가 제의를 국시로 삼는 엄격함 이면에 역자) 다민족 국가였던 로마 제국은 그의 거주민들의 종교에 대해 관용적인 태도를 취하였다. 로마 제국에 소속된 소수 민족들은 그들의 가문과 자신들이 개인적으로 믿는 신들, 소위 가문의 수호신(가신)을 숭배할 수 있었다. 일례로 어떤 민족들은 그들이 믿는 미트라 신Mithra(고대 인도의 빛의 신 역자)에 대한 제의와 그들의 지역 신에 대한 소속성을 동시에 보유할 수 있었다. 중국의 대제국들과 불교 국가들 안에서도 그 상황은 크게 다를 바 없었다. 로마가 국가 제의의 하층부에서 (다민족의 다종교에 대해 관용적인 상황 속에서 역자) 종교들은 널리 확산되었고, 새로운 종교들이 생겨났으며, 가족, 혈족, 씨족, 계급으로 구성된 다양한 종교 공동체 사이에 대화와 사리사욕 없는 소박한 공존이 이루어지게 되었다.

만약 종교 공동체들이 국가종교를 요구했다면, 이를테면 보편성의 요구와 절대성의 요구와 함께 서로 배타적으로 행동했다면, 예로부터 공적인 힘겨루기(종교들 사이의 세력 다툼을 의미 역자)가 일어났을 가능성이 있다. 이는 모세와 이집트 파라오의 '마술사들', 혹은—보다 현대적인—사제들과 선교사들, 국가에서의 제의적 힘에 대해 논쟁하는 종교 공동체들의 대변인 사이의 공개적 토론 속에서 일어난 바 있었다. 포럼은 중앙집권적인 국가권력, 왕의 궁정, 도시의 위원회가 주로 관장하였다. '참된' 종교를 옹호하고 '잘못된' 종교를 비판하는 논증이 서로 교환된 연후에, 왕, 경우에 따라서 도시 위원회는 어떤 종교가 '구원을 가져오는' '참된' 종교로서 영토를 다스려야 하는지, 그리고 어떤 종교를 '재앙을 가져오는' '잘못된' 종교로서 추방시켜야 하는지를 결정하였다. 종교에 대한 논쟁은 공적이고 정치적인 결정을 위한 대화였으며, 기소, 변호, 판결과 함께 법정의 공판의 한 방식을 띠었다. 그리하여 16세기에 종교개혁은 독일 민족국가의 신성 로마 제국 안에서 출현하였다. 라이프치히에서 있었던 루터와 엑크J.M. Eck(잉골슈타트 대학의 교수로서 루터의 종교개혁을 강력히 반대했던 적대자 역자) 사이에 있었던 논쟁 이후에 종교개혁은 독일의 작슨Sachsen 주에서 선제후들에 의해 수용되었다. 츠빙글리가 논제를 작성했던 취리히 논쟁 이후에 취리히 종교개혁은 그 도시 위원회에 의해 받아들여졌다.

종교 간의 대화를 실현하기 위해 전 세계적으로 확산된 종교와 국가의 결합에 대한 대략적인 조망으로부터 무엇이 뒤따르게 되는가?

a. 아시아와 아프리카에서는 1세기 이래로 비정치적인, 곧 비콘스탄티누스적인 기독교가 다른 종교 공동체 사이에서 종교적 소수로서 관용적으로 존재하고 있다. 강력한 가족 연계가 인도와 이집트에 있는 전 그리스도인의 생존을 보장하고 있다. 그곳의 교회들은 소박한 공동생활을 통한 비폭력적이고 확신에 가득 찬 선교만을 행하고 있다. 다른 종교 공동체들을 옹호하는 지지자들과의 대화는 과거부터 존재해 왔고 현재에도 존재하지만, 별다른 의미가 없는 상황이다. 중국에 있는 개신교회는 종교적, 혹은 이데올로기적 대화로부터 기인하지 않고, 오히려 마오쩌둥毛澤東이 감행한 잔인하고 반종교적인 문화혁명의 기간 동안에 일어났던 순교로부터 생겨나게 되었다. 이 교회는 가정교회와 오랜 기간 인내로 견뎌 왔던 여신도와 남신도 안에서 연명했으며, 1990년대 중반 6천~8천만의 신도를 기록하고 있다. 예전의 구소련에 있던 정교회의 교회도 결코 권세를 휘두르는 마르크스-레닌주의의 국가적 중요인물들과 대화하지 않았고, 또한 1967년 마리엔바드에서 개최되었던 기독교-마르크스주의 사이의 마지막 대화에 참여하는 것조차 거부했지만, 오히려 마르크스주의의 국가종교를 딛고 생존하였다.

b. 고대 기독교의 몸체Corpus Christnum의 기반 위에 서 있는 서구세계의 다종교주의와 종교 간의 대화는 전적으로 다르게 발전하였다. 종교개혁에 이르기 전까지 로마-가톨릭 기독교는 제국의 종교였다. 종교개혁 이후에 교파적으로 통일된 신앙의 국가들이 "영토를 다스리는 자는 종교를 결정한다cuius regio eius religio"라는 구호에 의거하여 출현하게 되었다. 전

그리스도인의 교파적인 분열과 유대교의 존재는 종교적으로 중립적이고 세속적인 국가의 현대적 형태, 곧 가장 먼저 네덜란드, 그러고 나서 프로이센, 이후 프랑스 등을 후원하였다. 국가의 세속화는 우선적으로 다음의 사실만을 의미한다. 즉 국가 권력은 종교적 질문 안에서 권한을 갖지 않으며, 종교 공동체들로 하여금 그들의 내적인 문제를 자체적으로 조정하도록 했는데, 이는 모두에게 통용되는 법률의 테두리 안에서 이루어졌다. 이는 종교의 자유에 대한 인권과 시민권 안에서 존재한다. 교회와 국가의 분리, 종교의 자유에 대한 권리는 기독교 세계 안에서 교파적으로 통일된 신앙의 국가를 현대의 다종교적인 사회로 만들었다. 이러한 변화된 상황과 함께 우리는 무엇을 말하고자 하는가?

1. 다종교적인 국가 안에서 모든 종교 공동체는 평등한 대우를 받아야 한다. 2. 국가는 개인이 한 종교 공동체에 가입하고 탈퇴하며 소속되어 있는 동안 종교적 자유를 보장해야 한다. 3. 모든 종교 공동체는 모두에게 통용되는 권리에 대한 규정의 테두리 안에서 자유롭다. 세속의 국가는 다음의 일들을 허용할 수 없다. 즉 국가는 공동체들이 그들의 종교에 대한 징계와 함께 마녀들을 고문하고, 이교도들을 화형시키며, 소녀들의 사지를 절단하며, 과부들을 화형시키며, 아이들을 제물로 바치며, 동물들에게 고통을 가하며, 자살부대들을 양성하거나, 혹은 이를 배신한 구성원들을 위협하고 처형하는 일을 허용할 수 없다. 세속사회 안에 있는 다양한 종교 공동체들은 이러한 한정조건을 명료하게 인식할 때에야 비로소 서로 함께 대화를 나눌 수 있게 될 것이다. 국가는 종교와 국가 사이의 분리를 철회하고 소위 '하나님의 국가'를 세우며 다른 종교를 지지하는 자들을 심리적으로 억압하려는 시도를 국가의 자유로운 기본 질서에 대한 공격으로서 거부해야 할 것이다. 왜냐하면 국가는 다종교적인 사회

의 한정조건에 대해 책임이 있기 때문이다. 종교 공동체들은 개인의 종교적 자유에 종속되어야 하며, 역으로 종교의 자유가 종교 공동체들에 종속되어선 안 될 것이다(개인의 종교적 자유가 존중되어야 함을 의미 역자).

이러한 한정조건은 이에 관여한 종교 공동체들의 삶을 대단히 현저하게 변화시킨다. 이는 자연히 그의 전체주의적인 권력행사의 요구를 상실하며, 상대적으로 남자 시민과 여자 시민의 개인적 종교의 자유로서 작용하게 될 것이다. 종교가 더 이상 '국가의 일'이 아니라면, '개인의 일'이 될 것이다. 우리는 다른 사람들의 종교의 자유를 존중하며, 이들 또한 우리의 종교의 자유를 존중해 줄 것을 요구한다. 본래 사람들은 자신들의 개인적 신앙의 결단에 대해 다른 사람들과 논쟁하지 않는데, 왜냐하면 다른 사람들의 개인적 신앙의 결단에 대해 이의를 제기할 수 없기 때문이다. 남자든, 여자든 각 사람은 자신이 원하는 종교를 신앙할 수 있다. 어떠한 종교 공동체도 다른 종교 공동체들에게 그들이 지켜야 할 규정을 요구하거나 강요할 수 없다. 그가, 혹은 그들이 믿는 것만을 절대화해서는 안 된다. 종교의 문제들이 국가의 일로부터 개인의 일로 전환되도록 하기 위해, 종교는 더 이상 시민의 의무가 아닌, 시장 경제가 지배하는 사회의 경제 질서 속에서 제공하는 하나의 영적 봉사로 되어 가고 있다.[2] 종교는 '우연의 문제를 극복'하기 위한 '영적인 자원들'을 제공한다고 오늘날 사회학자들은 말한다. 그러므로 다양한 종교가 함께 상존하는 서구사회의 다종교적인 시장 속에서 종교들은 이제 더 이상 과거에 존재했던 종교의 형태 그대로 존재하지 않는다. 이러한 다종교적인 상황 속에서 하나님-나라에 대해 고대하지 않는 기독교, 이스라엘과 무관한 유대교, '이슬람 집'이 없는 이슬람교가 생겨나고 있다(가장 중요한 정체성을 상실한 종교들이 생겨나고 있음을 의미 역자).

이전에 서구 기독교 세계에서는 기독교의 절대성(배타성)이 강력히 요청되었는데, 이제는 기독교의 절대성 대신 다종교적인 세속세계 속에서 (다른 종교들의 존재를 인정하고 포용하는 역자) 다종교주의가 등장하게 되었다. 이제 다원주의 이외에 더 이상 아무 것도 절대적으로 규정되는 것이 허용되지 않고 있다. 이에 대해 1968년 허버트 마르쿠제H. Marcuse는 시민 세계에 대한 그의 비판 속에서 '강압적 관용'이라고 일컬었다. 우리가 현대세계 속에서 이루어지고 있는 종교들의 상품화를 받아들인다면, 소비사회의 강압적 관용이 문제시될 것이다. 현대세계의 종교 간의 대화는 다종교주의 속에서 확실하게 종교 간의 평화에 기여해야 할 것이다. 이는 종전의 종교 역사에서 새로운 것이다. 지금까지 현대세계 속에서 종교 공동체들은 세계 평화에 특별한 활력을 부여하기보다, 오히려 사회적·정치적으로 마비시키는 작용을 해 왔다.

세 부류의 성서적 종교들, 곧 유대교, 기독교 그리고 이슬람교 안에서 살아가는 사람들은 자신들의 종교에 대해 단혼적인monogamic 관계, 곧 한 사람이 한 종교를 가져야 한다고 생각하는 경향이었다. 그러나 아시아에서 종교들의 다원주의는 복혼적인polygamic 형태를 지녔다. 이를테면 일본에서는 '세-종교-운동'이 있어 왔으며, 대만에서는 '다섯-종교-운동'이 존재하였다. 일본인은 기독교적으로 결혼식을 올릴 수 있고, 신도Schinto-사원에서 새해를 축하할 수 있으며, 불교의 사찰에서 명상할 수 있다. 인도인도 자신들의 생애주기에 적합하게 여러 종교를 차례대로 경험하면서 살아갈 수 있었다. 이에 아시아인은 우리 서구인이 익숙해져 있는 것만큼 그토록 가깝게 종교적인 것을 필요로 하지 않는 경향이다. 물론 그들은 모든 종교적인 제안을 포기할 수도 있는데, 왜냐하면 이 제안들은 그들이 살아온 삶 속에서 그다지 커다란 차이를 만들지 않기 때문이다.

2. 현대세계에서 종교 간의 대화 프로그램은 근본적으로 보수적인 프로그램이다. 그것은 포이어바하, 마르크스와 프로이트의 모든 종교 비판을 다루지 않는다.³ 종교 공동체들은 다른 종교들과의 대화에서 상대방에 대한 그들의 판단, 적개심, 공격적 입장을 서로 함께 더불어 철회하고, 상호 간의 존중 속에서 평화로운 공생共生에 이르러야 할 것이다. 이러한 공생은 우리의 삶에서 대단히 중요한 일이다Th. Sundermeier. 다종교적인 사회는 비교할 수 없을 정도로 풍요롭고 활력이 넘칠 수 있지만, 역사가 여실히 보여주듯이, 폭발적이고 치명적일 수 있다. 그러나 종교 간의 평화로운 공생이 대화의 목표라면, 대화는 이미 언급된 종교적 논쟁점의 차이 속에서의 대화 그 자체보다 더 우위에 있는 목표를 갖지 않는다. 즉 대화는 대화 그 자체의 목표가 되어야 하며, 대화 그 자체의 심화를 지향해야 한다. 서로 함께 평화롭게 공생하면서 공동으로 걸어가는 길은 종교 간의 대화의 목표이다. 서구세계의 국가들 안에서 종교 간의 대화에 대한 관심사는 매우 지대한데, 왜냐하면 이는 이곳에서 다종교적인 사회를 존립시키는 가운데 사회적 평화를 부여하기 때문이다. 그러나 이에 반해 이슬람 국가의 모슬렘과 인도의 힌두교인, 미얀마의 불교도에게서 서구세계가 제안하는 대화에 대한 관심사는 상대적으로 미약한 실정이다.

종교 간의 대화가 관용과 평화의 윤리적 목표를 지향한다면, 일반적으로 상호 간에 지닌 공통점이 가장 중요시될 것이다. 종교들 상호 간의 공통점들이 중요시될 때까지 모든 종교는 각자 절대성을 주장하는 가운데 서로 경쟁할 것이다. 이에 반해 종교적 관심사가 가장 중요시된다면, 서로 화해되기 어려운 차이점이 부각될 것이다. 이란에서 물라Mullah(이슬람교의 법률·종교학자에 대한 경칭 역자)들은 기독교적 '다원주의자들'과 대화하기보다는, 오히려 확신에 가득 찬 기독교 신학자들, 곧 그들 자신의 종교인 기독교를 절대성에 이르기까지 진지하게 받아들인 신학자들과 대화하길 원하였다. 이와 같이 우리 그리스도인은 모슬렘들과 불교도들, 그리고 마르크스주의자와 함께 확신에 가득 찬 기독교 자신의 신앙을 견고히 유지해야 할 것이다.

그러나 지금까지 국제적인 장에서 이루어졌던 종교 간의 대화에 대한 우리의 경험은 유감스럽게도 쌍방적이 아닌, 오히려 일방성인 모습을 보여주고 있다. 여기서 나는 대화의 일방성에 대해 거론함으로 말미암아 자칫 대화를 저지하기보다, 오히려 대화 그 자체에 대해 보다 진지하게 생각하고자 한다. 우리는 종교 간의 대화에 대한 한 사례를 알고 있다. 한 기독교 신학자는 질문하기를, 유대교의 랍비들, 이슬람교의 물라들, 혹은 힌두교의 승려들은 기꺼이 자신들이 믿고 있는 종교에 관해 알려 주지만, 그들 편에서는 아무 것도 우리 기독교 신학자들에게 기독교에 대해 질문하지 않는다. 왜냐하면 그들은 기독교에 대해 관심이 없기 때문이다. 기껏해야 그들은 자신들이 기독교 세계로 간주하는 서구세계의 데카당스Dekadenz(문화의 쇠퇴 역자)에 대한 비판적 논평을 할 뿐이다. 많은 물라들은 종교 간의 대화를 거부하는데, 왜냐하면 그들은 자기비판에 대해 관심을 기울이지 않음으로 말미암아 이슬람교에 대한 타종교들의 비판을 허용하지 않고, 오히려 도처에서 단지 코란에 대한 선전용 연설만을 하길 원하기 때문이다. 1996년 카이로Kairo에서 개최된 이슬람-컨퍼런스에서와 같이, 그들은 코란에 대한 선전을 위해 차라리 '문화적인 대화'를 제안하였다. 독일에서 기독교-유대교 간의 대화를 시도했던 잘 알려진 한 선구자는 대화를 시작한 지 20년이 지난 이후에도 이어지고 있는 대화의 일방성에 대해 논평하면서 다소 침울하게 나에게 말하였다: "유대교인들은 독일인인 나에게 기독교의 무언가에 대해 결코 한 번도 질문하지 않았다." 그리하여 침묵하는 랍비들, 힌두교 승려들, 혹은 불교의 승려들에 대면하여 기독교 신학자들 사이의 일련의 대화는 일방적 토론으로 진행되었다. 당신들은 우리에게 모든 것에 대해 기꺼이 질문할 수 있다고 기독교 신학자들은 말하면서 이를 종교 간의 대화에서 그들의 공헌으로 간주하고 있는 실정이다.

 종교 간의 대화의 또 다른 일방성은 공적인 대화에서 이에 대해 항상 소수자는 매우 큰 관심을 기울이는 데 반해, 다수자는 그렇지 않다는 사실에 놓여 있다. 이슬람교의 대변자들은 소수자들, 이를테면 이집트에 있는 콥트교적 그리스도인들, 혹은 이란, 혹은 터키, 이라크, 혹은 시리아에 거주하는 기독교 소수자들과 함께하는 대화에 관심을 기울이지 않는 상황이다. 그러면서도 그들은 유럽의 기독교 국가들 안에서 기독교-이슬람 대화를 위해 기꺼이 재정적으로 후원하는데, 이를 통해 이슬람의 막강한 교세를 대대적으로 드러내어 과시하기 위해서이다. 나는 이를 몸소 이탈리아의 토리노Turin와 나폴리Neapel에서 경험하였다. 내가 이슬람권 도시들인 카이로, 혹은 리아드Riad에서 개최되는 다음 차례의 기독교-이슬람 대화를 동일한 공개성 속에서 개최할 것을 제안했을 때, 모슬렘들은 냉소를 지으면서 손사래를 쳤다. 이슬람교의 대변자들은 기독교적, 그러나 지금은 이슬람적으로 전향한 국가들 안에서 이슬람교에 대한 관용을 요구한다. 보다 자세히 말해, 그들은 자신들의 '이슬람의 집' 안에서 그리스도인, 유대교인, 힌두교인을 공공연하게 거부할 수 있는 관용을 요구한다. 그들에게 그리스도인이 모슬렘으로 전향하는 것을 허용하는 종교의 자유는 선한 것이지만, 모슬렘이 그리스도인이 되는 것을 허용하는 종교의 자유는 사악하다는 것이다. 로마에 있는 전 가톨릭교인들의 중심지에 사우디아라비아의 자금으로 많은 비용이 소요된 이슬람 사원Moschee이 건축되었다. 사우디아라비아의 수도 리아드에서는 기독교 성직자들이 그들의 목, 혹은 의복에 기독교적 십자가를 착용하는 것이 언젠가 금지된 적이 있었다. 캔터베리의 한 대주교는 비행기 안에서 자신의 대주교 가운을 갈아입어야 한다고 나에게 이야기한 바 있었다. 그러나 종교 간의 대화를 위해서는 최소한의 요구로서 상대방에 대한 상호 간의 환대와 상호 간의 존중이 전제 조건일 것이다!

3. 종교 간의 대화에는 두 가지 다른 형태가 존재한다. 즉 하나는 서로 상이한 종교적인 내용에 관한 직접적인 대화이며, 다른 하나는 서로 함께 공유하는 윤리적, 사회적, 생태학적인 주제에 관한 간접적인 대화이다.

직접적인 대화는 서로 상이한, 이른바 '세계' 종교 사이의 종교적인 대화이다. 세계 종교란 한 민족과 한 문화와만 결합되어 지역적으로 국한된 종교가 아닌, 민족과 지역을 초월하여 모든 인간에게 감화를 줌으로 말미암아 세계 어느 곳에서나 보편적으로 나타나는 종교이다. 이러한 세계 종교에는 아브라함으로부터 유래하는 종교들, 특히 기독교와 이슬람교가 속하며, 아시아의 종교들 가운데 힌두교, 불교 그리고 유교가 속한다. (샤머니즘으로 대표되는 역자) 원시적 '자연' 종교에 반하여, 세계 종교는 '고등' 종교로 일컬어진다. 기독교-유대교 간의 대화는 안티-세미티즘Anti-Semitismus을 통한 모든 정치적 죄과에 대한 부담에 있어서 가장 많은 결실을 거두었지만, 마르틴 부버M. Bubber가 말했던 바와 같이, 기독교와 유대교는 모두 '하나의 성서와 하나의 희망'을 서로 공동으로 소유한다. 말하자면, 기독교-유대교 간의 대화는 계시의 책인 구약성서Tenach에 관한 대화이며, 토라의 영, 혹은 복음의 영 안에 있는 해석에 대한 논쟁이다. 기독교-이슬람교 사이의 대화는 고뇌에 가득 찬 과거의 정치적 역사로 말미암아 양편 모두에서 심히 부담이 되었을 뿐만 아니라, 코란, 혹은 성서를 무오류적인 하나님의 말씀으로 찬양하고 모든 역사적 비판, 혹은 자기비판을 서구의, 혹은 현대의 데카당스로서 금지했던 근본주의자들로 말미암아 심적으로 많은 부담을 짊어지고 있었다. 이에 대해 기록한 출판물들이 제시하는 바와 같이, 당시 기독교-이슬람교 사이의 대화를 진행했던 사람들은 상호 간에 선교와 포교에 대한 이야기 그 이상을 넘어서기가 어려웠다. 그렇지만 양자 간의 대화를 위한 공동의 전前 역사가 바로 구약성서에 놓여 있으며, 또한 공동의 신앙의 조상, 곧 아브라함이 존재한다는 사실을 우리는 유념할 필요성이 있다.[4] 기독교-불교 간 대화에서는 과거 언젠가 양자 사이에 외양상 우호적인 분위기가 오고간 연후에 현재는 대화가 가장 어려운 상황에 놓여 있다. 이에 아메리카와 일본의 한 대화그룹은 기독교와 불교 간의 화친을 위한 장기간의 프로그램을 계획하였다. 마사오 아베M. Abe가 시도한 기독교 텍스트들의 불교적 해석과, 또한 데이비드 트레이시D. Tracy가 행한 불교적 텍스트의 기독교적 해석은 매우 유용한 것으로 평가받고 있다.[5] 중국의 유교는 언뜻 보기엔 가족 윤리임이 분명해 보이지만, 이는 이전에 한국에서처럼 아시아 교육의 독보적인 종교가 되었으며, 추측컨대 오늘날 싱가포르에서는 '서구'의 인권에 반대하여 적용되고 있다. 이러한 유교는 기독교의 대화의 파트너로서는 현재 누락되어 있는 상태이다. 유교보다 훨씬 많이 자극을 주는 중국의 종교가 바로 도교이다. 노자의 『도덕경道德經』은 17세기의 라이프니츠G.W.F. von Leibniz 이래로 '자연 신학'으로서, 오늘날에는 생태학적인 우주론으로서 찬사를 받고 있다. 그렇지만 이를 유대교의 지혜문헌과 기독교의 우주적 신비주의Kosmosmystik에 견주는 일은 사실 가당치 않은 일이다. 오늘날에는 단지 소수의 도교학자들만이 존재한다.

　세계 종교들이 자체의 내부적인 대화를 통해 상호 간에 평화에 이르고, 더 나아가 세계 평화를 위한 사역을 감당해야 한다는 생각은 본래 서구적인 생각이다. 왜냐하면 문헌적 종교들은 명상적 종교들, 혹은 의례적 종교들보다, 언어적 대화와 논리적 주장을 위해 더 잘 준비되어 있기 때문이다. 우리는 아프리카, 아메리카 그리고 오스트레일리아의 소위 '자연' 종교들이 종교 간의 일련의 대화 프로그램에 전혀 참여하지 않는다는 사실을 이미 경험을 통해 알고 있다.

　오늘날 종교 간의 간접적인 대화는 '지구의 날Tag der Erde/Earth Day' (환경오염의 심각성을 일깨우기 위해 1970년 4월 22일 제정된 자연환경 보호의 날 역자)에 글로벌-포럼-컨퍼런스와 유엔과 유네스코의 환경 컨퍼런스에서 개최되기도 하였다. 여기서는 종교적 사고의 교환, 혹은 '진리'에 대한 신학적 논쟁이 중요한 관건이기보다, 오히려 현대세계가 직면한 위험과 이 위험을 극복하기 위한 공동의 길을 모색해야 한다는 공동의 인식이 중요시되었다. 세계의 고등 종교들은 세계 멸망의 정당성을 증명하기 위해 지금까지 과연 무엇을 행하였는가? 이 세계를 위기에서 구하기 위해 세계 종교들은 과연 무엇을 행할 수 있는가? 지상에 존재하는 종교들—예를 들어 묵시사상적인 자연—안에서 생명에 적대적인 체념과 세계를 멸망시키고 폭력을 야기하는 세력이 어느 곳에 존재하는가? 종교들이 생명을 긍정하고 이 세계를 지탱하는 인류의 일꾼들이 되기 위하여 어떠한 변화들이 필요불가결한가?

　이러한 종교 간의 대화는 간접적인데, 왜냐하면 우리가 공동으로 우리 자신, 혹은 서로에 대해 이야기하기보다, 오히려 제3자에 대해 이야기하기 때문이다. 근본적으로 한스 큉의 '세계 에토스Weltethos' 프로그램도 종교의 에토스, 곧 이 세계를 파괴 앞에서 보존해야 할 에토스에 대한 일반적이고 간접적인 대화를 향한 호소이다. 그리하여 1994년 시카고에서 '종교들의 세계의회Weltpalament'가 선언되었다.[6]

특히 제3세계에서 고난당하는 생태계 위기, 혹은 생태계 대재난은 세계 '고등' 종교들에게 이 땅으로의 귀환을 요청한다. 사실 이에 대해 세계 종교들은 그동안 개최된 환경 컨퍼런스에서 막연히 피상적인 말만을 언급하였다. 이러한 세계 종교들에 반해, 지금까지 멸시당해 왔던 '원시적' '자연' 종교들은 이 땅의 순환과 리듬에 대한 심오한 지혜를 널리 설파하였다. 1990년 모스크바에서 개최된 환경 컨퍼런스에서 우리는 중앙 아메리카의 마야 민족으로부터 온 '이 땅의 토착민 후손들', 카메룬에서 온 아프리카인들, 오스트레일리아에서 온 원주민들이 '어머니 이 땅'과 '할머니 달'에 대한 이야기와 함께 우주의 영Tao과의 화합에 대해 감동적으로 이야기한 것을 전해 들었다. 물론 이 땅의 유기체와의 교류 속에 담긴 그들의 태고 적의 지혜는 산업화 이전의 것이지만, (생태계 파괴로 인해 심각한 생존의 위기에 직면한 역자) 포스트-산업적인post-industriell 시대에 대단히 중요하게 되었다. 우리는 이러한 과거의 지혜를 우리의 미래 안에서 새롭게 해독해야 할 필요성이 있다. 오늘날에는 인간세계를 지배하는 세계 종교들 사이의 평화만 중요시되는 것이 아니라, 한 걸음 더 나아가 '이 땅의 종교들'에 대한 재발견도 매우 중요시된다. 이 땅의 유기체가 우리 인류와 함께 생존해야 한다면, 인류의 종교들은 이 땅과 화합을 이루는 가운데 이 땅에 보다 친화적으로 가까이 다가가야 할 것이다.[7]

2. 생명에로 초대 – 기독교 선교

앞서 우리는 오늘날 종교 공동체들 사이의 대화에 대해 살펴보았다. 이제 우리는 본 절에서 선교의 새로운 개념에 대해 제시하고자 하는데, 이러한 선교의 새로운 개념은 오늘날의 시대상황 속에서 매우 절실히 요청되고 있다.

1. 지금까지 우리는 기독교 선교를 기독교 제국의 확장으로 이해하였다. 즉 모든 민족의 구원은 기독교 황제의 '거룩한 지배'에 대한 그들의 복종에 달려 있는데, 왜냐하면 그의 지배는 이 땅 위에서의 예수 그리스도의 '천년왕국'보다 결코 미약하지 않다고 간주되었기 때문이다. 역사의 마지막에 도래할 천년왕국 안에서 그리스도에 속한 사람들이 그리스도와 함께 다스리고 민족들을 심판하게 될 것이다. 이러한 권력의 비호 아래 칼 대제는 작은 민족을, 오토 대제는 슬라브 민족을, 콜럼버스는 카리브 해를, 헤르난 코르테스는 아즈텍을, 피자로Pizarro는 잉카를 선교하였다. 당시 선교 때 사용되었던 묵시사상적인 구호는 '선교냐, 아니면 죽음이냐'로 명시되었다. 19세기에 폭력적인 기독교 제국의 자리에 '기독교 문명'과 그의 기독교적인 문화 선교가 아프리카와 아시아에 등장하게 되었다. 그것은 유럽의 경제 제국주의에 의해 지탱되었다. 20세기에 들어와서 '서구의 가치 공동체'는 이전의 정치적이고 문화적인 기독교의 메시아니즘의 특성만을 희미하게 지니게 되었다.

2. 그리고 나서 우리는 기독교 선교를 로마 기독교 교회의 확장으로서, '전 세계적으로urbi et orbi' 비텐베르크, 제네바, 캔터베리 기독교 교회의

확장으로서 이해하게 되었다. 여기서 인간의 구원은 비기독교 세계가 기독교 교회의 '거룩한 지배' 아래 복종하는 데 놓여 있는데, 왜냐하면 이 지배는 '그리스도의 천년왕국'과 크게 다르지 않기 때문이다. 로마 교황청의 교서가 주장하는 바와 같이, 교회는 '민족들의 어머니와 여자 스승'이다. 기독교 선교와 교회의 확장은 로마 가톨릭, 성공회, 감리교, 루터교 교회들과 그리고 유럽의 다른 모든 기독교 교파의 전체 세계 안에서 이루어졌다. 명백히 '기독교'로 일컬어졌던 것이 고대 유럽에서 붕괴되었듯이, 이제 교회는 유럽의 국가종교로서가 아니라, 오히려 전 세계적으로 세계 종교로서 존재하게 되었다. 유럽에서 국가와 문화의 세속화는 선교를 통해 교회를 단어의 본래적인 의미에서 '세속적으로'(현세적으로), 곧 전 세계적으로 만들었다.

3. 마침내 19세기 이래로 우리는 선교를 전 인류의 복음화로 이해하고 있다. 이러한 선교 이해는 하나님의 영 안에서 자신의 신앙의 경험과 인격적 결단이다. 복음화로 제한된 선교의 개념은 위협적인 하나님의 심판과 묵시사상적인 세계 멸망의 관점에서 영혼을 구원하고자 한다. 여기서 하나님의 구원은 그리스도의 '거룩한 지배'를 인정하느냐의 여부에 달려 있다. 이러한 방식의 선교는 고대하는 하나님의 미래와 영 안에 있는 하나님의 임재에 의해 결정된다.

위에 제시된 기독교 선교의 세 가지 이해에서 공통점은, 이들이 메시아적이고 묵시사상적으로 동기 부여되었다는 점이다. 이들은 모두 단지 현재 부분적으로만 존재하는 것에서 출발하며, 기독교 제국, 혹은 기독교 교회, 혹은 기독교 회심 경험을 글로벌화하고자 노력을 기울인다.

그러나 나는 이와 반대 방향의 길로 전환할 것을 제안하고자 한다. 만약 우리가 인류 전체에 대한 선교를 종전처럼 공격적인 침략이 아닌, 오히려 하나님의 미래로의 초대로서 선교를 이해한다면, 우리는 민족들과 이 땅의 우주적 미래를 향한 여정을 시작할 것이며, 이러한 미래를 희망의 복음과 사랑의 디아코니아 안에서 현실화하고자 심혈을 기울이게 될 것이다. 우리는 다른 종교와 다른 세계관을 믿는 사람들을 우리가 '하나님 나라', '영원한 생명', 하늘과 이 땅의 '새로운 창조'의 상징으로서 표상하고자 시도했던 미래로 초대하고자 한다. 이와 함께 다른 민족들의 종교와 문화는 파괴되기보다, 오히려 희망의 하나님의 영에 의해 사로잡힌바 되고 세계의 미래를 위해 개방될 것이다. 이러한 선교는 현존하는 이 세계의 위험과 그 극복에 대한 간접적인 대화로의 초대에 철두철미 상응하는 것이다. 우리는 결국 다음과 같이 질문하게 된다. 즉 왜 우리는 자기 파괴적인 이 세계 속에서 우리만이 생명과 생존에 대한 염려를 해야 하는가? 그러나 이것은 어떻게 신학적으로 해석될 수 있는가?

단어의 본래적이고 신학적인 의미에서 선교는 하나님의 선교missio Dei, 곧 하나님의 보내심이다. 그러나 하나님은 과연 무엇을 '보내시는가'? 성서적인(유대교적이고 기독교적인) 이해에 따르면, 하나님께서는 하나님 자신의 영보다 결코 미약하지 않은 존재, 곧 살아 있게 만드시는 영을 예수 그리스도, 메시아를 통해 이 세상 안으로 보내신다.[8] 이에 하나님의 영은 '생명의 영', 혹은 '생명의 원천'으로 일컬어진다. 요한복음에 따르면, 하나님께서 그리스도를 통해 이 세상 안으로 보내신 것은 한 단어로 표현하여 생명이다.[9] "내가 살아 있고 너희도 살아 있겠음이라"(요 14:19). 이는 성취된, 전적으로 생동적인 공동의 영원한 생명, 곧 생명의 충만함을 의미한다. 이는 사랑의 새로운 생동성 속에서 경험된다. 이는 인간의 생명만을 의미하는 것이 아닌데, 왜냐하면 구약의 예언자들의 메시지에 따르면, 하나님의 생명력은 '모든 육체' 위에 부어졌기 때문이다. '모든 육체'라는 표현과 함께 구약의 잠언은 모든 생명체를 의미하였다. 하나님의 보내심은 인간 중심적이 아닌, 오히려 생물 중심적으로 방향 설정되어 있다. 여기서는 인간의 정치적, 혹은 종교적 세계 지배나 인간 영혼의 구원만이 중요시되지 않고, 오히려 이 땅 위에 존재하는 모든 생명체의 공동의 생명 해방, 구출 그리고 최종적인 구원이 중요시된다.

이에 하나님의 보내심의 목표는 '모든 만물의 새로운 창조'이다. 살아 있게 만드시는 하나님의 영이 부여하시는 영원한 생명은 지금 여기 현세에서의 생명에 불과한 것이 아니라, 오히려 이를 통해 현세에서의 생명과 전적으로 다르게 되는 능력이다. 이러한 사멸하는 유한한 생명은 살아 있게 만드시는 하나님의 생명에 참여함으로 말미암아 영원한 생명을 획득하게 될 것이다. "이 썩을 것이 썩지 아니할 것을 입겠고, 이 죽을 것이 죽지 아니함을 입으리로다"라고 사도 바울은 고린도 전서 15장 53절에서 강조하고 있다. 그러므로 "영원한 생명은 영원한 살아 있음Lebendigkeit이다"라고 말했던 니체의 주장은 옳다. 하나님의 보내심이 전체 생명과 모든 살아 있는 생명체의 공동의 생명을 포괄한다면, 우리의 '영혼'이 중요한 것과 같이, 하나님의 보내심을 종교와 내면성 그리고 '우리 인간의 영혼의 구원'에로 제한시켜서는 결코 안 될 것이다.

예수께서는 하나의 새로운 종교가 아닌, 오히려 새로운 생명을 이 세계 안으로 가져오셨다. 예수는 '기독교'를 주창하지 않으셨으며, 민족들 위에 군림하는 교회 지배를 일으키지도 않으셨다. 오히려 그는 폭력적이고 사멸하는 이 세계 안으로 생명을 가져오셨다: "이 생명의 말씀에 대하여는 우리가 들은 바요, 눈으로 본 바요, 자세히 보고 우리의 손으로 만진 바라. 이 생명이 나타내신바 된지라. 이 영원한 생명을 우리가 보았고 증언하여 너희에게 전하노니, 이는 …"(요일 1:1-2). 그리스도는 생명에 대한 하나님의 긍정이다. 이러한 생명에 대한 하나님의 긍정은 병자들을 치유하고 소외된 자들을 수용하고, 죄인들을 용서하며, 파괴의 세력들에 의해 심하게 상처받은 생명들을 구원으로 인도하신다. 그리하여 복음서들은 예수의 보내심에 대해 기술하는데, 그에 따르면, 예수께서는 (하나님의 구원이 필요한 상처받은 생명들을 위해 역자) 하나님의 영 안에서 살아가는 여성과 남성 또한 보내셨다(마 10:7-8).

우리가 예수 그리스도의 보내심을 오늘날의 생명의 상황에로 소급시킨다면, 우리는 최소한 아래와 같은 세 가지 최전선에 이르게 될 것이다.

1. 1945년 히로시마 이래로 단지 우리 인간의 생명만이 아니라, 생명 자체가 치명적 위험에 처해 있다. 원자폭탄으로 수십만의 사람이 '최종적 해결'에 대한 인류의 질문을 위해 준비되어 있다. 원자폭탄이 투하된 이후 핵전쟁으로 인한 겨울 속에서 고도로 발달된 이 땅 위의 모든 생물은 멸종에 이르게 될 것이다. 핵무기로 인한 생명의 종말은 어느 시대에나 가능한 일이다. 비록 최근에는 확실하지 않을지라도, 우리는 이러한 의미에서 '종말의 시대'를 살아가고 있다. 우리는 평화정책을 통해 우리의 기한을 일정량 연장시킬 수 있겠지만, 오늘날 인류가 행할 수 있는 것을 행할 만한 능력이 있는지에 대해 생각할 시간이 더 이상 없는 절박한 상황이다. 대량살상용 무기를 만드는 방법을 발견하고자 하는 인간의 허황된 집착은 결코 망각되지 않고, 언젠가 누군가에 의해 다시금 발견되고 말 것이다. 이러한 최전선에서 기독교 선교의 생명을 위한 보내심은 절대적인 평화의 직무와 분쟁 해결로써 전쟁의 폐지에 대한 사역을 감당

할 것을 요청한다. 인류는 생명을 유지해야 하는데, 왜냐하면 하나님께서는 '생명의 하나님'이시기 때문이다. 우리 모두 주지하는 바와 같이, 인류의 멸종에 대항하는 다른 이유들은 생명 이외에 없다. 선교는 이러한 생명이 치명적 위험에 직면한 최전선에서 생명으로의 초대이다.

2. 1986년 체르노빌 이래로 단지 우리 인간의 생명만이 아니라, 모든 생명체가 치명적 위험에 직면해 있다. 체르노빌 전 지역은 방사능으로 오염되었고 수백 년 동안 거주하지 못하는 지역으로 파괴되어버렸다. 이곳에서는 히로시마와 나가사키에서보다 200배 이상 높은 방사능이 방출되었는데, 이미 15만 명이 방사선 질환으로 인해 귀중한 생명을 잃었다. 아이들의 죽어감, 예를 들어 백혈병으로 죽어감은 아직도 계속해서 진행 중에 있다.

이로부터 생명으로 초대를 위한 하나의 새로운 사고, 곧 '생명 앞에서의 경외'(A. Schweitzer)가 뒤따른다. 이러한 최전선에서 기독교 선교는 생명에 적대적인 기술에 대해 공동으로 저항하도록 초대하는 것이며, 자연과 에너지 사이에 타협적인 관계를 구축하는 것이다.

3. 과잉인구를 통해 점점 더 많은 사람이 아무도 원하지 않고 필요로 하지 않는 '잉여 인간surplus people'으로 되어 가고 있다. 생명에 반대하는 폭력은 증가하고 있으며, 심지어 종교의 이름으로 폭력이 자행되고 있다. 길거리의 내버려진 아이들, 아이들의 매춘행위, 여성과 남성의 실업, 의료보험에서 노인들을 쫓아냄은 어리고 늙고 병든 생명에 대한 우리 사회의 냉소적인 관계의 일련의 측면이다. 아무도 필요로 하지 않는 '잉여 생명'의 양산과 '잉여 생명'을 짓밟는 폭력적인 행위는 군사적인 대량살

상용 무기와 이 땅의 자연에 대한 생태학적인 범죄와 동일하게 현대세계의 치명적인 위험에 속한다. 이러한 최전선에서 기독교 선교는 생명 자체와의 책임적인 관계로 초대이다.

다종교적인 사회에 대한 구별 속에서 생명에 대한 이러한 위협은 다원주의, 어떠한 경우에도 생명에 대한 양자택일을 허용하지 않는다. 상황의 심각성은 포스트모던적인 임의성을 허용하지 않는다. "아무 것도 지나가지 않는다anything goes"라는 표현은 이미 오래전에 "더 이상 아무 것도 지나가지 않는다Nichts geht mehr"[10]라는 표현으로 대체되었다.

이와 관련하여 다음과 같은 질문들이 제기되고 있다. 즉 다른 종교도 '구원의 길'이 될 수 있는지, 다른 종교를 믿는 사람들도 그리스도인으로서 하나님을 찾고, 어쩌면 하나님을 발견할 수도 있는지, 그리하여 칼 라너K. Rahner가 추측했던 바와 같이, 혹은 다른 종교가 지닌 신학적 의미에 대한 질문이 언제나 말하고자 하는 바와 같이, 다른 종교 공동체에 소속된 구성원도 '익명의 그리스도인'이 될 수 있는지에 대한 질문이 바로 그것이다. 이와 관련하여 다른 종교 안에 생명이 있는지에 대한 질문과 함께 비종교적, 세속적 세계 안에 생명이 있는지에 대한 질문이 제기되고 있다. 하나님의 보내심은 모든 사람, 곧 종교적이든 비종교적이든 종교를 초월하여 사람들을 생명에로, 생명에 대한 긍정에로, 생명에 대한 보호로, 공동의 생명에로 그리고 영원한 생명에로 초대하는 것을 의미한다. 비록 기독교가 아닌 다른 종교와 문화 안에서도 생명에 기여하는 것은 선한 것이며, 다음 세대의 '생명의 문화' 안에서 수용되어야 할 것이다. 우리가 몸담고 있는 기독교 자체 안에, 혹은 다른 종교와 문화 가운데서 생명을 저해하고 파괴하거나 희생시키는 것은 악한 것이며, '죽음의 잔혹행위'로서 반드시 극복되어야 할 것이다.

이전에 기독교 안에서 종교의 다원성의 의미에 대해 토론되었던 신학적 장소가 있었는데, 그것은 바로 원죄론과 바벨탑 건축의 신화이다. 오늘날 일련의 신학자는 종교적 진리 자체가 다원적이기 때문에, 종교의 다원성 속에서 계시되어야 한다고 생각한다. 나는 다른 종교에 소속된 사람들을 주시할 수 있는 그러한 신학적 장소가 바로 성령론이라고 생각한다. 또한 이와 함께 생명의 성령의 이론 안에서 카리스마Charisma로 일컬어지는 생명의 가능성과 생명력의 다양성에 대한 이론이라고 생각한다. 종교들의 세계로부터 유래하는 어떠한 형태들과 표상들이 생명에 기여하는가? 종교, 혹은 문화는 한 인간에게 하나님의 영의 카리스마가 될 수 있는가? 그가 그리스도인이 되고 하나님의 사랑으로 생명을 사랑하는 것을 시작한다면 말이다.

한 사람이 그리스도인이라면, 그의 조상의 '미신'으로부터, 그리고 그의 민족의 '우상숭배'로부터 엄격히 분리되어야 한다. 그러나 새로운 다원적인 종교이론에 따르면, 만약 한 사람이 하나님의 진리를 자신이 몸담고 있는 종교 안에서 발견했다면, 전혀 그리스도인이 될 필요가 없다. 나는 한 인간을 문화적이고 종교적으로 형성하는 모든 것이 그의 카리스마가 될 수 있다고 생각한다. 만약 그가 그리스도를 통해 부르심을 받았고 생명을 사랑하며 하나님 나라에 함께 동역한다면 말이다. "하나님께서는 모든 남자와 모든 여자를 부르셨다"(고전 7장). 이에 그들 자체의 존엄성과 함께 '유대인 그리스도인들'이 있고 '이방인 그리스도인들'이 있다. 수많은 다양한 은사가 있지만, 그것은 하나의 영이다(고전 11:4). 많은 다양한 생명의 형태가 존재하지만, 그것은 하나의 생명이다.

끝으로, 인간의 변화 없이 관계의 변화란 존재하지 않을 것이다. 그러면 누가 관계를 변화시킬 수 있는가? 이 세계가 지금과 다르게 변화되어야 한다면, 인간이 지금과 다르게 변화되어야 할 것이다. 만약 우리가 이 땅 위에 평화를 원한다면, 우리 자신이 평화를 사랑하는 인간이 되어야 할 것이다. 만약 우리가 우리의 자녀들과 그 자녀들의 자녀들을 위한 미래를 희구한다면, 우리 자신이 먼저 우리의 나태함과 에고이즘을 극복하고 미래에 대한 살아 있는 희망으로 거듭나야 할 것이다. 만약 우리가 생명을 견디어내고 그 치명적인 위험을 극복해야 한다면, 우리 안에서 그리고 다른 사람들 안에서 신앙, 곧 '산을 옮기는 신앙'이 일깨워져야 할 것이다. 생명에 대한 조건 없는 사랑이 우리 안에서 다시금 소생해야 할 것이다. 희망 없는 미래란 존재하지 않는다. 사랑 없는 생명이란 존재하지 않는다. 신앙 없는 새로운 확신이란 존재하지 않는다. 살아 계신 예수 그리스도를 선포하고 생명의 영을 일깨우는 것, 바로 그것이 (우리 모든 그리스도인이 감당해야 할 역자) 복음화와 기독교적인 생명에 대한 확증의 사명이다.

제5장

현대세계의 대학 안에서 교회와 하나님 나라를 위한 신학

1. 교파적으로 통일된 신앙 국가에서 다종교적인 사회로의 변천

다른 일반대학 학부 교수들은 기독교 신학이 아직도 현대세계의 대학 안에 소속되어 있는지에 대해 때때로 우리에게 질문하곤 한다. 왜냐하면 대학은 연구하기를 원하는 모든 사람을 위해 존재하지만, 신학은 현대세계에서 단지 소수자에 불과한 그리스도인만이 공부할 수 있기 때문이다. 어떠한 연유로 신학은 대학에서 철수되지 않고 신학대학원 안에 존립하고 있는가? 신학은 교회의 테두리를 넘어서 현대세계의 공적인 영역들 안에서 사명을 가지는가? 본서의 제목이 가리키는 사회의 변천은 신학의 위치를 매우 불안정하게 만들었기 때문에, 우리는 신학의 위치를 새롭게

발견해야만 한다.[1]

우리는 서구세계의 사회적 변천의 중요한 단계들을 대략적으로 다음과 같이 제시할 수 있다.

1. '콘스탄티누스 황제의 개종'은 박해당하고 고난을 감내해 왔던 기독교를 소수자 종교에서 로마 제국의 통일, 곧 한 사람의 황제-하나의 법률-하나의 제국-하나의 종교를 위한 국가종교로 만들었다. 13세기 이래로 국가가 설립한 대학들에는 학문적 신학을 위한 신학부가 생겨나게 되었다. 신학부facultas theologica라는 표현은 파리Paris 대학에서 가장 먼저 출현하였다.

2. 서구세계에서 교회들의 분열은 16세기 종교개혁 이후 교파적으로 통일된 신앙의 국가에 대한 표상을 지속적으로 자극하였다. 즉 "영토를 다스리는 자는 종교를 결정한다cuius regio eius religio"는 1555년 아우구스부르크 종교 회의와 1648년 베스트팔렌 평화조약의 평화공식을 의미하였다. 이는 곧 한 영주-한 지역교회-한 지역대학을 의미하였다. 18세기에는 한편으론 종교적 소수자들을 추방했던 절대주의적 국가들이 등장했는데, 이는 그들이 한 사람의 왕-하나의 법률-하나의 종교un roi-une loi-une foi를 믿었기 때문이다. 다른 한편 영국, 네덜란드, 프로이센-독일과 같이 교파적으로 관용적인 국가들이 등장했는데, 이 국가들은 개신교와 가톨릭의 교회와 신학부를 서로 나란히 인정하였다. 바로 이러한 시기적 단계에 내가 몸담고 있는 튀빙엔 대학의 신학부가 설립되었다. 즉 1815년 개신교를 믿던 독일 뷔르템베르크Württemberg 주의 왕은 가톨릭을 신앙하는 슈바벤Schwaben(남서 독일 지역을 지칭 역자)의 상층부를 차지했는데, 가톨릭을 믿는 자신의 신하들을 위해 그 지역 대학인 튀빙엔 대학 안에 개신교-신학부와 나란히 병행하여 가톨릭-신학부를 개설하였다.

3. 그러나 만약 이주를 통해 교파적으로 혼합된 기독교 국가들이 다종교적인 사회로 된다면, 무슨 일이 일어나게 되는가? 그렇게 되면 한 종교가 더 이상 국가종교가 될 수 없게 된다. 종교와 국가의 분리는 많은 종교 공동체에게 자유롭게 길을 터주는 작용을 해야 한다. 그러나 국가가 종교적으로 중립적인 자세를 취하게 되면, 종교들 또한 국가종교적인 요구를 철회해야 한다.

지금까지 새로운 상황에 대한 다음과 같은 가능성 있는 세 가지 답변이 제기되었다.

1. 국가에 소속된 국립대학 안에 자리 잡고 있는 신학부는 지속적으로 그 지역의 종교적 상태를 존속하고 대변해 왔는데, 왜냐하면 이제 종교적 상태는 다종교적으로 변화된 일반적 경향에 따라 종교-학문적으로 기술되며, 또한 종교적으로 비교되는 가운데 표현되기 때문이다. 그러면 신학은 스웨덴의 웁살라Uppsala 대학에서 교리학의 교직과도 같이 '경험에 근거한 신앙의 학문과 인생관의 학문'으로 완전히 바뀌게 될 것이다. 혹은 기독교 신학은 포스트 기독교의 '다원주의적인 종교신학'으로 바뀌게 될 것이다. 미국에서 존 힉J. Hick과 폴 니터P. Knitter에 의해 보급된 다원주의적인 종교신학은 교파적이고 종교적인 차이점들의 상층부에서 종교철학적으로 구성되거나, 경험적으로 관찰될 수 있는 학문으로서의 공통점들을 지향한다.[2]

2. 신학부는 존립하지만, 영국의 캠브리지Cambridge 대학에서와 같이, 기독교적 학업과정과 병행하여 이슬람교적, 유대교적, 불교적, 그 이외에도 기존의 다른 종교 공동체들에 의거한 학업과정이 개설되고 있다. 이를 통해 신학부는 설명될 수 있는 명확한 종교-학문적인 학부가 되어

가고 있다. 그리고 미국의 많은 학교에서와 같이, 신학교는 종교 연구의 현대적인 학과를 지닌 학교가 되기도 한다.³ 서로 상이한 학업과정들은 하나의 정신적 결합을 필요로 하지 않는다. 이제 신학의 학업과정은 신학부의 내부에서 그 특성을 첫 번째의 모델과 같이 탈바꿈할 수도 있다. 그러나 이는 강제적이기보다, 오히려 각 교파들의 결정으로 남을 수 있다.

3. 특별한 신학교육은 기독교 교회와 종교 공동체들 안으로 다시 귀속되고 있다. 이들 교회와 종교 공동체들은 그 자신의 신학대학원을 설립함으로 인해 더 이상 대학 안에서 신학의 학문성에 신경을 쓰지 않아도 된다. 교회와 종교 공동체들에 의해 설립된 신학대학원, 이를테면 성서학교, 코란학교, 토라학교 등에서의 학업과정과 시험은 더 이상 대학의 표준을 필요로 하지 않는다. 최근에는 무신론자들과 근본주의자들이 존재하며, 여기에 독일의 몇몇 가톨릭 주교는 거룩하지 못한 야합을 도모하기도 했는데, 이를 통해 신학부를 한편으론 종교적 학문으로부터, 다른 한편 교회적 학문으로부터 분리하기 위해서이다. 그들은 신학부를 종교적 학문으로부터 분리하는 일을 행함으로 신학을 궤도에서 이탈시키기를 희구한 반면, 교회적 학문으로부터 분리하는 일을 통해 신학을 자신들의 통제 아래 두기를 도모하였다.

먼저 전통을 옹호하는 입장은 서구세계가 다종교적 사회로 되기 이전에, 본래 기독교적 지역이었다는 전제 아래 대학 안에서의 신학부의 보존을 대변한다. 그러나 종교와 국가를 분리하고 거주민들에게 개인적 종교의 자유를 보장하는 기독교 안에서만이 현대세계가 존립할 수 있다. 세속화된 국가는 그가 스스로 형성하지 않았던 종교적 전제들에 의해 유지된다. 물론 이러한 전통을 옹호하는 입장은 존중받을 만하지만, 시간이 경과하면서 그 입지가 점차로 약화되고 있는 실정이다.

제1차 세계대전 이후 개신교 신학은 이러한 발전을 위한 사전작업을 진행하였다. 즉 "신학은 교회의 하나의 기능이다"라고 당시의 신진 신학자들, 곧 칼 발트K. Barth, 에밀 브룬너E. Brunner, 루돌프 불트만R. Bultmann, 파울 틸리히P. Tillich 등은 만장일치로 선언하였다. 이에 반해 다른 신학자들은 이들 신학자들이 제1차 세계대전에서 시민적 문화의 붕괴가 이루어진 이후 '문화 개신교'로서 비판했던 것들을 반대하였다.[4] 당시 오토 디벨리우스O. Dibelius와 같은 일련의 보수적 주교는 '교회의 세기'를 선포하였다. 만약 신학이 단지 '교회의 기능'에 불과하다면, 신학은 세속의 대학을 떠나야 하며, 공적인 영역으로부터 기독교 대학과 신학대학원 안에 있는 그 자신만의 신앙 공동체 안으로 퇴각해야만 하는데, 이를 통해 교회의 교직, '성서의 무오류성', 혹은 교황 교직의 '무오류성'에 복종하기 위해서이다. 우리는 신학의 독립성을 일정 부분 고수하기를 시도할 수도 있다.

종교와 국가의 분리는 모든 현대적인 공동체를 위한 전제이므로, 모든 종교의 근본주의자들에 의해 맹렬하게 공격을 받고 있다. 이는 서구의 많은 국가 안에서 오해를 불러일으켰는데, 이제 종교가 더 이상 '국가의 일'이 아니라 '사적인 일'이므로, 개인의 선택에 일임한다는 오해가 바로 그것이다. 자신의 임의대로 종교를 자유롭게 결정함은 현대세계 속에서 개인주의적인 경향성에 잘 부합한다. 다종교주의는 현대세계의 자유로운 시장 위에서 공급 경제의 구성요소로 되어 가고 있다. 그러나 누가 공동으로 현대의 다종교적인 세계를 위한 법률적이고 도덕적인 한정조건들을 형성하는가? 공동의 기반 없이 다종교주의는 존재할 수 없다. 이와 마찬가지로 공동의 언어와 공동의 캘린더Kalender 없이 다문화적인 사회는 유지될 수 없다.

교회와 종교가 분리된 이후 국가 안에 무엇이 남아 있는지에 대해서는 국가마다 다양하게 나타나는데, 이는 곧 어떤 교회, 혹은 어떤 종교로부터 국가가 분리되었는지에 따라 아래와 같이 각기 다르게 나타난다.

1. 앵글로 색슨의 국가들과 개신교를 믿는 독일 안에서 종교에 대한 국가의 중립성이 생겨나게 되었다. 또한 종교적 결정의 다양성에 대한 조망 속에서 종교의 자유에 대한 긍정적인 입장이 출현하였다. 독일 연방 공화국의 기본법 제4 조항에 명시된 종교의 자유는 이 기본법의 전문에 의거하여 '하나님 앞에서의 책임'을 통해 모든 남자 시민과 모든 여자 시민에게 보장되어 있다. 미국에서는 국가와 종교의 분리가 이미 매우 일찍이 교파들 사이에 종교적 쟁점들 안에서 정부의 무능력으로 말미암아 생겨나게 되었고 '자발적인 종교'의 자유교회적 원칙을 보장하였다. 국가가 교회의 지배로부터 해방되기보다, 교회가 국가로부터 해방되었는데, 이를 통해 교회의 직무를 스스로 규정하기 위해서이다.

2. 개신교를 믿는 영국과 독일에서 종교의 자유에 대한 긍정적인 입장이 출현한 데 반해, 가톨릭을 믿는 프랑스, 스페인, 이탈리아에서는 1789년 프랑스 혁명 이래로 국가의 무종교적인 세속성과 종교의 자유에 대한 부정적인 입장이 출현하였다. 왜냐하면 이러한 가톨릭-봉건주의적 국가들에서는 안티-교권적인, 곧 교회로부터 국가의 자유, 교권주의로부터 시민의 자유를 쟁취했던 정교분리주의가 존재했기 때문이다. 국가는 교회로부터 자유롭게 되었는데, 이는 그의 직무를 스스로 규정하기 위해서이다. (그러나 교회는 국가로부터 여전히 자유롭지 않은 실정이다 역자) 오늘날에도 이러한 정교분리적인 세속주의는 이들 나라 안에서 문화 정책을 형성하고 있다. 국립대학에는 신학부가 없으며, 국립학교에는 교회를 결정하는 기독교적 종교 강의가 존재하지 않는다. 슈트라스부르크 Straßburg

(독일과 프랑스의 국경에 위치하여 양국 사이에 첨예한 영토 분쟁이 있었던 도시 역자)는 과거에 독일의 신성 로마 제국에 속했던 소속성에 근거하여 예외로 남아 있다. 그러므로 자유교회적, 개신교적인 세속성과 정교 분리적-가톨릭적인 세속성 사이의 갈등은 유럽 연합의 문화 정책을 아직도 긴장시키고 있다.

3. 정교회에 소속된 동유럽의 국가들 안에서는 교회와 국가의 사회주의적-무신론적인 분리가 국립대학으로부터 신학부의 소외, 국립학교로부터 종교 강의의 소외를 유도하였다. 마르크스-레닌주의의 이데올로기는 대학들과 학교들 안에서 종교의 대체물과 무신론적 국가종교가 되었다. 그러다가 동유럽의 붕괴와 마르크스-레닌주의적인 국가 이데올로기가 소멸된 이후 정교회 교회들은 다시금 그들의 옛 위치, 곧 민족종교와 국가종교로서 위치를 회복하게 되었다. 에스토니아Estonia에서 루마니아Rumania에 이르기까지 정교회의 신학부는 다시금 국립대학으로, 기독교를 가르치는 종교교사는 다시금 국립학교으로 복귀하게 되었다. 개신교에 소속된 유럽의 국립대학에서 신학부는 다시금 사제와 종교교사를 양성하고 있다.

만약 종교가 '국가의 일'로부터 '개인의 사적인 일'로 된다면, 종교는 불가피하게 사적인 영역으로 축소될 수밖에 없다. 그렇게 되면 종교는 단지 사적인 일에 불과할 수밖에 없고 더 이상 공적으로 존재할 수 없다. 그렇게 되면 종교는 순수하게 영적인 존재로 존재하고 더 이상 정치적이 되어선 안 된다. 십자가에 못 박히신 그리스도 상이 남부 독일의 바이언Bayern 주의 학교에서, 기도가 아메리카의 학교에서 사라졌듯이, 종교의 상징과 의례는 공적인 삶의 영역에서 사라져버렸다. 이로써 종교는 하나님께 대한 개인적 경외와 개인적 인생여정으로 제한되었다. 이는 곧 산상설교, 예수 그리스도를 뒤따름 없는 기독교, 토라 없는 유대교, 샤리아Scharia(이슬람의 율법/법전 역자) 없는 이슬람교를 의미한다(종교 안에서 가장 중요한 본질이 사라짐으로 인해 종교가 유명무실하게 되었음을 의미 역자).

종교의 사인화私人化, Privatisierung는 종교의 탈정치화를 그 전제로, 종교의 상품화를 그 결과로 가진다. 사람들이 현대의 '다종교적'이고 '다문화적인' 사회를 일컫는 것은 총체적인 시장 사회에 불과하다. 종교들과 문화들은 마치 정치적 선택권, 상품, 직무 수행과도 같이 시장에서와 동일하게 제공된다. 종교들은 현대세계의 종교적 슈퍼마켓에서 제공하는 영적인 직무 수행으로 되어 간다. 물론 개인의 종교적 자유는 모든 인격의 개인적 인권을 강력히 보호하지만, 서구세계의 전형적 개념인 소비 선택의 자유, 혹은 처분의 자유를 통해 종교를 상품으로 만들어버렸는데, 여기서 고객은 소위 '왕'으로 일컬어진다. 상품화된 종교들은 상품의 속성을 받아들이게 된다. 즉 상품화된 종교들은 인기가 있어야 하고 구속력이 없어야 하며 '특별 할인'으로 '종교적 광채'를 제공해야 한다. 그러나 여기서는 모든 것이 가능하지만, 아무 것도 현실적이지 않다.

상품화된 종교의 길은 '1차적 시민의 의무'의 종교에서 '사적인 일로서의 종교'를 넘어 '상품의 종교'로 되어 간다. 다종교적 소비사회 속에서는 사실 종교 공동체 간에 평화가 지배한다. 그러나 종교 간의 이 평화는 종교에 대한 인정과 존경을 통해서가 아니라, 오히려 종교 문제에 대한 정치적 해결을 통해서, 종교의 사인화와 상품화를 통해서, 종교를 더 이상 본질적으로 인정하지 않는 일반인들의 무관심을 통해서 이루어지고 있다.

2. 하나님-나라의-신학

"그리스도는 하나님 나라를 선포하셨는데, 우리에게 임한 것은 교회였다"라고 가톨릭의 잘 알려진 현대주의자 알프레드 로이지A. Losiy는 말하였다. 이와 함께 로이지는 실망을 토로했는데, 왜냐하면 교회는 우리가 고대하고 있지만 아직 도래하지 않은 하나님 나라의 대리가 아니기 때문이다. 그뿐만 아니라 그는 역사적 상황 속에서의 하나님 나라의 선취에 대해서도 토로하였다. 그러나 교회가 하나님을 멀리하는 이 세계의 역사 속에서의 하나님 나라의 한 형태라면, 교회 그 이상의 것이 교회 안에서 보다 중요한 문제가 되어야 할 것이다.[5] 즉 복음 선포, 신앙 공동체 그리고 사랑의 디아코니아에 있어서 중요한 문제는 하나님 나라 안에서 이 세계와 이 세계 안에서 하나님 나라이다. '하나님 나라'로서 상징적으로 표기되는 하나님의 미래는 이 세계의 미래를 포괄한다. 즉 하나님의 미래는 민족들의 미래, 인류의 미래, 모든 살아 있는 생명체의 미래, 이 세계에 존재하는 모든 것이 그 위에서 그와 더불어 살아가는 이 땅의 미래를 포괄한다. '하나님 나라'는 이 세계의 공공복리(공익)를 위한 성서의 희망에 대한 포괄적 지평이다.

교회가 도래하는 하나님 나라의 한 역사적인 형태라면, 신학은 단지 '교회의 기능'에만 국한될 수 없으며, '기독교적 신앙의 이론'(F. Schleiermacher), '기독교적 교의학'(K. Barth), 혹은 '믿음의 근본 원리'(G. Lindbeck)로 자신을 제한할 수 없을 것이다. 신학이 교회를 진지하게 받아들인다면, 신학은 교회처럼 이 세계 속에서 하나님 나라의 한 기능이 되어야 할 것이다. 하나님 나라의 기능으로서 신학은 한 사회의 정치적, 문화적, 경제적 그리고 생태학적 삶의 영역들에 속해야 할 것이다. 이는 정치신학, 문화신학, 교육신학, 생태신학 그리고 자연의 신학 안에서 나타나야 한다. 하나님-나라의-신학은 이 세계의 모든 영역 안에서 공적인 신학이 되어야 한다. 공적인 신학은 사회의 공적인 일들에 동참하면서 비판적이고 예언자적으로 '관여'해야 하는데, 왜냐하면 이 신학은 사회의 공적인 문제들을 도래하는 하나님 나라의 관점 안에서 바라보기 때문이다. 물론 이와 함께 공적인 신학은 공적인 비판에도 자신을 내맡겨야 하는데, 비록 교회의 회고록들과 로마 교황청의 교서들이 그들에 대한 사회의 공적인 비판을 공공연하게 기피했음에도 불구하고 말이다. 하나님-나라의-신학은 공개적으로 하나님에 대한 상고(회상), 하나님을 향한 탄식, 하나님을 향한 희망이다. 공적인 신학으로서 기독교 신학은 교회에 대하여 상대적으로 독립적으로 서 있는데, 왜냐하면 신학은 교회의 위임과 병행하여 정치적, 문화적, 경제적, 생태학적 위임을 갖기 때문이다.[6] 교회에 대해 독립적으로 존재하기 위해 신학은 예를 들어 국립대학 안에서 신학부와 같은 제도적인 독립성을 필요로 한다.

    1934년 히틀러에 대한 저항 속에서 발표된 〈바르멘 신학선언die Barmer Theologische Erklärung〉의 다섯 번째 명제는 다음과 같이 선언하였다: "교회는 하나님의 나라, 하나님의 계명과 정의 그리고 이와 함께 통치자들과 피통치자들의 책임을 상기시킨다."[7] 여기서 하나님-나라의-지평은 중요한데, 왜냐하면 이는 국가와 교회 간의 협약들과 종교 협약들 안에 확정된 바와 같이, 교회가 국가 정부로 하여금 단지 교회의 관심사만을 상기시킨다는 것을 의미하지 않기 때문이다. 〈바르멘 신학선언〉에 따르면, 교회는 국가에 대하여 교회 그 자신의 일이 아닌, 오히려 우주적이고 보편적인 일을 대변해야 한다.

    과연 종교는 '개인의 사적인 일'에 불과한가? 만약 '종교'가 사적인 일에 불과하다면, 이는 기독교 신앙이 아니다. 예수 그리스도는 사적인 종교가 아닌, (이 세계의 모든 피조물과 전체 영역을 포괄하는 역자) 하나님의 나라를 선포하셨다. 십자가 위에 쓰인 비문이 입증하는 바와 같이, 예수께서는 이스라엘의 가난한 자들과 병자들 가운에 선포하셨던 장차 도래할 하나님 나라를 위해 로마 제국의 이름으로 반란자로서 공개적으로 십자가에 처형당하셨다. 스데반으로부터 디트리히 본훼퍼, 오스카 아르눌포 로메로에 이르기까지 순교자들은 하나님 나라를 위해 귀중한 생명을 바쳤다. 명백히 기독교는 로마 제국 안에서 개인의 종교, 가족의 종교, 혹은 집단의 종교로서 연명해 나갈 수도 있었는데, 그 이유는 다종교적이고 다문화적인 로마 제국이 거주민들에게 종교에 대해 대단히 관용적인 자세를 취했기 때문이다. 그러나 기독교 순교자들이 로마 제국의 통일을 위해 불가피했던, 종교 지배적이고 문화 지배적인 황제 제의Kaiserkult를 거부함으로써, 기독교는 로마 제국 안에서 정치적으로 위협을 당하였다. 그러나 하나님 나라를 위해 고난당하지 않은 자들은 반드시 카타콤으로 들어가 은둔생활을 하지 않아도 되었다.[8]

어떠한 공공성이 하나님-나라의-신학을 통해 형성되는가? 만약 우리가 하나님-나라에-대한-그리스도의 선포를 깊이 유념한다면, 산상수훈이 제시하는 바와 같이, 우리는 사회 안에 있는 가난한 자들, 병든 자들, 연약한 자들 안에서 하나님 나라의 첨예화를 발견하게 될 것이다. 기독교의 모든 하나님-나라-신학은 그리스도를 위해 가난한 자들, 병든 자들, 슬퍼하는 자들, 소외된 자들의 해방을 위한 신학이 되어야 할 것이다. 이에 하나님-나라의-신학은 그가 몸담고 있는 사회의 공공성에 관심을 기울일 뿐만 아니라, 사회 저변의 변두리로, 혹은 사적으로 밀려난 사람들을 공공성의 빛으로 데려와야 할 것이다.[9] 하나님-나라의-신학은 도래하는 구원의 종말론적인 빛을 공공성 안으로 가져오며, 구원에 대한 인간의 간절한 바람을 밝히 드러내야 할 것이다.

교회와 국가의 분리는 종교가 개인의 사적인 일이며, 교회가 기독교 공동체의 사적인 일이라는 의미가 결코 아니다. 종교의 자유는 개인의 종교 선택을 의미할 뿐만 아니라, 교회기관과 기독교 시설의 자유를 의미하기도 한다. 즉 유치원, 학교, 대학, 신문, 방송국, 교육기관들, 디아코니아적인 시설들은 국가로부터 자유로운 교회의 보편적 하나님-나라의-관심사들을 사회 속에서 대변해야 한다. 다종교적인 사회 안에서도 교회는 모든 사람으로 하여금 복음, 신앙, 사랑에 대해 관심을 기울이는 가운데 이들에 친밀하게 다가가게 하는 사명을 갖는다. 개별적인 개인만이 아니라, 사회 자체도 교회가 전해야 할 하나님-나라의-메시지의 수신자들이다. 그리스도를 위해 부르심을 받았으며 하나님 나라를 희망하는 교회는 자신의 이러한 '공공성의 특성'을 결코 포기할 수 없다. 교회가 그 자신을 포기하지 않는다면 말이다. 여기에서는 이 세계의 교회화가 중요한 관건이 아니다. 교황이 그러했던 것과 같이, 교회는 모든 문제에 대해 단지 '하나의 단어를 말해선' 안 될 것이다. 오히려 이 세계의 삶의 모든 영역이 도래하는 하나님 나라와 그에게 상응하여 변화되는 것이 중요한 문제이다. 이를 위해 (정치·경제·사회·문화의 총제적 삶의 현장에서 종사하는 역자) '평신도들'이 기독교의 전문가로서 모든 것을 말할 수 있어야 할 것이다. 삶의 모든 영역 가운데에는 하나님 나라와 그의 의에 모순되는 상태가 있으며, 또한 그에게 상응하는 상태도 존재한다.[10] 역사적 상황들 가운데 하나님 나라와 그의 의에 상응함이 중요한 관건이다. 하나님 나라는 결연한 의지와 목적의식이 분명한 기독교 소수자들을 통해서 때때로 보다 더 활동적으로 실현될 수 있다. 만약 그들이 단지 그 자신의 일에만 관여하고 자신의 존립만을 보증하는 복지부동한 그리스도인들보다 이 세계의 보편적인 관심사들을 대변한다면 말이다.

3. 신학부와 사회의 공공복리

기독교 신학은 국립대학에 소속되는가? 내가 지금까지 말한 내용들이 옳다면, '하나님 나라'를 지향하는 기독교 신학은 인간 문화의 모든 우주적이고 보편적인 영역에 소속된다. 어떠한 호전적인 세속주의도 신학이 국립대학 안에서 그 자신의 목소리를 내는 것을 저해할 수 없을 것이다. 어떠한 호전적인 근본주의도 신학으로 하여금 사회의 공적인 영역에서 후퇴하도록 유도해선 안 될 것이다. 그렇지만 신학은 공적인 영역 안에서 전적으로 무방비 상태로 자신의 목소리를 내고 있는데, 오로지 그 내용의 진실성을 통해서 사람들을 설득할 수 있을 것이다.

그러나 대학의 신학부 안에 있는 몸담고 있는 기독교 신학은 오늘날 대학들 자체의 운명에 자발적으로, 혹은 함께 고뇌하면서 참여해야 한다.[11] 학문들의 전문화를 위한 행렬은 신학의 분야들에도 들이닥침으로써, 일련의 신학생은 신학의 통일성을 파악하는 것을 어려워하고 있다. 서로 상이한 신학적 입장의 다원주의는 일련의 신학자로 하여금 신학의 통일성을 비판적 방법론의 성찰 속에서 인식할 수 있도록 유도하였다. 다른 학부들과 같이 신학부에 학생들이 대거 몰려드는 현상은 신학에 있어서도 부정적인 결과를 초래하였다. 즉 신학이 목사/사제, 종교교사를 양성하기 위한 직업학교로 변질되며, 또한 대학의 장들 안에서 학부 간의 대화를 등한히 할 수밖에 없도록 유도하게 된 것이 바로 그것이었다. 이는 대학을 상호 간에 정신적으로 결합시키는 공통의 기반이 미약하게 되었으며, 대학이 일련의 직업학교의 집합체로 되어버렸다는 사실을 의미한다.

신학이 목사와 종교교사가 되기 위한 직업교육을 지향하면 할수록, 신학은 점점 더 단지 교회만의 학문으로 되어 간다. 사실 교회에 대한 신학부의 관계는 다른 학부들에 대한 관계보다 더 긴밀하다. 그렇다 하더라도 대학 안에 몸담고 있는 신학부는 그 존립에 있어서 교회들의 지평을 넘어서서 바라보는 가운데 사회적이고 공동체적이며 글로벌적인 문제를 하나님 나라와 그 의에 대한 빛 속에서 인지하는 것이 중요한 일이다. 이는 사회 안에서, 인류 안에서, 그리고 이 땅 위에서의 대학들의 존립과 사명을 위해서도 대단히 중요한 일이다. 만약 신학부가 이 세계의 보편적인 관심사들을 그의 방법대로 다시금 파악하고 이를 관철하는 일에 성공한다면, 다른 학부들 역시 그들의 방법대로 행하게 될 것이다. 신학은 반드시 선두에 서서 앞서 나갈 필요는 없다. 그러나 신학은 하나님 나라를 향한 도상에서 지엽적인 존재에서 벗어나 보편적인 존재로, 고립무원의 상태에서 벗어나 보다 방대한 공동체로 다른 학부들을 자신과 나란히 바라보아야 할 것이다.

사회는 신학부에게, 곧 보편적인 존재는 지엽적인 존재에게 무엇을 기대할 수 있는가?

1. 사회는 신학부가 그 자신의 신앙 공동체뿐만 아니라, 사회 전체의 공공복리(공익)를 광범위한 사회의 지엽적인 영역들 속에서 계획할 것을 기대할 수 있는데, 왜냐하면 지엽적이고 개별적인 신앙 공동체도 공공복리에 참여하며 사회의 '양질의 삶'을 위해 기여할 수 있기 때문이다. 무엇이 공공복리인지에 대해서는 인권과 시민권을 제외하고 만일회적으로

einfürallemal 확정되기보다, 오히려 공개적인 담화들 속에서 결정될 수 있을 것이다. 신학의 전문적인 기여는 세속적인 옵션의 반복에 있지 않고, 오히려 하나님께 상응하고 하나님을 거스르는 카테고리와 함께 '공공복리'를 하나님 나라와 그 의의 빛 속에 세우는 데 있다. 이는 신학의 기여가 신학적이어야 한다는 사실을 의미한다. 사회 역시 기독교 신학에게 다른 것을 기대하겠는가?

2. 사회는 대학의 신학부들이 사회의 종교적인 가치들을 비판적으로 연구하고 이들의 진리를 변증적으로 제시할 것을 기대할 수 있다. '사회의 종교적인 가치들'은 개인이 사적으로 선호하는 것을 뜻하기보다, 오히려 합리성 이전의 전제들과 성찰되지 않은 자명성으로서 기능하는 사회적 확실성과 인격적 확실성을 뜻한다. 여기에는 사회의 종교적 전통들, 사회의 행복이나 불행에 대한 종교적 전통들의 기여가 속한다. 마지막 확신으로서 종교적인 가치들은 한 사회의 삶에 대해 언제나 강력하게 각인시키는 영향력을 행사한다. 그렇지만 이들이 견고하게 고정되어 있는 일은 드물어서, 종교적인 가치들의 '절대적인 것'도 역사적으로 상대적이며 아직도 진행형의 과정에 있다. 종교적인 가치들이 마치 섬, 혹은 등대와도 같이 우뚝 솟아오르는 불확실성의 바다는 언제나 보다 광활하다. 그러므로 종교적인 가치들의 영역 안에서도 공적인 담론이 필요한데, 다양한 신앙 공동체와 종교 공동체 사이의 담론은 물론, 비종교적이고 세속적인 세계와의 담론도 요청된다.

3. 사회는 신학부가 그 자신의 기독교적인 도덕과 그 자신의 신앙 공동체의 에토스만이 아닌, 사회의 도덕적인 가치들을 염두에 두기를 기대할

수 있다. 기독교 신학을 통한 이러한 윤리적 가치들의 형성이 전문적으로 기독교적일 수밖에 없으며, 또한 그것이 불가피함에도 불구하고, 이 윤리적 가치들은 한 사회의 사회적 에토스 안에서 일반적인 타당성을 획득하게 된다. 물론 한 인격의 가치, 그의 정체성과 신뢰성과 같은 가치들은 모든 사람이 하나님의 형상이라는 성서적 신앙으로부터 유래하지만, 이는 서구사회들 안에서 모든 사람이 공유하는 공공 소유물이 되었다. 이와 마찬가지로 하나님께서 창조하신 생명 앞에서의 경외도 모든 사람이 공동으로 소유하는 공공 소유물에 해당한다. 생명 앞에서의 경외는 성서의 창조신앙에서 유래하지만, 이와는 독립적으로 생명이 위협당하는 곳 어느 곳에서나 통용될 수 있기 때문이다.

대학들은 신학부가 학문의 자유와 책임의 근본적인 가치들에 대해 비판적으로 성찰하고 공적으로 방어할 것을 기대할 수 있다. 의학부와 함께 최근 들어 자연과학부에서도 윤리-위원회는 신학부가 감당하는 사명의 활동 분야이지만, 이는 물론 신학 혼자만의 전유물이 아니다. 나는 이를 넘어서 지금까지 전혀 인지되지 않았던 신학의 사명에 대해 언급하고자 한다. 국가 사회주의와 마르크스-레닌주의의 국가적 이데올로기를 통한 감시에 대항하여 학문의 자유를 방어하는 일은 지금까지 매우 중요시되었다. 비록 그것이 해당 학자의 추방을 통해서가 아니라면, 국립대학 안에서 전혀 가능하지 않은 일임에도 불구하고 말이다. 산업과 경제의 무리한 요구와 제안에 직면하여 학문의 자유를 방어하는 일은 오늘날 의사일정에 상정되어 있다. 응용되는 연구의 영역에서 대학과 산업 부문의 공동사역은 언제나 있어 왔고, 또한 현재에도 이루어지고 있다. 만약 전체 연구 영역이 대학을 떠나지 말아야 한다면 말이다. 학문의 기초적 연구는 경제적 이용에 대한 관심사로부터 자유로워야 하고, 또한 자유로울 수 있어야 한다. 이러한 영역들을 위해 대학 안에 순수하게 진리에 대해 연구하는 가운데 경제적 이용의 가능성을 모색하지 않는 학부가 존립하는 것은 고무적인 일이다.

마지막으로 우리는 신학부를 보존하고 그 안에 몸담고 있는 대학들을 주목하는 일련의 학자에 대해 다음과 같이 기술하고자 한다.

즉 신학은 전 그리스도인의 고유한 사명이다. 신학은 신앙에 대한 이해이며 희망에 대한 관점이다. 신학은 기독교적 종교철학과 동일시될 수 없으며, 기독교의 종교학을 통해 대체될 수도 없다. 이에 기독교 신학 없이 기독교적 종교 강의는 행해질 수 없다.

신학은 대학에 근거지를 두는데, 왜냐하면 신학은 사회의 보편적인 관심사들을 대변해야 하기 때문이다. 만약 신학이 보편적인 관심사들에 대한 사회의 공개적인 담화로부터 퇴각하거나 뒤로 물러나버린다면, 이는 창조와 인류에 대한 신학의 책임 그리고 그의 하나님-나라에 대한-희망을 포기하는 일이 될 것이다. 기독교 신학은 대학을 위해 특별히 잘 준비되어 있는데, 이는 신학이 그 자신이 속한 지역에 있는 종교 공동체, 혹은 지역종교를 대변할 뿐만 아니라, 인간세계를 위한 에큐메니컬 교회, 우리 모두가 거주하는 전 세계를 표현하기 때문이다. 보편적인 교회와 전 세계적인 그리스도인들은 기독교 신학으로 하여금 한 지역의 대학으로부터 언제나 다시금 그 지역의 한계와 지엽적 관심사를 넘어서도록 인도한다. 독일 신학이란 존재하지 않으며, 다만 독일에 있는 기독교 신학이 존재할 따름이다. 이는 다른 모든 나라에서도 동일하게 적용된다. 이러한 에큐메니컬 연대성은 기독교 신학으로 하여금 때때로 국립대학에 직을 두고 있는 신학자들의 공무원으로서의 임용과 함께 기대되는 국가적 충성에 대해 일정 부분 비판적 거리를 갖게 한다.

이러한 독특한 위치 속에서 우리는 신학부가 '공공복리'를 국가적으로, 인류적으로 그리고 글로벌적으로 현세의 삶에 관련하여 비판적으로 성찰하고 공적으로 대변할 것을 요청한다. 그러나 다원주의의 함정은 기독교 신학에 의한 에큐메니컬 연대성에 근거하여 기필코 방지되어야 할 것이다. 대학, 그가 속한 사회, 인류문명, 현세적 삶의 종교적이고 도덕적 가치들에 대해 비판적으로 자각하고 공적으로 방어하는 일은, 기독교 신학과 기독교 교회의 공적인 책임에 속한다. 이러한 비판적 자각과 공적인 방어는 서로 상이한 삶의 영역 안에서 살아가는 모든 인간의 책임에 속한다.

| 역자의 말 |

　이 책의 번역을 마무리할 무렵 전 세계적으로 경제위기의 한파가 몰아닥쳐 대부분의 사람들이 몸도, 마음도 몹시 추운 겨울을 보내고 있었다. 이 무렵 역자 역시 여러 면에서 예기치 못했던 혹독한 시련을 겪으면서 지금까지 살아온 인생에 있어서 가장 힘든 시기를 보내고 있었다. 글로벌 경제위기와 함께 신학자의 한 사람으로서 개신교 전래 이래 최대의 위기 국면에 봉착한 한국 개신교를 바라보는 심정도 매우 참담하였다. 희망과 용기를 잃어버리고 상심해 있던 나에게 가장 깊이 다가왔던 말씀은, 예수 그리스도의 십자가 외에는 결코 자랑할 것이 없다는 사도 바울의 고백이었다: "그러나 내게는 우리 주 예수 그리스도의 십자가 외에 결코 자랑할 것이 없으니, 그리스도로 말미암아 세상이 나를 대하여 십자가에 못 박히고, 내가 또한 세상에 대하여 그러하니라(십자가에 못 박혔느니라)"(갈 6:14). 인생의 기쁨과 즐거움, 희망과 용기가 사라져버린 자리에 예수님의 십자가만이 온전히 의지할 유일한 안식처와 기쁨이 되면서 기독교 2000년의 역사 동안 경홀히 여김을 받아 왔던 '십자가의 신학'이 나의 온 심령을 사로잡게 되었고, 나의 평생 동안 '영광의 신학'이 아닌, '십자가의 신학'에 의거한 신학자의 삶을 살아가기로 다시금 새롭게 결

단을 하게 되었다. 이러한 결단 속에서 역자는 한국 교계와 신학계 안에 '십자가의 신학'을 올바로 구축함은 사멸해 가는 한국 개신교를 새롭게 회생시킬 수 있는 중요한 밑거름이 될 수 있음을 확신하게 되었다.

역자가 십자가 신학에 깊이 각인된 것은 박사학위 지도교수 위르겐 몰트만의 영향이기도 하다. 역자는 몰트만이 제2차 세계대전의 참화 속에서, 아무 것도 희망할 수 없는 절망의 끝에서 예수 그리스도의 십자가를 통해 하나님으로부터 새로운 삶에 대한 희망과 용기, 생명력을 부여받게 되었다는 사실을 새삼 주목하게 되었다.[1] 실의와 좌절, 인류역사의 미래에 대한 불안과 회의주의에 사로잡혀 있던 몰트만에게 언제나 다시금 새로운 희망을 부여했던 중심점은, 인간의 죄악과 불의, 비인간성에도 불구하고 새로운 미래를 열어주시는 근거, 곧 '그리스도의 십자가'였던 것이다.[2] 그리스도의 십자가에서 희망을 발견한 몰트만은 십자가를 자신의 신학적 사고를 이끌어가는 '중심점'으로 삼게 되었다: "예수의 십자가 죽음은 모든 기독교 신학의 중심이다. 이는 단지 신학의 한 주제가 아니라, 이 땅에서의 신학의 모든 문제와 답변으로 들어가는 출입구이다"[3]; 한 걸음 더 나아가 그는 그리스도의 십자가가 기독교 신학의 모든 내용과 형식의 규범, 정체성의 핵심, 진정한 교회를 결정하는 표식이 된다는 사실을 역설하였다: "만일 교회가 그리스도의 교회가 되고자 한다면, 십자가에 달리신 그리스도에게로 돌아와야 하며, 그리하여 이 세계에 대해 그리스도의 자유를 보여주어야 할 것이다. 바로 이것이 오늘날 중요한 일이다".[4]

십자가 신학에 의거하여 종교개혁 신학의 전통을 계승하는 몰트만은 이제 기독교 신앙과 신학이 이 세상 속에서 감당해야 할 책임적 사명에 주목한다. 왜냐하면 그는 기독교 이천 년의 역사 속에서 기독교 신앙과 신학이 인간의 구체적 삶의 현실을 외면하고 사회구원을 도외시한 채 주로 개인의 영혼구원에만 주력해 왔음을 통감하기 때문이다. 특히 서구 기독교는 영혼구원과 사회구원을 적대적인 양자택일로 간주하는 가운데 전도와 개종, 개인구원만을 일방적으로 강조하였다. 사실 몰트만이 그동안 개인의 영혼구원 중심의 신학보다, 사회구원 중심의 신학을 전개한 것은 지난 이천 년 동안 인간의 총체적 현실, 정치·경제·사회적 현실을 외면한 채 개인구원만을 외쳐온 서구 기독교에 대한 반작용이라고 말할 수 있다. 특별히 근·현대세계의 부조리에 직·간접적으로 관여되어 있는 서구 기독교의 위선과 이율배반성에 대한 문제제기이기도 하다. 개인구원과 사회구원이 적대적인 양자택일로 간주되는 상황 속에서 몰트만은 양자가 결코 양자택일의 문제가 아니라고 주장한다. 이와 아울러 그는 개인의 내적 회개(복음화)냐, 사회적 제반 상황의 변화(사회의 인간화)냐의 문제도 양자택일의 문제가 아니라고 본다. 몰트만은 사회의 제반 상황과 구조의 변화 없는 개인의 내적 변화, 정치적 상황의 수평적 차원과 대립되는 신앙의 수직적 차원은 하나의 관념적 환상이라고 말하면서, 양자가 동시에 수행되어야 할 과제라고 역설한다.[5]

  서구 기독교의 신학 전통이 인간의 구체적 삶의 현실을 외면하고 사회구원을 도외시하는 가운데 주로 개인의 영혼구원에만 주력해 왔던 것은, 그것이 기독교의 정체성을 고수하는 일에만 전적으로 관심을 기울이는 가운데 세상 속에서의 기독교의 책임적 사명을 경홀히 여겼기 때문이다. 그러나 전통 신학이 개인구원과 기독교의 정체성에만 관심을 집중하는 동안, 이 세상에는 가난하고 소외된 버림받은 사람들, 불의한 정치권력과 사회구조 속에서 고난당하는 불쌍한 사람들이 그대로 방치돼 있으며, 인간의 무자비한 착취로 인해 자연의 피조물들이 고통 가운데 신음하고 있는 실정이다. 더욱이 매우 우려할 만한 현실은 서구 선진자본주의 국가들(대부분 기독교 국가들)이 산업화를 이룩하는 과정에서 자본주의의 불공정한 원리를 옹호함으로 말미암아 기독교가 오늘날 자본주의 사회에서 나타나는 여러 심각한 문제에 대해 함께 책임을 짊어져야 한다는 비판을 받고 있다는 점이다. 특히 가톨릭교회는 16세기 이래 시작된 약탈적 자본주의에 대해 책임을 져야 하며, 개신교회는 중상주의 이래 오늘날의 신자유주의적 세계경제 체제의 왜곡에 대해 책임을 져야 한다는 비판을 받고 있다. 그뿐만 아니라 생태계 위기를 위시하여 현대세계를 위기로 몰고 가는 심각한 문제들이 기독교 문명권에서 시작됨으로 말미암아 기독교는 현대세계의 위기를 심화시킨 장본인으로 혹독한 비판을 받고 있다는 점이다.

이러한 맥락에서 몰트만은 개인구원과 사회구원이 동시에 수행되어야 할 과제이듯이, 기독교의 정체성Identität과 세상에 대한 기독교의 관계성Relevanz도 양자택일의 문제가 아닌, 기독교가 동시에 깊이 유념해야 할 과제라고 역설한다. 지금까지 기독교 2000년의 역사에서 전통 신학은 기독교의 정체성에만 관심을 기울이는 가운데 세상에 대한 기독교의 관계성을 도외시하는 우를 범하였다. 이러한 전통 신학에 반기를 제기하면서 등장한 19세기 자유주의 신학은 세상과의 관계성에 몰두하다가 기독교의 정체성을 희생시키는 오류를 범하였다. 서구 신학계에서 기독교의 정체성과 세상에 대한 관계성의 올바른 균형이 절실히 요청되는 상황 속에서 몰트만은 양자 간의 균형을 모색하는 대표적인 신학자이다. 그는 항상 기독교의 정체성을 재확인하고 기독교 신앙의 핵심을 붙들면서도, 이와 동시에 급변하는 이 세상에 대한 기독교의 관계성을 견지함으로써, 기독교 신앙과 신학이 지향해야 할 바를 올바로 제시하고 있다. 사실 기독교의 정체성과 이 세상에 대한 기독교의 관계성은 어느 시대에서나 기독교 신앙과 신학이 반드시 견지해야 할 두 중심축이다. 이 책의 표현에 따르면, "세상과의 공적인 관계성 없이 기독교적인 정체성은 존재하지 않으며, 신학의 기독교적인 정체성 없이 세상과의 공적인 관계성도 존재하지 않는다. 이는 그리스도 때문에 신학이 하나님 나라의 신학이 되기 때문이다 … 신학은 예수 그리스도의 하나님 나라에 대한 희망 속에서 사회의 '공공복리(공익)'에 대해 깊이 유념해야 한다";[6] "하나님 나라의 신학으로서 신학은 공적인 신학theologia publica이 되어야 한다."[7]

그러나 기독교의 정체성과 세상과의 긴밀한 관계성의 지향은 그 어느 시대보다도 현실적 문제 극복과 실천적 사명이 강조되는 21세기의 기독교에 절실히 요청되고 있다. 지금까지 몰트만이 '조직신학을 위한 기고문들Beiträge zur systematischen Theologie'이라는 부제 아래 집필한 저서들이 기독교의 정체성을 세우는 데에 심혈을 기울였다면, 본서는 그 부제, 곧 '신학의 공적인 관계성을 위한 기고문들Beiträge zur öffentlichen Relevanz der Theologie'이 제시하는 바와 같이, 세상에 대한 기독교의 관계성을 세우는 일에 전적으로 관심을 기울이고 있다. 역자는 몰트만이 세상에 대한 기독교의 관계성을 정립하는 일에 주력함은 21세기에 새롭게 요청되는 기독교 신앙과 신학의 패러다임을 마련하기 위함이라고 생각한다. 인류역사상 가장 풍요로운 물질문명을 이룩했지만 총체적이고 근본적인 위기에 봉착한 21세기의 시대상황 속에서 기독교는 앞으로 어떠한 방향으로 나아가야 하는가? 21세기에 새롭게 요청되는 기독교 신앙과 신학의 패러다임은 과연 어떠해야 하는가? 이 질문에 대해 역자는 21세기의 기독교가 현대문명이 당면한 구체적 문제들을 극복하기 위한 현실적 대안을 제시함으로써, '하나님의 나라'를 이 땅에 구현하기 위한 실천적 노력을 책임적으로 감당할 것을 요청받고 있다고 답변하고자 한다. 특별히 몰트만은 21세기의 기독교가 이제 더 이상 지엽적이고 분파적인 사고에 함몰되어 교파 간에 대립·반목할 것이 아니라, 교파 간에 상호 긴밀하게 연합하는 에큐메니컬적인 연대성 속에서 총체적 위기에 처한 인류문명과 세계 평화를 위해 힘을 모을 것을 역설한다.

기독교의 정체성과 세상에 대한 기독교의 관계성을 균형 있게 지향하는 몰트만은 총체적 위기에 직면한 인류문명을 목도하면서 본서를 통해 '하나님 나라'를 실현하기 위한 공적인 신학의 정립을 시도한다. 물론 기독교 신학은 신학의 정체성의 자리인 교회와 목회를 위해 우선적으로 기여해야 하며, 이것이 신학의 일차적 직무임에는 이론의 여지가 없다. 왜냐하면 신학은 교회를 섬기고 봉사하기 위한 영적인 사명을 우선적으로 가지며, 교회로 하여금 '하나님 나라' 건설을 위한 영적인 과제와 활동을 수행할 수 있도록 적극적으로 후원해야 하기 때문이다. 그러나 영적인 사명과 함께 신학은 결코 교회의 게토화된 테두리 안에서 단지 교회와 성도들만을 위한 이론적 교리로서가 아니라, 이 세상의 정치·경제·사회적 삶의 영역 안에서 창조적 변혁의 능력으로서 세상적 사명을 감당해야 한다. 모든 그리스도인들이 불가피하게 정치·경제·사회적 구조 안에 속한 존재이듯이, 기독교 신학은 불가피하게 정치·경제·사회적 영역을 개혁하기 위한 실천적 기능을 가지며, 그리스도인들로 하여금 그들의 신앙이 이 세상 현실 속에서 어떠한 사명과 책임을 가지는지에 대해 명확히 인식할 수 있도록 동기부여해야 한다. 이에 몰트만은 교회가 도래하는 '하나님 나라'의 한 역사적 형태이듯이, 신학이 이 세상 속에서 '하나님 나라'의 한 기능이 되어야 하며, '하나님 나라'의 기능으로서 신학은 사회의 모든 영역 안에서 공적인 신학이 되어야 한다고 주장한다. 즉 기독교 신학은 그 근원과 목표에 있어서 공적인 신학인데, 왜냐하면 신학은 본질적으로 '하나님 나라'를 지향해야 하기 때문이다. 그러므로 몰트만은 기독교 신학이 예수 그리스도의 '하나님 나라'에 대한 희망 속에서 사회의 '공공복리'(공익)를 깊이 유념하는 가운데 사회의 공적인 일들res publica에 예언자적인 사명감으로 관여해야 한다고 힘주어 말한다.

오늘날 인류문명을 위협하는 심각한 문제들의 극복은 공적인 신학을 추구하는 이 책의 집필 목적이기도 한데, 그 문제들 가운데 우리는 대표적으로 다음과 같은 사안들을 지적할 수 있다. 먼저 거대한 물질문명 속에서도 나날이 심화 되어가는 사회-경제적 양극화(빈부 양극화), 양극화의 폐해 속에서 엄청난 부를 축적한 소수의 부유·특권계층과 고도의 경제성장과 발전의 혜택을 누리지 못하고 인간으로서의 기본적 권리도 박탈당한 채 주변부화되어 가는 다수의 빈곤·소외계층 사이의 갈등과 분열을 들 수 있다. 이러한 상황에 대해 몰트만은 만약 제1세계의 부유한 선진 국가들(일본을 제외하고 대부분 기독교 국가들)이 빈부 양극화의 해결을 위해 적극적으로 기여하지 않을 경우, 이들 국가들에 대항하는 빈곤의 십자군과 기아와 질병을 통해 '잉여 인간들surplus people', 곧 아무도 원하지 않고 필요로 하지 않는 제3세계의 가난하고 버림받은 사람들이 대량 죽음에 이르게 될 거라고 예견한다.[8] 그는 인류가 사회적 정의를 구현할 것인지, 아니면 나날이 점증하는 빈곤에서 비롯된 범죄와 기아폭동에 맞닥뜨릴 것인지, 인류 공동의 생명의 미래를 위해 오늘 장기간의 투자를 할 것인지, 아니면 단기간의 이익을 선택함으로 말미암아 인류의 예견된 파멸이 머지않은 장래에 일어날 것인지는 전적으로 제1세계의 선택 여하에 달려 있다고 말하면서 제1세계의 결단을 강력히 촉구하고 있다.[9]

현대세계가 맞닥트린 생태계 위기의 심각성에 대해서는 아무리 강조해도 지나침이 없어 보인다. 생태계 문제의 심각성은 이 문제가 현대세계의 정치·경제·사회 전반의 모든 영역에서 불의한 구조가 개혁되고 인간의 인식과 가치관의 대전환을 통해 현대문명의 패러다임이 근본적으로 변혁되지 않는 한 그 궁극적 해결이 불가능하다는 점이다. 왜냐하면 생태계 문제는 삶에 대한 인간의 태도와 행동에서의 회개, 기본 가치와 신념에서의 회개가 필요불가결한 문제이기 때문이다. 특별히 몰트만은 기본 가치와 신념에서의 회개와 관련하여 자연세계에 대해 서구 기독교가 그동안 견지해 왔던 지배자적·착취자적 자세의 시정을 강력히 촉구한다. 그는 기독교의 창조신앙이 오늘날 생태계 위기의 주범이라는 비기독교 학자들의 비판에 대해 생태계 위기가 직접적으로 기독교의 창조신앙에 기인한다고 생각하지는 않지만, 현대의 과학기술적 문명이 400여 년 전에 자연에 대한 정복과 함께 시작되었고 인간을 '자연의 주인'으로 만드는 것을 신학적으로 정당화했기 때문에, 서구 기독교가 생태계 파괴에 대한 공동 책임을 짊어져야 함을 인정한다. 이러한 상황 속에서 몰트만은 21세기 기독교 교회와 그리스도인들이 '생태학적 개혁'을 통해 새로운 신학적 패러다임을 형성해야 한다고 역설한다.[10]

   빈부 양극화, 생태계 위기와 함께 21세기 세계 평화를 심각하게 위협하는 주된 요인으로 문명·종교 간의 충돌과 반목이 우려되고 있다. 사실 18세기 계몽주의 이래로 인간의 이성이 인식의 척도로 간주되면서 종교가 점차로 종언을 고하게 될 거라는 전망이 제기됐었다. 이에 1960년대 유럽과 북미의 사회학자들(대표적: P.L. Berger)은 서구세계에서 교회와 그리스도인들의 감소를 그 근거로 종교의 쇠퇴를 공언하면서 세속화 논의를 체계화하였다. 그러나 최근 들어 사회학자들은 현대인들의 강한 종교적 욕구를 경험하면서 그들의 예견이 빗나갔음을 인정하고 있다. 오늘날 종교는 다시금 상승세에 있으며, 세계 4대 종교인 기독교·이슬람교·불교·힌두교의 신자들이 전체 인구의 73%에 육박하기 때문이다. 사회학자들뿐만 아니라, 서구세계의 언론들도 오늘날 세계 각 분야에서 종교가 부활했다고 진단하고 있다. 그런데 심각한 문제는 종교가 세계 전역에서 피를 부르고 '신의 이름으로' 많은 사람이 죽어감으로써, 새로운 종교전쟁의 시대가 도래하고 있다는 사실이다. 무엇보다도 우려할 만한 상황은 기독교와 이슬람 문명권 사이에 해결의 기미 없이 증폭되는 대립과 갈등이다. 이와 같이 종교전쟁의 시대가 도래하고 있는 오늘의 상황 속에서 몰트만은 종전처럼 기독교 선교를 기독교 제국, 기독교 문명, 기독교 교회의 확장으로 이해할 것이 아니라, 새로운 개념의 선교, 곧 종교를 초월하여 모든 사람을 생명에 대한 조건 없는 사랑 속에서 생명에로, 생명에 대한 긍정에로, 생명에 대한 보호로, 공동의 생명에로 그리고 영원한 생명에로 초대하는 선교의 개념을 통해 기독교가 다른 종교들과의 평화로운 공생과 세계 평화를 위해 기여할 것을 촉구한다.[11]

어느 시대에나 인류는 태평성대를 희구하지만, 이는 인류의 바람과 의지대로 되지 않는 것 같다. 사실 우리는 '전쟁의 세기'로 일컬어지던 지난 20세기를 보내면서 새로 맞이할 21세기가 '평화의 세기'가 되기를 간절히 희구하는 가운데 미래에 대한 낙관적인 전망을 하였다. 지난 20세기 말엽에 한 세기 내내 전 세계를 참혹한 이데올로기 냉전체제로 몰고 갔던 공산주의 체제가 깊은 회의 속에 무기력하게 붕괴되었기 때문이다. 그러나 21세기에 들어와 다시금 인류문명이 봉착한 위기상황을 목도하면서 우리의 간절한 바람과 달리 인류의 미래에 대한 불안감이 삶의 영역을 엄습하고 있다. 그러나 역자는 몰트만이 절망의 끝에서 희망의 단서로 발견했던 '예수 그리스도의 십자가'가 총체적 파멸의 위기에 직면한 오늘의 세계 속에서도 변함없이 그리스도인들이 부여잡을 마지막 희망의 보루임에 틀림이 없다고 확신한다. "십자가에 달리신 그분(예수 그리스도)만이 이 세계를 변화시킬 수 있는 자유를 부여"하고, "그분에 대한 상고만이 오늘날의 상황, 역사의 법칙과 억압으로부터 인간을 자유케 하며 다시금 암울해지지 않는 미래를 열어줄 수 있기"[12] 때문이다. 그러므로 역자는 그리스도의 십자가가 우리에게 새로운 삶에 대한 희망과 용기, 생명력을 부여하실 수 있다는 확신 가운데 절망이 만연된 우리의 시대상황 속에서, 특별히 글로벌 경제위기로 인해 많은 이들이 삶에 대한 희망을 잃어버린 오늘의 상황 속에서 교회와 그리스도인들이 희망의 끈을 굳건히 부여잡을 것을 강력히 촉구하고자 한다.[13]

이 책은 앞서 언급한 바와 같이 기독교의 정체성보다는 세상에 대한 기독교의 관계성을 다룬 저서이므로, 기독교의 전통 교리들을 접하기를 원했던 신학도들의 기대에 다소 부응하지 못할 수도 있을 것이다. 물론 역자는 신학도들이 하나님의 말씀인 성서에 대한 깊은 이해와 성찰, 성서를 체계적으로 학문화한 신학을 지속적으로 연구함은 신학도의 기본자세라고 생각한다. 그러나 다종교多宗敎, 다문화多文化, 다가치多價値, 다변화多變化, 다원화多元化 그리고 글로벌화地球村化의 21세기의 시대상황 속에서 하나님의 사역자들은 급변하는 시대상황을 예언자적으로 읽을 수 있는 혜안을 가져야 한다. 무엇보다도 다양한 삶의 현장에서 종사하는 평신도들을 '하나님 나라'의 시민으로 잘 육성하기 위해서 사역자들은 정치·경제·사회·문화의 총체적 삶의 영역에 대한 통전적이고 균형 잡힌 견해를 가져야 한다. 이를 통해 사역자들은 교회와 성도들로 하여금 온갖 형태의 죄악과 불의, 비인간성이 만연된 이 세계 안에 '하나님 나라'를 구현해야 할 '하나님 나라'의 공동체요, '하나님 나라'의 시민으로 책임적으로 살아가도록 동기부여해야 할 것이다. 그럼에도 불구하고 흥미가 발동하지 않을 경우, 특별히 제1부의 제2장(계약인가, 아니면 레비아탄인가: 근대시대의 시작점에 서 있는 정치신학)은 관심 있는 독자들만이 읽을 것을 권유하고 싶다.

이 책의 원제목은 *Gott im Projekt der modernen Welt*인데, 몰트만 교수님의 요청으로 '세계 속에 있는 하나님'으로 명명하였다. 또한 독일어판 헌정사에는 "루마니아의 '알 아이 쿠자Al. I. Cuza' 대학의 정교회-신학부에게 명예박사 학위의 수여에 감사하는 마음으로 유럽의 에큐메니컬 친교 속에서" 헌정한다는 글이 수록돼 있으나, 한국어 번역판에는 역시 몰트만 교수님의 요청으로 정치신학의 동지인 한국의 민중신학에게 헌정한다는 글로 대체되었다. 특별히 몰트만 교수님의 방한을 기념하여 출판된 이 책에는 한국에서의 강연원고 전문이 부록으로 수록되어 있다. 즉 "주께서 나의 발을 넓은 곳에 세우셨나이다"(삶을 위한 신학, 신학을 위한 삶), "하나님의 이름은 정의이다"(악의 희생자와 가해자를 위한 하나님의 정의), "종말론, 지구촌화 그리고 테러리즘", "1975년 이래로 한국에서 맺은 나의 인연과 경험"이 기재되어 있다. 이 책은 전적으로 역자에 의해 번역되었으므로, 번역에 대한 모든 책임은 역자에게 있다. 역자는 본문에 충실하면서도 독자들이 쉽게 이해할 수 있도록 불가피한 경우 의역을 했는데, 이때 의역한 부분을 괄호를 통해 표시하였다. 본서에 많이 등장하는 단어들 가운데 해명이 필요한 경우가 있는데, 가장 대표적으로 'modern'를 들 수 있다. 이 단어는 두 가지 의미, 곧 '근대'와 '현대'의 의미를 동시에 내포하고 있으므로 문맥에 따라 양자의 의미를 번갈아 사용했음을 고지하고자 한다.

끝으로 역자가 지난 학기 독일 하이델베르크 대학 신학부의 '국제신학

학제간 연구소'(약칭 FIIT)에서 연구에 몰두할 수 있도록 배려해 주신 미하엘 벨커M. Welker 교수님의 오랜 세월 변함없는 우정에 대해 이 글을 통해 깊은 감사의 마음을 전하고 싶다. 그리고 글로벌 경제위기와 출판계의 불황 속에서도 이 번역서를 출판해 주신 도서출판 동연의 김영호 사장님과 이 책이 완성되기까지 수고를 아끼지 않으신 출판부의 여러 선생님들께도 진심으로 감사를 드린다.

2009년 4월
예수 그리스도 부활절에
곽미숙

다루어진 테마들에 대해 이전에 출판된 논문 목록

1. 근대세계와 기독교 신학(Theologie im Projekt der Moderne)
   Plenarvortrag bei der American Academy of Religion Chicago 21. November 1994. 특별판 Association of Theological School in the United States and Canada Pittsburgh 1995, Evangelische Theologie, 55, 1995, 402-415; Revue de Théologie et de Philosophie, Lausanne, 128, 1996, 49-65.

2. 계약인가, 아니면 레비아탄인가: 근대시대의 시작점에 서 있는 정치신학(Covenent oder Leviathan? Politische Theologie am Beginn der Neuzeit)
   1993년 1월 21일 뮌헨(München)에 있는 칼 지멘스 재단(Carl Siemens Stiftung)에서의 강연. 부분 인쇄: Im Bund gegen den Leviathan, EvKomm 1, 1994, 24-28; Covenant or Leviathan? Political Theology for Modern Times, Scottish Journal of Theology, 47, 1994, 19-42; Zeitschrift für Theologie und Kirche, 90, 1993, 299ß317.

3. 정치신학과 해방신학(Politische Theologie und Befreiungstheologie heute)
   부분 인쇄: Teologia politica y de la Liberacion, Universidad Iberoamericana Mexico City 1991; Carthaginensia VIII, 1992, 489-502; Union Seminary Quarterly Review 45, 1991, 205-218. Die Zukunft der Befreieungstheologie, Orientierung 59, 1995, 207-210; Die Theologie unserer Befreiung, Orientierung 60, 1996, 204-206

4. 현대세계의 가치들에 대한 재평가 속에 있는 기독교 신앙(Christlicher Glaube im Wertewandel der Moderne)
   Entfremdungen moderner Menschen von der Natur, vom Körper, von der Zeit: Vortrag auf dem 30. Montecatini-Kongreß mit Psychltherapie-wochen am 16. Mai 1996. 동일한 주제 아래 변형된 형태로 1996년 9월 2일 울름(Ulm)과 1997년 1월 8일

하노버(Hannover)에서 진행된 미간행본의 강연. 영문: Theology. News and Notes. Fuller Theological Seminary, October 1996.

5. 이 땅의 파괴와 해방: 생태신학의 정립을 위하여(Zerstörung und Befreiung der Natur. Zur ökologische Theologie)
부분 인쇄: The ecological crisis: Peace with Nature? Scottish Journal of Religious Studies, IX, 1, Spring 1988, 5-18; Colloquium. The Australian and New Zealand Review, 20, 2, 1986, 1-11; Questione ecologica e con scientia cristiana, Brescia 1987, 137-154; Washington Cathedral Papers, 1991, Vol. 2, 23-35; Pacifica 5, 1992, 301-313; Carthaginensia XI, 19, 1995, 1-22.

6. 인권과 인류의 권리, 그리고 이 땅의 권리(Menschenrechte, Rechte der Menschheit und Rechte der Erde)
엘리자벳 기써(Elisabeth Giesser)와 함께 저술: "Human Rights, Rights of Humanity, and Rights of Natur", in: L. Vischer(ed.), Rights of Future Generations - Rights of Nature, Studies from the World Alliance of Reformed Churches 19, Geneva 1990, 15-25; EvTh 50, 1990, 437-444. 두 논문은 동일한 글이 아니다.

7. 타자에 대한 인식과 서로 상이한 이 간의 친교(Das Erkennen des Anderen und die Gemeinschaft der Verschiedenen
EvTh 50, 1990, 400-414; "Knowing and Community", in: L. Rouner(ed.), On Community, Notre Dame 1991, 162-176; in: J. Audrethsch(Hg.), Die andere Hölfte der Wahrheit, München 1992, 173-191.

8. 시장 가치와 인간의 존엄성(Freiheit in Gemeinschaft zwischen Globalisierung und Individualismus: Markwert und Menschenwürde)
1996년 7월 12일 제네바의 공동체주의자들의 정상회담(Communitarian Summit)에서의 미간행 강연.

9. 구덩이-하나님은 어디에 계셨는가: 아우슈비츠 이후의 유대교와 기독교 신학(Die Grube-wo war Gott? Jüdische und christliche Theologie nach Auschwitz)
칼 프르흐트만(Karl Fruchtmann)의 영화 "Die Grube"에 대한 1996년 12월 21일 부

레멘(Bremen)에서의 강연. 밀란 오포켄스키(Milan Opocensky)를 위한 논문집(FS): Stand firm and take action, Studies of the World Alliance of Reformed Churches 34, Genf 1996, 257-274.

10. 개신교 - '자유의 종교'(Protestantismus - Die Religon der Freiheit)
In: J. Moltmann (Hg.), Religion der Freiheit. Protestantismus in der Moderne, München 1990, 11-28.

11. 현대세계의 자유주의와 근본주의(Lieberalismus und Fundamentalismus der Moderne)
In: J. Willms (Hg.), Fundamentalismus - verstehen und mit ihm umgehen. Jahrbuch Mission 1995, Hamburg 1995, 144-159.

12. 대화인가, 아니면 선교인가: 위기의 세계 속에서의 기독교와 타종교의 사명(Das Christentum und die Religionen in einer gefährlicheen Welt: Dialog oder Mission?)
1996년 9월 16일 베를린에서의 강연: M. Welker (Hg.), Brennpunkt Dikonie, Festschrift(FS) für Rudolf Weth, Neukirchen 1997, 185-200.

13. 현대세계의 대학 안에서 교회와 하나님 나라를 위한 신학의 정립(Theologie für Kirche und Reich Gottes in der moderen Universität)
부분 인쇄: EvKomm5, 1996, 273-276.

---

* 1번 원제 : 근대 세계의 프로젝트 속에서 신학
8번 원제 : 글로벌화와 개인주의 사이의 공동체 안에서의 자유: 시장 가치와 인간의 존엄성

주석

1부 현실 정치와 기독교 신학

1장_ 근대세계와 기독교 신학

1) G. Gutiérrez, *Theologie der Befreiung*(Mainz, 1992 개정판), 242.
2) G.W.F. Hegel, *Die Vernunft in der Geschichte*(PhB 171a), Hamburg 1955, 189ff., 200: "아메리카는 우리 앞에 펼쳐진 시간들 속에서 … 세계 역사의 중요성을 계시해야 할 미래의 나라이다…" 유럽의 민족들이 1492년 당시의 세계 제국들, 이를테면 오스만 제국, 인도의 무굴 제국 그리고 중국과 비교할 때 얼마나 변방 민족이었는지에 대해 케네디(P. Kennedy)는 그의 저서 *The Rise and Fall of the Great Power*(New York 1987)에서 인상적으로 기술하고 있다.
3) 여기서 나는 다음의 글을 참조한다: B. Dietschy, "Die Tücken des Entdeckens. Ernst Bloch, Kolumbus und die Neue Welt", in: *Jahrbuch der Ernst-Bloch-Gesellschaft* 1992/93, 234-251.
4) A.W. Crosby, *Die Früchte des weißen Mannes. Ökologischer Imperialismus 900-1900*, Frankfurt/New York 1991; E. Dussel, *Von der Erfindung Amenrikas zur Entdeckung des Anderen. Ein Projekt der Transmoderne*, Düsseldorf 1993.
5) T. Todorov, Die Eroberung Amerikas. Das Problem des Anderen, Frankfurt 1985; D.E. Standard, American Holocaust, The Conquest of the New World, New York/Oxford 1992.
6) '세계의 영혼'에 대해 다음의 글들을 참조한다: H.R. Schlette, *Weltseele, Geschichte und Hermeneutik*, Frankfurt 1993; C. Merchant, *The Death of Nature, Women, Ecology and the Scientific Revolution*, San Francisco 1989.
7) M. Horkheimer/Th.W. Adorno, *Dialektik der Aufklärung*(1944), Frankfurt 1969; M. Horkheimer, *Kritische Theorie I und II*, Frankfurt 1969; J. Habermas, *Erkenntnis und Interesse*, Frankfurt 1968.
8) E. Bloch, *Das Prinzip Hoffnung*, Frankfurt 1959, 873ff: 엘도라도와 에덴: 지리학적인 유토피아에 대해서는 특히 904ff. 참조. 이에 대해 Dietschy의 글(Die Tücken des Entdeckens. Ernst Bloch, Kolumbus und die Neue Welt)의 238ff.에서는 이러한 표상들이 '근대의 세계 내적인 종말론'으로서 표기되고 있다.
9) G. Gutiérrez, *Gott oder das Gold*, Freiburg 1990.
10) J. Moltmann, *Das Kommen Gottes. Christliche Eschatologie*, München/Gütersloh

1995의 제3장: 역사적 종말론 참조.

11) E.L. Tuveson, *Redeemer Nation. The Idea of America's Millenial Role*, Chicago 1968; M.D. Bryant/D.W. Dayton(Hg.) *The Coming Kingdom. Essays in American Millenialism and Eschatology*, New York 1983.

12) 이는 미국의 천년왕국주의의 이면을 보여준다: doomsday 문헌의 근대적 묵시사상은 린드세이(H. Lindsay)의 저서 *The Late Great Planet Earth*, Grand Rapids MI(1970)에서 모범적인 베스트셀러로 일컬어진다.

13) 참조: J. Taubes, *Abendländische Eschatologie*(1947), München 1991; R. Bauckham, *Tudor Apocalypse. Sixteenth century apocalypticism, millenarianism and the English Reformation: From John Bale to John Foxe and Thomas Brightman*, Oxford 1975. 암스테르담의 최고 랍비 마낫세 벤 이스라엘(Manasseh ben Israel(1604-1657)의 저서 *Spes Israelis*(1650)은 중요한 작용을 일으켰다. 이 책은 영국 공중보건 책임자 올리버 크롬웰(O. Cromwell)에게 증정되었는데, 이로 말미암아 영국에서 유대인들의 재입국이 허락되었다. 마조리 리베(Majorie Reeves)의 저서 *Joachim of Fiore and the Prophetic Future*(London 1976)은 영국의 개신교와 영국의 계몽주의가 얼마나 강력하게 요아힘의 정신에 영향을 받았는지 잘 보여준다.

14) L. Niethammer, *Posthistoire. Ist die Geschichte zu Ende?*, Hamburg 1989; F. Fukuyama, *Das Ende der Geschichte. Wo stehen wir?*, München 1992.

15) 레싱이 철학자 크루지우스(Chr. A. Crusius)의 경건주의적 천년왕국주의에 영향을 받았다는 사실에 대한 증거를 겔리히(F. Gerlich)는 그의 저서 *Der Kommunismus als Lehre vom Tausendjährigen Reich*(München 1921)에서 제시하였다.

16) I. Kant, *Ideen zu einer allgemeinen Geschichte in weltbürgerlicher Absicht*(1793) 제8장.

17) I. Kant, *Kritik der reinen Vernunft*, A 804: "나의 이성의 모든 관심사는 세 가지 질문, 곧 1. 나는 무엇을 알 수 있는가?, 2. 나는 무엇을 행해야 하는가?, 3. 나는 무엇을 희망해도 되는가?와 결합된다."

18) 이에 대한 갈레아노(E. Galeano)의 저서 *Die offenen Adern Lateinamerikas. Die Geschichte des Kontinents von der Entdeckung bis zur Gegenwart*(Wuppertal 1981, 보완 개정판)는 기초적인 내용을 제시하고 있다. 노예의 역사에 대해 참조: D.P. Mannix/M.J. Cowley, *Black Cargoes, A History of the Atlantic Sklave Trade*, New York 1962.

19) R.D. Kaplan, "The Coming Anarchy", in: *The Atlantic Monthly* 273/2, February 1994, 44-76.

20) W. Leiss, *The Domination of Nature*, New York 1972; B. McKibben, *The Ende of Nature*, New York 1989.

21) 풀러(G. Fuller)의 저서 *Das Ende. Von der heiteren Hoffnungslosigkeit im Angesicht der ökologischen Katastrophe*(Leipzig 1993)는 당면하는 생태계 위기에 대해 완전히 염세적으로 판정한다.
22) J.B. Metz, "Die Gotteskrise", in: J.B. Metz, *Diagnosen zur Zeit*, Düsseldorf 1994.
23) H.E. Richter, *Der Gotteskomplex. Die Geburt und die Krise des Glaubens an die Allmacht des Menschen*, Reinbek 1979.
24) 에릭 페터슨(E. Peterson)은 요한계시록의 '신비스러운 계시'가 구원사 신학의 역사의 종말에 대한 사변과 무관하며, 오히려 '순교자의 책'이라는 증거를 제시한다. 참조: E. Peterson, "Zeuge der Wahrheit", in: E. Peterson, *Theologische Traktate*, München 1951, 165-224.
25) P. Kuhn, *Gottes Selbsterniedrigung in der Theologie der Rabbiner*, München 1968; A.M. Goldberg, *Untersuchungen über die Vorstellung von der Schekinah in der frühen rabbinischen Literatur*, Berlin 1969.
26) J. Moltmann, *Der Weg Jesu Christi. Christologie in messianischen Dimensionen*, München 1989.
27) O.A. Romero, *Die notwendige Revolution. Mit einem Beitrag von Jon Sobrino über die Märtyrer der Befreiung*, München/Mainz 1982.
28) G. Gutiérrez, *El Dios de la Vida*, Lima 1982; J. Moltmann, *Der Geist des Lebens. Eine ganzheitliche Pnematologie*, München 1991.
29) E. von Weizsäcker, *Erdpolitik. Ökologische Realpolitik an der Schwelle zum Jahrhundert der Umwelt*, Darmstadt 1992³.

2장_ 계약인가, 아니면 레비아탄인가 : 근대시대의 시작점에 서 있는 정치신학
1) E. Wolf, "Das Problem des Widerstandsrechts bei Calvin", in: A. Kaufmann(Hg.), *Das Widerstaddsrecht*(WdF 173), 1972, 153-169. 볼첸도르프(Wolzendorff)의 이전의 글, 곧 "Staatsrecht und Naturrecht in der Lehre vom Widerstandrecht des Volkes gegen rechtswidrige Ausübung der Staatsgewalt" (1916)은 깔뱅의 신학과 깔뱅주의와 관련하여 미약하다. 참조: J. Bohatec, *England und die Geschichte der Menschen- und Bürgerrechte*, hg. von O. Weber, Graz 1956.
2) R. Nürnberger, *Die Politisierung des französischen Protestantismus*, 1948.
3) Th. Beza, *Die jure magistratuuum et officio subditorum erga mafistratus*, hg. von K. Strum, 1965, 12.

4) W. Niesel(Hg.), *Bekenntnisschriften und Kirchenordnungen der nach Gottes Wort reformatierten Kirche*, 1938, 97. 참조: K. Barth, *Gotteserkenntnis und Gottesdienst*, 1938, 215ff.
5) C.B. Hundeshagen, *Calvinismus und staatsbürgerliche Freiheit*; H. Languet, *Wider die Tyrannen*, hg. von L. Wyss, Basel 1946; G. Oestreich, "Die Idee des religiösen Bundes und die Lehre vom Staatsvertrag", in: *Zur Geschichte und Problematik der Demokatie*, Festschrift(FS) für Hans Herzfeld, Berlin 1958, 11-32; Ch. McCoy/J. Wayne Baker, *Fountainhead of Federalism. Heinrich Bullinger and the covenantal Tradition*, Louisville 1991, 45ff.
6) G. Oestreich, "Die Idee des religiösen Bundes und die Lehre vom Staatsvertrag", 22.
7) L. Wyss, 각주 5번 참조, 65f.
8) *Ibid.*, 67.
9) 이에 대해 외스트라이히(W. Oestreich)는 주의를 환기시켰다. 각주 5번 참조, 25.
10) Ch. McCoy/J. Wayne Baker, 각주 5번 참조, 55ff.
11) P. Müller, *The New England Mind*, I, Cambridge 1954², II, Cambridge 1953.
12) Ch. McCoy/J. Wayne Baker, 각주 5번 참조, 94ff.
13) Th. Hobbes, *Leviathan oder Wesen, Form und Gewalt des krichlichen und bürgerlichen Staates*, hg. von P.C. Mayer-Tasch(Rowohlts Klassiker 187-189), Reinbek 1965. 나는 이 진술에 따라 인용한다. 참조: C. Schmitt, *Der Leviathan in der Staatslehre des Thomas Hobbes. Sinn und Fehlschlag eines politischen Symbols*, Hamburg 1938; D. Braun, *Der sterbliche Gott oder Leviathan gegen Behemoth*, Zürich 1963; P.C. Mayer-Tasch, *Thomas Hobbes und das Widerstandrecht*, Tübingen 1965; W. Förster, *Thomas Hobbes und der Puritanismus. Grundlagen und Grundfragen seiner Staatslehre*, Hamburg 1969; J. Taubes(Hg.), *Der Fürst dieser Welt. Carl Schmitt und die Folgen. Religionstheorie und Politische Theologie*, Band I, München 1983.
14) Th. Hobbes, *Dialog zwischen einem Philosophen und einem Juristen über das englische Recht*, hg. von B. Willms, Weinheim 1992.
15) J. Taubes, 각주 13번 참조, 9.
16) C. Schmitt, 각주 13번 참조, 25f.; J. Taubes, 각주 13번 참조, 12f.
17) J. Taubes, 각주 13번 참조, 13.
18) 정치적 천년왕국 주의에 대해 참조: N. Cohn, *Das Ringen um das Tausendjärige Reich. Revolutionärer Messianismus im Mittelalter und sein Fortleben in den modernen totalitären Bewegungen*, Bern/München 1961; E.L. Tuveson, *Redeemer*

Nation, *The Idea of America's Millenial Role*, Chicago 1968.
19) E. Bloch, *Naturrecht und menschliche Würde*, Frankfurt 1961, 60f.
20) M. Luther, WA 39/II, 34-91; E. Wolf, Leviathan. "Eine patristische Notiz zu Luthers Kritik des Paptismus", in: E. Wolf, *Paregrinatio* I, München 1954, 135-145.
21) M. Luther, WA 39/II, 42.
22) J. Heckel, "Widerstand gegen die Obrigkeit? Pflicht und Recht zum Widerstand bei Martin Luther", in: Kaufmann(Hg.), 각주 2번 참조, 114-134, 132f.
23) 참조: H. Meier, *Carl Schmitt, Leo Strauß und 'Der Begriff des Politischen'. Zu einem Dialog unter Abwesenden*, Stuttgart 1988; J. Taubes, *Ad Carl Schmitt. Gegenstreibige Fügung*, Berlin 1987.
24) 이는 나의 논제이다: J. Moltmann, "Theologische Kritik der Politischen Religion", in: J.B. Metz, J. Moltmann, W. Oemüller, *Kirche im Prozeß der Aufklärung*, München/Mainz 1970, 11-51, 36ff. 몰트만의 논제에 대해 슈미트(C. Schmitt)는 그의 저서 *Politische Theologie II, Die Legende von der Erledigung jeder Politische Theologie*(Berlin 1970) 118쪽에서 다음과 같이 기술한다: "그 밖에도 몰트만은 십자가에 못 박히신 하나님의 경배를 파괴될 수 없이 그 자신 속에 내포하며 '신학적인 것'으로 승화되어버릴 수 없는 매우 정치적인 의미를 집중적으로 강조하는데, 이는 타당하다.
25) 이는 다음의 저서에서 인용된 문구이다: B. Nichtweiss, *Erik Peterson. Neue Sicht auf Leben und Werk*, Freiburg 1992, 735, 각주 119번 참조.
26) N. Chomsky, "Media Control. The Spectacular Achievements of Propaganda" (Open Magazine Pamphlet Series 19), Kentfield California 1991, 참조: N. Chomsky, *Deterring Democracy*, New York - London 1991. 마이어-타쉬(Mayer-Tasch)도 이와 유사한 추측을 그의 저서에서 표현하였다: *Thomas Hobbes und das Widerstandrecht*, 각주 13번 참조, 296.
27) J.B. Metz, *Zur Theologie der Welt*, Mainz 1968; J. Moltmann, *Politische Theologie*, München 1969; J. Moltmann, *Politische Theologie - Politische Ethik*, München 1984.
28) J.B. Metz, *Zur Theologie der Welt*, 101.
29) J. Moltmann, *Poltische Theologie - Politische Ethik*, 124ff.

3장_ 정치신학과 해방신학
1) E. Feil/R. Weth(Hg.), *Diskussion zur 'Theologie der Revolution'*, München/Mainz

1969; C. Torres, *Revolution als Aufgabe des Christen*(1966), München/Mainz 1981⁴.

2) G. Gutiérrez, *Theologie der Befreiung*(1972), Mainz, 1992.

3) J.B. Metz, *Zur Theologie der Welt*, Mainz 1968; H. Peukert(Hg.), *Diskussion zur 'politischen Theologie'*, München/Mainz 1969; J.B. Metz, J. Moltmann, W. Oelmüller, *Kirche im Prozeß der Aufklärung*, München/Mainz 1970; D. Sölle, *Politische Theologie*, Stuttgart(1971); J.M. Lochman, *Perspektiven politischer Theologie*, Zürich 1971; J. Moltmann, *Perspektiven der Theologie. Gesammelte Aufsätze*, München/Mainz 1984. 비든호퍼(S. Wiedenhoffer)의 저서 *Politische Theologie*(Stuttgart 1976)와 엘라쿠리아(I. Ellacuria)의 저서 *San Salvador*(1973)는 이에 대한 좋은 안내서 역할을 한다.

4) E. Kogon/J.B. Metz 이외, *Gott nach Auschwitz. Dimensionen des Massenmords am jüdischen Volk*, Freiburg 1979.

5) E. Kellner(Hg.), *Schöpfertum und Freiheit in einer humanen Gesellschaft*, Marienbader Protokolle, Wien 1969.

6) R. Garaudy/J.B. Metz/K. Rahner, *Der Dialog*, Hamburg 1966.

7) E. Bloch, *Das Prinzip Hoffnung*, Frankfurt 1959; 1960년대 블로흐가 끼친 영향에 대해 운셀트(S. Unseld)가 발간한 저서 *Ernst Bloch zu Ehren. Beiträge zu seinem Werk*. Festschrift(FS) zum 80. Geburtstag(Frankfurt 1965)를 참조.

8) H. Gollwitzer, Werkausgabe, *Kaiser Taschenbücher* 42-51, München 1988.

9) *Bekenntnis zu Jesus Christus und die Friedensverantwortung der Kirche. Eine Erklärung des Moderamens des Reformierten Bundes*, Gütersloh 1982.

10) B. Klappert/U. Weidner(Hg.), *Schritte zum Frieden. Theologische Texte zu Frieden und Abrüstung*, Wuppertal 1983.

11) J. Moltmann(Hg.), "Friedenstheologie - Befreiungstheologie", in: *KT 26*, Mänchen 1988.

12) G. Altner(Hg.), *Ökologische Theologie*, Stuttgart 1989

13) J.M. Lochmann/J. Moltmann(Hg.), *Gottes Recht und die Menschenrechte, Studien und Empfehlungen des Reformierten Weltbundes*, Neukirchen 1977; L. Vischer(ed.), *Rights of future generation - Rights of Nature. Proposal for enlarging the Universal Declaration of Human Rights*, Studies from the World Alliance of Reformed Churches 19, Genf 1990.

14) J. Moltmann-Wendel, *Menschenrechte für die Frau*, München 1974; D. Willams, *Sisters in the Wilderness. The Challenge of Womanist God-Talk*, Orbis New York 1994; A.M. Isasi-Diaz, *Mujerista Theology*, Orbis New York 1996.

15) 나는 아래의 글에서 엘라쿠리아(I. Ellacuria)와 존 소브리노(J. Sobrino)가 발간한 전집 *Mysterium Liberationis. Grundbegriffe der Theologie der Befreiung*, Edition Exodus Luzern, Band I 1995, Band II 1996을 관련시킨다.
16) 처음의 발단은 문서로 기록되었다: *Teologia India. Primer encuentro taller latinoamericano*, Mexico 1992; M.M. Marzal(Hg.), *El rostro de Dios*, Lima 1991.
17) L. Boff, *Von der Würde der Erde, Ökologie - Politik - Mystik*, Düsseldorf 1994.
18) E. Cardenal, *Wir sind Sternenstaub*, Wuppertal 1993.
19) J. Sobrino, *Mysterium Liberationis*, I. 499.
20) H.-P. Martin/H. Schumann, *Die Globalisierungsfalle. Der Angriff auf Demokratie und Wohlstand*, Hamburg 1996.
21) H. Noormann, *Armut in Deutschland. Christen vor der neuen sozialen Frage*, Stuttgart 1991; E.U. Huster, *Armut in Europa*, Leverkusen 1996.

2부 현대세계의 가치와 기독교 신학

1장_ 현대세계의 가치들에 대한 재평가 속에 있는 기독교 신앙

1) S.P. Huntington, *The Clash of Civilizations and the Remaking of World Order*, New York 1996.
2) M. Horkheimer/Th.W. Adorno, *Dialektik der Aufklärung. Philosophische Fragmente*, Frankfurt 1969.
3) 본서의 제1장 1절 참조.
4) G. Picht, *Die Erfahrung der Geschichte*, Frankfurt 1958; W. Pannenberg 이외, *Offenbarung als Geschichte*, Güttingen 1961.
5) K.-J. Kuschel, *Streit um Abraham. Was Juden, Christen und Muslime trennt - und was sie eint*, München 1994.
6) L. Mumford, *The City in History. Its Origins, its transformations, and its prospects*, New York 1961.
7) 이에 대해 리프턴(R.J. Lifton)은 특별한 강조와 함께 뮬러-파런홀츠(G. Müller-Fahrenholz)의 저서 *Erwecke die Welt. Unser Glaube an Gottes Geist in dieser bedrohten Zeit*, 제2장; *Globale Gefahren als seelische Lähmung*(Gütersloh 1993), 78ff.에서 지적하고 있다.
8) V. Hauff(Hg.), *Unsere gemeinsame Zukunft. Der Brundtland-Bericht der Weltkommission für Umwelt und Entwicklung*, Greven 1987.
9) A.J. Heschel, *Der Sabbat. Seine Bedeutung für den heutigen Menschen*,

Neukirchen 1990; J. Moltmann, *Gott in der Schöpfung*. Ökologische Schöpfungslehre, München 1985, 제11장: 안식일: 창조의 축제, 281-299.

10) F. Vogelsang(Hg.), *Theresa von Avila: Die innere Burg*, Stuttgart 1966; W. Herbstrith, *Theresa von Avila, Die erste Kirchenlehrerin*, Bergen-Enkheim 1971; Th. Merton, *The Seven Story Mountain*, 독일어 번역: *Der Berg der sieben Stufen*, H. Grossrieder 옮김, Zürich 1990; Th. Merton, *Contemplation in a World of Action*, New York 1965; J. Moltmann, *Gotteserfahrungen. Hoffnung - Angst - Mystik*, München 1979.

11) A. Milano, Persona un Teologia. *Alle Origini del significato di Persona nel Christianesimo Antico*, Napoli 1986; A.I. McFadyen, *The Call to Personhood. A Christian Theory of the individual and social Relationships*, Cambridge 1990.

12) 미란돌라는 자신의 저서 *Über die Würde des Menschen*(Zürich 1486)의 10f. 쪽에 다음과 같이 기술한다: "우리는 너에게 확실한 거처도, 너 자신의 외모도, 어떤 특별한 재능도 부여하지 않았다. 아담아, 너는 모든 좋은 거처와 훌륭한 외모, 네가 소망하는 재능을 너의 의지와 너의 의사에 따라 소유할 수 있다 … 나는 너를 이 세상의 한 가운데 세웠다. 이를 통해 네가 거기서 편안히 살고, 이 세상에 있는 모든 것을 보게 하였다 … 완전히 자유롭고 영광스럽게 작업하는 자신의 조각가와 시인으로서, 네가 그 속에서 살기 원하는 형식을 스스로 결정하게 하였다."

13) 참조: H. Kessler, *Das Stöhnen der Natur. Plädoyer für eine Schöpfungsspiritualität und Schöpfungsethik*, Düsseldorf 1990.

14) M. Grabmann, *Die Grundgedanken des Heiligen Augustinus über Seele und Gott*, Darmstadt 1957.

15) 데카르트(R. Descartes)는 자신의 저서 *Meditationen*, PhB. 21의 헌정사에서 다음과 같이 기술한다: "나는 하나님에 관한 질문과 영혼에 관한 질문이 철학은 물론 신학의 도움으로 상론되는 것들 가운데 가장 중요한 질문이라고 언제나 생각하고 있다."

16) J. Moltmann, *Gott in der Schöpfung*, 제9장: 창조 안에 있는 하나님의 형상: 인간, 223-249.

17) P. Singer, *Euthanasie heute - Thema oder Tabu?*, Opladen 1990; P. Singer, *Wie sollen wir leben? Ethik in einer egoistischen Zeit*, Erlangen 1996.

18) 여기에 공동체주의(Kommunitarismus)라는 새로운 사회운동이 형성되었다. 이에 대해 다음의 저서들 참조: A. Etzioni, *Die Entdeckung des Gemeinwesens. Ansprüche, Verantwortlichkeiten und das Programm des Kommunitarismus*, Stuttgart 1995; Ph. Selznick, *The Moral Commonwealth, Social theory and the promise of community*, Berkely 1992.

19) M. Gronemeyer, *Das Leben als letzte Gelegenheit. Sicherheitsbedürfnisse und Zeitknappheit*, Darmstadt 1993; G. Schulze, *Die Erlebnisgesellschaft. Kultursoziologie der Gegenwart*, München 1993; R. Wendorff, *Zeit und Kultur. Geschichte des Zeitbewußtseins in Europa*, Opladen 1985[3]; R. Wendorff, *Der Mensch und die Zeit, Ein Essay*, Opladen 1988.
20) St. Toulmin/J. Goodfield, *Die Entdeckung der Zeit*, München 1970.
21) 다른 종교들과 문화들에서의 시간 경험에 대해서는 홀(E.T. Hall)의 저서 *The Dance of Life. The other dimension of time* (New York 1983) 참조.
22) 이에 대해 나는 다음과 같이 부연 설명하고자 한다. 즉 그동안 일련의 산업 부문 안에서 매사에 급히 서두르는 '조급성의 함정'으로 인한 정체현상이 가시화됨으로써, 느림을 강조하는 장기성을 위한 전환점이 마련되었다. 언제나 새로운 기술과 생산품의 발전은 고가의 비용을 필요로 하는데, 이는 새로운 기술과 생산품이 가급적 오랜 기간 판매가 되어야 시장에서 이득을 취할 수 있기 때문이다. 판매기간이 점점 더 짧아지면, 이득은 점점 줄어들게 되고 발전 비용을 충당하지 못하게 될 것이다. 이것이 '조급성의 함정'이다. 이로부터 장기성을 위한 전환점은 그 탈출구를 마련한다. 전체 생산품의 판매의 자리에 단지 이용의 판매, 곧 대여(임대)가 등장한다. 정비와 수리는 생산품의 장기성을 보전한다. 컴퓨터를 위해 무한대로 기능할 수 있는 레이저 프린터가 있으며, 장기간 사용할 수 있는 자동차가 있다. 사람들이 자동차를 오래 사용할수록, 정비소에서의 수리 작업은 중요한 의미를 지니게 된다. 높은 생산비용은 생산품의 장기성을 통해 보완된다. 이와 함께 오래 사용되는 생산품은 환경에 기여하는데, 왜냐하면 그것이 에너지와 자연자원을 보다 적게 소모하기 때문이다. 생산비용이 절감된 염가의 자동차는 에너지와 자연자원을 많이 소비하고 많은 쓰레기를 배출하며 많은 사람을 실업자로 만드는데, 왜냐하면 그것이 로봇에 의해 생산되기 때문이다. 그러므로 '느림의 발견'은 인류와 자연의 미래를 위해 대단히 중요한 의미를 가진다. 참조: W. Stahel, *Die Beschleunigungsfalle oder der Triumph der Schildkröte*, Stuttgart 1995.

2장_ 이 땅의 파괴와 해방 : 생태신학의 정립을 위하여
1) 워싱턴에서 브라운(L. Brown)에 의해 발행된 월드 워치 연구소(World Watch Institute)의 연례 보고서들은 이에 대해 분명하게 제시한다.
2) R. Arce Valentin, "Die Schöpfung muß gerettet werden. Aber für wen? Die ökologische Krise aus der Perspektive lateinamerikanischer Theologie", in: *EvTh* 51, 1991, 565-577.
3) 이는 대립-전쟁을 통해 피로 얼룩진 니카라과의 상황에서 분명히 알 수 있다. 삼림

들은 대만과 한국의 목재공장들에 의해 파괴된 연후에 미국과 캐나다에서 배출된 핵 폐기물 쓰레기를 위한 저장고로 오용되고 있다.
4) 참조: E. von Weizsäcker, *Erdpolitik. Ökologische Realpolitik an der Schwelle zum Jahrhundert der Umwelt*, Darmstadt 1992³.
5) '인식을 주도하는 관심사'의 개념을 형성한 하버마스(J. Habermas)의 저서 *Erkenntnis und Interesse*(Frankfurt 1968)를 참조.
6) L. White, "The historical roots of our Ecological Crisis", in: F. Schaeffer, *Pollution and Death of Man, The Christian View of Ecology*, Illinois 1970, 97-115; C. Amery, *Das Ende der Vorsehung. Die gnadenlosen Folgen des Christentums*, Hamburg 1972; E. Drewermann, *Der tödliche Fortschritt, Von der Zerstörung der Erde und des Menschen im Erbe des Christentums*, Freiburg 1991. 화이트에 대해 비판적인 다음의 글 참조: Ph.N. Joranson/K. Butigan, *Cry of the Environment. Rebuilding the Christian Creation Tradition*, Santa Fe 1984; C.S. Robb/C.J. Casebolt, *Covenant for a New Creation. Ethics, Religion and Public Policy*, New York 1991.
7) M. Weber, "Die protestantische Ethik und der Geist des Kapitalismus", in: *Gesammelte Aufsätze zur Religionssoziologie*, Tübingen 1947⁴, 94f.
8) A. Gehlen, *Urmensch und Spätkultur*, Bonn 1956, 295.
9) R. Descartes, *Discours de la Méthode pour bien conduire sa raison et chercher la verité dans les sciences*, Leyden 1637, 제6장.
10) *Wir sind ein Teil der Erde. Die Reden des Häuptlings Seattle*, Olten 1982.
11) B. McKibben, *The End of Nature*, New York 1989, 91.
12) 1990년 1월 15~19일 구소련 모스크바에서 개최된 생존을 위한 환경과 개발에 있어서의 글로벌 포럼(The Global Forum on Environment and Development for Survival)의 컨퍼런스 보고서를 나는 다음과 같이 인용한다: "우리 모두는 이 땅의 자손이다. 이 땅은 우주의 거대한 법에 의해 운행되는데, 우리 인간은 이 법을 경시하고 침해한 행동에 대한 책임을 짊어진다 … 우리 인간은 자연세계에 생명의 활력을 부여하는 힘의 균형을 파괴하고 대기와 토양, 해양의 구조와 순환을 방해하기 때문에, 이는 지구상에 살아가는 생명체들의 위기이다 … 우리의 책무는 어머니 이 땅을 보호하는 일이다. 자연은 모든 형태의 생명체가 서로 다 같이 균등하게 관계를 맺는 생명의 그물망이다. 모든 생명체는 우리의 친척이다―새들, 물고기들, 나무들, 바위들―우리 모두는 생명의 그물망 안에서 상호 간에 연결되어 있다. 토착민(원주민)들은 현대 인류사회에 있어서 자연의 대표자들이다. 그러므로 토착민들의 삶을 파괴하는 행위는 자연을 파괴하는 행위이다. 우리 모두는 이 땅의 거주민이다."
13) J. Moltmann, *Trinität und Reich Gottes. Zur Gotteslehre*, München 1980.

14) L. Boff, *Der Dreieinige Gott*, Düsseldorf 1987.
15) A. Deneffe, "Perichoresis, circumincessio, circuminsessio", in: *ZkathTh* 47, 1923, 497-532.
16) Basillius von Cäsarea, "Über den Heiligen Geist", in: *Sophia* 8, Freiburg 1967, 31, 63.
17) G. Schimanowski, *Weisheit und Messias, Die jüdischen Voraussetzungen der urchristlichen Präexistenzchristologie*, Tübingen 1985.
18) 예레미아스(J. Jeremias)는 이 성구를 그의 저서 *Unbekannte Jesusworte*(Gütersloh 1965[4])에서 수용하였다.
19) Thimoty Rees, *Abbot's Leigh, Carol Stream II*, 1978: "하나님은 이 땅의 기초를 놓으시고, 하나님은 하늘 위에서 말씀하시며, 하나님은 모든 창조물을 통해 호흡하신다. 즉 하나님은 사랑이시다. 영원한 사랑이시다."
20) G. Strachan, "The New Jerusalem - Temple of Creation", in: *Schadow* Vol. 1 No. 2 December 1984, 45-58.
21) P. Gregorios, *The Human Presence. An Orthodox View of Nature*, Genf 1977.
22) 1972년 이래로 거의 모든 교회의 종교회의들과 에큐메니컬 세계 컨퍼런스들은 신음하는 자연의 피조물들의 절규에 귀를 기울였다. 여기서 이들에 대한 전체적 개요를 정리하는 것이 불가능하기 때문에, 나는 *Theologische Realenzyklopädie*(약칭 TRE[3], Berlin 1995) 제25권에 수록된 나의 글(Ökologie)과 이곳에 수록된 참고문헌을 참조할 것을 권한다.
23) E. Cardenal, *Das Buch der Liebe. Vorwort von Th.* Merton, München 1974[4]; E. Cardenal, *Wir sind Sternenstaub, Auszug aus: Cantico Cosmico*, Wuppertal 1993.
24) J. Calvin, *Unterricht in der christlichen Religion*, 오토 베버(O. Weber)에 의해 독일어로 번역, Neukirchen 1955 I, 5, 1-15, 10-19.
25) 몰트만-벤델(E. Moltmann-Wendel), 몰트만(J. Moltmann), 보프(L. Boff), 베르크만(S. Bergmann), 레베르거(Cl. Rehberger) 등의 글들이 수록된 *EvTh* 53(1993, 05) 참조.
26) 가이아-가설에 대해 참조: E. Sahtouris, *Vergangenheit und Zukunft der Erde. Mit einem Vorwort von James Lovelock*, Frankfurt/Leipzig 1993.
27) R.R. Ruether, *God and Gaja. An Ecofeminist Theology of Earth Healing*, New York 1993. 이 저서는 러브록의 가이아-가설과의 관련성이 없다.
28) St. Schreiner, "Partner in Gottes Schöpfungswerk - Zur rabbinischen Auslegung von Gen 1, 26-27", in: *Judaica* 49, 1993, 3, 131-141.
29) J.M. Lochmann/J. Moltmann, *Gottes Recht und Menschenrechte. Studien und Empfehlungen des Reformierten Weltbundes*, Neukirchen 1976, 44ff.

30) L. Vischer(ed.), *Rights of Future Generations - Rights of Nature. Proposal for enlarging the Universal Declaration of Human Rights*, Studies from the World Allinance of Reformed Churches 19, 1990.
31) *Ibid.*, 62ff.
32) 동물법에 대해 다음의 저서들 참조: Ch. Hartshorne, "Rechte - nicht nur für die Menschen", in: ZEE 22, 1978, 3-14; A. Lorz, Tierschutzgesetz. Kommentar, München 1987³, 1ff.; O. Reinke, *Tiere. Begleiter des Menschen in Tradition und Gegenwart*, Neukirchen 1995; G.M. Teutsch, *Mensch und Tier. Lexikon der Tierschutzethik*, Göttingen 1987.
33) 1992년 서울에서 개체된 제22회 세계 개혁교회 연합 공동의회: 정의, 평화, 창조의 보존(22nd General Council of the World Alliance of Reformed Chruches, Section II: Justice, Peace and the Integrity of Creation), Genf 1988.
34) A. Heschel, *Der Sabbat. Seine Bedeutung für den heutigen Menschen*, Neukirchen 1990; J. Moltmann, *Gott in der Schöpfung. Ökologische Schöpfungslehre*, München 1985, 제11장(창조의 축제), 281-299; S. Bacchiocchi, *Deine Zeit ist meine Zeit. Der biblische Ruhetag als Chance für den modernen Menschen*, Hamburg 1988.
35) 아우어(A. Auer)와 함께 논쟁한 내용을 수록한 나의 글 참조: "Ist der Mensch die Krone der Schöpfung?", in: *Publik Forum*(1985. 5. 31), 6-7.
36) 이 땅의 새로운 신비에 대해 보프(L. Boff)의 저서 *Von der Würde der Erde. Ökologie - Politik - Mystik*(Düsseldorf 1994) 참조.

3장_ 인권과 인류의 권리, 그리고 이 땅의 권리
1) 나는 세계 개혁교회 연맹이 발표한 선언문들에서 출발하는데, 이들은 로흐만(J.M. Lochmann)과 몰트만(J. Moltmann)이 공동으로 저술한 저서 *Gottes Recht und Menschenrechte*(Neukirchen 1976)에 수록되어 있다. 루터교회의 세계연맹이 발표한 선언문들은 후버(W. Hubber)와 퇴드트(H.E. Tödt)가 저술한 저서 *Menschenrechte. Perspektiven einer menschlichen Welt*(Stuttgart 1977)에 수록되어 있다. 이들에 대해 역사적으로 잘 정리한 전체 개요와 자료 수집은 하이델메이어(W. Heidelmeyer)가 발행한 저서 *Die Menschenrechte. Erklärungen, Verfassungsartikel, Internationale Abkommen*(Paderborn 1973)가 제시한다.
2) '다음 세대들의 권리와 자연의 권리와'의 방향 속에서 이루어진 인권의 계속적인 발전에 대한 구상들은 *EvTh* 제50권(1990)의 433-477페이지에 수록되어 있다. 여기에는 한 나라의 헌법과 국제법상의 기고문들은 물론 신학적인 기고문들, 특히 글리저(E.

Glieser), 자라딘(P. Saladin), 쳉어(Ch. Zenger), 라임바허(J. Leimbacher), 링크(Ch. Link), 비셔(L. Vischer) 그리고 몰트만(J. Moltmann)의 글이 수록되어 있다.
3) Giovanni Pico della Mirandola, *Über die Würde des Menschen*(1486), H.W. Rüssel(Hg.), Zürich, 발행연도 표시 없음, 10: "나는 너를 이 세계의 중심에 세웠다."
4) 한스 큉(H. Küng)의 저서(*Projekt Weltethos*, München 1990)와 토론(J. Rehm(Hg.), *Verantwortlich leben in der Weltgemeinschaft. Zur Auseinandersetzung um das 'Projekt Weltethos'*, München 1994) 참조.

4장_ 타자에 대한 인식과 서로 상이한 이들 간의 친교
1) J. Moltmann, *Der kreuzigte Gott*, München 1972, 30: "Offenbarung im Widerspruch und das dialektische Erkennen", in: M. Welker(Hg.), *Diskussion über Jürgen Moltmanns Buch 'Der gekreuzigte Gott'*, München 1976, 188ff.; 참조: 카스퍼(W. Kasper)와의 논쟁에 관해서는 저서 *Revolution im Gottesverständnis?*, 그리고 논문 "Dialektik, die umschlägt in Identität", Was ist das? Zu Befürchtungen W. Kaspers, in: M. Welker(Hg.), 140ff., 149ff. 참조: J. Sobrino, "Theologisches Erkennen in der europäischen und der lateinamerikanischen Theologie", in: K. Rahner(Hg.), *Befreiende Theologie*, Stuttgart 1977, 123ff. – 나는 본래 블로흐가 제기했던 하나의 질문에 몰두하였다: *Tübinger Einleistung in die Philosophie*, Frankfurt 1964, 16: "동일한 것만이 동일한 것을 파악할 수 있는지, 아니면 역으로 동일하지 않은 것이 그에 적합한지" – 레비나스(E. Levinas)는 그의 저서 *Die Spur des Anderen*(Freiburg 1983) 209ff.에서 이 문제에 대한 존재론적인 접근을 모색하였다.
2) *Metaphysik* II, 4, 1000 b.
3) *Nikomachische Ethik*, VIII, 4, 1155 a.
4) 케제만(E. Käsemann)은 그의 저서 *Exegetische Versuche und Besinnungen* I(Göttingen 1960)에서 카리스마 이론에 대해 올바르게 기술하였다: "육체(그리스도의)는 한 부분으로 구성되지 않고, 오히려 여러 부분으로 구성된다 – 왜냐하면 동일한 것은 서로를 지겹게 만들고 상호 간에 불필요하기 때문에, 상이한 것은 상호 간에 서로 기여하며 이러한 기여 속에서 하나의 아가페가 이루어질 수 있다."
5) W. Capelle, *Die Vorsokratiker*, Berlin 1958, 217f., 236.
6) Nikomachische Ethik, VIII, 4.
7) K. Popper, *Die offene Gesellschaft und ihre Feinde*, Band, 2, Bern 1957.
8) 참조: M. Horkheimer, *Zur Kritik an der instrumentellen Vernunft*, Frankfurt 1967; Th.W. Adorno, *Negative Dialektik*, Frankfurt 1966.

9) I. Kant, *Vorrde zur zweiten Auflage der 'Kritik der reinen Vernuft'*, Werke II, Darmstadt 1966, 23.
10) 참조: W. Leiss, The Domination of Nature, New York 1972; C. Merchant, *The Death of Nature. Woman, Ecology and the Scientific Revolution*, San Francisco 1980.
11) B. McKibben, *The End of Nature*, New York 1989.
12) 슈프랭어(E. Spranger)는 보다 자세하게 연구하였다: "Nemo contra nisi Deus ipse"(1949), in: *Philosophie und Psychologie der Religion*, Tübingen 1974, 315ff. 참조: C. Schmitt, *Politische Theologie II*, Berlin 1970, 116, 123ff.; J. Moltmann, *Der gekreuzigte Gott*, 145f.
13) K. Barth, *Der Römerbrief*, München 1921², 222ff.
14) R. Otto, *Das Heilige, Über das Irrationale in der Idee des Göttlichen und sein Verhältnis zum Rationalen*(1917), München 1963.
15) M. Horkheimer, *Die Sehnsucht nach dem ganz anderen*, Hamburg 1970, 56ff.
16) Frankfurt 1985.
17) *Nikomachische Ethik*, VIII, 2, 1155 b.
18) Theophrast, De sensibus, 27ff., 인용: G.M. Straton, *Theophrast and the Greek physiological Psychology before Aristotle*, New York 1917, 90ff.
19) F.J.J. Buytendijk, "Über den Schmerz", in: *Das Menschliche. Wege zu seinem Verständnis*, Stuttgart 1958, 150-169; 참조: 그의 자서전(*Über den Schmerz*, Bern 1948).
20) F.W. Schelling, *Über das Wesen menschlicher Freiheit*(1809), Reklam 8913-15, 89.
21) E. Fink, *Spiel als Weltsymbol*, Stuttgart 1960.
22) G. Béky, *Die Welt des Tao*, München 1972.
23) H. Nohl(Hg.), *Hegels theologische Jugendschriften*, Tübingen 1907, 345ff.
24) J. Moltmann, *Gerechtigkeit schafft Zukunft. Friedenspolitik und Schöpfungsethik in einer bedrohten Welt*, München 1989, 60.
25) Fr. Capra, *Wendezeit, Bausteine für ein neues Weltbild*, München 1983.
26) E. Bloch, *Das Prinzip Hoffnung*, Frankfurt 1959, 224ff.
27) E. von Weizsäcker(Hg.), Offene Systeme I, *Beiträge zur Zeitstruktur von Information, Entropie und Evolution*, Stuttgart 1974; Kr. Maurin(Hg.), Offene System II, Stuttgart 1981.
28) I. Prigogine/I. Stengers, *Dialog mit der Natur. Neue Wege naturwissenschaftlichen Denkens*, München 1980.

29) J. Moltmann, *Der gekreuzigte Gott*, 184ff.
30) J. Sobrino, Theologisches Erkennen (각주 1), 138.
31) J. Moltmann, *Der gekreuzigte Gott*, 33.
32) IV. Laterankonzil 1215; H. *Denzinger, Enchiridion Symbolorum*, Freiburg 1947, Nr. 432; 참조: E. Przywara, *Religionsphilosophie katholischer Theologie*, München 1926.
33) K. Barth, *Kirchliche Dogmatik I*, 1, Zürich(1932) 1952, 3, 47ff.
34) PG 44, 377 B.
35) Augustin, Confessiones Buch X, 28; M. Grabmann, *Die Grundgedanken des Heiligen Augusinus Über Seele und Gott*(1929), Darmstadt 1957.
36) E. Bloch, *Das Prinzip Hoffnung*, 343ff.

5장_ 시장 가치와 인간의 존엄성

1) H.-P. Martin/H. Schuhmann, *Die Globalisierungsfalle. Der Angriff auf Demokratie und Wohlstand*, Hamburg 1996.
2) F. Fukuyama, *Das Ende der Geschichte. Wo stehen wir?*, München 1992.
3) 명백히 유교의 위계질서적 윤리와 종교는 일본과 중국에서 가족을 사회적 보장으로 간주한다. 그러나 '비도덕적인 서구세계의 개인주의'에 대한 지속적인 저항은 개인주의가 아시아의 대도시들 안에서도 널리 확산되어 있다는 사실을 보여준다. 위에 언급된 결과들 안에서 현대 유교는 서구세계의 대도시들과 그다지 멀리 떨어져 있지 않다. 참조: A. Terzani, *Die Erben der Samurai. Japanische Jahre*, Hamburg 1994.
4) C.B. Macpherson, *Die politische Theorie des Besitzindividualismus*, Frankfurt 1973.
5) D. Riesman, *The Lonely Crowd. Individualism reconsidered*, New York 1954.
6) G. Freudenthal, *Atom und Individuum im Zeitalter Newtons*, Frankfurt 1982.
7) M. Buber, *Dialogisches Leben. Gesammelte philosophische und pädagogische Schriften*, Zürich 1947.
8) A. Etzioni, *Die Entdeckung des Gemeinwesens. Ansprüche, Verantwortlichkeiten und das Programm des Kommnunitarismus*, Stuttgart 1975. 공동체주의 (Kommunitarismus)에 대한 최상의 철학적 기초는 다음의 저서에서 발견된다: Ph. Selznick, *The Moral Commonwealth. Social Theory and the Promise of Community*, Berkeley 1992.
9) 참조: 제2장 1절 84f.
10) 보다 자세한 개념에 대해 참조: W. Huber, *Folgen christlicher Freiheit*,

Neukirchen 1983, 113ff.
11) R. Garaudy, *Die Alternative. Ein neues Modell der Gesellschaft jenseits von Kapitalismus und Kommunismus*, Wien 1972, 115ff.
12) R. Weth(Hg.), *Totaler Markt und Menschenwürde*, Neukirchen 1996.
13) Th. Litt, *Das Bildungsideal der deutschen Klassik und die moderne Arbeitswelt*, Bonn 1955.
14) R.D. Kaplan, "The Coming Anarchy", in: *The Atlantic Monthly* 273/2, Februar. 1994, 44-76.

3부 타종교와 기독교 신학

1장_ 구덩이-하나님은 어디에 계셨는가: 아우슈비츠 이후의 유대교와 기독교 신학

1) A.H. Friedlander, *Das Ende der Nacht. Jüdische und christliche Denker nach dem Holocaust*, Gütersloh 1995, 11.
2) 참조: "Jesus Christus zwischen Juden und Christen", in: *Themaheft der Evangelischen Theologie* 55, 1995, 1.
3) W. Oellmüller(Hg.), *Theodizee - Gott vor Gericht*, München 1990; W. Oellmüller(Hg.), *Worüber man nicht schweigen kann: neue Diskussionen zur Theodizeefrage*, München 1992.
4) 아래의 인용들은 다음의 탁월한 저서들로부터 유래한다: M. Brocke/H. Jochum(Hg.), *Wolkensäule und Feuerschein. Jüdische Theologie des Holocaust*, München 1982. 참조: Ch. Münz, Der Welt ein Gedächtnis geben. *Geschichtstheologisches Denken im Judentum nach Auschwitz*, Güttersloh 1995.
5) 루터는 그의 저서 *De servo abitrio*(1525, WA 18, 597ff. Clemen Auswahl, Band 3)에서 '계시하신 하나님'과 '숨어 계신 하나님', 곧 역사의 전능하신 주님 사이의 파라독스에 봉착하였다. "우리는 하나님께서 그의 장엄하심과 본질에 있어서 신비스러운 존재로 존속하시도록 해야 한다. 하나님과 함께 우리는 아무 것도 행할 수 없다. 또한 하나님은 우리가 그의 일에 관여하길 원치 않으신다. 그렇지만 우리가 하나님의 말씀 속에서 행동하고 우리 자신을 나타내는 한, 우리는 하나님과 함께 행할 수 있다 – 선포하시는 하나님은 죄와 죽음을 몰아내시고 인간을 복되게 하신다. 그러나 그의 장엄하심 속에 숨어 계신 하나님은 죽음을 슬퍼하고 몰아내기보다, 오히려 생명과 죽음 모두에 역사하신다." "하나님은 모든 것을 모든 사람 가운데서 이루신다"(고전 12:6). 하나님은 일방적으로 그의 말씀을 통해 결정하시기보다, 오히려 모든 것에 대한 자유로운 처분을 유보하신다(O. Schumacher, *Vom unfreien Willen*, Göttingen 1937,

197f.). 그러므로 '계시하신 하나님'이신 그리스도는 '숨어 계신 하나님'이 역사하셨던 예루살렘의 멸망에 대해 우셨다.

6) 하나님께서 창조물들을 그와 함께, 그 앞에서 그들의 상대적인 자유 안에서 존재할 수 있도록 하기 위해 하나님의 전능이 자신의 능력을 제한하신다는 생각은 스페인의 카발라 학파에 속하는 이삭 루리아(I. Luria)에게서 유래한다. 침춤(Zimsum)은 이러한 하나님의 자기 제한으로 일컬어진다. 한스 요나스(H. Jonas)는 이 생각을 먼저 수용했는데, 이를 통해 창조신앙과 진화이론, 이를테면 무와 영원 사이를 서로 결합시키기 위해서이다. 그러나 그의 저서 *Zur Lehre vom Menschen*(Göttingen 1963)은 그 생각을 사용했는데, 이는 '아우슈비츠 이후의 하나님 개념'을 형성하기 위해서이다: O. Hofius(Hg.), *Reflexionen finsterer Zeit*, Tübingen 1984, 81-86. 융엘(E. Jüngel)은 루터의 의미에서 이에 대한 기독교 신학적인 답변을 시도하였다. "Gottes unsprüngliches Anfangen als schöpferliche Selbstbegrenzung. Ein Beitrag zum Gespräch mit Hans Jonas über den 'Gottesbegriff nach Auschuwitz'", in: *Gottes Zukunft-Zukunft der Welt*, Festschrift(FS) für Jürgen Moltmann, München 1986, 265-275.

7) 참조: 브라운(R. McAfee Brown)의 자서전 *Elie Wiesel. Messenger to all Hummanity*, University of Notre Dame Press 1983.

8) 이러한 표상은 젊은 루터의 십자가 신학에 상응한다. 1518년 하이델베르크 논쟁(WA 1, 350ff. Clemen Auswahl, Band 5, 375ff.)에서 루터는 역사의 하나님을 '숨어 계신 하나님'이 아닌, 오히려 '십자가 아래서' 그리고 고난 속에 현존하신 하나님으로 기술하였다(Clemen, 5, 388-390): 숨어 계신 하나님은 십자가에 달리신 하나님이시다 ⋯ '(하나님은 십자가에 달리신 하나님 이외에) 다른 하나님이 아니시다'; 참조: J. Moltmann, *Der gekreuzigte Gott. Das Kreuz Christi als Grund und Kritik christlicher Theologie*, München 1972.

9) 성서적 출처를 위해 다음의 글 참조: B. Janowski, "Ich will in eurer Mitte wohnen. Struktur und Genese der exilischen Schekina-Theologie", in: *Biblische Theologie*, Band 2, Neukirchen 1987, 165-193. 랍비전통을 위해 다음의 글 참조: P. Kuhn, *Gottes Selbsterniedrigung in der Theologie der Rabbinen*, München 1968; A.M. Goldberg, *Untersuchung über die Vorstellung von der Schekina in der frühen rabbinischen Literatur*, Berlin 1969.

10) E. Wiesel, "Der Mitleidende", in: R. Walter(Hg.), *Die hundert Namen Gottes, Tore zum letzten Geheimnis*, Freiburg 1985, 70-75, 특히 73.

11) J.B. Metz, "Ökumene nach Auschwitz - Zum Verhältnis von Christen und Juden in Deutschland", in: E. Kogon/J.B. Metz(Hg.), *Gott nach Auschwitz*, Freiburg 1979, 121ff. 다음의 내용에 대한 페이지 진술은 메츠의 글 참조: "Im

Angesicht der Juden. Christliche Theologie nach Auschwitz", in: CONC(D), 1984)의 5, 382-389; J.B. Metz(Hg.), *Landschaft aus Schreien. Zur Dramatik der Theodizeefrage*, Mainz 1995.
12) J.A. Zamora, *Krise-Kritik-Erinnerung. Ein politisch-theologischer Versuch über das Denken Adornos im Horizont der Krise der Moderne*, LIT Verlag, Münster/Hamburg 1994.
13) J.B. Metz, "Gotteskrise", in: *Diagnosen zur Zeit*, Düsseldorf 1994, 76-82.
14) D. Bonhoeffer, *Widerstand und Ergebung, Briefe und Aufzeichnungen aus der Haft*, München 1951, 142.
15) J.K. Mozley, *The Impassibility of God. A Survey of Christian Thougt*, Cambridge 1926. 화이트헤드(A.N. Whitehead)는 그의 21세된 아들의 교통사고 죽음 이후 그의 형이상학적 저서, 곧 *Process and Reality*(New York 1929)에서 다음의 문구를 기술하였다: "하나님은 위대한 동료 - 이해하는 동료 수난자(the great companion - the fellow-sufferer who understands)이시다"(532).
16) J. Moltmann, *Der gekreuzigte Gott*, 262.
17) D. Sölle, *Leiden*, Stuttgart 1973, 179.
18) 칼 라너(K. Rahner)와 그를 따르는 한스 큉(H. Küng), 그리고 요한 밥티스트 메츠(J.B. Metz)는 스콜라주의적 신론을 변화시키지 않았으며, 또한 이러한 하나님에 저항하는 신정론의 비판을 고수할 수 있기 위해, 오늘날 십자가 신학의 이러한 행보를 거부하는 가운데 전능하시고 고난당할 수 없는 하나님 안에 머무는데, 이 사실이 주목할 만하다. 라너는 그의 마지막 인터뷰에서 나와 같이 나를 도울 수 없는 하나님께서는 '형편이 좋지 않으시다'고 말하였다. "하나님은 나를 위로하는 참된 의미에서 고난당할 수 없는 하나님이신 데 반해, 나는 애초부터 이 잔혹함 속에 매몰되어 있다." 참조: P. Imhoff/H. Biallowons, *Karl Rahner im Gespräch*, München 1982, 245f.
19) F. Rosenzweig, *Der Stern der Erlösung*, Heidelberg 1954³, III-3, 192f.
20) *Ibid.*, 194.
21) S. Wiesenthal, *Die Sonnenblume*, Stuttgart 1981.
22) 이것은 사실이다. 그렇지만 이는 이미 A. Mitscherlich와 M. Mitscherlich가 확증한 바와 같이, 당사자들의 부정직한 현실성에 대한 모순 속에 있다. (자신의 범죄를 부인하는) '부인의 메카니즘'은 '견딜 수 없는 우울증에 대해 방어'하게 만든다. 참조: H.E. Richter, *Die Chance des Gewissens*, Düsseldorf 1995, 58ff.: 과거에 대항하여, 과거 없이, 과거와 함께 살아간다.
23) H. Gese, "Die Sühne", in: *Zur biblischen Theologie*, München 1977, 85-106; B. Janowski, *Sühne als Heilsgeschehen*, Neukirchen 1982; P. Stuhlmacher, *Versöhnung, Gesetz und Gerechtigkeit*, Göttingen 1981; R. Schwager, *Brauchen*

wir einen Sündenbock? Gewalt und Erlösung in den biblischen Schriften, München 1978; N. Hoffmann, Zur Theologie der Stellvertreung, Einsiedeln 1981.

24) G. Müller-Fahrenholz, Vergebung macht frei. Vorschläge für eine Theologie der Versöhnung, Frankfurt 1996.

25) 독일 안에서 '안티 유대주의'가 기독교 안에서 아우슈비츠를 유도했다는 주장은 독일 자신이 짊어져야 할 책임을 거대한 기관, 곧 기독교의 집단적인 책임으로 전가시키려는 시도로 보인다. 그러나 아우슈비츠에 대해 책임을 짊어져야 할 기독교는 결코 스칸디나비아적이고 서유럽적이며 아메리카적이며 아프리카적이며 아시아적인 기독교가 아닌, 오로지 유일하게 독일 기독교이며, 그 안에서도 나치에 의해 대변되고 독일인들의 다수에 의해 신앙되었던 '(나치즘의 반유대적 인종주의에 입각한: 역자)민족주의적 독일 정신'(völkische Deutschtum)으로서의 기독교이다.

3장_ 현대세계의 자유주의와 근본주의

1) Th. Meyer(Hg.), *Fundamentalismus in der moderen Welt*, Frankfurt 1989.
2) P. Kennedy, *The Rise and Fall of the Great Powers. Economic Change and Military Conflict from 1500 to 2000*, New York 1989; T. Todorov, *Die Eroberung Amerikas. Das Problem des Anderen*, Frankfurt 1985.
3) Fr. Fukuyama, *Das Ende der Geschichte. Wo stehen wir?*, München 1992.
4) J. Moltmann(Hg.), *Religion der Freiheit. Protestantismus in der Moderne*, München 1990. 이 저서에는 이외에도 몰트만(J. Moltmann), 후버(W. Huber), 몰트만-벤델(E. Moltmann-Wendel), 콘라드 라이저(K. Raiser)의 기고문들이 함께 수록돼 있다.
5) H. Küng/J. Moltmann(Hg.), *Fundamentalismus als ökumenische Herausforderung*, CONCILIUM 28, Juni 1992, Mainz 1992.
6) W. Huber, *Kirche*, München 1988, 개정판; J. Moltmann, *Kirche in der Kraft des Geistes*, München 1988, 개정판.
7) M.D. Meeks, *God the Economist. The Doctrine of God and Political Economy*, Fortress Press Minneapolis 1989. 이 저서의 독일어판은 노이키르허너 출판사(Neukirchner Verlag)에서 출판준비 중이다. H. Assmann/Fr.J. Hinkelammert, *Götze Markt*, Düsseldorf 1992; J. Moltmann, "Ist der Markt das Ende aller Dinge?", in: Teichert/E. von Wedel(Hg.), *Die Flügel nicht sturzen. Warum wir Utopien brauchen*, Düsseldorf 1994, 84-108
8) J. Moltmann(Hg.), "Gott und Gaja. Zur Theologie der Erde", in: *EvTh* 53, 1993, 5. 여기에는 몰트만-벤델(E. Moltmann-Wendel), 보프(L. Boff), 오키노(M.

Okino), 베르크만(S. Bergmann), 바움가르튼(J. Baumgarten) 등의 글이 수록되어 있다.

4장_ 대화인가, 아니면 선교인가: 위기의 세계 속에서 기독교와 타종교의 사명
1) 보다 자세한 내용은 다음의 글 참조: J. Moltmann, "Dient die 'pluralistische Theologie' dem Dialog der Weltreligionen?", in: *EvTh* 49, 1989, 528-536.
2) 이에 대해 이미 마르티(M.E. Marty)는 인식했으며 그의 저서 *Introduction to W. James: The Variety of Religious Experiences*(New York 1985[4])의 제20장에서 다음과 같이 말하였다: "이제 종교는 영적인 아이쇼핑객을 위한 하나의 상품적 아이템이다."
3) 이러한 결함은 특히 폴 니터(P. Knitter)의 저서 *The Myth of Christian Uniqueness. Toward a pluralistic Theolgy of Religious*(London 1987)에 잘 드러난다. 존 힉(J. Hick)은 니터와 함께 12명의 저자 기고문들을 엮어 이 저서를 발간하였다.
4) 다음의 탁월한 저서 참조: K.-J. Kuschel, Streit um Abraham. *Was Juden, Christen und Muslime trennt - und was sie eint*, München 1994.
5) 참조: J.B. Cobb jr./Chr. Ives, *The Emptying God. A Buddhist-Jewish Christen Conversation*, New York 1990. 이 저서에는 마사오 아베(M. Abe)의 기고문(Kenotic God and Dynamic Sunyata)과 알타이저(Th. Altzizer), 보로비츠(E. Borowitz), 캅(J. Cobb), 켈러(C. Keller), 몰트만(J. Moltmann), 오그덴(S. Ogden), 트레이시(D. Tracy)의 답변이 수록되어 있다.
6) H. Küng, *Projekt Weltethos*, München 1990; H. Küng/K.-J. Kuschel(Hg.), *Erklärung zum Weltethos. Die Deklaration des Palamentes der Weltreligionen*, München 1993: *Weltfrieden durch Religionsfrieden. Antworten aus den Weltreligionen*, München 1993.
7) '이 땅의 종교'와 함께 나는 결코 새로운 이방종교적인 '피-와-땅-의-종교'가 아닌, '이 땅의 안식', 곧 레위기 26장에 명시된 히브리적인 안식의 계명에 대해 말하고자 한다. 이에 대해 다음의 글 참조: J. Moltmann(Hg.), "Gott und Gaja. Zur Theologie der Erde", in: *EvTh* 53, 1993, 여기에는 몰트만-벤델(E. Moltmann-Wendel), 몰트만(J. Moltmann), 보프(L. Boff), 오키노(M. Okino), 베르크만(S. Bergmann), 바움가르튼(J. Baumgarten), 레베르거(Cl. Rehberger) 등의 글이 수록되어 있다.
8) J. Moltmann, *Der Geist des Lebens. Eine ganzheitliche Pneumatologie*, München 1991.
9) J. Moltmann, *Die Quelle des Lebens. Der Heilige Geist und die Theologie des Lebens*, Gütersloh 1997.

10) 종교 간의 대화를 위한 다종교적인 이론들은 심각한 상황에서 죄의 고백이 중요시 된다는 사실을 간과하는 경향이 있다. 참조: 1934년 독일의 히틀러 독재 치하에서 선 언된 독일 고백교회의 바르멘 신학선언(die Barmer Theologische Erklärung)과 1987년 남아프리카의 인종차별-독재 치하에서 선언된 카이로-문서(Kairo-Dokument).

5장_ 현대세계의 대학 안에서 교회와 하나님 나라를 위한 신학의 정립

1) J.L. Waits, *Theology in the University. A Study of University Related Divinity Schools*, Pittsburgh 1995. 이 저서는 아메리카에서의 토론에 대해 탁월하게 기술하였 다.
2) 참조: 본서 원서 208쪽의 각주 3.
3) 참조: C. Cherry, *Hurrying toward Zion. Universities, Divinity Schools, and American Protestantism*, Indiana University Press 1995.
4) O. Weber, *Grundlagen der Dogmatik I*, Neukirchen 1955, 11: "신학의 한 분야로 서의 교의학은 오직 기독교 교회와 관계한다는 명제를 슐라이어마허가 가장 강하게 내세웠다."(*Der christliche Glaube*, 1830², 2). 당대의 저명한 도그마는 이러한 논제 를 나름대로의 방식으로 수용하였다(K. Barth, *Kirchliche Dogmatik* I/1, 1; E. Brunner, *Dogmatik I*, 3; P. Tillich, *Systematische Theologie I*, 9).
5) 본훼퍼(E. Bonhoeffer)는 이미 이전에 루터(M. Luther)의 전통적인 두-왕국-이론 을 역전시켰으며, 교회와 국가를 우리 세계 안에서의 하나님의 한 통치의 두 개의 형 태로 말하였다. 참조: *Dein Reich komme*(1932), Hamburg 1958, 14ff.
6) 베트게(E. Bethge)에 의해 정리되고 발간된 윤리에 관한 저서 *Ethik*(München, 1949), 279페이지에서 본훼퍼는 다음과 같이 주장하였다. 즉 그는 이 '세계의 현실' 속에 있는 단 하나의 '그리스도 현실'을 네 가지 위임으로, 곧 노동, 결혼생활, 통치기 구 그리고 교회로 구별했으며, 때때로 문화와 연관하여 다섯 가지 위임으로 구별하였 다. 이 위임들은 "예수 그리스도의 하나님과 나란히 병행하는 두 번째 신적 기관이 아 니라, 오히려 예수 그리스도의 하나님께서 인간의 순종을 받으시는 장소를 뜻한다. 여기서 중요한 문제는 질서들 자체가 아니라, 이 질서들 안에서 이루어져야 할 믿음의 순종이다."
7) A. Burgsmüller/R. Weth, *Die Barmer Theologische Erklärung. Einführung und Dokumentation*, Neukirchen 1983; J. Moltmann(Hg.), *Bekennende Kirche wagen*. Barmen 1934-1984, München 1984, 특히 H. Simon, *Die zweite und die fünfte These der Barmer Erklärung und der staatliche Gewaltgebrauch*, 191-222.
8) J. Moltmann, *Der gekreuzigte Gott*, München 1972, 55ff.

9) 이에 대해 라틴아메리카의 해방신학은 탁월하게 제시하고 실천하였다. 참조: 제1장의 3절.
10) 나는 칼 발트의 이 카테고리를 수용하고자 한다: *Christengemeinde und Bürgergemeinde*, München 1946. 발트는 이러한 '상응'을 '하나님 나라의 비유'로 일컫는다(56). 나는 이를 도래하는 하나님 나라의 실제적인 약속으로 일컫는다. 참조: *Der gekreuzigte Gott*, 제8장(인간의 정치적 해방을 위한 길), 293-316.
11) 이에 대해 보다 자세한 내용 참조: D.H. Kelsey, *To understand God truly: Waht's Theological about a Theological School?*, Louisville 1992.

역자의 말

1) Cf. J. Moltmann, *Im Ende - der Anfang. Eine kleine Hoffnungslehre*, Gütersloh/Gütersloher Verlagshaus: Chr. Kaiser Verlag, 2003 (『절망의 끝에 숨어있는 새로운 시작』, 곽미숙 옮김, 서울: 대한기독교서회, 2006), 54-56.
2) J. Moltmann, *Der gekreuzigte Gott. Das Kreuz Christi als Grund und Kritik christlicher Theologie*, Gütersloh/Gütersloher Verlagshaus: Chr. Kaiser Verlag, 1972 (『십자가에 달리신 하나님』, 김균진 옮김, 서울: 한국신학연구소, 16쇄, 1979), 12.
3) *Ibid.*, 286.
4) *Ibid.*, 11.
5) *Ibid.*, 40-43.
6) 본서 9쪽 참조.
7) 본서 19쪽 참조.
8) 본서 31, 339쪽 참조.
9) 본서 367쪽 참조.
10) 본서 107쪽 참조.
11) 본서 42쪽.
12) J. Moltmann, 『십자가에 달리신 하나님』, 11.
13) Cf. 곽미숙, "절망이 만연된 현대세계와 부활에 대한 기독교의 희망", 『기독교사상』 (2007. 4), 54-70.

부록

*이 책의 부록으로 논문과 강연록을 게재한다. 첫 번째 논문으로「종말론, 지구촌화, 그리고 테러리즘」은 현재 세계 각처에서 일어나고 있는 묵시사상적 종말론에 입각한 테러리즘과 신자유주의적 제국주의를 비롯한 지구촌화에 대한 비판과 이에 대한 대안으로서 기독교적 종말론의 희망을 제시하고 있다. 그리고 두 개의 강연록은 2009년 5월, 마지막이 될지 모르는 몰트만 박사의 한국 방문 일정에서 행한 일련의 강연문이다. 그는 한국의 신학과 신학자에 대해 남다른 관심과 애정을 가지고 있다. 특히 1975년 이래 두터운 교분을 유지하고 있는 한국의 민중신학자들에게 전하려는 메시지를 담고 있다. 이 글을 게재토록 허락해 주신 몰트만 박사님께 감사를 드리며 부록 원고의 번역을 도와주신 손성현 박사에게도 감사드린다.

부록 1

주께서 나의 발을 넓은 곳에 세우셨나이다
– 삶을 위한 신학, 신학을 위한 삶

  나는 이 강연을 통해 내 삶의 이야기를 신학적으로 조명하고, 또한 나의 신학을 삶의 여정의 빛 속에서 조명하고자 한다. 왜냐하면 나는 나의 삶에서 신학이 어떠한 의미를 지니고 있는지, 또한 내가 왜 나의 전 생애를 신학에 바쳤는지에 대해 이야기하고 싶기 때문이다.

  '그리스도에 대한 희망'은 청소년 시절 내 생명을 구원하였다. 이 희망은 지금까지도 나의 삶을 하나님의 영의 능력으로 가득 채우고 있다. 이 희망은 나로 하여금 매일 아침 대림절의 기쁨으로 하나님의 오심을 맞이할 수 있도록 해준다.

  '하나님의 미래'는 나를 항상 매료시킨다. 이는 그 미래가 나에게는 예나 지금이나 자유의 '넓은(광활한) 공간'을 의미하기 때문이다.

그리스도는 오셨다. 그리스도는 지금 여기 계신다. 그리스도는 오실 것이다. 나에게 이 말씀은 곧 '너는 자유로워질 것이다', '너는 자유롭다'를 의미한다. 1968년 4월 4일 살해당한 마틴 루터 킹 목사의 묘비에 새겨진 찬송시를 인용하여 말한다면, "자유케 되리, 결국 자유케 되리! free at last, at last free!"이다.

1. 종말-시작

내가 하나님을 신학적으로 연구하기 시작한 것은 1943년 내 고향 함부르크가 끔찍한 종말을 맞이했을 때이다. 나는 말하자면 '소돔과 고모라의 생존자'이다.

나는 지금 어떤 종교적인 시를 읊는 것이 아니라, 내가 실제로 겪었던 고통스러운 삶의 현실에 대해 말하는 것이다. 나는 그때의 기억을 떠올리면, 아직도 두려움과 떨림을 경험하게 된다. 나는 함부르크의 한 세속적인 교육자 가정에서 태어났다. 종교와 신학은 나에게서 아주 멀리 떨어져 있었다. 나는 수학과 물리학을 공부하고자 했는데, 막스 플랑크M. Planck와 알버트 아인슈타인A. Einstein은 내가 청소년기에 동경하던 영웅들이었다. 나는 16살에 루이 드 브로이L. de Broglie의 저서 『빛과 물질Licht und Materie』을 베르너 하이젠베르크W. Heisenberg의 머리말과 함께 읽었다. 그때 나는 동급생과 함께 함부르크 시내에 있는 고사포 중대로 가라는 명령을 받았다. 1943년 7월 마지막 주 함부르크는 영국 공군의 공습으로 화염에 휩싸여 초토화되었는데, 그때 그 공습의 암호명은 '고모라 작전'이었다. 그런데 내 옆에 있던 급우를 산산조각으로 만들었던 그 폭탄은 이해하기 어려운 방법으로 나를 보호하였다. 수많은 사람이 죽어가던 그날 밤에 나는 내 생애 처음으로 하나님을 향해 울부짖었다. '나의 하나님, 당신은 어디에 계십니까? 하나님은 어디에 계십니까?'

나는 스코틀랜드와 영국에서 3년 간 전쟁포로로 있으면서 이 질문들에 대한 해답을 찾았다. 야곱이 얍복 강가에서 천사와 씨름했듯이, 나도 매일 밤 하나님과 씨름하였다. 그것은 하나님의 어두운 측면, 하나님의 감추어진 얼굴, 우리를 전쟁과 포로생활의 처참함 속으로 몰아넣은 하나님의 부정과의 씨름이었다. 우리는 구사일생으로 살아남았지만, 생존자가 한 사람이라면 죽은 사람은 수백 명이었다. 우리는 지옥을 벗어났지만, 철조망 뒤에 앉아 있었고 희망을 잃어버렸다. 전쟁이 시작될 때까지만 해도 나는 괴테와 쉴러의 아름다운 시와 독일 학자들의 높은 이상을 흠모하였다. 그러나 수용소의 비참함 속에서 이러한 것들은 그 빛을 잃어버렸다. 나의 내적인 세계도 무너져 내렸다. 나는 무감동과 무감각의 철갑 보호막을 치고 그 뒤에 상처받은 나의 마음을 숨겼다. 그것은 외부의 포로상태에 이어지는 영혼의 내적인 포로상태였다. 사람들은 그렇게 무관심하고 무감각해져서 아무 것도 느끼지 못하게 된다. 아무런 기쁨도, 아무런 고통도 못 느끼게 된다. 그러나 이는 사는 것이 아니어서, 살아 있으나 죽은 것과 다름이 없다.

이러한 종말이 새로운 시작으로 전환된 것은 세 가지를 통해서였다. 첫째 활짝 피어난 벚나무를 통해서, 둘째 스코틀랜드 노동자들과 그들의 가정이 베풀어 준 전혀 예상치 못했던 친절함을 통해서, 마지막으로 성서를 통해서였다.

1945년 5월 우리는 벨기에의 그 처참한 수용소에서 어떤 차 한 대를 밀어서 다른 곳으로 옮겨야 했다. 아무런 말도, 아무런 흥미도 없이 차를 밀다가 갑자기 나는 너무나 아름답게 꽃을 피운 벚나무 앞에 서게 되었다. 그 풍성한 생명이 나를 바라보고 있었다. 나는 거의 의식을 잃고 쓰러질 뻔하였다. 하지만 그때 나는 내 안에서 다시금 생명의 불꽃이 이는 것을 느끼게 되었다.

스코틀랜드에서 우리는 스코틀랜드 사람들과 함께 공동으로 도로건설 작업을 하였다. 그들은 우리가 번호표를 등에 단 죄수들임에도 불구하고 우리의 이름을 불렀으며, 또한 과거의 적이었던 우리를 허물없는 친절함으로 대함으로 인간적인 연대를 보여주었는데, 이것이 나를 매우 수치스럽게 했다. 그들은 딱딱하게 굳은 석고상과도 다름없었던 우리를 다시금 웃을 수 있는 사람으로 만들었다.

그러고 나서 나는 한 영국인 군목에게 성서 한 권을 선물로 받았다. 나는 어디서부터 읽기 시작해야 하는지 잘 몰랐다. 나는 밤마다 구약의 탄식시편을 읽었다. 그러던 어느 날 시편 39편은 나의 주의력을 사로잡았다.

> "나는 입을 다물고 아무 말도 하지 않았다 …
> 걱정 근심만 더욱더 깊어갔다 …
> 내 일생이 주님 앞에서는 없는 것이나 같습니다 …
> 주님, 내 기도를 들어 주십시오.
> 내 부르짖음에 귀를 기울여 주십시오.
> 나 또한 나의 모든 조상처럼 떠돌면서
> 주님과 더불어 살아가는 길손과 나그네이기 때문입니다."

나는 나의 온 영혼으로 이 시편을 읽었다. 이후에 나는 마가복음을 읽으면서 "나의 하나님, 어찌하여 나를 버리셨나이까?"라는 예수의 죽음의 부르짖음을 들을 때에, 나를 이해하는 한 사람이 바로 여기 있다는 사실을 확실히 깨닫게 되었다. 나는 그리스도로부터 이해받고 있다고 느껴졌기 때문에, 하나님으로부터 논박당하고 하나님에게서 고난을 당하는 예수를 이해하기 시작하였다.

그리스도-그는 버림받은 사람들을 찾기 위해서 모든 것을 버린 친구, 낯선 곳에서 만난 친구였다. 그리스도-그는 부활과 생명의 길로 향하는 그의 여정으로 나를 인도하였다. 나는 다시금 삶의 용기를 부여잡았다. 풍성한 생명에 대한 커다란 희망이 서서히, 그러나 확실하게 나를 사로잡았다. 나는 다시금 예전처럼 소리를 듣고 색깔을 보며 생명의 힘을 느낄 수 있었다. 어떤 사람들이 간절히 열망하는 것처럼, 당시에 나는 그리스도를 선택하지 않았다. 그러나 나는 그리스도께서 바로 그때, 그곳에서 영혼의 어두운 수렁에 빠져 있는 나를 발견하셨다는 사실을 확실히 깨달았다. 그 후에 나는 거듭하여 그리스도와 그분의 나라를 선택했고, 또한 지금도 그러하다. 그런데 그 당시에는 십자가에 못 박히신 그리스도의 버림받음, 곧 하나님으로부터 버림받음이 나에게 하나님의 현존을 보여주었다. 고향 함부르크가 화염에 휩싸였을 때, 하나님께서 어디에 계셨는지를 보여주었다. 나에게 어떤 일이 닥쳐오더라도, 그분이 나와 함께하신다는 사실을 알려주었다. 그리고 이 확신은 오늘날까지도 나를 떠나지 않고 있다.

나는 이러한 체험에 그토록 매료당하여 수학과 물리학에 대한 흥미를 잃어버리게 되었고, 기독교 신앙이 무엇인지에 대해 알기 위해 신학을 공부하기로 결심하였다. 이는 나의 생각을 부질없는 것으로 간주하셨던 아버지의 뜻을 거스르는 일이었다. 나는 스코틀랜드에서 신학을 공부할 수 있는 영국의 한 특별한 수용소에 대한 이야기를 전해 들었다. 나는 그 수용소에 가고자 신청하여, 1946년 한 영국인 군인의 호송을 받아 노팅엄 근처 포틀랜드 공작의 아름다운 정원 안에 있는 노튼 캠프Norton Camp로 가게 되었다.

노튼 캠프는 영국 YMCA에 의해 세워진 곳으로 영국군이 관리하고 유지하는 수용소였다. 이곳에서는 전후 독일의 목사 양성을 위해서 포로된 교수들이 포로된 대학생들에게 신학을 가르치고 있었다. 거기서 나는 히브리어를 배웠고 신학 강의를 들었으며 신학 서적을 읽었는데, 처음에는 그 내용을 거의 이해할 수 없었다. 당시 나에게 있어서 교회는 미지의 세계였기 때문에, 나는 내가 목사가 되어야 하는지, 어떻게 목사가 되는지에 대해 알지 못하였다. 그러나 나는 진리를 찾아 나섰다. 만약 하나님께서 나를 이끌지 않으신다면, 내가 하나님을 발견하지 못할 거라는 사실을 느끼고 있었다. 이를 통해 나의 삶 속에서 부활이 시작되었다. 하나님이 부재하던 암울한 시절이 지나간 뒤에 그 수용소에서 나를 위해 태양이 떠올랐던 것이다. 나는 거기서 하나님의 모든 부정 안에 숨어 있는 하나님의 긍정을 발견하였다. 1948년 나는 얍복 강가에서 하나님의 천사와 밤새 씨름했던 야곱처럼, '절뚝거리며' 포로생활에 되돌아왔지만, 야곱처럼 '축복받은' 사람이 되었다. 왜냐하면 나는 하나님의 '숨겨진 얼굴' 아래서 그렇게 오랜 시간 고뇌한 끝에 마침내 하나님의 '빛나는 얼굴'을 느끼게 되었기 때문이다.

당시의 세 가지 경험은 이후 나에게 지속적인 영향을 끼쳤는데, 이를 통해 나는 다음과 같은 사실을 깨달았다.

1. 모든 종말에는 새로운 시작이 숨겨져 있다. 만약 우리가 그 시작을

찾아 헤맨다면, 그 시작을 반드시 발견하게 될 것이다.

2. 짓누르는 듯한 상황 속에서도 우리가 희망의 용기를 갖게 되면, 우리를 묶고 있는 사슬은 우리에게 고통을 주기 시작할 것이다. 그러나 고통은 체념보다 나은데, 이는 고통이 생명의 징표인 데 반해, 체념은 죽음의 징표이기 때문이다.

3. 내가 예수를 통해 들었던 하나님의 음성은 나에게 날마다 이렇게 말한다. "하나님께서 너를 곤고함에서 이끌어 내셔서 좁지 않고 넓은 곳으로 옮기신다"(욥 36:16).

나는 하나님을 결코 억압이나 소외로 경험하지 않고, 자유의 넓은 공간으로 경험하였다. 우리는 그 넓은 광활한 공간에서 마음껏 호흡하고 일어설 수 있다.

이와 함께 나는 개인적인 얘기를 중단하고 우리 모두에게 공통적으로 관련된 하나님의 미래에 대해 이야기하고자 한다.

2. 하나님의 삼중적 오심

기독교의 신약성서만이 아니라 유대교의 구약성서도 하나님께서 당신의 백성에게, 인류에게 그리고 이 땅에게 오심(도래)을 지향하고 있다. 이스라엘 백성은 약속의 땅에서 멀리 떨어진 낯선 이국에서 살면서 하나님에 의해 버림받은 것 같다고 느꼈을 때, 탄식의 노래로 하나님께 부르짖었다. "주님, 일어나소서. 주님의 얼굴을 드시고 오소서!" 이스라엘 백성은 하나님의 오심을 감지하게 되자, 하나님께서 오시는 길을 예비하지 않을 수 없었다. "문들아, 너희 머리를 들어라. 영원한 문들아, 활짝 열려라, 영광의 왕께서 들어가신다"(시 24:7). 이스라엘 백성은 오시는 하나님의 충만한 현존을 경험하자, 하나님 앞에서 춤추고 노래하면서 하나님의 아름다움을 칭송하였다.

이스라엘과 교회가 이 세계 속에서 희망의 공동체인 것과 같이, 신·구약성서는 하나님을 향한 희망의 증인으로 나란히 서 있다. 우리는 하나님의 도래 속에서 살아가고 있다. 신앙은 우리로 하여금 하나님을 신뢰하게 하고, 희망은 우리가 깨어 일어나도록 하며, 앞으로 도래할 것에 대해 우리의 모든 감각을 일깨워 준다.

이제 나는 그리스도의 삼중적 재림에 대한 옛 교리를 빌어 나의 지금까지의 삶의 경험에 대해 이야기하고자 한다.

하나님은 육체 가운데 오셨고-영으로 오시며-영광 가운데 오실 것이다.

a. 하나님은 예수 그리스도 안에서 우리에게 오셨다

미래에 대한 기독교의 희망은 확고한 역사적 상고(회상)에 근거한다. 이 희망은 이 세상에 오신 그리스도-하나님에 대한 생생한 상고이다. 이로써 하나님은 우리의 생명을 하나님 자신의 생명으로 만드시고 피로 물든 이 땅을 희망의 땅으로 변화시키신다. 바로 이로 인해 기독교의 희망은 오늘날 미래에 대한 인간의 모든 꿈, 혹은 미래에 대한 온갖 두려움과 근본적으로 차이가 있다.

그러나 오늘 우리에게 있어서 그리스도는 과연 누구인가?

나는 여기서 그리스도론의 교리를 전개하려 하기보다, 다시금 개인적인 이야기를 하고자 한다. 내가 전쟁과 포로생활 시절 하나님을 찾아 헤

맸지만 아무런 해답을 발견하지 못했을 때, 예수 그리스도는 나에게 가까이 다가오셨다. 이에 나는 그리스도를 통해서 하나님에 대한 믿음에 이르게 되었다. 만약 그리스도가 내 인생에 존재하지 않았더라면, 나는 무신론자가 되었을 거라고 해도 전혀 틀린 말이 아니다. 인간의 역사에 대한 경험과 자연에 대한 관찰만을 가지고는 그 당시의 내가 결코 하나님이 계시다는 생각을 하지 못했을 것이다. 더욱이 이 하나님은 사랑이시며 그 사랑이 우리를 향한 것이라는 사실을 전혀 생각하지 못했을 것이다. 나는 그리스도 때문에 하나님을 믿기 시작하였다. 보다 자세히 말해, 나는 그리스도께서 그토록 친근하게 "사랑하는 아버지"라고 불렀던 그 하나님, 그리스도께서 가난한 사람들에게 "가까이 왔다"고 선포하신 나라의 주인이신 그 하나님, 바로 그리스도의 하나님을 믿기 시작하였다. 나는 그리스도를 생각할 때마다, 하나님의 친밀함과 하나님 나라의 광대함을 느끼게 된다.

내가 만난 그리스도의 첫 번째 이미지는 로마인에게 논박당하고 붙잡히고 고문당하고 십자가에 달려 하나님을 향해 부르짖는 모습이었다. 마치 나와 운명을 함께한 친구가 나를 이해하듯이, 나는 그리스도가 나를 이해한다고 느꼈다. 그리스도는 고난의 길을 가셨고 버림받은 사람들을 찾으셨으며 그들의 형제가 되기 위해서 하나님에게서 버림받는 자리까지 가셨다. 그것이 나에게 개인적으로 깊은 감동을 주었다. 하나님께서 그리스도를 버리신 것은 그리스도께서 버림받은 상태에 처한 나에게 다가오셔서 나를 발견하도록 하신 것이다. 그러므로 나는 나 자신 스스로 아직 해결하지 못한 나의 운명 가운데서 어떠한 것이 그분의 운명 가운데 있음을 발견하게 되었고, 나의 생명 속에서 그분의 현존이라고 할 수 있는 무엇인가가 있다는 사실을 발견하게 되었다. 그 당시 내 책상 위에는 중세기의 그림 하나가 걸려 있었는데, 그것은 지옥에 내려가 거기로부터 문을 내시는 그리스도의 그림이었다. 잃어버린 사람 가운데 한 명이 그리스도에게 다가와 손가락으로 자기 자신을 가리키는데, 꼭 이렇게 말하려는 것 같았다. '당신이 나에게 오신 거군요! 도대체 나는 누구입니까?' 그렇다면 이 그림 속에서 어떠한 움직임이 일어나고 서로가 서로를 알아보게 되는 것이다.

그리스도는 돕는 분, 그리스도는 구원하는 분이시다. 그러나 그리스도는 초자연적인 능력으로 도우시는 것이 아니라, 무기력한 처지에 있는 우리와 연대하심으로 도우신다. 예언자 이사야는 이 세상을 구원하실 하나님의 종, 고난 받는 종에 대해서 이렇게 말한다. "그분의 상처를 통해 우리의 병이 나았다"(53장). 디트리히 본회퍼D. Bonhoeffer는 감옥에서 "오직 고난당하시는 하나님만이 도우실 수 있다"고 기술하였다. 언제나 하나님은 함께 고난당하심으로 우리를 도우신다. "내가 (하나님께 버림받은) 지옥에 자리를 펼지라도 하나님은 거기 계십니다"(시 139:8). 이와 같이 어떠한 고난, 어떠한 지옥도 함께 고난을 당하시는 하나님과의 사귐에서 우리를 떼어놓을 수 없다.

b. 하나님은 영으로 우리에게 오신다

기독교의 미래에 대한 희망은 그리스도를 바라보는 것(혹은 하나님의 관조, 대면 역자), 그리고 생명을 주시는 하나님의 영을 체험하는 것에 그 근원을 두고 있다. 우리는 그리스도의 이야기를 상고하고 하나님의 미래를 기다릴 뿐만 아니라, "장차 올 세상의 권능"(히 6:5)을 이미 오늘 경험하고 있다. 그 권능은 성령의 생명 에너지다.

그런데 '성령'은 어떤 분이신가? 나에게 있어서 성령은, 그가 손대는 모든 것을 살아 있게 만드시는 '생명의 영GEIST DES LEBENS'이시다. 즉 이 세상에 있는 하나님의 생명력 넘치는 현존이다. 하나님의 영의 은사와 임재는 우리가 개인적으로, 또한 우리의 인간 공동체가, 모든 살아 있는 생명체가, 그리고 이 땅이 경험할 수 있는 가장 위대하고 놀라운 것이다. 성령 안에서는 여러 선한 영, 혹은 악한 영 가운데 하나가 역사하는 것이 아니라, 창조적이고 살아 계시며 구원하시는 하나님이 임재하시기 때문이다. 하나님의 영이 임재하시는 곳에는 하나님도 특별한 방식으로 현존하신다. 일반적인 편재遍在, Allgegenwart의 방식이 아니라, 자기 계시의 방식으로 현존하신다. 하나님께서 자신을 계시하는 곳에서는 하나님이 자기 자신을 직접 나누신다. 하나님의 영원한 생명의 창조적인 에너지는 우리의 유한한 생명을 관통하고 채우고 넘치며 우리의 삶을 내면에서부터 완전히 새롭게 소생시키신다. 하나님의 영을 느끼는 곳에서 우리는 하나님을 경험한다. 어떻게 우리는 하나님을 경험하는가? 우리의 구체적인 삶을 통해서이다! 우리는 마음의 새로운 영성이나 머리의 새로운 신학으로 영을 체험하는 것이 아니라, 우리의 모든 감각을 통해서 생명의 새로운 활력인 하나님의 영을 체험한다. 우리는 하나님 안에 있는 우리의 생명, 우리 생명 안에 있는 하나님을 느끼고 맛보고 듣고 냄새 맡고 바라본다. 이에 대해 요한1서 1장 1-2절은 이렇게 묘사한다.

"이 생명의 말씀은 태초부터 계신 것이요. 우리가 들은 것이요, 우리가 눈으로 본 것이요, 우리가 지켜본 것이요, 우리가 손으로 만져본 것입니다. 이 생명이 나타나셨습니다. 우리는 그것을 보았습니다. 그래서 우리는 이 영원한 생명을 여러분에게 증언하고 선포합니다."

우리가 이 생명을 다양한 방식으로 경험하기 때문에, 이 생명의 영의 이름도 여러 가지다. 나에게는 '위로자Paraklet'와 '생명의 샘fons vitae'이라는 이름이 가장 아름다운 이름이다.

그리스도와의 사귐 속에서 우리는 이러한 하나님의 영의 생명력을 경험한다. 그러므로 슬픔에 빠진 사람, 냉담함에 사로잡힌 사람, 자기 안에서 아무런 생명의 기운을 느끼지 못하는 사람이 그리스도께 나오면, 하나님의 영의 새로운 활력을 경험하게 될 것이다. 나에게 있어서 그 활력은 새로운 생명의 감성Sinnlichkeit des Lebens, 그리고 광활한 하나님의 생명의 공간Lebensraum Gottes 속에 있다.

큰 슬픔 속에서 우리의 감각이 소실되어 아무런 색채도 보이지 않고, 아무런 소리도 들리지 않으며, 아무 맛도 느낄 수 없으며, 우리의 육체가 뻣뻣하게 경직되어 있을 때라도, 하나님의 사랑의 숨결 안에서는 우리의 감각이 열려서 다시금 저 화사한 세상을 볼 수 있게 되고, 아름다운 멜로디를 듣게 되며, 다시금 입맛을 되찾고 감정을 느끼게 된다. 우리의 삶에 대한 큰 긍정이 우리를 사로잡으니, 이는 하나님의 생명의 영이 베푸시는 생명의 긍정이다.

이 새로운 생명의 전개에 있어서 필요한 것은 넓은 '생명의 공간Lebensraum'이다. 시편 31편 8절은 "주께서 내 발을 넓은 곳에 세우셨나이다"라고 노래한다. 이 넓은 공간은 우리의 유한한 생명을 사방에서 감싸고 있는(시 139:5) 무한하신 하나님의 현존이다. 하나님의 신적인 현존이 사방에서 우리를 감싸시면, 우리는 우리의 유한한 생명을 사방으로 자유롭게 전개해 나갈 수 있다. 우리는 하나님 안에서 자유롭게 움직이며 하나님 안에서 살아갈 수 있다. 하나님은 우리가 말을 건넬 수 있는 인격체이실 뿐만 아니라, 우리가 우리의 생명을 마음껏 전개해 나갈 수 있는 공간이시기도 하다. 유대 전승에 의하면 하나님의 신비로운 이름 가운데 하나가 바로 마콤MAKOM, 곧 공간·장소이다. 우리가 사랑과 우정 속에서 서로를 위해 자신을 개방하고 다른 사람이 우리의 삶 속에 참여할 수 있도록 한다면, 우리는 서로에게 생명의 공간을 선사하는 것이다. 인간이 함께 살아가는 삶 속에서 이러한 자유로운 공간이 없다면, 개인적인 자유도 존재할 수 없을 것이다. 사랑은 자유의 공간을 주며, 그 자유의 시간을 허용해 준다. 이러한 자유의 공간을 경험하는 곳에서 우리는 우리 가운데 거하시는 하나님의 현존을 경험하게 된다.

3. 하나님은 영광 가운데 우리에게 오신다

나는 개인적으로 그리스도에 대한 믿음을 하나의 위대한 희망으로서 알게 되었다. 그리스도께서 우리에게 보여주신 하나님은 바울이 로마서 15장 13절에서 말하듯이 "희망의 하나님"이시기 때문이다. 하나님은 지금도 계시고 전에도 계셨으며 앞으로도 계실 영원한 존재이시기보다, 오히려 "오실" 분이시다(계 1:4). 하나님은 미래로부터 우리에게 다가오신다. 이에 그 넓은 미래의 지평은 이후에 기독교에 추가적으로 첨부된 것이 아니라, 기독교의 본질적인 요소이다. 신앙은 부활하신 그리스도의 현존 속에서 살아가는 것이며 '하늘에서와 마찬가지로 땅으로도' 오시는 하나님의 나라를 향해 우리를 활짝 여는 것이다. 우리는 하나님의 오심을 대망하면서 살아간다. 우리는 하나님의 '다시 오심'을 기다리기보다, 오히려 날마다 하나님의 오심의 빛 속에서 살아간다. 우리 위에 언약의 별이 빛나고 있다. 하나님의 언약은 새로운 날, 하나님의 날을 알리는 새

벽별과도 같다. 바울은 기독교의 시간에 대한 느낌을 이렇게 표현한 바 있다. "밤이 깊고, 낮이 가까이 왔습니다"(롬 13:12).

어떠한 미래가 하나님의 언약과 우리의 희망과 이 세상의 기대를 만족시킬 수 있는가? 하나님은 인간의 땅에서 인간과 함께 더불어 '살아가기' 위해 오신다. 그렇다면 모든 피조물은 하나님의 성전이 되는 것이다. 요한계시록은 이를 이 세상을 향해 오는 "하늘 예루살렘"의 이미지로 묘사하였다. 하나님의 이 우주적인 쉐히나schechina를 위해 모든 것이 새롭게 창조되고 준비되어야 한다. 그렇다면 하나님께서 모든 눈물을 닦아주시고, 고통과 울부짖음은 사라지며, 더 이상 죽음도 없을 것이다(계 21:5). 신적인 것이 모든 현세적인 것 안에 있고, 모든 현세적인 것이 신적인 것 안에 있을 때, 하나님의 아름다움은 모든 것을 빛나게 할 것이다. 이것이 인류에게 있는 희망의 역사의 완성이며 창조의 완성이다. '태초에' 창조된 모든 것, 하늘과 땅, 빛, 생명, 식물과 동물과 인간 모두는 바로 이를 위해 창조되었기 때문이다.

베드로후서 3장 12절은 우리가 "주님의 미래가 오기를 기다리며 그것을 앞당겨야 한다"라고 권면한다. 이는 모순처럼 들리지만, 결코 모순이 아니다. 나는 이를 우리의 경험, 우리의 언어로 옮겨 보고자 한다.

기다림Warten: 이는 불의한 현실에 순응하지 말고, 눈에 보이는 세력을 인정하지 말라는 것을 의미한다. 이는 우리가 그보다 더 나은 어떤 것이 있을 수 있고, 그와는 다른 무엇이 오고 있음을 알기 때문이다. 기다림이란 결코 단념하거나 포기하지 않음을 의미한다. 기다릴 수 있음-그것은 희망의 기술Kunst der Hoffnung이다. 인내는 희망의 미덕이다. 기다림이란 성취의 시간이 올 때까지 긴장감 속에서 깨어 있는 것이다. 기다릴 수 있음-그것은 언약의 미래에 대한 신실함이기도 하다. 바빌론에서 포로생활을 하던 하나님의 백성은 "주 우리의 하나님, 이제까지는 주님 말고 다른 권세자들이 우리를 다스렸습니다. 그러나 앞으로는 우리가 오직 주님의 이름만을 기억하겠습니다"(사 26:13)라고 말하였다. 그리고 살아남았다. 루벰 알베스R. Alves가 말했듯이, 포로기의 신학 없이는 해방의 신학도 없을 것이다.

서둘러 앞당김Eilen: 이는 지금의 현실을 뛰어넘어 하나님의 새로운 세계의 미래를 우리의 모든 행동과 노력으로 선취하는 것이다. 의로운 사람의 모든 행동으로 우리는 하나님의 정의가 거하는 하나님의 새로운 세상의 길을 예비한다. 폭력 아래 고통당하는 사람들을 위해 우리가 법을 세운다면, 하나님의 미래가 우리의 세계 안으로 비치게 되는 것이다. 우리가 '과부와 고아'를 위해 헌신한다면, 진리가 우리의 세상 속으로 들어오게 되는 것이다. 우리가 온갖 불의와 폭력으로 이 땅의 많은 보화와 생명력을 탈취함으로 인해 땅은 신음하고 있다. 땅도 자신의 권리가 보장되기를 기다리고 있다. 우리가 이러한 하나님의 정의를 선취할 때, '주님의 미래'를 '앞당기며', 그 정의 안에서 '새로운 땅'이 새롭게 생성될 것이다.

기다림과 앞당김, 이는 저항하고 선취하는 것을 의미한다. 이와 함께 우리는 생명을 거룩하게 하고 하나님의 미래에 대해 확신을 갖게 될 것이다.

부록 2

하나님의 이름은 정의이다
– 악의 희생자와 가해자를 위한 하나님의 정의

1977년 나는 6주 동안 아르헨티나와 브라질과 트리니다드를 돌며 강연을 할 기회가 있었다. 그 강연 여행의 마지막 부분에 나는 두고두고 기억될 만한 해방신학자 회의에 참여하게 되었다. 그 회의 자리에서는 격렬한 논쟁이 있었다. 우리는 진지하게 진리를 말했다. 물론 나는 내가 '제1세계 신학자'로 취급받는 것 때문에 개인적으로 감정이 상해 있었다. 하지만 그 모임은 나에게 큰 깨달음을 주었고, 저를 어떤 신학적인 인식으로 인도했다.

유럽과 미국에 살고 있는 우리가 라틴아메리카에서 억압받는 사람들의 '해방신학'을 정말 진지하게 생각한다면, 우리도 억압하는 자의 해방신학을 전개하지 않으면 안 된다는 것이다. 해방이 억압받는 쪽이나 억압하는 쪽 모두의 인간됨을 위한 해방이 되지 않는다면, 어떻게 인류가 억압과 학대와 착취라는 악으로부터 해방될 수 있단 말인가? 하지만 양쪽이 똑같은 것은 아니다. 억압당하는 사람들에게 해방은 자명한 것이지만 억압하는 사람들에게는 그렇지 못하다. 억압당하는 사람들을 일으켜 세우는 것은 예수 그리스도의 메시아적 사역의 하나이고, 보지 못하는 자들을 보게 만든 것은 다른 또 하나의 사역이다.

나는 그 강연 여행에서 돌아와 "억압하는 자의 해방"에 관한 논문을 한 편 썼는데 그 논문은 여러 언어로 번역되었다. 하지만 그 문제에 대해 내가 깊이 생각하면 할수록, 그리스도교의 모든 주류 신학과 영성이 범하고 있는 근본적인 실수 하나가 얼마나 끔찍스런 것인지를 생각하게 된다. 그것은 중세의 고해 성사가 일방적으로 가해자 중심이라는 사실이다. 죄인은 자기의 악행을 뉘우치고 회개해야 한다. 종교개혁자들의 칭의론도 일방적으로 가해자 중심이다. 죄인은 오직 믿음으로만 의롭게 되어야 한다. 그렇다면 그 죄와 악행의 희생자들은 어디에 있을까? 그 불의와 폭행을 겪어야만 했던 사람들은 도대체 어디서 자기의 권리를 찾을 수 있단 말인가? 그리스도교 교회는 항상 가해자가 죄에서 구원받는 문제에만 골몰했지, 무고하게 고난을 당하는 피해자의 탄원은 흘려듣지 않았는가? 죄인의 칭의에 대해서는 말하지만, 피해자의 칭의에 대해서 말하지 않는 이유는 무엇일까?

나는 아주 세속적인 이유 하나를 찾아냈다. 서구 법률 체계의 토대가 되고 있는 로마의 법률 체계는 일방적으로 가해자 중심이다. 예컨대 도둑이 처벌을 받는 것이다. 그는 벌을 받음으로써 속죄를 받는다. 하지만 자기의 악행을 보상할 필요는 없다다. 피해자는 그냥 도둑질당한 사람으로 남는다. 그러나 성서가 말하는 하나님의 정의는 단순히 선과 악을 판단하는 정의, 선한 것은 상을 주고 악한 것은 벌을 주는 정의justitia distributiva가 아니라 공의를 바로 세우고 굽은 것을 곧게 하는 정의, 즉 창조적인 정의이다.

이 강연을 통해서 나는 바로 이 창조적인 정의, 치유하시고 구원하시는 하나님의 정의를 천착하고자 한다. 새로운 칭의론을 쓰고, 최후의 심판에 대한 새로운 비전을 그려내고자 한다.

우선 전통적인 참회론(고해성사, Busssakrament)과 신앙론의 결점을 나열해 보겠다.

1. 가톨릭의 참회 성사는 악의 힘을 '죄'로 규정하고 그것을 인간의 잘못으로 환원시킨다. 여기서 중요한 것은 잘못한 사람의 죄를 사면해 주는 것이다. 이것은 가해자 중심의 사유로서 가해자는 완전히 잊히게 된다.

2. 종교개혁자들의 칭의론은 하나님이 베푸시는 용서에 초점이 맞추어져 있다. 그리스도는 우리의 죄를 위해 돌아가셨다. 죄의 용서는 부활 없는 십자가 신학에 기초하고 있다. 이런 관념과 실천도 철저하게 가해자 중심이고 죄의 종들에게만 국한된 것이다. 이런 사유는 그 죄의 희생자들을 잊어버린다. 중세의 참회 성사와 마찬가지로 칭의론도 너무나 개인주의적인 사유이다. 모든 사람이 심판하시는 하나님 앞에 홀로 자기 자신의 문제를 안고 서게 된다는 것이다.

3. 사죄의 말씀과 용서의 언약은 인간의 믿음을 수동적인 수용으로 만들어버린다. 신앙은 하나님의 적극적인 칭의, 즉 당신의 이름을 거룩하게 하시고 당신의 뜻을 행하시는 적극적인 칭의의 차원을 잃어버린다.

이와는 달리, 바울은 그리스도의 부활에 기초하여 죄인의 새로운 정의를 주장한다(롬 4:25). 이와는 달리, 구약성서가 주장하는 하나님은 법의 보호를 받지 못하는 사람들과 폭력에 희생당하는 사람들을 위해 공의를 세우시는 분이시다. 그분의 정의는 구원하는 정의(시 31:1)이며, 악의 희생자들을 치유하고 일으켜 세우는 정의이다. 그 정의는 언제나 사회적인 차원에서 희생자와 가해자를 함께 고려하지, 희생자만 생각하지는 않는다. 그 정의의 목표는 영혼 구원 혹은 개인의 구원이 아니라 하나님의 나라, 하나님의 정의가 거하는 새로운 땅이다.

1. 정의를 향한 외침

희생자: 오늘 우리는 정의를 향한 외침을 어디서 듣고 있는가? 그 외침은 가해자, 큰 죄를 진 사람한테서 들려오지 않는다. 폭력의 희생자들, 불의로 인해 가난해진 사람들에게서 들려온다. 그들에게는 정의를 향한 외침이 곧 하나님을 향한 외침이다. 억압당하는 민중의 침묵 속에서 우리는 하나님과 정의를 향한 소리 없는 외침을 듣는다. 철저하게 약탈당하고 있는 이 땅 피조물의 신음에서 우리는 하나님과 그분의 정의를 향한 목마름을 느낀다. 이것은 하나님마저 떠나버린 것만 같은 밑바닥 상황에서 치솟아 오르는 절규이다. 악의 세력에 힘없이 내맡겨져 있는 고통이다. 우리 같이 나이 든 사람에게는 20세기 인간 대학살의 고통스러운 비명 소리가 아직도 귓가에 쟁쟁하다. 오늘날 우리는 이 세상에서 굶주리고 또 이른 나이에 죽어가고 있는 사람들의 수, 그 소름끼치는 숫자를 신문과 텔레비전을 통해 접하게 된다. 하지만 그 숫자 뒤에는 사람의 운명이 있다. 그 운명이 우리를 고발하고 있다. 우리는 그들의 희생으로 살고 있다.

정의와 하나님을 향한 외침은 인류의 큰 범죄를 통해서만이 아니라 아시아의 인구 밀집 지역에서 벌어지는 자연 재해를 통해서도 우리에게 들려온다. 쓰나미와 싸이클론과 지진은 수천 명의 생명을 앗아간다. 하나님은 어디 계시는 걸까? 어떤 사람은 죽고 어떤 사람은 살아나는데, 이것은 단순히 우연일까? 우연은 변덕스럽고 운명은 눈이 멀었다. 범행과 자연재해의 희생자들은 고통스러운 질문 앞에 서게 된다. 하나님은 정의로운 분인가? 하나님은 어디 계시는가?

가해자: 하나님과 정의를 향한 또 다른 외침은 가해자의 외침으로, 그 가해자가 자기의 행동을 의식하게 됐을 때 터져 나오는 외침이다. 가해자들이 희생자를 약탈하거나 억압하거나 심지어 살해했을 때, 그들은 악의 충실한 하수인이었다. 누가 그들에게 시켜서 그런 일을 했거나, 그걸로 이익을 보기 때문에 했을 것이다. 하지만 그들도 악의 희생자였다. 물론 그 악으로 인해 고난을 당하는 희생자들과는 다르지만 가해자들도 악의 종이 되었다. 그들은 죄책을 떠안게 되었고, 점점 더 깊은 악순환에 연루되었다. 하나님과 그분의 정의를 향한 가해자들의 외침을 우리가 들을 수 있을까? 아니다. 하지만 그들이 자기가 무슨 일을 하고 있는지 모르는 그 맹목성과, 여러 가지 고발을 대하는 완고함과, 우리 사회의 고통에 대한 냉담함과, 사랑 없음, 냉소주의, 다른 사람은 전혀 신경 쓰지 않는 이기주의 속에서 그 외침을 인식한다. 그것만으로도 충분히 하나님과 정의에 대항하는 외침이 될 때가 많다. 1944년 한 장교가 러시아에서 나의 아버지에게 이런 말을 하는 것을 들었다. "난 하나님이 존재하지 않기를 바랍니다. 만일 하나님과 정의가 존재한다면, 유대인에 대한 대량학살 때문에 전쟁 이후 독일에 잔인한 일이 일어날 것입니다."

죄의 희생자들이 하나님에게서 버림받은 상황 속에서in Gottverlassenheit 정의를 향해 부르짖는다면, 그 죄의 가해자들은 하나님을 부인하면서in Gottlosigkeit 하나님에게 저항한다. 자기들이 행한 잘못을 저주하는 정의가 있어서는 안 되기 때문이다.

체제: 베르톨트 브레히트의 〈서푼짜리 오페라〉를 보면 이런 대사가 나온다. "우리도 이렇게 거친 인간이 아니라 착한 사람이 될 수도 있었어. / 하지만 이 세상의 상황은 그렇지 못했네." 실제로 우리가 악을 경험할 때, 개인적으로 그 악의 희생자와 가해자로 경험하거나, 사회적으로 가해자 집단과 희생자 집단 사이에서 경험할 뿐 아니라, 우리가 살고 있는 이 세계의 사회적 관계, 경제적 구조, 정치적 체계, 즉 우리의 행동을 규제하는 체계로서의 악을 경험한다. 오늘날 우리는 부익부 빈익빈의 사회적 구조 속에서 살고 있다. 라틴아메리카에서만 그런 것이 아니라, 독일처럼 사회보장이 잘 돼 있는 나라도 마찬가지이다. 우리는 인간을 승자와 패자로 양분하는 경쟁 사회 속에서 일하고 있다.

우리는 강자를 약자와 분리해 놓는 정치적 체제에 참여하고 있다. 우리는 이 땅의 자연을 체계적으로 파괴하고 동식물의 다양한 종을 매년 감소시키고 있는 인간 사회 속에서 먹고 마시며 살고 있다. 우리는 미래 세대를 희생시켜 가면서 우리의 현재를 즐기고 있으며, 우리의 다음 세대는 우리 세대의 잘못 때문에 비싼 대가를 치루지 않으면 안 될 상황이다. 이러한 체제 속에서는 생명의 힘만이 아니라 죽음의 세력이 지배력을 행사하고 있다. 그런 체제는 정의롭지 않은 체제이며, 그 체제 안에서 살고 일하는 우리를 죄인으로 만든다. '패배자'인 가난한 자, 약한 자, 이 땅, 우리 자녀들이 죄인이라는 말이다. 여기서는 우리가 행하는 악이 아니라,

우리가 행하지 않는 선이 우리를 고발한다. 우리가 이런 불의한 체제 속에서 살아가면, 우리는 하나님에게서 멀리 떨어진 삶을 살게 된다. 우리의 불의가 하늘을 향해 소리친다. 이런 불의의 체제에 적응해서 살아야 할까? 여기에 저항한다는 것이 의미 있는 일일까? 나는 지금 우리의 삶의 조건이 되고 있는 경제적, 정치적, 사회적 체제를 만든 것이 인간이기 때문에, 인간이 그 체제를 바꿀 수도 있다고 생각한다. 예언자 요나 이야기가 우리에게 가르쳐 주는 것처럼, 니느웨도 회개할 수 있었다. 우리 모두는 '니느웨'에 살고 있으며 예언자의 음성을 듣고 있다.

2. 하나님 - 정의의 태양

우리는 구약성서에서 하나님의 정의라는 아주 독특한 개념과 만나게 된다. 우리는 이 개념을 로마적 개념과 혼동해서는 안 된다. 이스라엘의 하나님은 공의를 세우는 분이며, 공의를 보증해 주는 분이다. 뿐만 아니라 그 정의는 하나님이 친히 맺으신 언약에 대해, 또 그분이 직접 만드신 피조세계에 대해 그분이 보여주시는 신실함이다. 제1계명에 따르면 하나님은 아무런 법적 권리도 보장받지 못하고 억압당하던 노예 이스라엘을 이집트에서 해방시켜 주시고 언약의 땅, 자유의 땅으로 인도하시는 하나님이시다. 우리는 그 하나님이 "억눌린 사람들을 위해 공의를 세우"시되 (시 146: 7, 103, 6)라고, 그들이 어디에 있건 그렇게 하실 거라고 기대한다. 이 하나님은 '과부와 고아'의 권리를 변호하시되(신 10:18, 시 82:3, 사 1:17), 그들이 어떤 사람이건 그렇게 하신다. 그분은 '이방인의 권리'에 관심을 가지시니, 이는 이스라엘이 한때 직접 이방 민족 사이에서 이방인으로 살았기 때문이다. 악의 희생자가 된 사람은 시편 31편 1절에 기대어 이렇게 외칠 수 있다. "주님의 정의로 나를 구원하여 주십시오." 이렇듯 해방하는 정의, 권리를 찾아주는 정의, 구원하고 치유하는 하나님의 정의를 '자비Erbarmen'라고 할 수도 있다. 정의와 자비는 서로 모순이 아니다.

이렇듯 해방하는 정의, 공의를 세우고 구원하는 하나님의 정의야말로 이스라엘의 근원적인 하나님 체험이기 때문에, 이것은 이 세상 모든 민족과 온 땅을 위한 이스라엘의 희망에도 결정적인 영향을 끼친다. 이스라엘의 언약의 메시아는 "가난한 사람들을 정의로 재판하고, 세상에서 억눌린 사람들에게 바른 판결을 내린다"(사 11:4). 그분은 "뭇 민족에게 공의를 베풀 것"이며(사 42:1) "세상을 정의로 심판하실 것"이다(시 96:13). 하나님께서 당신의 창조의 영을 부어 주시면, "광야에 공평이 자리 잡고, 기름진 땅에 정의가 머물 것이다. 정의의 열매는 평화가 될 것이다"(사 32:15-16). 그러므로 예언자 말라기는 하나님을 "정의의 태양"이라 부른다(말 4:2).

이 정의 개념은 이집트나 로마에서 나온 것이 아니라 바빌론에서 온 것이다. 두 강의 땅(유프라테스와 티그리스 강 사이에 있는 메소포타미아를 의미함)에서는 왕이 곧 재판관이요 태양신 샤마슈Samas의 제사장이다. 그는 태양을 모범으로 삼아 신적인 정의를 집행한다. 아침에 태양이 떠오르면 만물이—식물과 동물과 인간이—다시 소생한다. 그의 인간적인 정의도 이처럼 만물을 살게 한다. 옳은 일을 하는 사람은 정의롭다. 건강한 것은 정의롭다. 자연의 법칙에 알맞게 사는 것도 정의롭다. 재판은 형벌과는 무관하며, 일으켜 세우고 바로 잡고 치료하는 것과 연관된다. 그러므로 왕은 강자가 약자에게 손해를 끼치지 못하게 하고, 과부와 고아도 자기의 권리를 지키며 살 수 있도록 해 주어야 한다. 또한 왕은 땅을 인간의 착취로부터 보호해야 한다. 이러한 '정의의 태양' 관념을 이해할 때 비로소 우리는, 구약성서에서 하나님의 재판과 그분의 심판이 두려움의 대상이 아니라, 인간과 이 세상의 구원으로 환영의 대상이었다는 사실을 이해할 수 있다. "그분은 세상을 정의로 심판하신다." 그럴 때 비로소 우리는 하나님께서 악한 사람에게나 선한 사람에게나 똑같이 태양을 떠오르게 하신다는 산상수훈의 말씀(마 5:45)도 이해할 수 있다. 불의로 고통당하는 사람들에게 공의를 세우심으로써 하나님은 당신 자신을 정의로운 분으로 계시한다. 인간이 악의 지배 아래서 고난을 당하는 곳이면 어디서나 그분이 현존하신다. 그분은 폭력의 희생자들과 연대하신다. 가난하고 힘없는 사람들이 당하는 일은 곧 그분이 당하는 일이다. 법의 보호를 받지 못하는 사람들이 하나님의 정의가 자기들 편이라는 것을 느낄 때 그 정의의 계시가 시작되고 그 정의의 부활이 시작된다.

3. 예수 그리스도 – 희생자와 가해자의 세상에서 하나님의 정의의 계시

희생자: 우리가 복음서를 펴서 읽으면 그 앞장에서 곧 바로 알게 되는 것은, 예수의 처음 시선이 병든 사람, 가난한 사람, 아웃사이더, 그러니까 죄의 가해자가 아니라 희생자에게 머물렀다는 사실이다. 이사야서 61장 1절의 약속에 따르면 그는 "가난한 사람들에게 하나님 나라의 기쁜 소식을 전하고, 병든 사람에게 치유를 선포하며, 갇혀 있는 사람에게는 자유를, 앞을 못 보는 사람에게는 빛을, 억눌린 사람에게는 그들의 권리를"

약속하신다(눅 4:18-19). 예수께서 하나님 영의 치유 능력을 병든 사람에게 보이신 것처럼, 법의 보호를 받지 못하는 사람들과 폭력의 희생자들에게는 하나님의 정의를 보여주신다. "이 사람이 죄인들을 맞아들이고, 그들과 함께 음식을 먹는구나!"(눅 15:2). 여기서 '죄인과 세리'는 부유한 사람과 스스로 의롭다고 여기는 사람들에게 멸시를 당한 사람들, 공동체 바깥으로 내몰린 사람들이다. 예수께서 그들을 '받아들인 것'은 하나님이 그들을 인정해 주심을 의미하며, 그 사람들의 사회적 치유를 의미한다. 예수께서는 멸시와 천대를 당하는 사람들에게 하나님의 권리를 되찾아 주고, 그들의 영적인 감옥을 깨뜨리시며 그들을 일으켜 세우신다. 예수께서는 그 사람들과 연대하심으로써 하나님이 희생자들과 연대하신다는 사실을 그 사람들을 통해서 계시하신다. 누구든지 하나님의 얼굴을 보려하는 사람은 그런 희생자들의 얼굴을 보아야 한다!

십자가에 달려 죽을 때까지 예수가 걸어간 수난의 길은 죄의 희생자들이 겪어야 하는 고통 속으로 가는 길이었다. 빌립보서 2장의 그리스도 찬가에 잘 드러난 것처럼, 그분은 부자유한 종, 능욕을 당하고 착취를 당하는 종의 형상을 취하셨다. 그로써 예수는 하나님에게서 버림받은 사람들에게 하나님을 되돌려 주신다.

우리는 이것은 연대의 그리스도론 Solidarit?tschristologie이라고 부른다. 그리스도는 우리의 고통 속에서 우리와 함께 계신다. 복음서가 들려주는 예수의 수난 이야기는 점점 더 깊은 포기의 길이다. 그는 병든 사람들, 악의 희생자들에게 당신의 사랑을 쏟아 부으셨으며, 끝내는 당신 스스로 로마 정치 권력의 희생물이 되셔서 십자가에 매달려 죽으셨다. 그분은—산상수훈에서 가르치신 것과 똑같이—그 의지가지없는 처지를 오히려 의미 있는 것으로 보셨고, 이 세상에서 내몰린 처지를 하나님에게서 부름받은 상황으로 보셨다. 부유한 사람들의 세상, 의롭다 하는 사람들의 세상에서 미래마저 빼앗긴 사람들에게 그분은 하나님 나라의 미래를 선포하셨다. 독일속담에서는 '꼴찌'가 개한테 물린다고 하지만(마지막 사람이 불리하다는 뜻), 그렇지 않다. 그들은 '첫째'가 될 것이다. 십자가는 이 세상의 가치를 뒤집어엎은 예수에 대한 이 세상의 대답이다.

예수가 가는 곳마다 하나님이 함께 계셨고, '하나님의 아들'이라는 이름처럼 예수 안에 바로 하나님이 계셨다. 그렇다면 예수님은 당신의 고난과 죽음을 통해서 그 사람들에게, 즉 당신처럼 굴욕을 당한 사람들에게 하나님을 보여주시는 것이다. 그분의 십자가는 수많은 십자가들 사이에 서 있다. 인간의 역사 속에서 권력자와 폭력을 행사하는 사람들이 걸어간 그 피비린내 나는 길 양편에 늘어선 십자가, 스파르타쿠스의 십자가에서 독일 히틀러 독재의 죽음의 수용소, 소련의 강제노동수용소 군도, 라틴아메리카 군사독재정권의 '실종자들'에 이르기까지. 예수는 하나님과 인간에서 버림받은 상황 속으로 친히 들어오셔서 버림받은 사람들의 형제가 되어 주셨고 그들을 고통에서 건져 주셨다. 디트리히 본회퍼는 죽음의 감옥에서 "오직 고난당하는 하나님만이 도우실 수 있다"고 썼다. 그는 십자가에 못 박히신 그분을 바라보았다. 바로 이것이 59세의 오스카 로메로O. A. Romero 대주교의 회심체험이었다. 혼 소브리노Jon Sobrino는 이렇게 썼다. "십자가에 못 박히신 하나님은 인간의 역사 속에서 십자가에 못 박힌 사람들을 통해 그에게 나타나셨다 … 그는 가난한 사람들, 억압당하는 동포들의 눈에서 일그러진 하나님의 얼굴을 보았다."

마태복음 25장 31-46절에 나오는 최후의 심판에 보면, 세상을 심판하시는 인자는 굶주린 사람, 목마른 사람, 병든 사람, 감옥에 갇힌 사람과 자신을 동일시하신다. "너희가 지극히 보잘 것 없는 사람 하나에게 한 것이 곧 내게 한 것이다." 하나님의 정의는 희생자 중심이다. 그것은 하나님의 아들이 직접 희생자 가운데 하나이시기 때문이다. 바로 이것이 '하나님은 어디계신가?'라는 질문에 대한 그리스도교의 대답이다.

가해자: 그리스도교 공동체는 아주 일찍부터 그리스도의 고난과 죽음을 가해자의 죄에 대한 대속으로도 이해했다. 가해자들은 이사야 53장에 등장하는 고난받는 하나님의 종 모델에 따라 십자가에 못 박힌 그리스도를 "세상의 죄를 지시는 분… 그분의 상처를 통해 우리의 병을 낫게 하는 분"으로 이해했다(사 53:5). 이것을 우리는 대속의 그리스도론Stellvertretungschristologie이라고 부른다. 그리스도는 우리를 위해 죽으셨다. 그분은 하나님이 우리를 대적하시는 분이 아니라 우리를 위하시는 분, 하나님을 무시하고 불의를 행하는 우리까지도 위하시는 분이라는 사실을 당신의 운명을 통해 계시하신다. 그리스도는 "우리의 범죄 때문에 죽임을 당하셨고, 우리를 의롭게 하시려고 살아나셨다"(롬 4:25). 그분을 통해서 우리는 죄의 용서를 받고 새로운 생명으로 다시 태어나게 된다. 이것이 무슨 뜻인지 이해하고 있는가?

나는 이 세상 어떤 죄인도 자기 죄에 대한 온전한 깨달음을 안고 살아갈 수는 없다고 생각한다. 죄인이 자기 죄를 깨닫는다면, 그는 모든 자기 존중을 잃어버리고 자기를 미워하기 시작한다. 그래서 우리는 죄에 대한 비난과 죄에 대한 깨달음을 거부한다. 하지만 일단 우리가 희생자의 눈에서 우리의 죄를 인식하는 순간, 그 죄는 무거운 짐처럼 우리는 내리누른다. 우리는 스스로 일어설 수 없다. 우리는 어디로 가야 할지 모른다. 상황이 심각할 경우, 이런 죄의 무거운 짐을 계속 지고 사느니 차라리 죽고 싶다는 생각을 하게 된다. 이것도 전혀 틀린 생각은 아니다.

도대체 죄의 용서라는 것이 가능할까? 그 누구도 이미 일어난 일을 되돌리거나 과실을 보상할 수 없다. 모든 죄는 한 사람을 그의 과거에 붙잡아 매고, 미래를 향한 그의 자유를 강탈한다. 하나님도 이미 일어난 일을 되돌릴 수 없다. 대량학살은 계속해서 대량학살로 남아 있다. 하지만 하나님께서는 이미 일어난 죄의 사슬을 풀어 없애시며, 이미 일어난 일은 과거로 만드시고 생명의 새로운 시작을 가능하게 해주신다. 그리스도께서 우리의 죄를 '지신다'고 할 때 바로 그 일이 일어나는 것이다. 그래서 우리는 이렇게 기도한다. "이 세상의 죄를 지시는 주님, 우리를 불쌍히 여기소서!"

가해자를 죄의 종으로 만드는 죄의 세력에 대하여는 죽고, 부활하신 그리스도와 함께 새롭게 태어난다는 것은 가해자에게 엄청난 사건이다. 본회퍼가 제대로 말했듯이, 다른 모든 것은 '값싼 은총'이다. 어떻게 이런 일이 일어날 수 있을까? 세 단계를 거쳐 일어난다.

  a. 악에 희생당하는 사람들의 고통을 인식함으로써 그 악을 행한 사람들은 자기의 실상을 인식하게 된다. 첫 단계는 항상 진리로 진입하는 단계이다. 그것이 아무리 아픈 것이라 할지라도 말이다. 가해자들은 언제나 기억력이 나쁘기 때문에, 희생자의 오랜 기억에 의지하여야 자기 인식에 도달할 수 있다. 가해자는 희생자의 눈에 비친 자기를 발견할 때 비로소 자기의 본 모습을 볼 수 있다.

  b. 두 번째 단계는 의식의 전환이요 삶의 방향 전환이다. 이것은 결국 그렇게 많은 희생자를 양산하는 지배 체제를 깨뜨리는 것으로, 또 더 이

상 가난한 사람과 자연을 희생시켜서 사는 삶을 거부하는 것으로 이어진다. 아무 의식 없이 죽임과 죽음을 지향하는 삶에서 의식적으로 생명과 정의를 지향하는 삶에 이르는 것이다.

c. 가해자가 자기 스스로 일으킨 피해를 없애기 위해 모든 노력을 기울일 때, 오직 그때 가해자도 마침내 희생자들과의 새로운 친교, 정의롭기 때문에 새로운 친교의 관계를 맺게 될 것이다. 이것을 우리는 '회복Wiedergutmachung'이라고 부른다. 비록 아무것도 다시 이전의 상태로 돌아가 좋아질 수는 없지만, 그 가운데 어떤 것은 새로워질 수 있다.

희생자와 가해자: 하나님은 그리스도를 통해서 가해자를 죄의 권세와 죄책의 짐으로부터 해방하신다. 하지만 그분은 가해자를 반드시 희생자의 면전에서 해방하신다. 인간적으로 봤을 때 가해자에게 화해를 제안할 수 있는 것은 오직 희생자이다. 하나님께서 희생자 편에 계시기 때문에 희생자들은 그렇게 할 수 있는 신적인 권위를 얻게 되는 것이다. 하지만 죄의 희생자와 가해자가 죄의 권세로부터 해방되면, 그들은 함께 이 죽음의 세력을 만들어낸 죽음의 혼돈을 없애버릴 수 있다. 희생자의 칭의는 가해자의 칭의에 앞서며, 그 둘은 이 세상을 더욱 정의로운 세상으로 만들어 간다. 이것을 우리는 그리스도의 통치, 새로운 창조, 생명의 부활이라고 부른다.

4. 최후의 심판에 대한 새로운 비전

우리는 최후의 심판에서 어떤 것을 기대하는가? 전통적으로는 보상과 형벌, 천국과 지옥, 착한 사람들은 구원을 받고 악한 사람들은 저주를 받는 것을 생각한다. 그 말이 맞는 말일까? 시편 96편 말씀을 한 번 들어보자.

> "하늘은 즐거워하고, 땅은 기뻐 외치며,
> 바다와 거기에 가득 찬 것들도 다 크게 외쳐라.
> 들과 거기에 있는 모든 것도 다 기뻐하며 뛰어라.
> 그러면 숲 속의 나무들도 모두 즐거이 노래할 것이다.
> 주님이 오실 것이니, 주님께서 땅을 심판하러 오실 것이다.
> 주님은 정의로 땅을 심판하시며,
> 그의 진실하심으로 뭇 백성을 다스리실 것이다."

여기서는 보상과 형벌에 대해서 전혀 얘기가 없다. 인간에 대한 언급은 마지막 줄에만 나오는데, 하나님의 심판은 그 인간에게 해당되지 않는다. 여기서 중심은 땅이다. 창세기 1장 24절에 나오는 것처럼 식물과 동물을 내는 땅이다. 하나님이 땅을 심판하러 오실 때 중심이 되는 것은 자연의 치유이다. 땅과 거기 사는 모든 피조물 사이의 모든 파괴된 관계가 바로 잡혀야 한다. 여기서 '심판'은 고발과 변호와 선고가 있는 법정과는 전혀 관계가 없고, 오히려 바로 잡는 것, 일으켜 세우는 것을 의미한다. 하나님의 정의는 이 땅에 사는 모든 피조물에게 권리를 찾아 주어, 모두가 서로 평화롭게 살 수 있도록 한다. 그래서 하늘이 즐거워하고, 땅은 기뻐하며 숲의 나무들도 기쁨의 찬양을 부르는 것이다. 그분이 '정의로 땅을 심판하시러 오실 때' 자연은 활짝 피어나 새로운 산물을 내고 하나님의 평화는 모든 피조물 공동체를 감싸게 된다. 모든 것은 썩지 않은 새로운 형체로 변하고 창조주의 영원한 생명력에 참여하니, 이는 그가 '오셔서' 그분의 피조 세계에 영원히 머무실 것이기 때문이다.

이사야 11장을 보면 하나님의 메시아는 "가난한 사람을 정의로 재판"할 뿐만 아니라(11:4) 이 땅과 거기 사는 모든 피조물에게 창조의 평화를 안겨 주신다(11:6-11). 그렇기 때문에 성탄의 이야기에서 천사는 땅과 사람을 분명하게 구분한다. "땅에는 평화, 사람들에게는 호의!"(눅 2:14). 천사들은 땅에는 평화를, 사람들에게는 하나님의 호의를 선포한다.

바울서신은 그리스도께서 희생자들의 권리를 찾아 주시고, 가해자들을 바로 잡아 주실 뿐만 아니라 "하늘과 땅에 있는 모든 것의 통일"(엡 1:10)과 "온 우주의 화해"(골 1:20)를 이루실 것이라고 기대한다. 이것은 우주적 그리스도론이다. 곧 그리스도께서 정의로 땅을 심판하셔서 "정의가 깃들여 있는" "새로운 땅"이 생겨날 것이다(벧후 3:13).

이 희망은 혼란스러운 자연의 힘이 인간 세계에 일으킨 파괴, 즉 쓰나미, 싸이클론, 지진과 같은 자연 재해, 전염병 등이 수천 명의 희생자를 내고, 말로 표현할 수 없는 고통을 안겨주는 그런 파괴에 대한 대답이다. 하나님은 자연 재해를 통해 인간의 죄를 심판하시는 분이 아니다. "그가 오실 것이니, 그는 땅을 정의로 심판하러 오실 것이다."

그리스도께서 인간 세상을 심판하실 때는 땅의 심판과는 다른 모습으로 하실까? 나는 그렇지 않다고 생각한다. 예수 그리스도의 날은 죄와 악과 죽음의 세력이 인간의 세상에 가져온 모든 쓰레기를 치우는 최후의 심판 날이 될 것이다. 하나님이 오시면 악의 세상은 해체되고, 죽음의 제국은 끝장나고, 지옥은 파괴된다. 그분의 심판은 하나님을 거역하는 모든 세력에 대해서는 진멸의 No("아니!")이지만, 하나님의 모든 피조물에게는 빛나는 Yes("그래!")이다. "보아라, 내가 모든 것을 새롭게 한다!"

오늘 여기서 죄의 희생자들의 권리를 찾아 주고 죄의 가해자를 바로잡는 일로 시작된 것은 최종적으로 하나님의 정의를 통한 죄의 극복과 악으로부터의 구원을 지향한다. 어떤 사람은 종으로 만들고 또 어떤 사람은 희생자로 만드는 힘, 하나님을 거역하는 세력을 하나님께서 파멸하실 것이다. 희생자와 가해자의 칭의가 일어날 때 일차적으로 중요한 것은 하나님의 칭의이다. 하나님은 당신의 피조물에 대한 당신의 권리를 주장하시면서 죄와 죽음을 몰아내신다. 죄와 죽음은 그분의 피조물에 대한 권리가 없다. 자기보다 약한 사람의 권리를 무시하는 '강자의 권리'란 존재하지 않는다.

마지막으로 최후의 심판에 대해서 좀 더 자세히 살펴 보도록 하자. 누가 재판관이 되신다고 말하고 있는가? 신약성서에서 그 심판은 "인자의 날"이다. 그런데 인자 그리스도는 잃어버린 것을 찾으러 오신 분이다(눅 19:10, 마 8:11). 잃어버린 것 가운데 그분이 찾지 못하는 것이 있을까? 저는 없다고 생각한다. 오실 그리스도께서 보복하고 앙갚음하는 분으로 오실까, 아니면 죄와 죽음과 지옥을 이기고 부활한 승리자로 오실까? 요한계시록 1장 18절은 그분이 '사망과 지옥의 열쇠'를 가지고 있다고 말한다. 그 열쇠를 가지고 무엇을 하실까? 분명히 뭔가 잠겨 있던 것을 활짝 여실 것이다. 그분은 살아 계신 분으로, 죽은 사람들의 첫 열매로 모든 죽은 사람에게 나타나실 것이다. 어떤 정의로 심판하실까? 그분이 죄의 희생자와 가해자를 대할 때 쓰셨던 정의 이외에 다른 어떤 정의로 심판하시지는 않을 것이다. 만일 그렇지 않다면 아무도 그분을 알아보지 못할 것이다. 오실 심판관은 십자가에 못 박히신 분이다. 이 말은, 이 세상의 심판자로 오시는 분은 이 세상의 고난을 몸소 겪으셨고 이 세상의 죄를 지셨던 분이라는 뜻이다. 희생자의 권리를 지켜주시고 가해자를 바로 잡으시는 하나님의 정의가 승리할 것이다. 마지막으로, 그렇다면 최후의 심판은 어떤 목적을 위한 것일까? 우리의 전통은 보상과 형벌의 문제를 대대적으로 결산하는 날에 관해 이야기했고, 결국은 그것이 이 세상의 종말이라고 했다. 그러나 나는 그렇게 생각하지 않는다. 그날은 하나님의 창조적인 정의가 하늘이든 땅에서든 하나님을 거역하는 모든 세력을 누르고 이기는 날이 될 것이다. 그 심판은 죄와 죽음에 기여하는 결산Abrechnung이 아니라, 새로운 창조에 기여하는 심판이다. 심판은 최종적인 것이 아니라, 최종적인 것 바로 앞에 있는 것이다. 그것은 끝이 아니라, 새로운 출발을 위한 것이다. 하나님의 최종적인 말씀은 이것이다. "보아라, 내가 모든 것을 새롭게 한다." 이 영원한 새 창조는 정의에 기초하여 세워진다. 그러므로 하나님의 정의는 승리하지 않을 수 없다. 최후의 심판을 여러 이미지나 관념으로 묘사하면서도 오직 이 세상의 과거만을 볼 뿐 그 심판 너머에 있는 하나님의 새로운 세상을 보지 못한 것은 그리스도교 전통의 실수이다.

최후의 심판과 모든 것의 새로운 창조는 하나님의 새로운 날 아침에 정의의 태양이 떠오르는 것과 같다. 그러므로 두려워해야 할 것이 아니다. 시편 96편에 나와 있는 것처럼, 땅이 기뻐 외치고 들판이 환호하며 나무들이 손뼉을 치며 노래한다면, 우리 인간도 하나님의 공의의 상량식上梁式, Richtfest을 고대하며 노래해야 할 것이다.

> "정의의 태양이여
> 우리의 시대에 떠오르소서."

부록 3

종말론, 글로벌화 그리고 테러리즘

삶의 시작 : 기독교의 희망

우리가 살아가는 '이 세계에 종말이 있는가?'라는 질문은 전형적으로 묵시사상적인 질문이다. 어떤 이들은 '모든 사물의 종말'에 대해 말하고 (칸트), 다른 이들은 '세계의 종말' 또는 '세계사의 종말'에 대해 말한다 (헤겔). 왜 우리는 종말에 대해 질문하는가? 우리는 이 세계의 현재 상태를 더 이상 인내할 수 없는가? 우리는 이 세계를 충분히 누렸다고 생각하는가? 아니면 우리는 우리에게 사랑스럽고 소중한 존재들의 현재 상태가 소멸될 것에 대해 염려하는가? 좋게 끝나는 것만이 좋은 것인가? 아니면 끝이 없는 이 경악스러움(끔찍스러움)보다 끝이 있는 경악스러움이 더 나은가? 종말에 대한 모든 생각은 이중적인 의미를 가짐으로써, 이는 우리를 매료시킬 수도 있고, 경악시킬 수도 있다.

기독교 신학에서 종말에 대한 질문은 '마지막 질문'으로서 종말론에서 다루어져 왔다. 이에 종말론은 '마지막 일들ta eschata에 관한 이론'으로 일컬어진다. 여기서는 개인의 삶과 인간의 역사, 그리고 우주의 해결되지 않은 모든 문제에 대한 하나님의 '최종적 해결'이 마지막으로 등장한다. 묵시사상적 환상은 최후의 날에 임할 하나님의 거대한 세계 심판을 언제나 열정적으로 묘사한다. 선한 자들은 하늘로 올리움을 받고, 악한 자들은 지옥에 떨어지며, 또한 이 세상은 불과 함께 소멸될 것이라고 묘사한다. 그리고 우리는 하나님과 사탄, 그리스도와 적그리스도, '아마겟돈 골짜기'에서 일어나게 될 선한 자들과 악한 자들 사이의 최후의 전투에 대한 묵시사상적 표상들을 잘 알고 있다.

이러한 모든 생각과 표상은 전체적으로 묵시사상적이다. 그런데 우리는 과연 이들을 기독교적인 것이라고 말할 수 있는가? 미래에 대한 기독교의 고대와 기다림은 이러한 파괴적이고 최종적인 해결과 아무런 상관이 없다. 미래에 대한 기독교의 고대에 있어서 중요한 문제는 생명의 끝, 역사의 끝, 혹은 세계의 끝이 아니라, 참된 생명의 시작, 하나님 나라의 시작, 모든 사물의 새 창조의 시작으로서, 이는 영원히 존속하는 형태를 지향하기 때문이다. 1945년 4월 9일 디이트리히 본훼퍼D. Bonhoeffer는 처형받기 위하여 플로쎈뷔르크Flossenbürg의 강제 수용소로 이송되었을 때, 자신의 동료 수감자들에게 작별인사를 하면서 다음과 같은 말을 남겼다. "이것은 끝이다. (그렇지만) 나에게는 생명의 시작이다." 여기서 우리는 '마지막 속에 나의 시작이 있다In the end is my beginning'는 엘리어트T. S. Elliot의 시 제목을 떠올릴 수 있다.

종말에 대한 고대와 기다림은 예수 그리스도의 십자가 죽음에 대한 상고(회상)와 또한 도래하시는 하나님의 영광 속으로 일어나는 그리스도의 부활로부터 미래적인 지평을 발전시킬 때만이 기독교적이라고 말할 수 있다. 그리스도의 마지막은 그의 진정한 시작이 되었기 때문이다. 기독교의 희망은 세계사의 과거와 현재에 이루어진 발전의 시간적 선線을 미래를 향해 이끌어 가서 종말에 대해 긍정적 추측을 예언한다든지, 혹은 일반적으로 행하는 바와 같이 부정적 추측을 예언하지 않는다. 오히려 기독교의 희망은 이 세계의 죄와 죽음과 악의 마지막이 그리스도의 죽음 속에서 앞당겨 일어난다는 사실을 인지한다. 왜냐하면 기독교의 희망은 새로운 생명과 모든 사물의 새 창조의 시작 속에서 일어나는 악으로부터의 구원을 그리스도의 부활 속에서 인식하며, 그리스도의 영의 능력 안에서 지금 여기에서 새로운 시작을 경험하기 때문이다. 바로 이것이 살아 생동하는 희망으로 다시 태어남을 의미한다.

살아 생동하는 희망은 어떻게 일어날 수 있는가? 희망이 살아 생동하기 위해 아무도 반드시 완전해질 필요는 없다. 그러나 모든 사람은 새롭게 시작할 수 있어야 한다. 삶과 죽음에서 중요한 문제는 새로운 시작이다. 어린아이가 땅에 넘어지는 것은 그리 위험한 일이 아니다. 이를 통해 아이는 일어서는 것을 배우기 때문이다. 실수와 실패와 실망은 그다지 심각한 문제가 아니다. 중요한 문제는 실패를 딛고 일어나서 새로운 힘으로 재차 시도하는 것이다. 기독교 신앙의 핵심은 부활 신앙이다. 이는 그리스도의 부활에 근거되어 있으며, 죽음을 넘어서는 삶에 대한 시야를 열어준다. 이러한 부활 신앙은 하나님과 함께 새롭고 참된 삶을 지금 여기에서 시작할 수 있는 용기를 준다. 이러한 점에서 그리스도인은 영원히 시작하는 사람ewige Anfänger이다. 그리스도인의 자유는 무엇을 새롭게 시작할 수 있는 능력에 있다. 하나님의 은혜는 "아침마다 매일 새롭기" (애 3:22-23) 때문이다. 그리스도인의 자유는 참된 혁명적 힘인데, 이는 새롭게 하는 힘이기 때문이다. 새로운 생명이 시작한다incipit vita nava. 우리를 지속적으로 괴롭히는 반드시 성공해야 한다는 강박 관념은 새로운 생명의 힘으로 말미암아 파괴된다. 실패로 끝날 수밖에 없는 우리의 숙명론도 이 새로운 생명의 힘과 함께 깨어진다. 우리가 살아가는 삶의 시간 속에서 우리는 새로운 시작과 첫 걸음만을 볼 따름이지만, 하나님께서 우리의 모든 것을 완성시키실 것을 믿는다. 이러한 맥락에서 바울은 빌립보서 1장 6절에서 다음과 같이 말한다. "여러분 가운데서 선한 일을 시작하신 분이 그리스도 예수의 날까지 그 일을 완성하실 것입니다. 나는 이것을 확신합니다." 하나님께서 우리의 삶 속에서 시작된 일을 완성시키실 것을 죽음도 결코 방해할 수 없을 것이다.

그러나 끝과 시작, 시작과 끝은 어떻게 서로 관련될 수 있을까? 독일의 극단적 사회 비판가들은 "프랑크푸르트 학파"의 철학자 아도르노Th. W. Adorno의 다음과 같은 명언을 즐겨 인용하곤 한다. "거짓된 삶 속에 참된 삶이란 없다." 이 말은 평범하고 자명한 것처럼 들린다. 그러나 기독교 신앙에서 그리스도께서 이 세계 속으로 들어오심으로 말미암아 그와 더불어 참된 삶이 이 거짓된 삶 한가운데서 이미 가능하게 되었다. 스러지고 말 이 폭력적인 세계 한가운데서 그리스도는 새로운 삶의 시작이다. 그러나 우리는 그분 안에서 마지막 안에 있는 시작을 인식할 뿐 아니라, 시작 안에 있는 마지막을 인식한다. 부활하신 그리스도께서 영원한 생명의 인도자시라면, 우리는 그분 안에서 우리의 유한한 삶의 마지막 또한 인식한다. 부활의 빛 속에서 우리는 이 세계를 십자가 아래에서 바라보며, 피조물을 위해 죽으시는 그리스도의 눈으로 이 세계의 거짓된 것, 곧 테러를 당해 파괴된 것들을 인식한다. 종교개혁자 루터가 "십자가의 신학은 본질적인 것을 말한다"라고 말한 바와 같이, 부활의 희망은 우리를 십자가의 현실주의로 인도한다.

그러나 세계의 종말이 언제나 새로운 창조를 가져오는 것은 아니다. 오히려 그 반대가 타당하다. 다시 말해 하나님의 새로운 시작은 왜곡되고 전도된 이 세계가 얻어야 마땅한 종말을 가져온다. 밤의 어두움을 우리는 새 날의 빛 속에서 비로소 인식하고, 악한 것 속에서야 비로소 선한 것을 인식하며, 삶에 대한 우리의 사랑 속에서 죽음의 치명성Tödlichkeit을 느낀다. 생명을 파괴하거나 온 세계를 파괴하는 것은 그 자체 안에 아무런 창조적인 것도 갖고 있지 않다. 창조의 세계를 파괴함으로써, 결코 새로운 창조를 이끌어낼 수는 없다. 이것이 바로 테러주의자들이 자가당착에 빠진 운명적 오류이다.

'이 세계'의 참된 종말은 하나님께서 우리에게 열어 주신 새로운 세계의 시작이다. 피조물들을 위해 죽으신 그리스도의 부활을 신적인 변화와 변용·變容, Verklärung의 과정으로 이해하는 것처럼, 우리는 이 세계의 지나가버림과 새로운 세계의 도래를 고대하는데, 이 지나가버림과 도래를 사멸성에서 불멸성으로, 허무성에서 영원으로의 신적인 변화의 과정으로서 고대한다. 가톨릭교회의 죽은 자들을 위한 미사에 따르면, "생명은 변화되지도, 폐기되지도 않는다Vita mutatur non tollitur." 엘리자베스 퀴블러-로쓰Elisabeth Kübler-Ross가 기술하는 바와 같이, 테레지언슈탓트Theresienstadt의 강제 수용소에 갇혀 있었던 아이들은 죽음을 직감하면서 나비를 그렸는데, 그 의미는 다음과 같다. "불쌍한 유충이 죽으면, 놀랍게도 아름다운 나비가 태어나서 자유를 향하여 날아갈 것이다."

기독교의 희망은 미래에 대한 묵시사상적인 질문들에 대해 십자가에 달려 죽으시고 부활하신 그리스도를 상고하고 이를 현재화시킴으로써 대답한다. 이것이 우리가 불확실한 공상을 하지 않으면서 신앙의 확신과 함께 제시할 수 있는 유일한 대답이다. 이로써 '왜 하나님의 의가 다스리지 않는가?', '언제 이 세계가 끝날 것인가?'에 대한 묵시사상적인 질문들이 답변된 것은 아니다. 그리스도께서도 확실한 답변보다는, 아직 답변되지 않은 질문과 함께 죽으셨다. "나의 하나님, 어찌하여…?" 그러나 십자가에 달려 죽으신 그리스도와의 사귐 속에서, 부활하신 그리스도의 현존 속에서 우리는 아직 답변되지 않은 질문들과 함께 살아갈 수 있다. 이를 통해 우리는 너무 서둘러 답변하거나, 아니면 아무 대답도 하지 못한 채 불확실한 상념에 빠져버리는 일이 없을 것이다.

'역사의 종말'에 대한 표상은 종말을 역사의 목적telos으로 생각하느냐, 아니면 역사의 끝남finis으로 생각하느냐에 따라 구분된다. 세계사가 이미 정해진 목적을 가지고 있다면, 이 목적을 향하여 단계적으로 나아가는 것으로 이해된다. 성서의 전통에 따르면, 세계사의 이러한 목적은 사람의 아들의 나라(단 7장), 혹은 그리스도의 "천년왕국"이다(계 20장). 고대인들의 표상에 따르면, 그것은 버질Virgil의 시에서 현재의 '철의 시대'를 폐기시킬 '황금시대'이다. 근대세계의 희망에 따르면, 그것은 '자유'와 '영원한 평화의 나라'이다. 워싱턴 D. C에 살고 있던 프랜시스 후쿠야마F. Fukuyama(미합중국 연방정부의 부서 고문 역자)의 견해에 따르면, 1989년 소련 연방 제국의 사회주의가 무너진 다음, '자본주의와 자유로운 민주주의', 현대 서구 세계가 '역사의 끝'이 되었다. 종말에 대한 이러한 부류의 표상이 현재를 지배하기 시작할 때, 우리는 이 표상을 천년왕국적, 혹은 메시아적이라 부른다.

이에 반해 세계사가 이 세계의 마지막에 끝나버릴 경우, 세계사는 세계의 대재난을 통하여 중단될 것이다. 성서의 전통에 따르면, 이것은 '세계의 멸망'을 말한다. 고대인들의 표상에 따르면, 그것은 "세계의 대화재"로 생각된다. 현대인은 세계가 단계별로 발전하는 것으로 생각하지 않고, 역사의 모든 시대로부터 그 의미를 제거해버린다. 여기서 세계사는 무의미한 고난의 역사를 뜻할 뿐이어서, 차라리 끝나버리는 것이 가장 좋은 것으로 생각된다.

현대인이 추구하는 신념의 중심점인 진보신앙과 현대 후기의 글로벌화는 종교적·구원사적인 천년왕국 신앙Millenarismus의 세속화된 형식들이다. 현대의 세계 멸망에 대한 불안과 세계 폐기에 대한 꿈은 고대의 종교적 묵시사상의 세속화이다.

우리가 잘 아는 바와 같이, 역사는 언제나 힘을 획득하기 위한 투쟁이다. 힘을 소유한 사람은 자신의 역사의 진보와 자신의 힘의 글로벌화에 관심을 기울인다. 그는 미래를 자신의 현재가 연장되는 것으로 이해할 따름이다. 무력하고 억압당하고 멸시와 천대를 받는 사람은 자신의 고난의 역사의 진보에 대하여 관심을 갖는다. 우리는 시간과 종말에 대한 다양한 표상을 다음과 같은 기능상의 질문과 대질시킬 수밖에 없다. "이 표상은 과연 누구에게 좋은 일인가Cui bono? 이는 과연 누구의 유익을 위한 일인가?"

세계사의 목적: 글로벌화

인류역사에서 역사를 완성시킬 '천년왕국'에 대한 신념만큼 인간을 열광시켰고, 또한 인간에게 큰 화를 가져온 희망은 다시없을 것이다. 그리스도인은 평화의 왕국을 고대했고, 로마인은 '황금시대'를 고대했으며, 근대인은 갈등이 없는 세계의 상태 속에서 역사가 일어날 '역사의 종말'을 고대하였다.

로마 제국에게 박해를 받던 교회가 '공인된 종교'가 되고 나서 테오도시우스Theodosius 황제와 저스티니언Justinian 황제 치하에서 모든 것을 지배하는 로마의 제국종교가 되었을 때, 그리스도인들은 자신들의 천국왕국적 희망이 콘스탄티누스Konstantin 황제의 대전환, 곧 그의 대단히 놀랄 만한 개종을 통해 처음으로 성취될 것으로 생각하였다. "그리스도와 함께 고난당하는 자들은 그와 함께 다스릴 것이다"라는 바울의 약속은 이 사실을 가리킨다(고전 6:2, 딤후 2:12). 이리하여 정치적 대전환은 천년왕국적 표상에 따라 순교에서 천년왕국으로의 대전환으로 해석되었다. 당대의 '거룩한' 로마 제국은 그리스도께서 그에 속한 자들과 함께 다스리시며 민족들을 심판하실 '천년왕국'으로 칭송을 받게 되었다. 그리스도인이 된 황제들은 자신들을 사도적 통치자라고 생각하는 가운데 이방 민족을 예속시키고 회개시킴으로써, 그들의 종교적 사명을 다하고자 하였다. 만물의 통치자는 하늘에 계신 그리스도 한 분뿐이시고, 그리스도인 황제와 그의 보편적·우주적 왕국은 땅 위에 있는 그리스도의 형상으로 생각되었다. 이와 같은 기독교적인 보편적 왕국의 정치신학은 다니엘 7장에 나오는 왕국들의 상을 기독교적 세계 통치에 적용함으로써 생성되었다. 다시 말해 짐승 형태를 가진 네 개의 거대한 제국이 카오스에서 차례로 올라온다. 그러나 마지막에는 신적인 사람의 아들의 인간적 왕국 위에 나타나서 모든 민족에게 정의와 영원한 평화를 가져온다. 이 네 번째 거대한 제국은 바빌론 제국, 페르시아 제국, 그리스도 세계 제국 다음에 오는 로마 제국을 가리킨다고 생각되었다. 이러한 해석에 따르면, 로마 제국을 기독교화함으로써, 그리스도의 종말론적 왕국이 시작한다. 이 왕국은 이 땅의 마지막에 이르기까지 마칠 것이며, 시간의 마지막에 이르기까지 지속될 것이다. 이 정치적 메시아니즘은 기독교 세계와 그의 선교에 결정적 영향을 주었다. 그것은 세속화를 통하여 서구 세계와 그것의 문화적 선교에 적용되었으며, 글로벌화에 대한 현대세계의 요구에도 숨어 있다.

천년왕국적 희망이 성취되는 다른 하나의 형태를 우리는 '새 시대'(근대를 말함 역자)의 시대의식에서 발견할 수 있다. '새 시대'는 '중세 시대'와 '고대 시대' 다음에 오는, 인류의 세 번째 시대를 가리키며, 이 시대를 중세 이탈리아의 예언자 요아힘 폰 피오레Joachim von Fiore는 '성부의 나라', '성자의 나라' 다음에 올 '성령의 셋째 나라'라고 예언하였다. 18세기 계몽주의 철학자들은 성령의 나라를 그들 자신의 시대와 연관시켰다. '새 시대'는 언제나 마지막 시대이기도 하다. 새 시대 다음에는 시간의 마지막이 올 수 있을 뿐이기 때문이다. 근대의 시대적 메시아니즘은 유럽의 세계 통치가 인류역사의 완성이라고 생각하였다.

'미국'은 수백만의 이주민에게 모든 사람의 자유가 있는 '새로운 세계'로 생각되었고, 또한 오늘날에도 그렇게 생각되고 있다. '미국의 꿈' 속에는 메시아적인 요소가 있으며, 따라서 이 요소는 미국의 정책 속에도 내포되어 있다. 미국의 국새國璽와 1달러 지폐에는 "새로운 세계 질서 novus ordo seculorum"의 약속이 각인되어 있다. 이를 통해 단지 어떤 하나의 새로운 세계 질서가 아니라, 온 세계를 지배해야 할 세계 질서가 선언된다. '새 시대'에 대한 유럽의 이념이 인류의 새 시대를 의미한다면, 미국이 선언하는 새로운 세계 질서는 온 인류에 대한 질서를 의미하는 것이다.

오늘날 세계에서 미국의 역할은 무엇인가? 헨리 루스H. Luce는 20세기를 "미국의 세기"라고 적절히 표현하였다. 미국은 그 자신의 개입을 통하여 두 차례의 세계 대전을 종결시켰으며, 1989년 이후 세계 유일의 슈퍼파워super power가 되었다. 그 배후에는 더 많은 요소가 숨어 있다. 많은 나라의 국민을 통합하여 '새로운 소련 민족'을 만들고자 했던 구 소련의 실험이 실패로 끝난 후, '미국의 실험'은 오늘날에도 계속되고 있는데, 이는 실로 성공적이라 말할 수 있다. 미국은 많은 나라에서 이민 오는 이민자들의 나라이다. '많은 사람들로부터 하나'를 이루는 것이 현재 미국이 추구하는 꿈이다. 이제 미국이 다민족으로 구성된 하나의 도가니melting pot인지의 여부는 미지수지만, 세계 각국의 이주민이 계속하여 미국으로 들어오고 있다. 이것은 다음의 사실을 뜻한다. 즉 '미국의 실험'은 단지 미국인의 실험이 아니라, 온 인류의 실험이라는 것이다. 세계의 많은 민족은 '새로운 세계 질서'를 세우고자 하는 미국의 신빙성 있는 약속이 성취되기를 기다리고 있다. 그러나 이러한 '세계의 새로운 질서'는 미국의 제국주의가 되어서는 안 될 것이다. 오히려 그것은 미국인뿐만 아니라, "모든 인간은 자유롭고 평등하게 창조되었다"는 미국의 독립 선언서의 기본 헌장의 보편적 실현이 되어야 할 것이다. 새로운 세계 질서는 유엔의 인권 선언과 지구 환경 선언이 명시하는 인권과 자연의 권리에 근거한 세계 평화의 질서에 대한 꿈이다.

서구의 '역사의 종말'에 대하여 말한 마지막 예언자는 프랜시스 후쿠야마였다. 그는 파리에서 러시아 철학자 알렉산드르 코예베A. Kojeve의 매우 독특한 헤겔 해석의 지지자였는데, 소련 제국의 사회주의의 몰락과 함께 '역사의 종말'이 시작되는 것을 보았다. 서구의 승리는 다음의 사실에 있다. 즉 1989년 이후부터 '자본주의와 자유 민주주의'에 대하여 아무런 다른 대책이 없다는 것이다. 인류는 그들의 시작 이래로 모든 사회적 실험을 통해 추구했던 바를 다원주의적이고 자유로운 민주주의 제도 안에서 드디어 발견하였다. 오늘날 우리는 역사상 처음으로 '대안 없는 세계' 속에서 살아가고 있다. 파괴적인 갈등도 있었지만 창조적인 갈등도 있었던 '역사'가 무엇인가를 미래의 인류는 단지 "역사의 박물관"에서 볼 수 있을 것이다.

후쿠야마가 말한 '역사의 종말'은 하나의 잘못된 환상이었다. 굴욕을 당한 민족의 저항과 상처받은 땅의 저항은 세계를 현재의 상태 그대로 내버려 두지 않을 것이다. 헤겔에 따르면, 역사를 종결시키는 것은 무대안 Alternativslosigkeit이 아니라, 오히려 갈등 속에서의 자유 Konfliktfreiheit이다. 1989년 9월 11일 뉴욕과 워싱턴에 대한 테러 공격은 동·서의 갈등과 냉전의 종식을 가져왔다. 이리하여 '대안 없는 세계'의 잘못된 환상을 갖게 되었으며, 서구적이고 서구가 원하는 것의 글로벌화가 이제 선언되었다고 생각하게 되었다. 그리하여 많은 사람은 '하나의 세계', '지구촌 Global village', '세계 공동체', '문화 세계'에 대해 즐겨 말하곤 한다. 그러나 생산과 시장, 자본과 다국적 기업, 의사소통 체계와 현대의 문화 산업의 글로벌화는 이 세계에 아무런 평화도 가져오지 않았다. 오히려 그것은 언제나 새로운 갈등을 초래하였다. 자유 민주주의는 모든 시민의 평등에 기초한 반면, 신자유주의적이고 공격적인 자본주의는 점점 더 많은 불평등을 양산하였다. 온 세계의 소위 코카콜라화, 맥도널드화는 세계 도처에서 지역 문화를 파괴하였다. 만약 우리가 이 세계 속에서 평화를 원한다면, 정의와 상호 존중의 새로운 글로벌화를 필요로 한다. 만약 그렇지 않을 경우, 우리는 결코 '새로운 세계 질서'를 세울 수 없을 것이다. 오히려 우리는 이 세계를 카오스 상태로 몰아넣을 수도 있다. 정의로운 질서만이 연합된 인류를 위한 질서가 될 수 있다.

세계의 종말: 테러리즘

세계가 대재난과 함께 끝날 거라는 두려움은 단지 세계사의 영광스러운 완성에 대한 희망의 반대 면에 불과하다. 만일 이 희망이 좌절될 때, 대개의 경우 두려움만이 남게 될 것이다.

성서의 전통 속에는 예언자적인 희망 이외에 묵시사상적인 예언도 있다. 예언자적인 희망이 이스라엘 역사와 그의 미래에 제한되지 않고 세계 정치적 지평, 혹은 우주적 차원을 수용할 때, 우리는 이를 가리켜 묵시라고 말한다. 이것은 인류에 대한 '새로운 시대', 혹은 모든 사물에 대한 새 창조를 말한다. 다니엘 7장에 따르면, 하나님과 동일한 사람의 아들의 범세계적인 왕국이 폭력적인 왕국을 무너뜨릴 것이다. 에녹서 1장 7절에 따르면, "이 땅이 완전히 무너지고 눈에 보이는 모든 것이 멸망할 것이며 모든 사람에 대한 심판이 집행될 것이다." 그 다음에 "하나님의 보좌가 나타나고", "사람의 아들이 올 것이며", "하늘과 땅이 새롭게 창조될 것이다"(45:4).

세계의 멸망에 대한 이러한 성서적인 묵시는 노아의 대홍수 이야기(창 6-9장)로 소급된다. 이 이야기에 따르면, 하나님께서는 힘 있는 자들의 죄악과 인간의 마음속에 있는 악함 때문에 땅 위에 있는 인류를 멸하시고, 유일하게 '의로운' 노아의 방주 안에 있던 구원받은 짐승들을 포함한 그의 가족들과 이 세계를 더 이상 멸망시키지 않으리라는(창 9:6) 새로운 계약을 맺을 것이다. 그러나 세계 멸망에 대한 이러한 성서의 묵시사상적 표상 배후에는 '하나님께서 이 땅 위에 인간을 지으신 것을 결국 후회하지 않을까', 혹은 '세계 창조에 대한 그의 결정을 철회하지 않을까' 하는 하나님에 대한 깊은 불안이 숨어 있다. 세상의 죄악을 심판하시는 하나님은 피조물에게 관심을 기울이신다. 그러나 세상에 완전히 등을 돌리는 하나님은 세상이 혼돈과 무로 빠지도록 그대로 내버려 두신다.

성서에 기술된 묵시사상적 전통과는 달리 '오늘날 묵시들'은 인류의 범죄를 뜻한다. 오늘날 세계 인류가 두려워하는 이 묵시들은 핵무기의 묵시, 생태학적 묵시, 그리고 테러의 묵시를 말한다. 그러나 이러한 생각은 완전히 잘못된 것이다. 왜냐하면 그것은 인간이 책임져야 할 바를 하나님께 전가시키기 때문이다. '핵무기의 아마겟돈'이란 존재하지 않는다. 인간 자신이 인류와 이 땅의 자연에 대한 범죄에 대한 책임이 있다. 인류의 자기 파멸과 이 땅의 삶의 공간의 파괴는 철저한 파괴주의Exterminismus이며 실천적 허무주의에 불과하다. 이에 반해 성서의 묵시사상적 전통은 희망으로 가득하다.

오늘날 인류의 무서운 범죄에 대한 묵시사상적 생각으로부터 새로운 묵시사상적 테러리즘이 생겨나게 된 것은 그리 놀라운 일이 아니다. 이 세계의 종말을 단지 수동적으로 기다리는 태도에서 이 세계를 적극적으로 끝내버리려는 태도로 발전하는 것은 그리 먼 길이 아니다. 이러한 일은 이미 19세기의 무정부주의에서 일어났다. 마하엘 바쿠닌M. Bakunin은 "파괴에 대한 흥미는 창조하려는 흥미이기도 하다"라고 선언하면서, 이를 통하여 러시아 황제의 살해와 살인자들의 자살을 정당화시켰다. "파괴 없는 건설이란 있을 수 없다." 이것이 중국의 문화혁명 당시 홍위병에 대한 마오쩌둥毛澤東의 명령이었다. 이 문화혁명은 수백만 명의 생명을 희생시켰고, 중국의 매우 귀중한 문화재들을 파괴하였다. 캄보디아의 대량학살자 폴 포트P. Pot는 마오쩌둥의 생각을 수용하였다. 그의 적색 군대는 신세대와 함께 새로운 사회를 건설하기 위해 구세대를 살해하였고, 킬링필드Killing field에서 수백만 명의 시체를 남겼으며, 나라 전체를 초토화하였다. 파괴 이후 남아 있는 것은 아무것도 없다.

묵시사상적 테러리즘은 소종파 신봉자들의 대량자살을 초래할 수도 있다. 1978년 가나의 존스타운Jonestown에서 민족 성전 종파Volkstempelsekte의 구성원 912명의 대량자살이 있었고, 1993년 미국 텍사스 주의 웨이코Waco에서 다윗 종파Davianer Sekte의 신봉자 78명, 베트남에서 세계 멸망 종파Weltuntergangssekte의 지지자 52명, 1994년에는 캐나다와 스위스의 태양 성전 종파Sonnentempel Sekte의 구성원 53명, 그리고 1997년 샌 디에고San Diego에서 외계인 사망 의식UFO-Death-Kult 지지자 39명의 대량자살이 있었다. 최근 우간다에서는 가톨릭교회 계통의 어머니 하나님 종파Mutter-Gottes-Sekte의 신봉자 수백 명이 자살하였다.

묵시사상적 테러리즘은 대량자살을 야기할 뿐만 아니라, 다른 사람들에 대한 대량학살을 초래할 수도 있다. 칭기즈 칸Dschingis Khan은 명백히 '신의 보복자'로서 대량자살에로 부르심을 받았다고 생각하였다. 그는 학살을 감행하기 이전에, "나는 신의 보복자다"라고 사르마칸Sarmakand의 거주민에게 말하였다. 미국 오클라호마의 폭격자도 아마 동일하게 느꼈을 것이다. 아직도 도쿄의 한 법정에 서 있는 쇼코 아사하라Shoko Asahara의 독가스 종파Giftgas-Sekte도 묵시사상적인 최후의 전투에 소명을 받았다고 생각할 것이다.

2001년 9월 11일 이후로 우리는 이러한 묵시사상적인 테러리즘의 새로운 형태와 대면하고 있다. 뉴욕과 워싱턴에서 일어난 자살을 통한 대량학살Selbstmord-Massenmord은 우리 모두를 심히 당혹케 하였다. 그때 어떠한 일들이 자행되었는가를 파악하기 위해, 우리는 먼저 아래의 새로운 사항들을 인식해야 할 것이다.

첫째, 사람들은 돈을 위해 살인자가 되든지, 아니면 신념 때문에 살인자가 된다. 그러나 자살을 통해 타인을 살해하는 자는 단지 신념 때문에 살인자가 될 뿐이다. 이러한 새로운 테러리스트들은 고뇌하거나 절망하지 않으며, 명백히 악마적인 방법을 추구하는 극단적인 이슬람교도이다. 그들은 자신들을 마치 그들이 신봉하는 신앙의 순교자와 같이 느끼며, 또한 그들이 소속된 공동체 안에서도 높이 추앙된다.

둘째, 어떤 확신이 그들에게 동기를 부여하는가? 수세기 이래로 미국은 이슬람 국가들의 거리에서 데모하는 광신적인 군중에 의하여 '거대한 사탄'이라 비난받고 있으며, 서구 세계는 종교의 세속화와 물질주의, 외설성, 가족의 해체, 마약 중독, 여성 해방 등의 명목으로 불신자들의 타락한 세계라는 저주를 받고 있다. 여기서 '거대한 사탄'은 묵시사상적인 '하나님의 적'에 불과할 뿐이다. 이 하나님의 적을 약화시키고 굴복시키는 자는 언제나 하나님 편에 서 있으며 낙원을 상급으로 받는다.

셋째, 하나님과 함께 묵시사상적인 최후의 전투에서 하나님의 적에 대항하여 싸운다는 생각은, 분명히 모든 정상적인 인간이 갖고 있는 살인에 대한 혐오를 없애 주고, 힘에 대한 황홀경을 고양시키며, 대량학살을 가져오는 자살을 하나의 종교적인 예배의식으로 승화시킨다. 이슬람의 자살을 통한 테러범들Selbstmord-Attentäter은 자신들을 마치 불신자를 징벌하는 하나님인 양 느꼈을 것이다. 그들은 자신들을 사형 집행인으로서 느끼기 때문에, 대량학살에 대한 어떠한 변호도 필요로 하지 않는다. 이러한 테러리즘의 의미는 테러 그 자체일 뿐이며, 그 외는 아무것도 아니다.

넷째, 이러한 새로운 테러리즘은 억압과 굶주림 때문에 오는 것이 아니다. 통상 테러리스트들은 라틴아메리카의 빈민가 출신이기보다, 오히려 아랍 세계의 유력한 가문 출신의 교육받은 남자들이다. 대량학살과 대량학살에 대한 그들의 동기는 아직까지 전혀 알려지지 않은 이슬람의 묵시사상, 곧 10세기에 형성된 이슬람의 아사신 전통Assasin-Tradition에 근거한 것으로 보는 것이 유력하다.

그러나 어떠한 하나님도, 어떠한 종교도 이러한 새로운 형태의 범죄, 곧 자살을 통한 대량학살을 정당화할 수 없다. 신앙의 견고함에 대한 표현으로서, 과연 대량학살자가 될 수 있는가? 그러나 나는 이것이 완전히 파괴주의이며, 테러리스트들은 무Nichts, 혹은 지옥이라 일컬어지는 곳으로 떨어지고 말 거라고 생각한다.

성서적 묵시는 불안을 확산하며 인간을 무력화하는 이러한 반근대적이며 근본주의적인 테러리스트들과 무관하다. 오히려 그것은 종말의 시대에 경악스러움 속에 사는 피조물들을 향한 하나님의 신실함에 대한 희망을 견고히 한다. "누구든지 끝까지 견디는 자는 복이 있을 것이다." 또는 "이러한 일이 되기를 시작되거든 일어나 머리를 들라. 너희 구속이 가까웠느니라"(눅 21:28).

예언자적인 희망은 행동 가운데 있는 희망이며, 묵시사상적인 희망은 위험 가운데 있는 희망, 곧 인내하며 저항하는 희망이다. 무엇이 일어나든지 간에, "위험이 도사리고 있는 곳에, 구원하는 것도 함께 자라난다"(Friedrich Hoelderlin).

방향설정을 위한 시도

첫째, 2001년 9월 11일 뉴욕과 워싱턴에서 일어난 일들은 인류의 상황을 변화시켰다. 그것은 인류 공동체가 얼마나 상처받기 쉬운가를 여실히 드러냈기 때문이다. 현대적이고 복잡한 공동체일수록 더 상처받기 쉽다.

역사의 갈등 속에 있는 삶은 위협을 받는 불안한 삶이다. 단지 헛된 환상들만이 그것에 대해 기만한다. 정치적인 것이 개인적인 삶에 개입하며, 정치적인 책임 없는 개인적인 삶이란 존재하지 않는다. 종교는 더 이상 사적인 일이 아니다. 종교를 사적인 영역으로 퇴각시키는 일은 공적인 삶의 영역을 마귀에게 넘겨주는 것이다. 서구세계에서 제2차 세계대전 이후 자라난 세대들은 평화로운 세계를 경험했고, 그들의 개인적인 직업 생활과 행복에 전념할 수 있었으며, 정치적인 것을 잊을 수 있었다. 일련의 사람들은 1980년대를 "나 중심의 십 년Me-Decade"으로 분석하였다. 최근 독일에서는 소위 "유희 공동체Spassgesellschaft"가 생겨났는데, 이 공동체에서 사람들은 젊은이들이 "나는 유희(재미)를 맛보고자 하는데, 이것이 내 삶의 의미이다"라고 말하는 것을 들을 수 있다. 이것이 유희 공동체의 모든 것이다. 위험과 불안과의 의식적인 교제가 없는 개인적인 삶이란 존재하지 않는다. 또한 테러리즘을 반대하고 범세계적인 정의를 세우기 위한 정치적인 참여 없는 개인적인 삶의 의미도 존재하지 않는다.

둘째, 기독교의 희망은 새로운 삶을 시작할 수 있는 힘을 부여한다. 실수와 실패 후에 다시 일어나서 다시 시작하는 것은 자명한 일이다. 이보다 더 어려운 일은 성공한 다음 일어나서 새로운 것을 시작하는 일이다. 서구인들의 발전과 그 다음 현대세계의 발전은 현대 과학 기술의 정신이 거둔 성공의 역사이다. 1989년 이후 그들이 제창한 글로벌화도 매우 성공적이었다. 그러나 그것은 서구인들에게만 성공적이었지, 모든 민족에게 성공적인 것은 아니었다. 1989년 이후 아무도 '제3세계'에 대하여 더 이상 말하지 않지만, 제1세계와 제3세계의 넓은 간격은 좀 더 심화되었다. 수백만 명의 노숙자와 실업자가 길거리를 배회하고 있으며, 부유한 나라의 굳게 닫힌 문을 두드리고 있다. 현대세계의 글로벌화에서 패배하여 낙오된 사람들이 그들의 삶에 대한 권리와 자유를 부르짖고 있다. 이제 우리는 하나의 새로운 글로벌화, 이번에는 종전과는 다른 형태의 글로벌화를 시작해야 한다. 굶주림과 질병과 유아 사망을 극복하기 위한 범지구적 실천, 억압과 소외로부터의 해방, 문화적 정체성에 대한 범지구적 존중을 시작해야 한다. 지금과는 다른 이 새로운 글로벌화는 힘의 교만을 버리고 상처받고 고난당하는 이 땅의 민족을 불쌍히 여기는 가운데에서만 일어날 수 있다.

셋째, 세계 종교 간의 대화가 필요하지만, 이것이 일상의 의제가 되어서는 안 된다. 우리가 직면하고 있는 문제는 '문명 간의 충돌Clash between Civilization, Samuel Huntington'이 아니다. 2001년 9월 11일 이후 우리에게 일어난 '전쟁'은 다양한 종교 공동체가 하나의 공통된 문명사회 속에서 함께 살아가고자 하는 현대세계의 기본 조건에 대한 이슬람 근본주의의 극우파가 일으킨 테러적 반응이다. 다양한 종교의 공동체는 현대세계에서 다음의 세 가지 조건 아래에서 함께 살아갈 수 있을 것이다.

1. 교회와 국가의 분리, 혹은 종교적 공동체와 시민 사회의 분리.
2. 개인의 종교적 자유의 인정.
3. 여성의 존엄성과 인권의 인정.

현대 사회의 이슬람은 위의 세 가지 조건을 수용했고, 이를 통해 종교적으로 단일화된 신앙 공동체에 대한 열망을 포기하였다. 이리하여 이슬람은 샤리아Sharia(이슬람 율법 역자)를 수용하는 것과 지하드Jihad(이슬람 성전 역자)를 외치는 일을 포기하였지만, 그래도 이슬람의 본래적 정체성을 잃지 않고 있다. 이에 반하여 이슬람 근본주의는 현대세계의 세 가지 기본 조건에 대해 폭력적인 반응을 나타내고 있다. 그들은 아프가니스탄에서 볼 수 있는 바와 같이, 모슬렘이 아닌 사람들을 배제하고 여자들을 굴종시키는 모슬렘 국가를 원한다. 이를 위하여 그들은 중세기의 '이슬람 율법'을 재활시키며, 서구의 아랍 세계의 현대 국가들에 대하여 '성전聖戰'을 부르짖는다.

현대세계는 포스트모던 문화의 생태학적 녹색 혁명에 대하여 개방되어 있는 사회다. 그러나 위에 기술한 세 가지 조건 아래에서만이, 다양한 종교 공동체 사이의 평화를 보증할 수 있다. 왜냐하면 17세기 유럽 사회는 이 조건을 통하여 종교전쟁을 극복하고 근대세계를 세울 수 있었기 때문이다. 그러므로 세 가지 조건은 다른 문화권에 속한 세계의 현대화를 위해 본질적인 것이다. 오늘날 국가 종교를 가진 국가는 별로 없다. 유엔의 모든 회원국은 유엔 헌장에 서명함으로써 최소한 형식상 이 세 가지 조건을 수용하였다.

오늘날 중요한 문제는 근대세계를 통하여 종교전쟁을 극복한 기독교가 모든 형태의 근본주의에 대항하여 이 세 가지 기본 조건을 방어하는 일이다. 종교의 자유에 대한 요구는 신앙의 자유에 대한 공적인 요구이기도 하다.

부록 4

1975년 이래로 한국에서 맺은
나의 인연과 경험

1. 민중신학과의 교류

1975년 3월 나는 처음으로 한국에 발을 디뎠다. 세계개혁교회연합에서 알게 된 박봉랑 박사가 나를 한국에 초청했던 것이다. 한국에서의 나의 첫 강연은 한국신학대(현재의 한신대)에서 "민족의 투쟁 속에서의 희망"에 대한 강연이었다. 이 강연은 정치신학의 일환으로 진행되었다. 이에 내가 당시 이러한 위험한 테마와 함께 한국의 국가보안기관에 의해 감시를 당했던 것은 이상한 일이 아니었다.

연세대에서 나는 서남동 박사를 만나게 되었고, 한국신학대에서 안병무 박사는 감옥에 수감되었다가 막 풀려난 그의 제자들과 함께 나를 맞이

하였다. 이를 통해 나는 한국의 민중신학의 영역 안으로 들어오게 되었다. 내가 소유한 한 사진 속에서는 내 옆에 앉아 있던 한 불행해 보이는 남자를 볼 수 있다. 그는 북한에게 정보를 제공하는 스파이 노릇을 했다는 죄목으로 사형을 선고받았는데, 재판정에서 당시 막 번역된 나의 『희망의 신학Theologie der Hofffnung』을 인용했다고 한다. 이후 그는 다행스럽게도 사면되었고 오늘날 일본에 거주하고 있다.

1975년 5월 네 명의 신학자를 위시하여 열한 명의 교수가 무기한으로 풀려났다. 후일 대통령이 된 김대중과 또한 내가 2년 전 프랑크푸르트Frankfurt에서 만났던 시인 김지하는 당시 사형수로서 독방에 수감되었다. 이리하여 나는 한국을 처음에는 군사독재 치하에서 농부들과 노동자들이 가혹하게 착취당하는 제3세계로서 알게 되었는데, 특히 한국의 그리스도인들이 그들의 고난당하는 자국민 안에서 착취와 억압에 항거한다는 사실을 전해 들었다. 나는 한국이라는 나라와 한국 민족을 사랑하게 되었다.

1984년 나는 독일에서 『한국에 있는 하나님의 백성의 민중신학Minjung-Theologie des Volkes Gottes in Korea』이라는 저서를 새로운 민중신학의 텍스트와 기도문, 찬양과 함께 출간하였다. 나의 제자 볼프강 크뢰거Wolfgang Kröger는 장기간 한국에 체류했고 『민중의 해방. 에큐메니컬적 전망 속에서 아시아를 위한 개신교 해방신학의 프로필Die Befreiung des Minjung. Das Profil einer protestantischen Befreiungstheologie für Asien in ökumenischer Perspektive』이라는 책을 냈다. 안타깝게도 그는 2년 전 젊은 나이로 세상을 떠났다.

30년 전 안병무 박사는 이 세상에 이미 잘 알려진 갈릴리 공동체, 곧 노동자들과 비판적 지식인들로 구성된 공동체를 창설했는데, 이 공동체는 한국의 비밀 정보기관에 의해 기습을 당하였다. 이 일로 안병무 교수는 재판을 받게 되었고 2년 동안 감옥에 투옥되었다. 우리는 독일에서 한국에 있는 저항하는 그리스도인들의 운명에 대단한 관심을 갖고 참여했는데, 왜냐하면 그들은 우리에게 나치 독재 치하의 고백교회 시절과 디트리히 본훼퍼Dietrich Bonhoeffer의 능동적 저항의 길을 회상케 했기 때문이다. 오늘날 한국은 고도의 기술을 지닌 선진 산업국가로 발돋음 했는데, 현대와 삼성은 세계 도처에 널리 잘 알려져 있다. 그러나 우리는 억압과 저항의 시대를 결코 잊어선 안 될 것이다.

신약성서 안에서 해석학적인 발견은 새로운 공동체 운동과 새로운 신학을 전개하도록 동기부여하였다. 종교개혁자 마르틴 루터Martin Luther는 로마서 3장 28절에서 "하나님의 정의"를 발견함으로써, 종교개혁을 감행하였다. 안병무 박사는 하이델베르크 대학에서의 수학하는 과정에서 가난한 민중—희랍어로 오클로스ochlos—이 주는 복음에 대한 의미를 발견함으로써, 한국의 신학과 교회 안에서 민중운동을 일으켰다. 이것은 대단한 인정을 받았다.

지금까지 사람들은 마가복음에 등장하는 '민중'에 대해 결코 한 번도 특별한 주의를 기울이지 않았는데, 왜냐하면 단지 예수와 그의 사역에만 주목했기 때문이다. 그러나 안병무 박사는 예수와 가난한 민중 사이에 언제나 특별한 상호 관련성이 존재한다는 사실을 우리에게 나타내 보여주었다. 예수께서는 가난한 백성들, 곧 민중과 자신을 동일시하셨고, 그들은 예수의 '가족'이 되었다. 예수는 민중을 가르치셨고, 그들을 불쌍히 여기셨으며, 그들에게 하나님 나라의 복음을 선포하셨으며, 그들을 위해 십자가 죽음을 당하셨다. 그는 민중을 대리하셨고, 민중은 예수를 대리하였다. 마가복음서에서 예수는 결코 고독한 개체로서 묘사되지 않으시고, 오히려 가난한 민중의 형제로서 나타나신다. 안병무 박사는 예수와 함께, 민중과 함께 동일한 현실성을 표현한다고 생각하였다. 예수께서는 민중을 위해 죽임을 당하셨고, 민중은 예수를 위해 죽었다는 것이다.

그러므로 민중신학 안에서 예수는 황금 면류관을 쓴 교회의 그리스도가 아니고, 오히려 고난당하는 민중의 형제이신데, 이는 그가 자신의 육체 안에서 몸소 고난을 당하셨기 때문이다. 민중-그리스도론은 서구 전통신학이 배타적으로 견지하는 대리의 그리스도론Stellvertretungschristologie이 아니라, 오히려 우리의 고난을 짊어지고 우리의 아픔을 나누시는 하나님의 형제들을 포괄하는 연대의 그리스도론Solidaritätschristologie이다. "너희가 여기 내 형제 중에 지극히 작은 자 하나에게 한 것이 곧 내게 한 것이니라"(마 25:40)고 사람의 아들 예수께서는 말씀하셨다. 이러한 그리스도에 대한 인식 속에서 나는 1972년 『십자가에 달리신 하나님Der gekreuzigte Gott』 이래로 한국의 민중신학과 전적으로 연합하였다.

그렇지만 하나의 질문이 아직도 답변되지 않은 채 남아 있다. 안병무 박사는 민중이 이 세상의 죄를 짊어지고 그의 고난을 통해 이 세상을 구원한다는 이야기를 하였다. 즉 민중이 당하는 고난과 굴욕은 이 세상을 구원하는 고난이라는 것이다. 나는 안병무 박사의 이 이야기를 들었을 때, 숨이 멎는 것 같은 당혹감에 사로잡혔다. 당시 나의 질문은 다음과 같다. 만약 민중이 이 세상을 구원한다면, 누가 민중을 구원할 것인가? 민중은 고난을 당하려 하기보다, 오히려 그의 고난을 극복하고자 한다. 그러므로 신학자는 민중의 고난을 종교적으로 그다지 잘 해석할 수 없으며, 이를 통해 고난을 영속화할 수 있다. 가난하고 굴욕을 당하는 백성들 가운데 현존하시는 그리스도께서는 민중을 위로하시는데, 이는 그가 부활을 위해 정의로운 삶과 자유로 이끄시기 때문이다. 그러나 그리스도께서 현존하시는 곳에 그의 백성이 현존한다는 사실은 옳다. 계시된 하나님이신 그리스도는 우리를 이 세상 안으로 보내신다. 누구든지 너희의 말을 듣는 사람은 나(그리스도)의 말을 듣는 것이다. 숨어계신 그리스도는 이 세상의 가난한 사람과 권리를 박탈당한 사람들 안에서 우리를 기다리신다. 누구든지 그들을 찾아 돌보는 사람은 나(그리스도)를 찾아 돌아보는 것이다.

2. 1984년 한국의 기독교 전래 백주년

1984년 나는 한국의 개신교 전래 백주년을 기념하는 행사에 한국 개신교를 에큐메니컬으로 연합하기 위한 강연에 주강사로 강연해 달라는 명예스러운 초청을 받았다. 이 강연을 위해 '한국기독교교회협의회'(교회협/KNCC)에 소속되지 않은 교회들은 캘리포니아에 주재하는 풀러 신학대학원Fuller Thelogocal Seminary의 맥가브란D. McGavran 교수를 초청하였다. 1984년 9월 나는 한국기독교장로회의 총회에 앞서 강연을 시작하였다. 한국기독교장로회가 독재정권에 항거하는 교회로서 간주되었기 때문에 나는 독일의 나치 독재 치하에서 저항했던 고백교회의 순교에 대해, 신앙의 순교자 파울 슈나이더P. Scheinder 목사에 대해, 정의의 순교자 디트리히 본훼퍼에 대해 그리고 이름 없는 백성들의 순교에 대해 이야기하였다. 나는 이 주제를 그리스도론에 대해 다룬 나의 저서 『예수 그리스도의 길Der Weg Jesu Christi』(1989)의 284-304쪽에 수록하였다.

백주년 기념강연 후 나는 크리스천 아카데미(현재의 대화 아카데미)에서 협의회를 가졌다. 여기서 나는 화해에 대해 말했는데, 안타깝게도 안병무 박사와 그의 그룹들을 다른 편에 서 있는 보수적인 근본주의자들과 화해시키는 일은 성사는 못 하였다. 이튿날 나는 많은 대학과 신학대학원에서 강연한 후, 영락교회에서 나의 한국 방문을 마무리하는 설교를 하였다. 당시 나는 아직 젊었기 때문에 한국 방문에 연이어 대만을 방문하여 타이페이와 타이난에 있는 장로교 신학대학원에서 강연하였다.

나는 한국 개신교의 기념비적인 행사에 참여하면서 다양한 한국 개신교의 모습, 이를테면 정치적으로 의식적인 교회로부터 비정치적인 교회에 이르기까지, 근본주의적인 교회로부터 현대적인 교회에 이르기까지, 장로교회로부터 감리교회와 성결교회를 넘어 오순절 교회에 이르기까지 몸소 체험하게 되었다. 그 가운데서도 특별히 내게 개인적으로 중요했던 것은 신앙과 정치적 책임, 기도와 불의에 대한 저항을 행하면서 헌신하는 그리스도인들과의 만남이었다. 이들은 도래하시는 하나님 나라를 이 땅에 실현하기 위해 개인적 신앙과 사회적 책임, 하나님을 향한 기도와 불의에 대한 저항 속에서 교과적 신앙고백과 에큐메니컬 연합을 기존의 흑백논리적인 양자택일이 아닌, 상호 불가분리의 관계성 속에서 서로 통합시키고자 노력하였다. 그 당시 나는 한국에서 엄청난 규모와 속도로 두각을 나타내며 성장하는 그리스도의 교회를 발견하였다.

그렇지만 나는 근본주의자들이 지닌 교파주의의 한계와 아울러 한국에 있는 그리스도 백성의 분열을 목도하기도 하였다. 이를 바라보면서 나는 마음이 무척 아팠다. 이러한 교회 분열은 한국 개신교에게 결코 명예로운 일이 아니라, 오히려 그리스도의 수치이다. 물론 교회의 연합이 사실상 예수 그리스도 안에 놓여 있다고 하더라도, 그리스도의 진리는 교회를 연합시키지, 결코 교회를 분리시키지 않는다. 성서해석에서, 교리에서, 윤리와 정치에서 우리가 가진 차이점은 우리 모두와 우리의 공동체를 위해 십자가를 지신 그리스도 안에서 하나됨과 연합을 이루기 위해 자신을 포기할 때 진정한 가치가 있을 것이다.

3. 여의도 순복음 교회의 조용기 목사와의 만남

내가 1975년 처음으로 한국에 왔을 때, 저항운동을 하던 신학자들은 나에게 빌리 그래함Billy Graham 목사가 개최한 복음성회에 대해 이야기하였다. 오순절 교회가 그를 한국에 초청했던 것이다. 자신의 자녀가 감옥에 투옥된 어머니들은 목사들과 함께 빌리 그레함 목사에게 공식석상에서, 독재 치하에서 감옥에 갇힌 이들과 죄수들을 위해 기도해 줄 것을 간곡히 부탁한 적이 있었다. 그렇지만 빌리 그래함 목사는 자신의 비정치적 복음성회가 위협받지 않도록 하기 위해 이를 거절하였다. 당시 나는 오순절 교회가 독재정권과 타협할 수도 있지 않을까 하는 의구심을 가졌는데 왜냐하면 오순절 교회는 내세에서의 개인의 영혼구원만을 중요시했기 때문이다. 장로교회에 소속된 근본주의자들은 영혼구원만을 중요시하는 측면에서 오순절 교회 성도들보다 더 낫지 않은 상황이었다.

그러나 1995년 당시 한국기독교장로회의 총회장이었던 나의 제자 박종화 목사가 조용기 목사와 함께하는 조찬모임에 나를 데려갔다. 우리의 대화는 아침 7시에 시작되어 10시에 끝났다. 우리는 어떻게 우리가 예수 그리스도에게 이끌린바 되었는지에 대해 이야기를 나누는 가운데 상호 간에 깊은 유대감을 발견하였다. 그러고 나서 나는 조용기 목사의 교회와 선교단체로부터 강연요청을 받았다. 그리하여 나는 여의도 순복음 교회의 10시 수요예배에서 많은 성도들에게 설교하였다.

2000년 조용기 목사는 나를 여의도 순복음 교회 부설 '국제신학 연구소'로 초청하였다. 나는 "성령과 교회"에 대한 주제로 강연했고, 한신대의 교수들과 함께하는 자리에서 조용기 목사와 오랜 대화를 나누었다. 조용기 목사는 자신의 교회에서 금요 철야예배 때 설교해 줄 것을 나에게 요청하였다. 나는 감동적이고 신앙을 일깨우는 설교를 하고자 노력했지만, 이는 뜻대로 잘 되지 않았다. 이튿날 나는 장로회 신학대에서 처음으로 '개교기념일'을 위한 강연을 했는데, 여기서 나는 좀 더 편안함을 느끼는 가운데 내 생각을 자유롭게 토로할 수 있었다.

이후 2004년 조용기 목사는 '국제신학 연구소'가 주관하는 희망의 신학에 관한 심포지엄에 나를 초대하였다. 그는 나에게 자신의 교회가 설립된 역사적 내력에 대해 말하면서 '순복음의 7대 신학적 기초'를 설명하였다. 나는 이에 대해 들으면서 그 안에서 매우 강한 십자가 신학과 상당히 고무적인 오순절 신학을 발견하였다. 하지만 그리스도 부활의 신학은 십자가 신학만큼 그렇게 활발하게 발전되지 못했다는 생각을 하였다. 그러므로 나는 '희망의 축복'을 부활하신 그리스도의 빛 속으로 제시하였다.

이듬해 새해 나는 조용기 목사에게 기억에 남을 만한 매우 뜻깊은 새해 안부인사를 받았다. 조용기 목사는 나에게 자신의 교회가 2005년을 '적극적인 사회구원의 해'로 정했다는 이야기를 하였다. 그는 자신이 그동안 영혼의 구원만을 선포했으며 사회의 구원과 자연의 구원에 대해 등한히 했다는 사실에 대해 다음과 같이 고백하였다. "새로운 한해의 시작에 나는 하나님께 어떠한 일에 대해 깊은 회개를 했습니다. 이는 내가 나의 조국의 정치에 대해 충분히 기도하지 않은 일입니다. 나는 그리스도의 십자가 신학에 대해 편협하게 해석하였습니다. 나는 사회적 불의를 도외시했고 자연의 대재난에 대해 관심이 없었습니다." 그리고 나서 조용기 목사는 다음의 말로 끝을 맺었다. "지금까지 우리는 인간을 지향하는 순복음의 공동체였지만, 이제 우리 주님 그리스도와 함께 이 세상을 포용하는 순복음이 되고자 합니다." 나는 조용기 목사의 인간성에 대단한 존경심을 갖게 되었고, 매우 기쁜 마음으로 그와 맺은 새로운 신학적 사귐에 대해 '순복음가족신문'에 다음과 같은 글로 화답하였다. "그리스도 안에 있는 하나님의 사랑은 전체 피조물을 구원하기 위해 이들을 포괄하십니다." 이것은 여의도 순복음 교회 안에서 경이로운 전환점이 되었다.

4. 정치적 통일을 넘어서

독일과 한국의 처지가 매우 유사하던 시절이 있었다. 즉 양국은 모두 동병상련의 아픔을 지닌 분단된 국가였다. 독일은 제2차 세계대전에서 패배한 이후 승전국에 의해 동독과 서독으로 분단되었고, 한국은 6·25 한국전쟁 이후 남한과 북한으로 분단되었다. 이에 양국의 국민 사이에는 많은 공감대가 존재하였다. 그러나 차이점도 존재했는데, 이는 곧 전범국 독일이 제2차 세계대전에 대해 죄과가 있음으로 말미암아 나누어진 데 반해, 한국은 한국전쟁에 대해 전혀 무죄함에도 불구하고 분단되었다는 사실이다. 한편으로 사회주의 진영과 다른 한편으론 자본주의 진영 사이에서, '소비에트 연방'과 '자유세계' 사이에서 서로 군사적으로 첨예하게 대치하는 최전선은 우리 독일과 한국의 국가와 국민을 관통하였다. 그리하여 어느 곳에서도 독일과 한국보다 더 군사적 위협의 가능성이 상존하는 지역은 없었다. 우리는 늘 군사적 위협을 받으면서 위험 속에서 삶을 영위하였다. 만약 제3차 세계대전이 일어난다면, 이는 분단된 독일과 분단된 한국에서 일어날지도 모르는 일이었다.

그러나 우리가 그토록 우려했던 일은 일어나지 않았다. 미하일 고르바초프Michael Gorbatschow가 사회주의 국가의 재건을 위해 추진한 개혁정책, 곧 페레스트로이카Perestroika와 글라스노스트Glasnost를 통해 소련연방은 몰락했기 때문이다. 이를 통해 동서로 나뉘었던 독일은 분단으로부터 놓여남을 받게 되었다. 그리하여 1989년 평화적인 개혁을 통해 베를린 장벽은 무너졌다. 이제 유럽은 종전의 사회주의 대 자본주의 이데올로기 냉전체제가 아닌, 새로운 질서로 재편성되었다.

그런데 매우 유감스럽게도 1989년 한국에서는 아무런 변화도 일어나지 않았다. 중국이 시장경제를 개방하고 경제적 열강으로 급성장할 때에도, 북한은 전혀 변화되지 않았다. 이와는 정반대로 북한은 굶주림에 허덕이고 있는데, 이는 비생산적으로 널리 알려진 군대가 국가의 모든 재정과 자원을 탕진하기 때문이다. 당시 우리의 한국 친구들은 한탄하면서 독일의 통일을 부러워하였다. 이는 충분히 이해할 만한 일이다. 하지만 가난한 동독으로부터 부유한 산업국가 서독으로 이주하는 엄청난 수효의 난민들 —오늘날에 이르기까지 2백만이 넘는— 을 경험하면서 사회주의 체제를 흡수한 독일의 통일이 최근에 이르기까지 경제적으로 대단히 큰 부담을 짊어진 통일이라는 사실이 밝혀지게 되었다. 이러한 사실을 목도하면서 우리의 한국 친구들은 통일에 대해 보다 심사숙고하게 되었다. 갑작스런 북한의 체제 전복은 남한으로 하여금 그의 경제적 급성장에도 불구하고 상당히 과중한 부담이 될 것이다. 만약 수백만에 달하는 북한의 난민이 남한으로 마치 폭풍우처럼 몰려든다면, 과연 어떠한 일이 일어나게 될 것인가? 그러므로 남한과 북한이 서서히 가까워지도록 노력을 기울이는 것이 보다 현실적일 것이다.

지난해에 한국에서 일련의 실천신학 교수가 독일을 방문하여 우리와 함께 '사회적 통합의 관점에서 본 통일'에 대해 토론하였다. 정치적 통일은 빨리 이루어질 수 있지만, 문화적·사회적 통일은 한 세대, 곧 40년이 넘는 세월이 걸린다. 이러한 사실은 우리가 독일에서 몸소 겪은 경험에 근거한다. 문화적·사회적 통일의 과정에서 두 단체가 특별히 중요하다. 이는 곧 가족과 기독교 공동체인데, 왜냐하면 이들은 개체로 뿔뿔이 흩어진 개인들에게 사회적 고향을 제공할 수 있기 때문이다. 정치적 독재와 계획경제로부터 모든 이가 노동시장에서, 삶에 대한 준비를 스스로 알아서 해야 하는 국가체제로 이행함은 매우 어려운 일이다. 특히 모든 것을 결정하고 지배하는 사회주의 국가에서 50년 이상 살아온 사람들에게 이는 더더욱 어려운 일이다. 자유는 대단히 소중하고 경이로운 것이지만, 모든 것을 스스로 자기가 결정하고 책임지며 살아가는 삶이 언제나 쉬운 일은 아니기 때문이다. 이러한 이행과정에서 기독교 신앙과 기독교 공동체가 감당해야 할 역할은 매우 중요하다. 왜냐하면 기독교 신앙과 기독교 공동체는 불확실함 속에서 인간과 사회가 나아가야 할 올바른 방향을 제시할 수 있기 때문이다.

나는 한국의 국민들이 통일과 함께 자유와 사회적 정의 속에서의 공동체를 실현하게 되기를 소망한다.

독일 사람들은 헤어질 때 "다시 만납시다"라고 말합니다.

그러나 아마도 제 평생에 한국을 또 다시 방문하지 못할 것 같기 때문에, 저는 여러분에게 이렇게 말하고 싶습니다.

"제가 한국에서 경험했던 모든 것에 대해 진심으로 감사합니다.

하나님께서 한국의 교회와 성도들을 지켜주시고 축복하시길 기도합니다."

위르겐 몰트만

세계 속에 있는 하나님
하나님 나라를 위한 공적인 신학의 정립을 지향하며

2009년 5월 10일 초판 1쇄 인쇄
2009년 5월 15일 초판 1쇄 발행

지은이 | 위르겐 몰트만
옮긴이 | 곽미숙
펴낸이 | 김영호
펴낸곳 | 도서출판 동연
기 획 | 김서정 편 집 | 조영균
디자인 | 김광택 관 리 | 이영주
본문디자인 | 이춘희
등낸록 | 제1-1383호(1992. 6. 12)
주낸소 | 서울시 마포구 망원동 472-11
전낸화 | (02)335-2630
전낸송 | (02)335-2640
이메일 | ymedia@paran.com
누리집 | www.y-media.co.kr

ISBN 978-89-85467-81-0 03230

Copyright ⓒ 동연, 2009

이 책은 저작권법에 따라 보호받는 저작물이므로 무단 전재와 복제를 금합니다.
잘못된 책은 바꾸어드립니다.
책값은 뒤표지에 있습니다.